개정2판

체육과 스포츠의 역사

개정2판

체육과 스포츠의 역사

한국체육사학회
하남길 외 공저

경상국립대학교출판부

이 도서는 (재)경상대학교 춘추연구장학재단의 지원을 받아 출판되었습니다.

저자의 말

　인간이 지난날의 경험을 현실에 조명할 수 있는 능력이 없었다면 역사의 발전은 기대할 수 없었을 것이다. 체육과 스포츠 문화의 역사 또한 마찬가지였다. 체육과 스포츠를 사랑하였던 많은 선구자들이 체육에 대한 역사 인식을 갖고 체육의 발전을 위해 헌신한 결과 체육이 교육의 중요한 영역 중 하나로 자리 잡게 되었으며, 각종 스포츠 또한 대중문화로 키워 올 수 있었다. 이러한 측면에서 체육 전공자들에게 체육에 대한 역사 인식을 심어 주는 일은 중요하다. 그런데 국내에서 출판된 체육사 서적의 기술 내용과 범위는 제각기 달라 강의의 핵심 내용을 파악하기가 어려운 문제점이 노출되고 있는 실정이라 본 학회에서는 두 가지 큰 목적을 두고 이 책을 펴내게 되었다.

　첫째, 교원임용고시 등 각종 체육 관련 전문직 선발이나 자격시험 출제 위원들에게 체육사에서 취급해야 될 내용과 범위를 확인할 수 있는 자료를 제공하는 데 목적을 두었다. 체육의 전공 영역은 약 15개 영역에 달하지만 교원임용고시와 같은 시험의 출제 위원 수는 4명 안팎이다. 체육사 전공자가 출제 위원으로 선정된다고 해도 출제하기가 쉽지 않지만 타 분야의 전공자가 출제를 할 경우 교재마다 내용상 차이가 있어 출제에 더 큰 어려움을 겪을 수밖에 없다. 따라서 학회 차원의 노력이 필요하다고 판단하여 체육사 분야에서 취급해야 할 내용과 범위를 파악할 수 있는 자료를 제공하고자 하였다.

　둘째, 기존 체육사 강의의 핵심 내용을 한 단계 진보한 수준으로 개편하는 데 목적을 두었다. 현재 출판되어 있는 각종 교재 내용을 분석해 보면 한국 체육사 내용은 비교적 정확히 기술되어 있으나 현대사 분야의 내용을 제대로 취급하지 않은 점을 알 수 있다. 더 큰 문제는 서양 체육사 분야로 그 내용이 전혀 정제된 느낌을 주지 못하고 있다. 서양 체육사 분야에 문제가 많은 것은 지난 반세기 동안 우리 학계의 탁월한 인재들이 거의 한국 체육사 연구 영역으로만 쏠린 탓에 연구 성과를 충분히 축적해 오지 못한 결과로 보인다. 따라서 이 편람은 한국 현대사 분야의 보강과 서양 체육사 분야의 내용을 새로운 버전으로 보완하여 전체적인 체계를 재정리하는 데 목적을 두고 편찬된 것이다.

학회 차원에서 강의 편람을 엮어 낸다는 것은 의미 있는 일이다. 그러나 문제점도 따른다. 광범위한 체육과 스포츠 역사의 내용을 한 권의 소책자에 담는다는 것은 어려운 일일 뿐만 아니라 중요한 역사적 사실을 가볍게 취급할 수도 있거니와 체육사의 다양한 내용과 해석을 획일화할 위험도 따른다. 따라서 이 편람의 성격과 범위, 특징 또한 명확히 밝혀 두기로 한다.

첫째, 본 편람의 기술 범위는 학부 강의에서 취급하여야 할 핵심 내용을 제시하는 것으로 한정하였으며, 더 구체적이고 상세한 내용은 각 대학 체육사 강의 담당 교수의 몫으로 남겼다.

둘째, 본 편람에서는 지난 30여 년 동안 축적된 국내외 학자들의 연구 성과를 토대로 새로운 내용들을 추가하되 그 범위를 최소한으로 좁혀 잡았다. 한국사는 현대사 분야를 더 확대한 수준에 머물렀고, 유럽 대륙 국가의 역사는 독일, 스웨덴, 덴마크, 프랑스, 러시아 등만 취급하였고, 아시아의 역사는 중국과 일본만 취급하는 것에 머물렀다. 그러나 세계 체육과 스포츠 문화의 발달에 상대적으로 더 큰 영향을 미친 영미英美 역사 분야에는 더 많은 지면을 할애하였다.

셋째, 본 편람에서는 교원임용고시 등 각종 시험 출제 위원들이 참고할 수 있는 자료를 제공한다는 차원에서 객관식, 단답형, 서술형 등 각종 문제를 수록하였다.

넷째, 본 편람은 기존 체육사 강의 교재의 문제점을 보완한다는 차원에서 각 종목별 스포츠 역사를 적정 범위에 한하여 짧게나마 취급하였다.

본 강의 편람은 제5대 한국체육사학회 사무국_{하남길 외 8인}에서 초고_{草稿}를 작성하여 전체적인 체계를 통일한 뒤 본 학회 각 분야별 전문가들에게 배포하여 수정·보완되고 감수되었다. 하지만 완벽한 편람이라고 말하기 어렵다. 앞으로 더 많은 논의를 거쳐 개정판이 나올 때마다 더욱 체계적이고 알찬 내용으로 다듬어지게 될 것이다. 아무쪼록 이 편람의 출판이 한국체육사학회가 한 걸음 더 진보하는 계기가 되길 소망해 본다.

정해년 만추
집필진 대표 하남길

감사의 말

본 강의 편람의 출판은 한국체육사학회의 숙원 사업 중 하나였습니다. 인문학에 속하는 체육과 스포츠 역사학의 학문적 특성으로 인하여 강의 편람을 발간한다는 것은 매우 어려운 일이었으나 많은 분들의 협조와 도움으로 발간할 수 있게 되었습니다. 이 편람이 출간될 수 있도록 협조해 주신 한국체육사학회 회원 여러분을 비롯하여 훌륭한 문헌을 남기신 여러 석학들에 대한 감사의 뜻을 이쪽에 새겨 두기로 합니다.

먼저 훌륭한 저술자들에 대한 감사의 뜻을 표하고자 합니다. 이 강의 편람의 집필은 동양, 서양, 한국사 등 각 분야 역사 연구에 탁월한 업적을 남기신 많은 저술자들이 계셨기 때문에 가능하였습니다. 우선 서양 체육 및 스포츠 역사 분야의 양서를 저술한 D. B. Van Dalen, B. L. Bennett, C. W. Hackensmith, P. C. McIntosh, Olivia Vera, J. R. Betts, J. A. Lucas, R. A. Smith, D. Brailsford, E. N. Gardiner, R. Holt, J. A. Mangan, R. A. Mechikoff, E. G. A. Rice, E. W. Gerber 등과 같은 석학들을 향해 고개 숙입니다. 그리고 국내에서 좋은 개론 서적과 전문 서적, 논문 등을 써 주신 나현성, 노희덕, 이학래, 이진수, 곽형기, 임영무, 오동섭, 나영일, 김동규, 정삼현, 정동구, 김상순, 최종삼, 이한혁, 황호숙, 김융길, 황옥철, 신호주, 하웅용, 김방출, 김인걸, 민석홍, 박의수, 강승규, 정영수, 강선보, 박기동, 신승하, 유병용, 이기백, 이민호, 임창재 등과 같은 학자들에게 존경과 감사의 뜻을 표합니다. 특히 『중국체육사』 번역판을 펴내신 임영무교원대 교수님께 감사드립니다.

다음은 협조와 도움을 주신 분들을 향하여 감사를 표할 차례입니다. 늘 격려와 조언을 아끼지 않으신 정찬모단국대, 김주화전북대 본회 고문님, 깊은 관심과 격려를 보내 주신 곽형기동덕여대 명예회장님, 오동섭경북대, 임영무교원대 두 자문 위원님 감사합니다. 그리고 누구보다 깊은 관심을 갖고 원고를 보내 주신 나영일서울대 부회장님, 학회의 큰 행사를 도맡아 집행부가 편람 집필에 전념할 수 있도록 도와주신 진윤수충남대 교수님, 마지막 원고 교정에 심혈을 기울여 주신 박기동강원대 부회장님 감사합니다. 그리고 황옥철경성대, 신명숙대진대, 김달우전북대, 김용근강릉대, 최영란목원대, 손환중앙대, 김복희안동대, 이현정동덕여대, 김재우중앙대, 하응용한체대, 손수범용인대, 이승수중앙대, 이학준고려대, 유근직한림성심대, 김방출서울대, 곽낙현한국학중앙연구원, 옥광충북대, 박귀순영산대, 황정현동아대 등 집필에 참여해 주신 학회 임원 여러분에게 감사드립니다.

끝으로 이 편람이 출판될 수 있도록 도와주신 경상국립대학교 출판부장님과 관계자 여러분께 감사드립니다. 그리고 초고 집필 작업 때부터 끝까지 고생을 함께하며 작업실에 온기를 불어넣어 주었던 경상국립대학교 스포츠문화연구실의 정의진, 오영택, 박은지, 황경숙, 박영길, 최현주, 김세기, 박재현, 이은한 선생의 노고에 대하여 고마움을 표합니다.

제5대 한국체육사학회 사무국

이 개정2판은 앞서 출간된 개정판(2008. 8. 5.)의 오류와 오탈자 등을 바로잡았다. 또한 오래된 편집과 디자인을 지금의 경향에 맞게 개선하여 책의 품질을 높이고 독자들이 읽기 쉽도록 재개정하였다.

– 편집자

목차

제1편

고대 사회의 체육과 스포츠 문화

제1장

원시 시대 및 고대 사회의 신체 문화

• 학습 목표

1. 원시 시대 신체 문화의 특성과 생성 배경을 이해한다.
2. 고대 동방, 인도, 중국의 신체 문화 유형을 파악한다.
3. 놀이와 스포츠 문화의 기원과 진화 과정을 확인한다.
4. 근대 이전 스포츠와 근대 스포츠의 차이를 이해한다.

미론의 〈원반 던지는 사람〉.

원시 시대의 생활과 신체 문화

1. 원시 시대의 생활

기원전 8,000년 전부터 원시인들은 유럽, 아프리카, 아시아 등지에서 자연의 변화 속에 적응하며 살아왔다. 이들은 생존을 위해 사냥, 낚시 등과 같은 활동을 하였다.[1]

2. 원시 시대의 교육

원시인의 교육은 일차적으로 생존을 위한 것이었다. 사냥과 고기잡이 기술, 종족 보존을 위한 전투 능력 배양 등이 주된 교육의 내용이었다. 어디까지가 생존과 생산을 위한 교육이었고, 어디까지가 삶의 질을 개선하기 위한 교육이었는지 확인하기는 어렵다. 그러나 신체 활동을 통해 강인한 청소년들을 육성하기 위한 교육도 분명히 존재하였을 것이다.

3. 원시 시대의 신체 문화와 스포츠

선사 시대Pre-Historic Age의 원시인들은 문자가 없어 그들의 문화적 성취

---

1 이하 원시 및 고대 사회의 역사 분야는 하남길·최현주·김세기(경상대)에 의해 집필·감수되었다.

수준을 파악할 길이 없다. 그러나 고고학자들과 인류학자들은 역사 시대 이전에도 신체적 레크리에이션이 존재하였으며, 그러한 여가 문화는 문화적 진화를 거쳐 역사 시대로 이어져 왔던 것으로 보고 있다. 원시 시대의 놀이와 문화를 연구한 쿨린S. Culin, 스튜어트J. H. Stewart 등은 원시 시대 남아메리카나 북아메리카에서도 오래된 게임이나 놀이, 무용 등이 존재하였음을 입증하였다. 스포츠 역사가들에 따르면 스포츠와 게임이 존재하였다는 가장 초기의 고고학적 증거는 기원전 3,000~1,500년 사이에 있다. 실제로 『메소포타미아 미술 5천년사』의 자료에는 스포츠 및 게임에 관련된 내용들이 자주 등장한다. 그 외에도 이집트, 중국, 인도, 중앙아메리카 등 제1차 고대 문명과 에트루리아, 크레타, 그리스, 로마 등 제2차 고대 문명의 고고학적 유적들은 체육 활동이나 스포츠 활동이 성행하였다는 증거를 명백히 보여 주고 있다.

제2절
동방의 신체 문화

1. 메소포타미아의 신체 문화

메소포타미아Mesopotamia 지역은 고대 문명의 발상지였다. 기원전 3,000년경부터 수메르Sumer에 도시국가가 형성되었고, 수메르인들은 전사戰士 육성을 위해 사냥을 비롯한 체계적인 신체 훈련을 실시하였다. 그러한 사실은 수메르 왕 길가메시Gilgamesh에 관한 자료나 대영박물관에 소장된 앗시리아 왕 앗수르바니팔King Assurbanipal에 관한 벽화 내용을 통해서 확인할 수 있다. 메소포타미아 문명사회에서도 타 문명권과 마찬가지로 사냥, 궁술, 전차chariot, 달리기, 수영, 보트 타기boating 등과 권투나 레슬링을 비롯한 격투 스포츠combat sport의 흔적이 많이 있다.

2. 이집트의 신체 문화

나일 강 유역에는 기원전 4,000년까지 신석기 문화가 형성되었고, 천문학과 측량술, 수학, 기하학, 태양력 등이 발달되었다. 티그리스와 이집트의 신체 문화로는 묘기체조 유형, 레슬링, 궁술, 사냥, 투우인간과 황소, 역도, 봉술, 창술, 무용, 공놀이 등이 있었다.[2] 베니하산의 석묘 그림에는 귀족에게 고용된 여자가 묘기를 부리는 모습이 나타나 있다. 레슬링과 궁술은 이집트에서 칭송받은 훌륭한 기술이었고, 군인들은 레슬링, 궁술, 창술, 봉술 등을 익혔다.[3]

3. 중국의 신체 문화

중국의 역사도 오리엔트 문명권과 마찬가지로 기원전 2,500년까지 거슬러 올라가며, 선사 시대에도 다양한 문화가 존재하였다. 고대 중국에서 활성화된 신체 문화로는 궁술, 승마, 수렵, 매사냥, 무술, 권술拳術,boxing, 수박手搏, 격검擊劍, 축국蹴鞠[4], 각저角觝, 격구擊毬, 쿵후功夫康, Kung-Fu, 무용, 투호投壺 등이 있었다. 수렵, 권술拳術, 무술, 수박手搏, 격검擊劍 등은 무예와 스포츠의 성격을 동시에 지니고 발달되었다.

2 Ahmed D. Touny, "History of Sports in Ancient Egypt" Paper Presented at *24th Session of International Olympic Academy Olympia*, Greece July 4~19, 1984, p. 86.

3 E. Norman Gardiner, *Athletics in the Ancient World*, pp. 10~11.

4 20세기 초반 고대 체육을 연구하였던 역사학자 E. Norman Gardiner는 이 축구를 "soccer type football"로 적고 있으며, 중국에는 기원전부터 축구가 있었다고 기술하고 있다. E. Norman Gardiner, ibid., p. 16.

4. 인도의 신체 문화

아리아족Aryans은 기원전부터 인더스 강 유역에 진출하여 그들의 문화를 이식하고 토착민과 융화되어 하나의 국가를 형성하게 되었다. 인도에서 발달된 대표적인 신체 문화로 요가Yoga, 폴로Polo 등이 있다. 인도에서는 승려들이 수련 활동의 일환으로 정좌호흡법正坐呼吸法을 발전시켜 왔으며, 요가는 그중의 하나였다. 그리고 폴로는 인도 지배층의 스포츠로 훗날 영국인들에게 소개되어 현대적인 게임으로 조직화되었다.

제3절

스포츠의 기원과 문화적 진화

1. 스포츠의 기원과 발달

스포츠 참여, 즉 스포츠 행동은 문화를 구성하는 한 요소이다. 이 요소는 전체적인 문화의 체계와 맞물려 종교, 정치, 기술과 마찬가지로 점차 문화적으로 진화되어 왔다. 스포츠의 진화는 세 가지 변수의 산물이다.[5] 첫째는 생계유지, 둘째는 정치적·사회적 구조, 셋째는 지리·생태학적 환경이다.

2. 스포츠 문화의 진화 모델

스포츠 문화는 단계적으로 진화되어 왔다. 서비스Elman Service는 5단계의 진화 모델을 제시하였다.[6]

---

5 K. 블랑차드·A.T. 체스카 지음, 박기동 외 옮김, 『스포츠 인류학』, p. 147.

6 Elman Service, *Primitive Social Organization*, 재인용 위의 책, p. 171.

제1단계 제1단계 밴드 스포츠

제1단계 밴드는 약 20명 전후의 소규모 인구가 채집, 수렵, 사냥 등으로 생계를 유지하는 공동체 사회이다. 밴드 스포츠 문화의 대표적인 유형은 공굴리기, 캐치볼, 달리기 등이다. 그 예로 징가리족의 구기, 북극 에스키모인의 유희 등이 있다.

제2단계 제2단계 밴드 스포츠

제2단계 밴드 공동체는 제1단계의 공동체가 모인 부족 사회이다. 인구가 조금 더 많고 미개 농경이 시작된 사회이다. 제2단계 스포츠는 제1단계 스포츠와는 다른 조직적 형태로 나타난다.

제3단계 치프담 스포츠

치프담은 정주적인 군장제 사회로 농경 및 어로 활동을 하던 미개 국가 체제이다. 치프담 스포츠의 예로는 북아메리카 원주민 촉토족의 것이 있다. 그들은 골프공 크기의 토와Towa라는 공을 상대 골에 넣거나 관통시키는 톨리Toli라는 단체 게임을 하였다.

제4단계 미개 국가 스포츠

미개 국가와 치프담 사회가 다른 점은 사회 계급이 출현한다는 점이다. 미개 국가의 대표적인 스포츠 유형으로 남아프리카 나탈 지역 줄루족의 스포츠를 들 수 있다. 그것은 야수와 전쟁을 벌이는 형태의 수렵 활동이었으나 일종의 스포츠 이벤트 형태로 지금까지 남아 있다.

제5단계 고대 문명 스포츠

고대는 최초의 도시국가가 출현한 단계이다. 경기장과 경기 도구, 참여 계급 등 여러 가지 모습에서 체계적인 형태가 갖추어졌고, 관중과 직업적인 운동선수까지 등장하게 된다. 고대 수메르, 이집트, 인도, 중국, 중앙아메리카 등의 스포츠가 그 예이다.

3. 스포츠 문화의 진화 에너지

특정한 문화의 진화는 인간이 이용할 수 있는 에너지의 양이 증가한 결과이다. 스포츠 문화도 인간이 사용할 수 있는 에너지의 양에 따라 점차 진화가 가속화되어 왔다. 학자들은 근대 이전 스포츠와 근대 스포츠의 차이를 요인별로 분류하여 정리하였다. 대표적으로 아델만M. Adelman은 근대 이전 스포츠와 근대 스포츠는 조직화, 규칙, 경쟁, 역할, 공공정보, 통계와 기록 등 여섯 가지 측면에서 큰 차이가 있다고 주장하였다.[7]

- **조직화** 근대 스포츠는 국가적 수준의 제도화된 형식을 갖추고 있다.
- **규칙** 근대 스포츠는 성문화된 규칙을 갖추고 있다.
- **경쟁** 근대 스포츠는 전국적 차원의 경쟁이 이루어진다.
- **역할** 근대 스포츠는 선수와 관중이 구분된다.
- **공공정보** 근대 스포츠는 전국적 차원으로 정보가 전해진다.
- **통계와 기록** 근대 스포츠는 기록이 보존된다.

---

7 Melvin Adelman, *A Sporting Time: New York City and the Rise of Modern Athletics*, 1820~70, p. 6. R. A. Mechikoff et. al., *A History and Philosophy of Sport and Physical Education*, p. 7.

제2장

그리스의 체육과 스포츠 문화

• 학습 목표

1. 호머 시대를 통해 서양 신체 문화의 기원과 유래를 확인한다.
2. 고대 그리스 체육의 제도와 내용을 파악한다.
3. 고대 그리스 스포츠 문화의 유형과 성격을 이해한다.
4. 고대 그리스 체육과 스포츠 문화의 사상적 배경을 이해한다.

델포이 아폴론의 유적

제1절

호머 시대의 체육과 스포츠

1. 호머 시대의 사회와 교육

그리스는 유럽에서 최초로 고도의 문명사회를 이룩한 고대 국가 중 하나였다. 그러나 호머 시대호메로스 시대 1,100~800 BC는 암흑시대였기 때문에 당시의 사회와 문화를 정확히 파악할 수는 없다. 그러나 호머Homer: Homeros, 800 BC의 서사시 「일리아드Iliad, Ilias」와 「오디세이Odyssey, Odusseia」를 통하여 체육 활동과 운동경기 문화가 존재한 사실을 추정해 볼 수는 있다.[8]

2. 호머 시대의 체육

호머의 작품 「일리아드」와 「오디세이」는 영웅을 두 가지 속성으로 의인화시키고 있다. 즉 아킬레스Achilles: Achilleus는 힘, 용기, 기술, 인내력 등을 갖춘 '행동의 인간the Man of Action'으로, 오디세이는 판단력, 총명성, 웅변술 등과 같은 자질을 갖춘 '지혜의 인간the Man of Wisdom'으로 묘사되고 있다.[9] 호머 시대에는 특정한 교육기관이나 제도는 없었던 것으로 보이나 체육의

---

8 이하 그리스 역사 분야는 김복희(안동대) 교수에 의해 수정·감수되었다.

9 Deobold B. Van Dalen and Bruce L. Bennett, *A World History of Physical Education*, p. 35.

목표는 행동의 인간, 실천적 인간의 육성이었던 것으로 추정할 수 있다. 체력, 인내력, 기민성, 용기 등과 같은 자질의 함양을 위해 전차경주, 권투, 레슬링, 경주競走, 도약, 투원반, 투창, 궁술 등과 같은 활동을 하였던 것으로 추정되기 때문이다.

3. 호머 시대의 스포츠 장례경기

호머 시대에 스포츠라는 용어는 없었으나 「일리아드」와 「오디세이」에 나타나는 운동경기 종목은 전차경주, 권투, 레슬링, 달리기, 도약, 투원반, 투창, 궁술, 무용 등 다양하다. 「일리아드」는 전쟁에서 죽은 영웅을 기리기 위해서 장례경기가 개최되었다는 것을 보여 주고 있으며, 「오디세이」는 손님 환대경기, 구혼경기가 있었다는 것을 보여 준다. 운동경기는 호머 시대 영웅들의 생활 속에 필수적인 것으로 존재하였으며 영웅들은 운동경기를 통하여 신체적 탁월성Arete을 과시하였다. 당시에는 전쟁이 빈번하였기 때문에 운동경기의 필요성이 강조되었고 영웅들은 운동경기에 뛰어난 기량을 가진 이상적인 인물로 묘사되었다.

스파르타의 체육

1. 스파르타 사회와 교육

스파르타의 사회

스파르타는 기원전 6세기경 그리스에 있는 도시국가Polis의 하나였으며, 강력한 군사력을 지닌 상업 중심의 도시였다. 스파르타 사회는 인구 약 5~10%에 해당되는 시민계급에 속하였던 스파르타인, 즉 스파르티아타이 Spartiatai, 전체 인구에서 가장 높은 비율을 차지하고 있었던 페리오이코이 Perioikoi, 농업에 종사하던 헬로타이heilotai 등으로 구성되어 있었다.

스파르타의 교육

스파르타는 지배계급이 소수파였기 때문에 정치 구조는 왕정과 귀족정 치를 내포한 민주정치 체제에서 점차 군국주의적인 체제로 변모되었으며, 시민들은 남녀 가릴 것 없이 전사로서 필요한 교육을 받았다. 스파르타인 들은 7세부터 30세까지 국가 통제하에서 교육을 받았다.

2. 스파르타의 체육

체육의 목적

스파르타는 외적의 침략에 대비하여 국방력을 강화해야 하였기 때문에 강력한 전사의 양성에 총력을 기울였고, 체육 활동의 목적은 전사의 육성 에 있었다. 체육은 국방력 강화를 위해 강인한 체력, 선임자에 대한 존경심, 복종심, 용맹, 절제, 혹독한 고통을 감내하는 강인한 인내력 등과 같은 자 질을 갖추는 데 필수적인 것으로 취급되었다.

체육의 제도와 내용

스파르타의 체육은 30세까지 실시되었다. 7세부터 시작되는 국립 공동 교육소의 교육은 혹독하였다. 소년들은 훌륭한 시민 중에서 선출된 엄격한 감독관인 파이도노무스Paidonomus, 파이도노모스, Paidonomos로부터 지도를 받았다. 모든 소년들은 소대 이라이ιλαι와 4개의 이라이로 형성된 중대 보아이βοναυ로 편성되었다. 이라이에서는 운동 기능이 우수한 소년이 선출되어 제대장梯隊長의 역할을 하며 지도를 담당하였다. 보아이는 20세가량의 청년 지도자 에이렌Eiren이 담당하였다. 교과는 유희, 투창, 중량거, 도약, 레슬링, 경주, 소풍, 수영, 체조 등이었고, 그 속에는 음악과 무용도 포함되어 있었다.

스파르타에서는 12~14세까지 소년들의 신체적 훈련을 강화하였다. 그 이후부터 18~20세까지 소년들을 사관후보생, 즉 에페비Ephebi: Epheboi: Epheboi로 육성하는 예비 교육 기간으로 보았다.[10] 18세가 되면 에페비가 되었으며 군사 훈련, 무장 훈련, 국경 지역 순시 훈련에 참가하였다. 그리고 20세가 되면 국가에 대한 충성의 맹세誓書를 하고 군사 훈련과 실전에 참가하였다. 30세까지는 군사 훈련과 규정된 신체 단련에 전념해야만 하였으며, 전시에도 신체 훈련은 계속되었다.

스파르타의 체육 내용은 군사 훈련의 수단이 되는 볼 게임을 비롯하여 궁술, 수영, 달리기, 격투, 레슬링, 권투, 판크라티움pancratium, 판크라티온, pankration 마술, 투원반, 투창, 행군 등이었다. 무용으로는 비바시스bibasis: 체육무용, 호모로스homoros, 종교무용, 피릭Pyrrhic, 군사무용 등이 있었으며, 여성들도 18세까지 신체 훈련을 받았다.

---

10 C. W. Hackensmith, *History of Physical Education*, p. 26.

아테네의 체육

1. 아테네 사회와 교육

아테네의 사회

아테네Athens: 아테나이, Athenai의 시민은 폴리타이politai, 메토이코이metoikoi, 도올로이douloi 등으로 나누어져 있었다. 아테네는 강한 해군력을 바탕으로 그리스의 패권을 쥐게 되면서 기원전 5세기경에 황금시대를 맞았다. 그리스의 사회와 문화는 모든 면에서 종교와 깊은 관계를 갖고 발달되었으나 세월이 흐르면서 그리스인들은 신화적 세계를 벗어나 우주의 본질을 파악하려는 합리주의적인 태도를 갖게 되었고, 그러한 태도는 과학의 탄생으로 이어졌다. 그리고 플라톤, 소크라테스와 같은 철학자들이 인간에 관한 관심을 갖게 되면서 철학도 출현하게 되었다.

아테네의 교육

기원전 4세기경 아테네 청소년 교육체계의 교과목은 문법grammar, Grammatike[11], 음악music: Mousike, 문학의 개념 내포됨, 체조gymnastics, gymnastike 등이었으나 여성의 교육은 제대로 이루어지지 않았다. 그리스는 체육을 통해 시민의 심신 발달을 추구하였고, 음악을 통해 지적 발달과 정서적 순화를 꾀함으로써 심신이 조화적으로 발달된 인간의 육성을 지향하였다. 그것은 곧 '행동의 인간'과 '지혜의 인간' 그리고 '미와 조화'라는 그리스인들의 이상을 반영하는 것이었다.

---

11 현대적 측면에서 볼 때 문법과 문학을 포괄하는 성격을 지닌 교과목이었다.

2. 아테네의 체육

체육의 목적

아테네 체육의 목적은 심신이 조화적으로 발달된 인간의 육성을 지향한 것으로, 역사 시대 최초로 이상적이고 균형적인 체육 가치관을 토대로 한 체육의 모습이었다. 아테네인들은 스포츠를 철학, 음악, 문학, 회화, 특히 조각 등과 비교하여 똑같이 중요하고 존엄한 것으로 생각하였다.[12] 따라서 아테네 체육의 목적도 진眞·선善·미美를 추구하며 심신이 조화롭게 발달된 인간의 육성이었던 것으로 평가된다.

체육의 제도와 내용

아테네는 스파르타와는 달리 병약한 아이는 공공보육소에서 양육하고, 건강한 남자아이들만 교육을 받게 하였다. 어린이와 청소년 들은 어머니, 보모, 사설학교나 국가기관의 지도자들로부터 교육을 받았다.

7세부터 여자는 가정에서, 남자는 팔라에스트라Palaestra, 팔라이스트라, Palaistra와 다디스칼레움Didascaleum: Didaskaleion에서 교육을 받았다. 팔라에스트라에서는 파이도트리베Paidotribes, Paidotribi라는 체육 지도자와 운동기술을 가르치는 짐내스트Gymnaste. Gymnotribi, 교사였던 페다고거pedagogue, paidagogos가 있었다. 12세부터는 경주running, 도약jumping, 투창, 투원반, 권투, 레슬링, 수영, 판크라티온pankration 등과 이른바 5종경기Pentathlon 중심의 체육이 실시되었다. 16세가 되면 김나지움Gymnasium, 김나시온, Gymnasion에서 체육을 비롯하여 철학, 문학 등의 교육을 받았다. 당시 대표적인 김나지움은 아카데미Academy, 아카데메이아, Akademeia, 라이시엄Lyceum, 리케이온, Lykeion, 키노사르게스Cynosarges, 키노사르게스, Kynosarges 등이 있었다. 18~20세까지 아테네의 청년들은 군사적 훈련을 받았으며, 에페비에페보이를 양성

---

12 Op. cit., p. 47.

하였다. 아테네는 기원전 338년 마케도니아의 필립Philip에게 치욕적인 패배를 당한 이후 시민군을 유지하기로 결정하고, 신체적 능력을 갖춘 18세의 청년들을 에페비로 육성하였다.

아테네 체육은 고대 사회에서 심신의 조화로운 발달이라는 균형적인 목적 개념을 정립하였다는 측면에서 역사적 의의가 크다.

제4절
그리스의 스포츠 범그리스경기대회

1. 범그리스경기대회 4대 제전경기

그리스인들은 헬렌의 후예라는 동족의식이 있었기 때문에 범그리스적인 Panhellenic 정신으로 결합되어 있었다. 그 정신의 고양에 중추적인 역할을 한 것이 고도로 조직화된 제전경기祭典競技, 즉 범그리스경기Panhellenic Games였다. 선사 시대 북쪽으로부터 펠로폰네소스 반도로 이주하여 온 아카이아족Achaea과 도리아족에 의해 시작되었던 제전경기는 도시국가나 촌락마다 수백 개가 넘었다. 모두가 신을 숭배하는 제례의식과 연계된 것으로 종교적인 성격을 띠고 있었다. 가장 대표적인 제전경기는 올림피아, 피티아, 이스트미아, 네메아였다.

올림피아제Olympia Festival
올림피아 경기대회의 유래에 관해서는 '두 가지 전설'이 있다. 헤라클레스가 엘리스의 왕 아우게이아스를 무찔렀던 것이 기원이라는 설과 펠롭포스가 피사의 왕 오이노마오스와 전차 경주를 벌여 이겼던 것이 기원이 되었다는 설이다. 고대 올림픽이 개최된 곳은 펠로폰네소스 반도의 올림피아 평원 엘리스였다. 제우스Zeus를 주신으로 하였으며, 기원전 776년부터 기원후 393년일부 서적에는 395년까지 4년마다 개최된 것으로 추정되고 있다. 초창기의 경기 종목은 경주, 즉 달리기스타디온 뿐이었으나 최후에는 20여 종목이 추가된 스포츠 축제가 되었다. 승자에게 주어진 상은 올리브 관crown of olive leaves이었다.

피티아제Pithia Festival

코린트항의 북쪽 해안 델피Delphi, 즉 델포이에서 열린 것으로 올림피아제 다음가는 성대한 제전경기였다. 델피에서는 바다를 관장하는 포세이돈을 주신으로 섬겨 왔지만 미케네 시대부터 아폴론Apollon을 주신으로 섬기게 되었다. 피티아제는 주신 아폴로Apollo를 예찬하는 행사로 처음에는 음악경연대회를 하는 축제에서 출발하였다. 그러나 델포이 성전 이후인 기원전 586년부터 4년마다 올림피아드(올림피아제가 열리는 해로부터)의 3년째 해에 열리다가 기원전 582년부터 달리기에 기마경기와 전차경주가 추가되었다. 승자에게는 월계관이 수여되었다.

이스트미아제Isthmia Festival

이스트미아 경기대회는 코린트 해안 남쪽의 이스트모스 바다의 신神인 포세이돈을 받들어 모시는 성지에서 개최되었다. 이스트미아제는 올림피아제에 버금가는 규모로, 올림피아드의 2년째와 4년째에 열려 다른 경기와는 달리 2년마다 개최되었다. 그러나 기원전 146년 로마의 그리스 정복으로 인하여 코린토스가 완전히 파괴되자 그 운명이 다하게 되었다. 포세이돈Poseidon을 주신으로 한 행사였으며, 경기 종목으로는 스타디온 경주, 전차경기, 기마경기 등이 있었다. 상으로는 소나무 관을 주었다.

네메아제Nemea Festival

네메아라는 명칭에 관해서는 두 가지 설화가 있다. 첫째는 그 부근을 흐르던 강의 신이 있었는데, 그 신의 딸 이름을 딴 것이라는 설이다. 둘째, 제우스와 세메레의 딸로서 그 지방 왕이었던 리코르고스의 아내 네메아의 이름에서 딴 것이라는 설이다. 코린트항의 남서 계곡에서 열린 이 제전은 기원전 573년부터 올림피아드의 2년째에 열렸다. 경기 종목은 경주, 레슬링, 판크라티온, 5종경기, 무장경기, 전차경기 등이었다. 주신은 올림피아제와 마찬가지로 제우스였다. 승자에게는 야생 셀러리 관crown of wild celery을 상으로 주었다.

2. 고대 올림픽

올림픽의 기원에 관한 설

올림피아제의 기원에 관한 설은 크게 두 가지가 있다. 하나는 헤라클레스가 엘리스Ellis의 왕 아우게이아스와의 싸움에서 승리한 뒤 승리를 축하하는 경기를 개최하였다는 설이다. 다른 하나는 펠롭스가 피사의 왕 오이노마오스와 벌인 전차경주에서 승리한 것을 축하하기 위해서 개최하였다는 설이다.

올림픽의 개최 시기

고대 올림픽이 1년 중 어느 시기에 개최되었는지에 대해서는 정확한 기록은 없으나 여름에 열린 것으로 추정하고 있다.

경기대회의 운영

• 휴전 약속

전쟁을 하다가도 휴전을 하는 소위 '올림픽 정전Olympic truce'이 있었다.

올림픽이 열리기 10일 전에 정전停戰을 선포하면 전쟁을 하고 있던 도시국가들도 상호 휴전에 들어갔다.

• 심판 및 참가 선수에 대한 규정

심판은 10명이었으며, 참가 선수는 순수한 그리스 혈통의 남자로서 정치·종교적인 형벌을 받은 적이 없고, 엘리스의 역원이 지·덕·체를 겸비하였다고 인정한 자였다. 그리고 10개월 이상의 연습, 부정·비열한 행동을 하지 않겠다는 맹세가 요구되었다.

• 우승자와 상품

올리브 관이 주어진 것은 올리브가 제우스신의 성목聖木이었기 때문이다. 제7회 대회 때부터 승자에게는 올리브 관이 주어졌다. 그 이전까지는 사과 열매를 주었으나 이피토스가 델피 신탁을 들어가며 "비단과 같이 아름다운 무늬를 가진 야생 올리브를 주라"고 한 이래 승자에게 올리브 관을 수여하게 되었다.

경기 종목

초기 고대 올림픽에서 실시된 경기 종목은 1~2개 종목에 불과하였으나 점차 23개 종목으로 늘어났다. 주된 종목은 경주달리기, 도약멀리뛰기, 투창, 투원반, 레슬링, 5종경기달리기, 멀리뛰기, 투원반, 투창, 레슬링, 권투, 판크라티온pankration, 전차경주chariot and horse race 등이었다.

• 경주競走: foot race

경주stadion, 즉 달리기는 단거리인 스타이온stadion, stade 경주, 스타디온을 왕복하는 디아울로스diaulos[13]나 스타디아stadia, 20~24스타디온을 달리는 장거리경주, 돌리코스dolichos 등 종류가 다양하였다.

---

13 이 말은 음악을 연주하는 이중 파이프의 이름에서 유래되었다.

- 투원반投圓盤: discuss throwing

고대 그리스에는 돌 던지기 경기도 있었으나 올림픽 종목에 든 것은 원반던지기Diskobolia였다. 호머호메로스의 「일리아드」에는 아킬레스아킬레우스가 철괴鐵塊를 가장 멀리 던지는 사람에게 상을 주는 것으로 나타나 있다.[14]

- 투창投槍: javelin throwing

투창경기Akontismos는 정확성과 거리를 두고 경쟁을 한 경기였으며, 전쟁을 위한 훈련과도 밀접한 관계를 갖고 발달되었다.

- 도약跳躍: jumping

도약경Halma은 멀리뛰기였으나 달려와서 뛰었는지 제자리에서 뛰었는지는 명확하지 않다.

- 레슬링wrestling

레슬링Pale은 그리스인의 신체적 힘과 기민성, 우아함을 나타내는 대표적인 스포츠였다. 서서하는 정자세, 즉 스탠딩 레슬링standing wrestling과 바닥에 엎드려서 하는 그라운드 레슬링ground wrestling 두 종류였다.[15]

- 판크라티온pankration

오늘날의 이종격투기처럼 레슬링과 권투가 혼합된 형태였다. 주먹으로 때리는 것이 허락되었고, 다리 걸기와 발 걸기도 할 수 있었으나 할퀴기와 물기는 금지되었다.

- 5종경기pentathlon

5종경기는 만능 운동선수를 가리던 종목이었다. 원반던지기, 멀리뛰기, 창던지기, 달리기, 레슬링 순서로 오후 한나절 동안 경기를 가졌다.

---

14 Waldo E. Sweet, *Sport and Recreation in Ancient Greece*, p. 40.

15 Deobold B. Van Dalen et al, *A World History of Physical Education*, pp. 54~55. 주디스 스와들링 지음, 김병화 옮김, 『올림픽 2780년의 역사』, p. 124.

- 권투Boxing

그리스의 권투Pygme는 격렬하였다. 선수들은 손에 가죽 끈을 감고 싸웠다. 햇빛을 바라보고 싸우는 상대의 불리함을 없애기 위해 주로 정오에 경기를 하였다.

- 전차경주

전차경주는 테트리폰tethrippon이라는 사두마차 경주와 시노리스synoris라는 이두전차경주가 있었다. 그리고 당나귀나 망아지가 끄는 전차수레경주도 있었으며, 안장이나 발걸이도 없는 경마경주도 있었다.

쇠퇴와 종말

운동경기의 윤리가 매우 강조되었던 올림피아제도 후반으로 접어들면서 점차 상업화되었다. 자연히 승리지상주의 풍조가 만연하였고, 직업선수가 등장함으로써 숭고한 그리스의 체육 이상理想은 점차 사라지게 됨으로써 쇠퇴의 길로 들어갔다. 서기 393년에 데오도시우스 1세Theodosius I가 왕위에 오르면서 기독교를 보호하기 위하여 다른 종교를 배척하였기 때문에 그리스의 신神들과 연관된 올림피아의 각종 제전경기도 금지되었다. 기원전 776년부터 서기 393년까지 293회를 끝으로 막을 내리게 되었다.

역사적 의의

첫째, 그리스의 민족적 단결과 평화 유지에 공헌하였다.
둘째, 그리스의 학문과 예술의 발전에 기여하였다.
셋째, 근대 올림픽의 제창으로 이어져 인류 스포츠 문화의 발달에 공헌하였다.
넷째, 운동경기 및 체육의 가치와 윤리에 대한 유산을 남겼다.

그리스의 체육 사상

1. 그리스 체육과 스포츠의 사상적 배경

고대 그리스의 체육과 스포츠 문화는 종교, 군사, 신체미학 등과 같은 사상적 배경을 갖고 있다. 첫째는 종교적 배경이다. 그리스는 신神들의 땅이었고, 운동경기는 제례의식과 연관되어 있었다. 둘째는 군사적 배경이다. 고대 그리스 신체 문화의 발달은 군사 문화와 직결된 것이 많았다. 고대 사회에서 생존을 위해 중요한 것은 사냥과 같은 생존 활동과 국가 방위였다. 따라서 신체 문화는 달리기, 뜀뛰기, 던지기, 격투 등과 같은 생존 활동이나 전쟁과 관련된 활동을 바탕으로 발달되었다. 셋째는 신체미에 대한 숭배 사상이다. 그리스 체육과 신체 문화는 건강 중시 사상을 바탕으로 한 신체미 숭배 사상에 토대를 둔 것이었다.

2. 철학자들의 체육관

소크라테스의 체육관

소크라테스Socrates, 469~399 BC는 철학자로서 전통적인 지식보다는 진리를 찾는 일을 교육의 주된 목표와 기능으로 보았으며, 체육은 건강의 유지와 전투력의 유지를 위해 필요한 것으로 보았다. 크세노폰Xenophon의 저서에 수록된 소크라테스의 체육에 관한 신념이 그것을 보여 준다. 그는 "전쟁이 발생하거나 위기에 처하였을 때, 잘 훈련되지 못한 젊은이가 국가에 무슨 도움이 되겠는가! 결과적으로 한 인간이 자신의 신체가 지닐 수 있는 아름다움과 힘을 바라보지 못한 채 늙어 간다는 것은 얼마나 불명예스러운 일인가"라고 말하였다.[16] 소크라테스는 심신이원론적 사고를 갖고 있었는

데 그가 지향한 체육의 목적 개념에는 심신의 건강과 신체미의 추구, 국방력의 강화 등이 내포되어 있었다.

플라톤의 체육관

플라톤Platon: Plato, 429~347 BC은 인간이 추구할 기초적인 원리를 정의正義라고 보았으며, 정의에 도달할 수 있는 진정한 행복만이 진리眞理라고 주장하였다. 그래서 교육의 목적을 행복의 실현에 두었으며, 교육의 두 영역을 음악문학, 수학 등도 포함된 개념과 체육으로 보았다. 그는 음악을 통해 미美와 선善에 관한 상상想像을 자극하여 우아한 영혼을 가꿀 수 있을 것으로 믿었다. 그리고 체육을 통해 전사로서의 능력을 강화할 수 있다고 보았다.

아리스토텔레스의 체육관

아리스토텔레스는 교육에서 개인의 발달을 세 단계로 파악하였다. 첫째, 신체적 성장이 이루어지는 시기, 둘째, 영혼의 비이성적인 부분-욕망, 열정-이 두드러지는 시기, 셋째, 이성의 우위에 의해 전체 성장 과정의 의미가 명백히 드러나는 시기 등으로 파악하였다. 그는 이 세 단계에 상응하는 교육을 "신체의 교육, 인격의 교육, 지력의 교육"으로 보았다. 아리스토텔레스도 영혼을 강조하였으나 체육도 교육의 가장 기본적인 영역 중 하나로 파악하였다. 그는 『정치학』에서 체력 훈련과 군사 훈련을 강조하고 그러한 목적을 위해 체육의 필요성을 다음과 같이 강조하였다.

첫째, 아리스토텔레스는 심신일체론적 사고를 지녔으며, 체육을 교육의 기본적인 영역으로 파악하였다. 둘째, 아리스토텔레스는 실용성에 바탕을 둔 것으로 체육은 건강과 국가적군사적 임무 수행 능력을 위해 필요한 것으로 파악하였다. 셋째, 아리스토텔레스가 체육을 통해 추구한 것은 신체적 탁월성, 즉 건강, 미, 훌륭한 체격, 경기 능력 등이었다.

16　Gardiner, *Greek Athletic Sports and Festivals*, p. 130, Dalen, op. cit., p. 61.

제3장

로마의 체육과 스포츠 문화

• 학습 목표

1. 로마 시대의 사회와 문화를 이해한다.
2. 로마 시대 체육의 제도와 내용을 파악한다.
3. 로마 시대 스포츠 문화의 유형과 성격을 이해한다.
4. 로마 시대 체육과 스포츠 문화의 사상적 배경을 파악한다.

유혈 스포츠의 현장, 콜로세움.

로마의 사회와 교육

1. 로마의 사회와 문화

로마 역사는 공화정 시대와 제정 시대로 구분된다. 공화정 전기6~3 BC의 로마는 라틴 동맹을 결성하여 이탈리아 반도 대부분을 통일하였으며, 훌륭한 도로를 건설하여 로마와 지방과의 상업적, 군사적, 문화적 교류를 원활히 한 뒤 점차 지중해로 진출하였다. 공화정 후기3~1 BC 로마는 지중해 제해권을 장악하였고, 그리스, 유럽, 소아시아, 이집트, 중동까지 지배권을 확대하여 대로마제국을 건설하게 되었다.[17]

대제국을 건설한 뒤부터 로마의 공화정은 점차 변질되어 갔다. 군벌 시대로 이어지던 로마 공화정의 역사는 기원전 31년 옥타비아누스가 악티움Actium 해전에서 안토니우스에게 승리를 거둔 이후 사실상 막을 내리게 되었다. 제정 시대 '아우구스투스Augustus'의 국제개혁國制改革으로 '로마의 평화 시대Pax Romana'를 맞았으나 마르쿠스 아우렐리우스Marcus Aurelius, 121~180 황제가 사망한 이후 군벌 시대를 자초하여 476년 종말을 맞게 되었다.

로마는 짜임새 있는 법과 행정, 훌륭한 도시 건설 등을 문화유산으로 남겼다. 헬레니즘 세계의 정복 과정을 통하여 그 문화를 수용하고, 거기에

---

17 이하 로마 역사 분야는 하웅용(한체대), 김복희(안동대) 교수에 의해 보완·감수되었다.

독특한 라틴적인 요소를 첨가함으로서 유럽의 고전 문화를 완성시켰으며, 기독교를 보편적이고 세계적인 종교로 성장시켰다.

2. 로마의 교육

공화정 시대의 로마는 속국에 대한 지배를 강화하는 데 필요한 군사적 교육을 하였으며, 기원전 450년경 제정된 12표법the Twelve Tables을 토대로 교육이 실시되었다. 교육에서는 주지주의적主知主義的인 내용보다는 도덕성, 애국심, 용감한 전사로서의 자질 등이 강조되었다. 16~17세가 되면 성인의 식을 치르고 무기 사용법, 전략 등과 같은 교육을 받았다. 공화정共和政 후기부터는 점차 교육제도도 발달되었다. 제정 시대였던 기원전 3세기경에 있었던 루두스ludus, 즉 초등학교 교육이 실시되었다. 그 후 문법학교도 등장하였다. 문법학교의 대표적인 교과목은 문법文法, 수사학, 변증법논리학, 기하학 등이었고, 그중에서도 가장 압도적인 지위를 차지한 교과목은 문법과 수사학이었다. 특히 웅변술에 깊은 관심이 집중되었다.

제2절
로마의 체육

1. 체육의 목적

로마에서의 체육은 곧 군사 훈련이었으며, 로마의 청년들은 훌륭한 군인이 되는 것이 국가에 충성하는 길로 인식하고 있었기 때문에 체육 활동은 곧 전형적인 군사 훈련 중심의 내용으로 구성되었다. 그리고 체육의 목표는 건강한 신체, 의지력, 용기 등 전투 체력의 강화와 직결되어 있었다. 그러나 로마 후기에는 관중들에게 즐거움을 주기 위한 오락적 성격의 체육 활동이 성행하였다.

2. 체육의 제도와 내용

전기 로마의 체육

로마 청소년들이나 군인들은 연병장에서 주로 군사 훈련을 비롯하여 경주달리기, 도약경기, 투척경기, 권투, 레슬링, 수영, 승마 등과 같은 훈련을 받았다. 17~47세까지 국가 유사시에는 전투에 참여해야 할 의무가 있었다. 공화정 초기 로마 지배계급의 청소년들은 연병장 캠퍼스 마르티우스 Campus Martius에서 경주, 권투, 레슬링, 투원반, 투창, 양궁, 수영, 중무장 행군, 구기 운동ball game으로 단련을 하였다. 귀족의 자제들은 전차경주, 승마경기, 기병 훈련 등에 참여하기도 하였다. 또한 500명의 보병, 30명의 기병, 20명의 코끼리 등이 한 팀을 이루어 다른 팀과 모의전sham battle을 하기도 하였다.[18] 그리고 유희적 성격을 지닌 게임으로 핸드볼, 트리곤trigon, 스파에로마키에sphaeromachiae, 펀치 볼punch ball, 하패스툼harpastum 등이 있었다.[19]

후기 로마의 체육

후기 로마 사회에서 체육 활동을 한 대표적인 집단은 청년단, 주베누스 Juvenus였다. 아우구스투스는 오늘날의 보이스카우트Boy Scouts와 같은 청년단, 주베누스Juvenus를 창설하였다. 이 청년단은 부유한 계층의 지원을 받

---

18 C. W. Hackensmith, *History of Physical Education*, p. 59.

19 N. D. Young, "Did the Greek and the Romans Play Football", *Research Quarterly* 15, p. 312.

았다. 주베누스의 체육 활동 내용은 전기 로마의 캠퍼스 마르티우스 연병장의 활동 내용과 비슷하였으나 가장 중요시된 것은 기병 훈련의 하나로 실시되었던 트로이 게임the game of troy이었다. 그러나 후기 로마 시대에는 체육 활동이 쇠퇴하였고, 가장 성행하였던 것은 직업 경기자들의 경연이었다.

제3절

로마의 스포츠와 오락

1. 로마 스포츠의 유래

로마에는 소아시아Asia Minor로부터 이동해 온 에트루리아인Etruricans들이 이탈리아의 중서부 지방으로 이주해 와서 살게 되었다. 그러한 배경으로 로마의 신체에 대한 철학, 놀이, 게임, 스포츠 등은 에트루리아인들의 영향을 직접적으로 받게 되었다.[20] 에트루리아인들은 경주, 멀리뛰기, 투원반, 레슬링, 권투, 수영, 투창, 전차경주 등을 즐겼다. 귀족들은 축제의 연회에서 사망한 전사들의 영혼을 달래기 위해 죄수들을 이용한 격투 스포츠combative sport나 동물을 이용한 유혈 격투 스포츠의 관람도 즐겼다. 검투사경기, 전차경주, 동물이나 죄수를 이용한 유혈의 격투 등과 같은 로마의 스포츠 문화는 에트루리아인들의 신체 문화유산이 계승된 것이었다.

---

20 Vera Olivia, *Sports and Games in the Ancient World*, p. 155.

44• 체육과 스포츠의 역사

2. 로마 관중 스포츠와 오락

로마 스포츠의 성격과 기능

전차경주나 검노劍奴, gladiator들의 격투 등은 대중을 현혹하던 소위 그레코로만 쇼였다.[21] 공화정 후기와 제정 시대의 정치인들은 원형연무장이나 원형경기장의 쇼를 정치적으로 이용하였다. 정치가들은 그들의 지지를 위해 시민들에게 각종 비천한 유형 스포츠를 여흥거리로 제공하였다. 지배계급은 시민의 혁명을 두려워한 나머지 대중에게 여흥거리를 제공함으로써 그들의 정치적 운運을 계속 이어 가고자 하였던 것이다.[22] 따라서 로마의 스포츠는 현대적 의미로 해석할 때 탈정치화의 수단으로 볼 수 있다.

각종 스포츠와 오락

로마의 사적, 공적인 각종 게임들은 주로 '원형경기장Circus'에서 열렸다. 대표적인 원형경기장은 키르쿠스 막시무스Circus Maximus, Circo Massimo였다. 치르코 막시모는 전차경주장으로 약 6만 명 정도를 수용할 수 있었다. 기원전 200년 이후 키르쿠스 플래미니우스Circus Flaminius, 221 BC를 비롯하여 더 많은 경기장이 건립되었다. 대표적인 경기는 전차경주였는데 곡선 주로를 돌 때 큰 위험을 동반하였기 때문에 사상자가 많이 생겨났다.

원형경기장과 함께 로마의 스포츠와 오락이 행하여진 곳은 원형연무장 amphitheater이었다. 원형연무장의 가장 대표적인 쇼shows는 검투사가 호랑이, 사자 등을 상대로 싸우는 야수사냥venationes이었다. 그러나 후기로 와서 야수사냥은 인간과 인간의 격투로 변하였다. 대표적인 원형연무장은 콜로세움Colosseum이었다. 그곳에서 열린 가장 자극적인 관중 스포츠는 '검노의 격투gladiatorial combat'였다. 검투사경기는 원래 장례경기에 기원을 둔 것

---

21 E. Norman Gardiner, *Athletics in the Ancient World*, pp. 120~27.

22 Robert A. Mechikoff and Steven G. Estes, op. cit., p. 77.

으로 에트루리아인을 통해 로마로 전해진 것이 관중들의 여흥거리로 변질되었다.

관중 스포츠 외에 로마 시대의 사회상을 대변하는 것 중 하나가 목욕문화였다. 후기 로마 사회에는 많은 공중목욕탕public baths이 생겼으며, 그것을 테르마에Thermae라고 불렀다. 대표적인 것으로는 티투스Titus, 카라칼라Caracalla 등이 있었다. 로마인들은 피지배지에도 대형 목욕탕을 건립하였다. 봄베이Pompeii 시의 테르마에는 오늘날까지도 보존되고 있고, 로마의 지배를 받았던 영국 바스Baths에도 로마의 목욕 문화유산이 잘 보존되어 있다.

3. 로마 시대의 올림픽

로마는 서기 86년 그리스 침략 때 대부분의 그리스 성지를 파괴해 버렸다. 역사가 파우사니아스Pausanias가 올림피아를 방문한 것은 서기 174년이었다. 그때까지 헤라 신전과 각 보물 창고에는 고가의 봉납품이 소장되어 있었다. 그러나 3세기에 들어 도시가 재정적으로 어려워져 선수들은 훈련을 받을 수 없는 상황이었으며, 부패로 인해 올림픽에 대한 관심도 약화되었다. 고대 올림픽은 로마 지배 이후 이집트, 페니키아, 아르메니아 등 여러 국가의 선수들이 출전하는 등 명맥은 유지되었으나 3세기 중반 제우스 신전을 비롯한 많은 신들의 성역이 파괴되면서 종말을 향하고 있었다. 데오도시우스 황제가 이교도적異敎徒的인 모든 것을 금지한 다음 해인 서기 393년 고대 올림픽은 293회 대회를 끝으로 종말을 맞았다.

제4절

로마의 체육 사상

1. 기독교 사상과 오락적 스포츠

로마 시대 기독교의 성장은 체육과 스포츠 역사에 큰 영향을 미쳤다. 기독교가 확산되어 로마의 국교가 된 이후 종교계의 지도자들은 로마의 비천한 유형 스포츠를 저주하였다.[23] 로마 교회에서 스포츠를 금기시한 가장 큰 이유는 스포츠가 다른 신들을 숭상하던 관습과 관련된 이교도적인 성격 때문이었다. 각종 운동경기는 죽은 자의 영혼을 달래거나 다른 신神, 즉 이교異敎와 밀접한 관계를 갖고 발달되었기 때문에 기독교를 국교로 삼게 된 로마 사회에서 올림픽을 지원할 수는 없었던 것이다.

2. 체육 사상

갈렌

갈렌Claudius Galen, 130~200 AD은 17세 때부터 의학을 공부하였고, 치료술을 익힌 당대 유명한 의사였다. 그는 건강한 시민의 육성을 중요시하였으나, 그러한 사고방식으로 인해 영웅으로 추앙받는 직업적인 운동선수professional athletes의 활동에는 반대하였다. 그는 저서 『직업 선택에 관한 권고』에서 로마의 직업적인 운동선수들을 비판하며 과도한 운동, 과식, 돼지와도 같은 지나친 수면 등은 건강에 도움이 되지 않을 것이라고 말하였다. 그리고 운동선수들은 결코 건강하지도 아름답지도 않다고 비판하였다.[24]

---

23 Don Kyle, *Directions in Ancient Sport History, Journal of Sport History* 10, p. 30.
24 E. Norman Gardiner, op. cit., p. 115.

그러나 건강을 위해 레슬링, 판크라티온, 달리기, 권투, 체조 등과 같은 운동은 권장하였다.

유베날리스

유베날리스Decimus Junius Juvenalis는 기원전 2세기경 많은 풍자시를 남겼던 인물로 지배계급의 사치스러운 생활상을 비판하였다. 그는 16권의 풍자시를 남겼는데, 제10권에 등장하는 말 때문에 체육사에 남게 되었다. 그는 풍자시 10권에서 인간은 소원이 있으면 신에게 제물을 바치고 기원만 할 것이 아니라 '건강한 신체에 건전한 정신이 있기'를 기원해야 할 것이라고 적었다.[25] 그의 작품은 세상에 대한 풍자였고, 혼탁해진 사회에 대한 비판이었다. 그런데 영국 철학자 존 로크John Lock 1632~1704가 『교육론Some Thoughts Concerning Education』(1693)의 책머리에 "건강한 신체에 건전한 정신이 있다A Sound mind in a Sound body"라는 유베날리스의 말을 인용함으로써 널리 확산되어 오늘날까지 체육의 필요성을 강조하는 캐치프레이즈로 사용되고 있다.

---

25 김상순, 『서양체육사』, p. 144. 김동규, 『서양체육사』, p. 143.

제4장

중국의 체육과 스포츠 문화

• 학습 목표

1. 고대 중국의 사회와 문화를 이해한다.
2. 고대 중국의 교육과 체육 활동 유형을 파악한다.
3. 고대 중국 스포츠 문화를 탐색한다.
4. 고대 중국 신체 문화의 사상적 토대를 이해한다.

역사의 불가사의, 만리장성.

고대 중국의 사회와 교육

1. 고대 중국의 사회와 문화

중국 역사에서 고대는 은, 주殷, 周, BC 1600~BC 256와 진秦, BC 221~206, 한漢, BC 206~AD 220의 시대까지를 일컫는다. 주周나라는 은나라의 압박을 받으며 성장하였으나 후에 은을 멸망시켰다. 주나라는 봉건제도의 틀 속에서 강력한 국가를 건설하였으나 기원전 249년 진秦나라에게 멸망당하였다. 진나라는 기원전 221년 무력으로 중국을 통일하고 법가주의法家主義에 따라 전제군주제의 중앙집권적인 국가를 건설하였다. 그러나 한漢나라의 봉기로 건국 15년 만에 멸망하였다. 한나라The Han Government, BC 206~AD 220에서는 중앙집권제가 성립되었다. 그리고 불교가 전래되고 도교가 횡행하였으며, 특히 유교가 핵심 사상으로 대두되었다.[26]

2. 고대 중국의 교육

주 왕조Chu Dynasty부터 중국 문화는 형태를 갖추게 되었으며, 제자백가들이 출현하였다. 주나라에는 중앙에 대학과 소학이 있었다. 대학의 교과목은 예禮, 악樂, 사射: 궁술, 어御: 승마, 서書, 수數 등 육예六藝였다. 소학에서

---

26 이하 고대 중국사 분야는 박귀순(영산대) 교수에 의해 수정·감수되었다.

는 일상생활에 필요한 쇄소灑掃, 응대應待 등 가정도덕을 가르쳤다. 진秦나라는 천하를 통일하고 황제 통치 말년BC 213 사상의 통일을 이룩하기 위하여 의약, 점성, 농업 등 실용 서적을 제외한 제자백가諸子百家 서적들을 불사르고 실용주의적인 교육을 지향하였다. 한漢나라는 유교를 관학으로 정하여 유교 중심의 교육을 실시하게 되었다.

제2절
고대 중국의 체육

1. 체육의 목적

고대 중국에도 건강의 증진과 군사력의 강화를 위한 체육 활동이 존재하였다. 『예기禮記』에는 13세 때 음악을 배우고 시가詩歌를 부르며, 15세에는 사射와 승마乘馬를 배운다고 기록되어 있다.[27] 공자가 중시한 육예六藝가 예禮, 악樂, 사射: 궁술, 어御: 승마, 서書, 수數 등이었듯이 고대 사회부터 궁술과 승마는 신체적 교육의 중요한 부분을 차지하고 있었다. 그리고 악樂에는 무용도 포함되어 있었다. 군사적 활동으로서 주走, 도跳, 투投 등을 비롯하여 무술武術과 같은 무예 체육 활동도 있었다. 따라서 고대 중국 체육은 넓은 의미에서 군사적, 교육적 목적을 지닌 것으로 볼 수 있다.

---

27 최종삼, 『체육사』, p. 25.

2. 체육의 제도와 내용

고대 중국의 청년들은 사射, 궁술, 승마乘馬, 검무劍舞, 주走, 도跳, 투投, 우슈武術, 도술, 창술, 권법, 상박相撲, 각기, 줄다리기 등과 같은 무예 훈련의 성격을 띤 활동의 수단으로 교육받았다. 궁술과 승마는 전쟁을 위한 훈련으로서도 중요하게 취급되었지만 사례射禮는 덕을 쌓는 교육의 과정으로 취급하였다. 예컨대 주나라의 대사례Great Archery는 세 가지 의미를 지니고 있었다. 첫째, 제후와 군신을 시험하는 것덕이 있는 자의 선발, 둘째, 제후가 추천한 선비를 시험하는 것, 셋째, 군신 상호 간의 예와 악樂을 배우는 것 등이었다.

제3절

고대 중국의 스포츠

1. 스포츠의 성격

고대 중국의 대표적인 유희는 궁술, 축국, 투호, 줄다리기 등이었다. 여성 스포츠로서 추천鞦韆이 있었다. 이러한 스포츠는 군사 훈련의 성격을 띤 스포츠와 오락적 성격을 띤 스포츠로 분류할 수 있다.

2. 스포츠의 종류

고대 중국의 대표적인 스포츠로는 궁술, 축국, 투호, 추천 등이 있었다. 궁술은 군사적, 교육적 목적의 체육 활동으로 분류하였으나 유희적 성격도 지니고 있었다. 주나라 시대의 사례射禮로는 대사大射, 빈사賓射, 연사燕射, 향사鄕射 등이 있었다. 대사례는 종묘에 제사를 주관할 자와 참관할 자를 결정하기 위한 궁술경기였고, 빈사례는 제후들이 천자에게 입조하였을 때 예의 절차로 실시한 행사였다. 그리고 족구足球, 축국蹴鞠 등으로 불린 축구와 비슷한 유희가 있었다. 투호는 천자, 제후, 귀족들이 연회에서 레크리에이션으로 즐겼고, 추천은 여자들도 참여하는 대중적 놀이였다.

제4절

고대 중국의 체육 사상

1. 유가와 체육

유가 사상[28]은 공자551~479 BC로부터 비롯되었다. 공자 철학의 중심 개념은 인仁이었다. 유가 사상에서는 예禮, 악樂을 중시하였으며, 육예六藝를 인정하여 예禮, 악樂, 사射: 궁술, 어御: 승마, 서書, 수數를 권장하였다. 공자는 직접 향사鄕射에도 임하였다. 논어에서 군자는 다투는 일은 없어야 하나 활쏘기에서만은 예외로 경쟁을 하는 것은 군자다운 것이라고 하였다. 이처럼 유가에서는 활쏘기와 승마 등의 교육적 가치를 인정하고 권장하였다.

---

28 흔히 유가 사상과 유교(儒敎)를 혼동하는 경우가 있다. 엄밀히 말하자면 유교는 한대(漢代)에 공자를 성인(聖人)으로, 유학을 성교(聖敎)로 추앙하여 탄생한 일종의 정치성과 종교성을 띤 이념이다. 따라서 유교는 철학 사상으로서의 유가 사상이나 유학과 구별된다.

2. 법가와 체육

법가法家는 중국의 전통 사상 중 한 학파로써 전국시대戰國時代에 형성되었다. 예치 사상禮治思想에 대립각을 세우고 출현한 것으로 강력한 제도와 법령을 공포해서 법치法治를 핵심으로 하였다. 그 중심에는 한비韓非가 있었다. 그는『한비자韓非子』를 저술하고, 효험效驗을 중시하고, 법률이 곧 교육이라고 보았다. 법가 사상은 군사 훈련으로 궁술 등 신체 활동의 필요성을 강조함으로써 군사 체육 발전의 기초가 되었던 것으로 평가되고 있다.

제2편
중세 및 근세 초기의 체육과 스포츠 문화

제1장

중세의 체육과 스포츠 문화

• 학습 목표

1. 중세 사회와 교육제도를 이해한다.
2. 중세의 기사 체육 제도와 내용을 파악한다.
3. 중세 놀이 및 스포츠 문화의 유형을 파악한다.
4. 중세 기독교 사상과 신체 문화의 관계를 이해한다.

중세 기사의 토너먼트(멜리).

중세 기독교 사회와 교육

1. 중세의 사회와 문화

중세 유럽의 사회

유럽에서는 4세기 말엽부터 10세기 말까지 약 600여 년 동안 혼란과 무질서가 계속되는 상황에서 봉건제도封建制度, feudalism가 생겨났다. 봉건제도의 핵심은 주종제도였다. 국왕을 정점으로 하고, 평기사平騎士를 저변으로 하는 피라미드형 계층구조가 형성되었다.

봉건제도와 가톨릭교회를 기반으로 성립된 중세 유럽 사회는 11세기에 들어 점차 정치적 안정과 사회적·경제적 성장의 길로 들어섰다. 그러나 십자군 원정으로 서유럽 사회가 차츰 변하면서 장원제의 기틀이 무너지고 기사계층騎士階層의 특권적 지위도 흔들리게 되었다. 도시의 발달로 시민계층의 세력이 커지자 국왕은 왕권을 강화하여 봉건 제후들을 눌러 중앙집권체제를 확립해 갔다. 그리고 로마 가톨릭교회의 세속화와 타락의 결과는 종교개혁으로 이어졌다.[29]

---

29 이하 중세사 분야는 학회 사무국 스태프진(옥광, 정의진, 황경숙, 최현주, 김세기, 박은지, 박영길, 박재현)이 집필한 것을 하남길 교수가 감수하였다.

중세의 기독교와 문화

중세 사회의 지배층으로는 영주 및 기사계층騎士階層만이 아니라 교회의 성직자계층도 있었다. 로마의 가톨릭교회는 7세기 말엽부터 전 유럽으로 확장되었다. 각지의 유력한 교회는 지역의 유지들로부터 토지를 기증받아 자연히 정치적, 세속적인 힘을 갖추게 되었다. 그러자 교회가 모든 나라를 통치하는 힘을 갖추게 되었다. 따라서 중세의 문화는 자연히 기독교 중심적일 수밖에 없었다. 중세 1,000년을 통하여 교회는 중세 유럽인의 생활 전역을 지배하였다. 중세 유럽인은 교회를 떠나서는 태어날 수도 죽을 수도 없었다.

기독교의 영향은 학문과 예술 등 유럽인의 지적·문화적 활동에도 미쳤다. 교회가 가르치는 절대적인 권위에 어긋나는 사고는 허락되지 않았다. 철학조차 신학을 위한 학문이었으며, 교육은 물론 건축, 조각, 회화 등에도 그 영향은 그대로 반영되었다. 예컨대 처음에는 비잔틴 양식의 건축이 나타났으나 11세기경에는 로마식 아치로 장식한 로마네스크Romanesque 양식이 나타났다. 그러나 둥근 천정을 지탱하기 위해 벽을 튼튼히 하고, 창문을 줄여야 하였기 때문에 내부가 어두워지는 단점이 발생하였다. 이 단점을 보완하기 위해서 12세기부터 건물을 높이 올려 창문을 많이 낼 수 있는 양식, 즉 천국을 향한 염원이 담겨 있는 소위 고딕 양식이 등장하였다.

중세 중국의 사회

중국의 삼국 시대魏, 吳, 蜀, 220~280는 세 나라가 경쟁적으로 영토를 넓혀가며 약 60년간 무력항쟁을 계속한 시대였다. 위나라에서는 특정 지역에 관유지를 경작케 하는 둔전제屯田制, 구품중정제九品中正法度와 같은 관리 등용제도가 생겨났다.[30] 진西晉 265~316, 東晉 317~420은 천하를 통일하고 군국제

---

30 笹島恒輔 지음, 林榮茂 옮김, 『中國體育史』, p. 33.

도를 도입하였으나 일찍 멸망하였으며, 오호십육국 시대五胡十六國, 304~431
가 되면서 중국 대륙은 혼란에 빠졌다. 439년 북위가 화북을 통일하자 오
호십육국 시대가 막을 내렸고, 5세기 전반부터 6세기 후반까지 중국 대륙
은 남북으로 분열되었다. 남조는 동진東晉의 뒤를 이어 한족漢族이 세운 송
宋·제齊·양梁·진陳으로 이어졌다. 북조는 선비鮮卑의 북위北魏가 동위·서위로
분열되고, 다시 북제北齊·북주北周로 이어졌다. 남조에서는 귀족들이 황제를
정하고 인재를 등용하여 귀족정치를 하였으며, 북조에서는 균전법均田法, 부
병제府兵制 등 병농일치를 지향한 제도가 생겨났다. 수隋, 581~619의 문제는
589년 남조南朝인 진陳을 멸망시켜 중국의 통일왕조를 이룩하였다. 그 뒤를
이어 당唐이 수립되었다. 당나라 시대에는 중앙집권제가 확립되었으며, 율령
체제律令體制, 과거제도, 균전법, 부병제 등이 시행되었다.

2. 중세의 교육

수도원의 교육

중세 초기의 교육을 담당한 기관은 수도원이었다. 6~11세기에 걸쳐 수
도원의 학교에 입학한 소년들은 그들이 속한 승단의 관습과 규칙에 따라
훈련받고, 기도문을 암기하고, 찬송가를 부르며, 신학을 배우고, 수공의 기
술이나 그 밖의 일을 배웠다. 수도원의 지적 프로그램은 7개의 교양 과목
이었다. 그것은 문법, 수사, 논리를 포함하는 3학tryvium과 산술, 기하, 천
문학, 음악을 포함한 4학quadrivium이었다. 그러나 12세기경부터는 대학이
출현하기 시작하였다. 이탈리아의 볼로냐와 프랑스의 파리대학 등이 교사
조합과 학생조합을 토대로 생겨났다. 13세기부터 유럽 각국에는 수많은 대
학이 설립됨으로서 법학, 의학, 신학 중심의 교육이 시작되었다. 그러나 대
학의 교육이 수도원의 영향권에서 벗어나 있었던 것은 아니었다.

중세의 기사 교육

기사騎士 교육은 중세 봉건 사회의 도덕적, 사회적 관례를 엄수하도록 가르치는 데 있었다. 첫째, 신과 군주와 숙녀에게 복종과 봉사를 맹세하고, 무용武勇과 명예의 덕을 쌓아 군주를 위해 투쟁하고 충성할 것을 맹세하였다. 둘째, 기사Knight는 종교적 헌신을 맹세하고 교회를 수호하고 약자와 가난한 자와 억압받은 자를 보호하며 불의를 물리치고 사악한 것을 제거하며 기독교의 이상을 고양하여 종교 의식을 집행할 것을 맹세하였다. 셋째, 기사의 무용에 대한 규범으로 부인을 보호하고 과부와 고아를 보호하며 그가 보호해야 할 숙녀를 위해 싸울 것을 맹세하였다. 초기 기사 교육의 목적은 국가 및 장원의 통치에 필요한 인력과 전사의 육성이었으나 후대에 들어 점차 종교적 의무도 기사 교육의 내용에 추가되었다.

조직적인 기사 교육은 7~21세 사이의 청년들을 대상으로 실시되었다. 1단계는 시동기로 7세부터 14세까지였고, 2단계는 종사기로 14~15세부터 21세까지였다. 시동기의 소년은 성직자가 있는 성城에서 귀부인, 성직자, 사제, 종사 등으로부터 교육을 받았다. 종사기의 청소년은 말의 사육으로부터 무술, 노래, 춤, 단체게임에 이르기까지 기사로서 필요한 훈련을 받았다. 그리고 20~21세가 되면 기사서임騎士敍任을 받고 완전히 독립된 기사가 되었다.

중세 중국의 교육

삼국 시대 위나라의 문제文帝는 낙양에 태학太學을 설립하였으며, 남조에서는 문학과 예술이 발달되었다. 삼국 시대부터 남북조 시대에 이르기까지 유학儒學, 문학文學, 사학史學, 현학玄學 등 소위 4학四學이 있었으나 잦은 왕조의 교체로 일관성 있는 교육제도가 유지되지는 못하였다.[31] 수隋나라는

---

31 위의 책, p. 39.

행정 관리의 양성을 위해 국자학, 태학, 사문학 등을 두었으며, 기술 관리의 양성을 위해 율학, 서학書學, 산학算學을 두기도 하였다.

중세의 체육

1. 중세 수도원과 스콜라의 체육

중세는 신앙의 시대로서 모든 학문을 기독교 신앙을 합리적으로 해석하는 한계 내에서 존재 가치를 인정받았다. 학문의 주류는 신학이었고, 철학은 신학의 시녀에 불과하였다. 교회와 수도원에서는 '스콜라'라는 부설학교를 운영하였고, 그것은 후일 대학으로 발전하였다. 그러한 교육체계 속에서 스콜라 철학이 체계화되었다. 스콜라의 교육체계 속에서 체육은 교육의 중요한 영역으로 인정되지 않았다. 토마스 아퀴나스Thomas Aquinas와 같이 인간의 발육을 위해 운동이 필요하다는 인식을 가진 스콜라 철학자도 있었다. 그러나 대부분의 스콜라 철학자들은 지나치게 지적 측면에 치우친 나머지 편견에 사로잡혀 신체 활동의 의미나 가치를 높게 평가하지 않았다.

2. 중세 기사의 체육

기사와 기사도

기사Knights는 넓은 의미에서는 평기사에서 국왕에 이르기까지 봉건 사회의 지배계급을 지칭하는 용어로도 사용되었다. 그러므로 기사도Chivalry는 말은 지배계급인 귀족 집단의 도덕과 예의범절을 포함한 행동규범을 내포하고 있었다. 하나의 봉건적 규범이었던 것이다.

기사의 주된 임무는 전쟁이었다. 그렇기 때문에 기사의 가장 중요한 덕목은 용맹과 무력, 영주에 대한 충성과 신의였다. 기사제도chivalry는 봉건제도feudalism, 영주제도manorialism와 함께 중세 유럽 사회상을 상징하는 제도적 틀 중 하나였으나, 봉건제도의 붕괴와 함께 기사제도도 붕괴되었다.

기사 체육의 목적

평기사의 주된 임무는 전쟁, 즉 군사적 임무였고[32], 체육 활동은 기사 교육과정의 중핵을 이루고 있었다. 따라서 기사 체육은 군사적 성격이 강하였다. 기사들의 단련을 위하여 채용되었던 각종 무예는 사회적 질서를 유지하고 국가와 교회의 수호를 위한 전투력의 배양 수단이었으며, 체육의 목적은 전투력의 강화와 기사도의 수련이었다.

기사 체육의 내용

기사들은 어린 시절부터 다양한 신체적 훈련을 받았다. 기사 체육의 중심이 된 것은 승마, 수영, 사격弓술, 검술, 수렵, 서양장기chess, 작시作詩 등 소위 칠예를 비롯하여 기마술, 창던지기, 달리기, 도약 운동, 레슬링, 로프 오르기, 줄사다리 타기, 곤봉, 목검 훈련, 장거리 달리기 등 다양하였다. 특히 무장한 상태로 마구馬具를 이용하지 않고 말에 뛰어오르거나 뛰어내리기를 하는 등 마술horsemanship은 매우 중시되었다. 그러한 결과로 중세 기사제도가 남긴 대표적인 신체 문화는 토너먼트tournament나 주스트joust와 같은 마상시합馬上試合이었다.

---

32 Robert A. Mechikoff and Steven G. Estes, *A History and Philosophy of Sport and Physical Education*, p. 96.

기사의 운동경기

중세의 기사는 지배계급을 통칭하는 말이었다. 중세 봉건 사회에서 귀족 계급에 주어진 가장 큰 임무는 군사적 의무였다. 그러한 상황 속에 가장 인기를 끌었던 게임은 토너먼트나 주스트였다.

토너먼트는 소규모의 기병전처럼 30~40명의 기사들이 양편으로 나뉘어 정렬한 다음, 나팔 소리에 따라 제1열에 선 기사들이 돌진하여 격전을 벌이고, 다음 나팔 소리가 나면 제2열의 기사들이 격돌하여 벌이는 모의전 형태의 경기였다. 토너먼트는 11세기 중엽에 시작되었다. 영국의 경우 12세기 경 리처드 1세Richard I가 프랑스로부터 도입한 이래 12~13세기에는 귀족의 일반적인 유희로 성행하였으며, 토니tourney라는 이름으로 16세기까지 이어졌다.

토너먼트의 한 유형으로서 중세 기사의 경기로 뚜렷한 형태를 갖춘 것은 주스트joust와 멜리melee였다. 주스트는 마상시합에서 말을 탄 2명의 무장 기사가 긴 목검으로 벌이던 마상 검술 대결이었다. 주스트와 유사한 형태의 멜리는 말을 타고 하기도 하였으나 주로 육상陸上에서 집단을 이루어 무딘 검으로 벌이던 난투전亂鬪戰이었다. 그 외 배리어barries, 파 담뭐pas d'armes, 아우트런스outrance, 퀸테인quintain, 비아우어드behourd 등과 같은 유사한 경기들도 있었다.

기사 체육의 체육사적 의미

중세 수도원의 교육 내용은 7개의 자유 교과Seven Liberal Arts, 즉 문법, 수사, 논리, 산술, 기하, 천문학, 음악 등과 같은 교양 교과였으나 체육은 포함되지 않아 체육의 암흑시대를 맞았다. 그러나 중세사회에서도 사회체계를 유지하기 위해서는 힘과 용기, 전투력을 지닌 집단이 필요하였다. 기사제도로 인해 기사의 승마, 수영, 사격弓術, 검술, 수렵, 서양장기chess, 작시作詩 등 소위 기사의 칠예七藝와 같은 체육 활동이 장려되었다. 이러한 측면에서 기사 체육은 고대 체육의 맥을 근대로 이어 주는 역할을 하였다는 점에서 체육사적으로 큰 의미를 지닌다.

3. 중세 중국의 체육

중국의 삼국三國, 진晉, 오호십육국五胡十六國, 남북조南北朝 시대는 왕조가 계속 교체된 전쟁의 시대였다. 따라서 각국은 부국강병책을 썼다. 그러한 영향으로 궁술, 검술, 승마, 권법 등이 발달되었으며, 수隋나라, 당나라 시대도 마찬가지였다.

승마

승마는 어느 대륙, 어느 민족을 막론하고 귀족들의 중요한 이동수단이었으며, 전쟁을 위해서도 필수적인 것이었다. 중세 중국에서는 승마술이 발달되었다. 특히 당나라 시대에는 관리 채용을 위한 무거武擧가 도입되어 있었다. 당대의 무거 평가 항목에 기사騎射, 기창騎槍, 중량거重量擧, 중량물운반重量物運搬, 체격體格 등이 포함되어 있었다.

궁술

중세까지는 궁술이 수렵이나 전쟁을 위한 대표적인 도구이며 무기였다. 당나라는 통일을 달성하였으나 북방 기마민족들과 대결하기 위해서는 기사騎射에 능한 군대가 필요하였기 때문에 자연히 궁술이 장려될 수밖에 없었다. 왕실에서는 궁술을 장려하였으며 군인들에게는 궁술 훈련이 필수였다. 예컨대 당나라의 태종은 명사수 100명을 선발하여 백기百騎라고 칭하였다.

의료 및 무예 체조

중세 중국에는 다양한 무술이 발달되었으나 그 정확한 기원을 찾기는 어렵다. 중세 중국의 대표적인 무예는 소림사권법이었다. 달마대사達磨大師가 하남성河南省 소림사少林寺에서 법法을 설파하는 과정에서 이 권법을 창안하였다. 그 이후 여러 세대를 지나 소림사의 나한지권羅漢之拳은 점차 수학修學을 기본으로 하는 북방선의 사람들에게 계승되었다. 그러나 잇단 병화兵禍

와 폐불정책廢佛政策 등으로 인해 소림사는 쇠멸하고 수련 중인 승려들이 산문山門 밖으로 흩어지면서 소림사의 권법은 자연스럽게 민간 사회로 확산되었다.

중세의 스포츠와 오락

1. 중세 귀족 사회의 스포츠

중세 유럽 귀족 사회의 대표적인 스포츠는 토너먼트였다. 사냥과 매사냥, 검술 게임, 그리고 조직화되지 않은 형태의 구기 운동 등이었다.

토너먼트는 봉건 사회에서 사회질서를 유지하는 축전이었으며, 전쟁에 대한 준비이기도 하였다. 초기 귀족들은 토너먼트에 참가하기도 하고 관중으로서 기사들의 경기를 관전하며 즐기기도 하였다.

주스트는 토너먼트 애호가들에게는 경멸의 대상이었다. 그러나 위험한 토너먼트경기의 특성으로 인하여 주스트가 점차 대중성을 확보하게 되었으며, 토너먼트의 애호가들도 점차 주스트경기로 이끌렸다. 주스트는 종종 왕실의 결혼식 행사나 그 밖의 기념식 직후에 열리는 여흥으로 자리를 잡아 갔다. 영국의 경우 웨스트민스터Westminster, 햄프턴 궁전Hampton Court, 그린위치Greenwitch 등지에 주스트 경기장tilt-yard이 마련되었다.

그 외 중세 귀족 사회에서 성행한 스포츠는 사냥과 매사냥, 볼 게임 등이었다. 양궁은 스포츠이자 전쟁의 훈련으로서 매우 장려된 스포츠였다. 사냥은 필드 스포츠field sport로서 귀족들의 여가 생활에 있어서 필수적인 활동이었으며, 사냥의 활성화와 함께 궁술도 발달되었다. 영국에서는 왕의 사냥터는 '포레스트Forest' 또는 '베너리Venery'라고 불렸으며 주로 사슴, 멧돼지, 늑대, 토끼 등과 같은 사냥감이 흔한 지역을 사냥터로 지정해 두고 있었다. 귀족들의 사냥터는 여우, 담비, 이리 등이 흔히 잡히는 곳으로 '체이스chase' 또는 '파크park'라고 불렸다.

가장 일반적인 형태의 구기는 핸드볼이나 테니스 유형의 구기 운동이었다. 핸드볼hand ball이라고 기록된 공놀이는 주로 교회의 벽에 손으로 공을 치는 형태로 알려져 있다. 이러한 유형의 놀이는 오늘날 론 테니스lawn tennis나 스쿼시squash 등과 같은 스포츠의 기원이 된 것으로 추정되고 있다. 대표적인 것은 프랑스에서 손으로 하던 공놀이handball로 추정되는 '주 드 폼Jeu de Paume'이었다.

2. 중세 서양 서민 사회의 스포츠

중세를 체육의 암흑시대, 또는 기사 체육의 시대라고 하지만 중세 초기부터 서민 사회에도 다양한 놀이가 존재하였다. 중세에 성행하였던 구기는 핸드볼hand-ball, 볼링bowling, 파이브즈fives, 거친 형태의 축구rugged ball games, 당구billiards 등과 라켓이나 클럽으로 공을 치는 크로켓croquet, 밴디 볼bandy-ball, 클럽 볼club ball, 트랩 볼trap ball 등이었다. 거친 형태의 축구는 소울soule이라 불리던 놀이였다.[33] 이 게임은 주로 황무지나 개인 소유의 장원에서 볼 수 있었으며, 매우 난폭한 모습도 엿볼 수 있는 집단적인 공놀이였다.

민중의 생활 속에는 유혈 스포츠bloody sports도 성행하였다. 곰 몰이bear-baiting, 투계cock-fighting 등은 로마 지배 시대부터 유럽 전역에서 성행하였다. 중세 영국의 경우 동물의 학대虐待와 연관된 유혈 스포츠가 민중의 생

---

33 R.A. Mechikoff, ibid., pp. 94~95.

활 속에서 깊이 뿌리를 내리고 있었다. 수퇘지boar 싸움, 소몰이bull-baiting, 곰 몰이bear-baiting, 투계cock-fighting, 닭 때리기throwing at cocks 등과 같은 동물 학대 유형의 유혈 스포츠가 성행하였다.

3. 중세 중국의 스포츠

어느 대륙이나 인간의 놀이 문화는 성장하기 마련이다. 중세 중국에서도 스포츠 성격을 지닌 다양한 놀이 문화가 존재하였다. 대표적인 놀이는 마구, 축국, 투호, 상박, 무용 등 미조직화된 형태의 레저 스포츠였다.

마구는 일종의 폴로였는데 페르시아에서 터키 등을 거쳐 중국으로 유입된 것으로 추측된다. 기록에 의하면 당나라 시대의 황제들은 마구의 명수들이었다고 한다. 마구경기장은 길이 1,000보, 폭 100보였으며, 경기자 수는 제한될 경우도 있고 제한이 없는 경우도 있었다.[34]

축국축구도 존재하였다. 당나라 시대에는 두 종류의 축국이 있었다. 하나는 국역鞠域, 운동장이 필요하지 않는 유형이었고, 다른 하나는 구문골대이 있는 유형이었다. 당대에 와서 인기 있는 놀이로 등장하여 문인학사文人學士들도 축국을 즐겼다고 한다. 송나라 시대에 발간된 『축국도보蹴鞠圖譜』에는 1인장一人場, 1인제부터 9인장九人場까지의 여러 가지 경기 방법이 기술되어 있다.[35]

상박相撲은 수나라와 당나라 시대에 성행하였다. 『수서隨書』에는 천하의 명인들이 모여 상박을 관람하였다는 기록이 있다. 송나라 말기에 나온 『각력기角力記』에는 "진서에 상박相撲은 하기下技라 하였다"라고 되어 있다. 그리고 정월에 상박을 하여 기를 겨루는데, 그 폐단이 커서 이를 금지시키자는

---

34 James Riordan and Robin Jones, *Sport and Physical Education in China*, pp. 39~40.
35 笹島恒輔 지음, 林榮茂 옮김, 『中國體育史』, pp. 48~49.

상소가 올라갔다는 기록도 있다.[36]

중세의 체육 사상

1. 신체 문화의 쇠퇴 배경

중세라고 해서 인간의 신체 활동과 관련된 문화가 완전히 소멸된 것은 아니었다. 기사의 교육으로 신체적인 활동이 있었고, 민중의 생활 속에 놀이도 존재하였다. 그러나 고대와 근대 사회와 비교해 볼 때 체육은 암흑기라고 해도 좋을 정도였으며, 각종 신체 문화는 쇠퇴하였다. 그러한 상황이 전개된 복합적인 요인이 있겠지만 주된 요인은 다음과 같다.

첫째, 그리스 후기의 심신이원론적 사고,

둘째, 신체는 사악한 것이라는 금욕주의적 사고,

셋째, 로마 시대 운동경기가 이교異教와 관련이 있다는 인식,

넷째, 로마 시대 비천하고 저속한 스포츠나 운동경기에 대한 반감.

이와 같은 요인으로 중세에는 체육 활동이 활성화될 수 없었으며, 신체 문화도 쇠퇴하였다. 교육 또한 교리 학습과 금욕적 수도 생활과 연관된 내용에 국한되어 조직화된 체육은 생각할 수 없었다. 고대 사회로부터 전승되어 왔던 많은 신체 문화도 쇠퇴하였다.

---

36 위의 책, p. 42.

2. 토마스 아퀴나스의 체육 사상

토마스 아퀴나스Thomas Aquinas, 1225~1274의 사상은 중세 많은 신학체계 중 하나에 불과하지만 이성과 신앙을 조화시키려고 노력한 사실은 높이 평가된다. 무엇보다 중요한 것은 그가 인간의 복지 증진을 위해 신체적으로 건강한 상태를 중시하고 오락의 중요성도 인정하였다는 점이다. 그는 『신학대전Summa Theologist』에서 "행복을 얻는 데 있어서 영혼과 육체의 완벽함이 요구되며 (······) 완전한 행복을 위해서 건강한 신체wellbeing body가 요구된다"고 하였다.[37] 그는 또 지성은 부분적으로 육체에 의존한다고 보았다. 또한 지적인 자산은 기본적으로 마음에 의존할지라도 감각적인 힘이 육체와도 연관된 것으로 보았다. 인식론적 관점에서 볼 때 아퀴나스가 정신을 육체보다 더 우위에 둔 것은 사실이지만 건전한 정신과 건강한 육체 모두 인간이 소유해야 할 바람직한 성질의 것으로 보았다는 점에서 체육사적 의미를 지닌다.

---

37 Robert A. Mechikoff and Steven G. Estes, *A History and Philosophy of Sport and Physical Education*, p. 92.

제2장

르네상스와 종교개혁 시대의 체육과 스포츠 문화

• 학습 목표

1. 르네상스 및 종교개혁기의 사회와 교육제도를 알아본다.
2. 르네상스 및 종교개혁기 학자들의 체육에 대한 가치관을 파악한다.
3. 종파별 체육 및 스포츠 문화에 대한 입장과 태도를 이해한다.
4. 르네상스 및 종교개혁기의 스포츠 문화 발흥 상황을 살펴본다.

르네상스의 상징, 레오나르도 다 빈치의 〈모나리자〉.

르네상스 시대의 사회와 교육

1. 르네상스 시대의 사회와 문화

유럽의 새로운 각성으로 불리는 '르네상스Renaissance'는 14~16세기까지 이탈리아에서 북유럽까지 확대된 인간성 해방을 위한 문예부흥, 문화혁신 운동이었다. 르네상스 운동이 일어나자 새로운 인간관과 세계관이 형성되었으며, 15세기 중엽까지 고전에 대한 인문주의적 연구 기풍은 이탈리아를 넘어 북유럽으로 확산되었다.[38]

인문주의의 융성은 문학의 영역을 넘어 고대 문화 전반에 대한 관심을 환기시켰다. 인간의 신체가 지니는 아름다움을 발견하고 인간의 개성적인 내면생활에도 깊은 관심을 갖게 됨으로써 인간 중심적 사고의 확산과 함께 예술도 발달되었다. 보티첼리Botticelli, 1444~1510는 〈비너스의 탄생〉을 통해 기독교적인 죄의식에서 벗어나 인체의 아름다움을 적나라하게 묘사하였다. 레오나르도 다 빈치Lonardo da Vinci, 1452~1519는 〈모나리자Mona Lisa〉로 잘 알려진 〈라 지오콘다La Gioconda〉와 〈최후의 만찬〉 등을 완성하였다. 조각, 회화, 시 등 만능 예술가였던 미켈란젤로는 〈천지창조〉, 〈최후의 심판〉 등과 같은 천정화를 그렸고, 라파엘로Raffaello, 1483~1520는 바티칸 궁의 벽화 〈아테네의 학원〉 등을 창조하였다.

---

38 이하 르네상스와 종교개혁 시대의 역사는 옥광, 김세기, 최현주 등 학회 사무국 스태프진이 정리하고, 하남길(경상대) 교수가 감수하였다.

인간의 발견과 함께 르네상스 시대에는 또 하나의 변화가 일어났다. 외부 세계에 대한 호기심으로 신항로가 개척되고 신대륙이 발견되었다. 15세기와 16세기에 걸쳐 유럽인은 지리학과 천문학, 조선술, 화기火器의 발달을 바탕으로 새로운 땅과 바다를 찾아 나섰다. 제노아 선원 출신의 콜럼버스 C. Columbus, 1466?~1506가 신대륙을 발견한 이래 포르투갈과 에스파냐는 남미의 광대한 대륙을 식민지로 만들었으며, 네덜란드, 프랑스, 영국 등도 앞다투어 아프리카와 신대륙으로 진출하게 되었다.

동양 세계에도 변화가 일어났다. 르네상스 시대의 중국은 원나라, 명나라 시대에 걸쳐 있다. 원나라는 봉건국가로서 무력을 우위에 둔 군정을 펼쳤으며, 유목민으로서 문화적 정체성은 갖지 못하였다. 그러나 명나라 시대부터 당, 송의 옛 문화를 계승함과 동시에 학문을 장려하고 학교를 설립하였다. 그 결과, 유학과 양명학陽明學이 발달되었다.

2. 르네상스 시대의 교육

이탈리아의 개인적 인문주의와 교육

14세기 이탈리아에서는 소위 개인의 자유를 중시하는 '개인적 인문주의 Individual Humanism' 사상이 널리 퍼졌다. 파도바대학에서 논리학을 가르친 베르게리오Pietro Paolo Vergerio, Petrus Paulus Vegerius, 1319~1420는 『신사의 처신과 자유교육De Ingenius Moribus et Liberalibus』이라는 책을 썼다. 비토리노 다 펠트레Vittorino da Feltre, 1378~1446는 만토바Mantova, Mantua에서 인문주의 교육을 시작하였다. 알베르티Leone Batista Alberti, 1404~1472는 「가정론On the Care of Family」이라는 논문을 발표하였다. 피콜로미니Aenead Sylvius Piccolomini는 「자유교육De Liberorum Educatione」이라는 글에서 젊은이들의 훈련에 관한 내용을 다루었다. 베기우스Mapheus Vegius, 1405~1458는 『아동 교육De Educatione Liberorum』이라는 책을 썼다. 그리고 카스티글리오네Baldassare Castiglione,

1378~1529는 『정신론廷臣論, The Courtier, Cortegiono』라는 저서에서 기사 사회의 이상적인 신사의 상과 교양 있는 숙녀의 상을 그렸다. 이러한 학자들의 출현과 공헌은 인문주의적 진보를 가속화하였다. 그러나 인문주의 운동은 이론에 머물렀을 뿐 실제 사회적 행동을 크게 바꾸어 놓지는 못하였다.

중국 원·명의 교육

원나라를 세운 몽골인들은 중국 고전을 충분히 이해하지 못하였으나 인종 황경皇慶 30년1314년부터 과거제도가 실시되어 남송에서 정리된 유학이 북방으로 전파되었다.[39] 명은 몽골족의 지배를 벗어난 다음 한민족의 전통적인 지배체제를 확립하는 데 주력하였다. 과거제도를 도입하고 학교제도를 정비하여 중국의 전통적 문화유산을 국가적 사업으로 집대성하였다. 유학은 학술의 기본이었으며, 그 바탕 위에 과거제가 실시되었다. 송나라, 원나라 시대에 성행하였던 주자학은 쇠퇴하고, 명조 후기부터 양명학이 사상계의 주류가 되어 침체된 유학에 새로운 활력을 불어넣었다. 송나라 시대의 제도를 따라 국자학, 무학, 부학, 주학, 현학 등이 부활하였다. 이론뿐만 아닌 실천에 중심을 둔 교과를 두었다. 또한 궁술이 새로운 교과로 채택되고, 사학私學이 평민들의 교육기관으로 등장하였다.

---

39 신승하, 『중국사』, p. 309.

르네상스 시대의 체육과 사상

1. 르네상스 시대의 체육

초기 이탈리아의 인문주의자들이 지향하였던 '인간의 조화로운 발달'이라는 교육 이상은 체육의 역사에 중요한 의미를 던져 주는 사건임에 틀림없다. 그러나 조직적인 체육 활동은 널리 이루어지지 못하였다. 다만 많은 학자들이 체육의 필요성을 인식하고 체육의 실천을 역설하였다. 그러한 주장들은 근대 체육 발달의 밑거름이 되었다고 평가할 수 있다.

체육의 목적 개념

이탈리아의 인문주의 학자들은 체육의 필요성을 인식하기 시작하였다. 그들의 주장을 보면 당대 체육의 목적 개념은 두 가지로 나타난다. 첫째, 군사적 목적이었으며, 둘째, 심신의 발달이었다.

권장된 체육 활동의 내용

교육적, 군사적 목적을 동시에 지녔던 이탈리아 인문주의 시대에 권장된 체육의 내용은 승마, 사냥, 도약, 펜싱, 달리기 등이었다. 영국에서는 토니, 양궁, 육상, 수영, 매사냥, 테니스, 등산, 수영, 무용, 볼 게임 등이 권장되었다.

2. 인문주의자들의 체육 가치관

베르게리오

베르게리오베르게리우스 Pietro Paolo Vergerio, 1319~1420는 『신사의 처신과 자유 교육』이라는 저술을 통해 그의 교육관을 표출하였다. 그는 왕자의 교육으로 무武에 대한 훈련도 중요하다고 믿었으며, 전쟁의 위협으로부터 벗어나기 위해 무예 훈련을 해야 한다는 입장을 취하였다.[40] 그는 군사적 활동에 도움이 되는 게임과 운동의 규칙적인 참여를 강조하고 검술, 투창, 수영, 달리기, 도약, 레슬링, 복싱, 궁술, 마술 등을 권장하였다. 그의 체육에 대한 가치관은 군사적 목적과 직결되어 있었다.

비토리노 다 펠트레

비토리노 다 펠트레Vittorino da Feltre, 1378~1446는 만토바에 학교를 개설하였다.[41] 그가 개설한 궁정학교court school의 이름은 라 지오코사La Giocosa이었다. 비토리노는 거기서 인문주의적 교육을 실시하였다. 비토리노가 지향한 목적은 학생의 전인적 자질 발달이었다. 즉, 지적, 윤리적, 신체적 발전을 이룩하는 것이었다.[42] 비토리노는 초지가 조성된 학교에 운동장을 마련하고 게임, 승마, 달리기, 도약, 펜싱, 각종 볼 게임 등과 같은 훈련을 시켰다.[43] 그리고 병역의 의무에 대비해야 할 학생들에게는 로마 병사나 중세 기사들이 실시하였던 훈련을 시키기도 하였다. 따라서 그는 심신의 조화로운 발달을 지향하는 균형적인 체육관을 지니고 있었던 것으로 평가된다.

기타 학자의 체육관

그 외 학자들도 체육의 필요성을 역설하였다. 피콜로미니Aeneas Silvio Piccolomini, 1405~1464, 훗날 교황 PiusⅡ는 『자유교육De Liberorum Educatione』을 통해 청소년에게 훌륭한 군인이 될 수 있도록 궁술, 투창, 승마, 수영을 비롯하여 근육 활동의 발달을 가져올 수 있는 각종 게임과 운동을 권장해야

---

40 W. H. Woodward, *Vittorino da Feltre and other Humanist Education*, p. 115. Deobold B. Dalen et al. *A World History of Physical Education*, p. 128.

41 P. C. McIntosh, J.G. Dixon, A.D. Munrow, R.F. Willetts, *Landmarks in the History of Physical Education*, p. 70.

42 閔錫泓, 『西洋史槪論』, p. 288.

43 Ellen W. Gerber, *Innovator and Institutions in Physical Education*, p. 53.

한다고 밝혔다.[44] 그리고 카스티글리오네Baldassare Castiglione, 1478~1529는 『정신론The Courtier, Cortegiono』(1516)[45]에서 정신廷臣의 특징을 행동인行動人으로 밝히고 신하는 학자와 기사의 양 면모를 지녀야 한다고 보고, 사냥, 수영, 테니스, 무기 사용 등 남성적인 운동 능력의 습득을 강조하였다. 그는 특히 테니스를 궁정의 신사들이 익혀야 할 중요한 게임으로 권장하였다.

3. 중국 원나라 시대의 체육

서양에서 르네상스 운동이 확산되고 있을 때 중국은 원나라 시대이었다. 원나라 시대에는 승마, 상박, 추환골프와 유사한 놀이, 권법 등과 같은 체육 활동이 활성화되어 있었다. 요, 송, 금나라 시대부터 무학武學이 장려되고 무거武擧를 통해 관리를 등용하였으며, 추환, 투호, 상박, 권법, 마술 등이 발달되었다. 이러한 체육 활동은 대부분 원나라 시대로 이어졌다. 원나라의 가장 대표적인 체육 활동은 승마와 상박이었으며, 그 외 궁술, 검술, 권법 등도 발달되었다.

제3절
종교개혁 시대의 체육

1. 종교개혁 시대의 사회와 문화

종교개혁은 유럽 사회가 근대 사회로 접어드는 과정에서 일어난 문명의

---

44 C. W. Hackensmith, *History of Physical Education*, p. 89.
45 이 책은 『궁정인(宮廷人)』, 『정신(廷臣)의 서(The Book of Courtier)』로 번역되기도 한다.

변환을 의미하였다. 종교의 개혁을 위한 반란의 불을 지핀 인물은 마틴 루터Martin Luther, 1483~1546와 장 칼뱅Jean Caulvin, 1509~1564이었다. 16세기 그들이 주도한 종교개혁은 도덕주의를 바탕으로 하고 있었다.

초기 프로테스탄트교계이하 신교에서는 성경에 내포된 진리와 개인의 권리를 강조하였다. 그러나 개인의 자유와 권리를 주장하던 그들이 오히려 그들의 교리에 의해 개인의 자유를 억압하며, 보수주의적인 색채를 드러내었다.

신교는 루터파, 칼뱅파 등 다양하게 분열되었다. 16세기 루터주의 신교는 독일 북부와 스칸디나비아 제국으로 확산되었고, 칼뱅주의는 스위스로부터 확산되어 프랑스의 위그노Huguenots, 스코틀랜드의 장로파Presbyterian, 네덜란드의 네덜란드개혁파Dutch Reformed, 잉글랜드의 청교도파로 남았다. 그리고 영국에서는 헨리 8세가 1534년 자신이 영국교회의 수장임을 선포하는 소위 '수장령Act of Supremacy'을 통과시켜 국교회를 설립하였다. 이러한 역사는 스포츠의 역사에도 큰 영향을 미치게 되었다.

종교개혁 시대의 문화적 변화는 인문주의 사상의 확산이었다. 이탈리아의 르네상스 운동은 15세기 말엽부터 알프스를 넘어 북유럽으로 확산되었다. 북유럽 르네상스의 터전은 이탈리아와는 달랐다. 이탈리아의 르네상스는 감각적이고 시각적이며 고대의 부활과 모방에 열중하는 경향을 보였으나 북유럽의 르네상스는 사색적이고 내성적이며 학구적이고 비판적이었다.[46] 따라서 이탈리아가 개인적인 인문주의였다면 북유럽의 인문주의는 사회적 인문주의Social Humanism의 성격을 띠었다.

---

46 李敏鎬, 『西洋文化史』, p. 199.

2. 종교개혁 시대의 교육

가톨릭의 도덕주의와 교육

종교개혁은 모든 지역에 학교체계가 생겨나는 변화를 몰고 왔으며, 서유럽에서는 교육이 교회에서 국가로 이관되었다. 그러한 상황에서 많은 성직자들은 교구학교를 재편성하였고, 우수한 교사를 양성하기도 하였다. 그 대표적인 예는 예수회의 교육체계를 통해 엿볼 수 있다. 스페인의 경우 로욜라Ignatio de Loyola, 1491~1556가 제수이트Jesuit 교단을 설립하고, 학교의 운영을 통해 교사를 양성하였다. 예수회의 교육체계는 모든 교사와 학생을 교단과 교회의 권위에 종속시킴으로써 개인의 감정이나 판단을 억제하였다.[47] 그러한 교육은 도덕주의를 바탕으로 한 것이었고, 가톨릭의 정신적·도덕적 무장을 강화하기 위한 것이었다.

프로테스탄트와 교육

깊은 신앙심을 바탕으로 한 훌륭한 시민의 육성은 신교주의자들의 공통적인 목표였다. 그들은 종교적인 의무는 물론 시민으로서의 의무를 효과적으로 이행할 수 있는 능력의 배양을 교육의 목적으로 생각하였다. 특히 종교개혁의 불씨를 당겼던 독일에서는 개신교 교육이 발달하였다. 중세에 있었던 도시 공공학교는 점차 재조직되었다. 수도원을 철폐하여 얻게 된 재산으로 1543년 군주학교Princes' school를 설립한 이래 오늘날 독일의 중추적인 중등교육기관이 된 김나지움Gymnasium, Gymnasia, pl은 르네상스 시대부터 생겨났다.

스위스에서는 교육을 종교개혁의 연장으로 보고 츠빙글리Uirich Zwingli, 1484~1531와 같은 지도자들이 체계적인 교육과정을 제시하였다. 또 1538년

---

47 윌리엄 보이드 지음, 李洪雨 외 2 옮김, 『西洋敎育史』, p. 294.

종교적 은신처를 찾아 조국 프랑스를 떠나 스위스로 피신하였던 개신교 지도자 칼뱅John Calvin, 1509~1564도 제네바에서 아카데미, 콜레주 등 학교의 설립과 교육에 일생을 바쳤다. 스코틀랜드의 칼뱅주의자 존 녹스John Knox, 1505~1572는 스코틀랜드의 교회를 위한『교회규율제일서First Book of Discipline』에서 매우 민주적인 성격의 교육 조직을 제창하였다.

3. 종교개혁 시대의 체육

가톨릭의 도덕주의와 체육

가톨릭의 반종교개혁파 교육자들은 중세의 금욕주의 사조를 혁파하려고 하였다. 그러나 모든 활동은 정신적·도덕적 교육 목적을 달성하기 위한 수단으로 생각하였다. 성직자들은 교육, 전도, 사회봉사 등 여러 분야에 헌신적인 노력을 기울였다. 그중에서 샤들레토Cardinal Sadleto, 1477~1547와 안토니아노Cardinal Silvio Antoniano 등은 체육에도 관심을 표명하였다. '반종교개혁 운동'을 주도하였던 샤들레토 추기경은 어린이들에게 놀이를 권장하였다. 메인테논Madame Maintenon은 조잡한 레크리에이션이나 퇴폐적인 게임은 피하되 레크리에이션 시간을 충분히 즐기고 게임, 무용, 달리기에 적극적으로 참가하는 학생이 이상적이라고 말하였다. 그러나 가톨릭 교단 산하의 학교에서 체육이 공식적인 교과로 편성되지는 못하였다.

신교의 금욕주의와 체육

종교개혁 이후 프로테스탄트의 출현은 체육과 스포츠의 발달에 결코 긍정적인 영향을 미치지 않았다. 루터의 경우 개인의 건강을 유지하고 퇴폐적인 활동의 참여를 방지하는 측면에서도 각종 게임과 운동은 필요하다는 인식을 갖고 있었다. 그러나 칼뱅교파가 확산된 국가의 사정은 달랐다. 예컨대 개신교 종파 가운데서도 체육과 스포츠에 가장 극단적인 태도를 취한 종파는 영국의 청교도들Puritans이었다. 영국 청교도들의 태도는 몇 가지로 요약된다.

첫째, 무엇보다도 노동의 가치를 높이 평가하면서 태만을 혐오하고 각종 오락을 일반적인 사회 활동의 범주 밖으로 내몰았다. 둘째, 청교도들은 가톨릭 교의에 물든 어떤 활동도 인정하지 않았다. 그러한 결과로 중세 사회적 레크리에이션 활동을 목적으로 생성되었던 많은 휴일은 폐지되었다. 또한 일요일의 오락을 금지하는 소위 '잉글리시 선데이English Sunday'[48]라는 유산을 남기게 되었다. 셋째, 정신적 감시와 형식적 훈련을 통해 도덕성을 증진시키려 하였다. 청교도들은 도덕성을 증진시키기 위한 완전한 체제로써 쾌락적인 유희나 스포츠의 참여를 반대하고 묵상과 기도를 권장하였다. 종교개혁은 도덕성을 지나치게 강조한 나머지 체육과 스포츠 활동의 필요성은 인정하면서도 신체 문화의 진화 속도를 늦추는 데 영향을 미쳤던 것이다.

영국 국교회와 스포츠

영국의 국교The Church of England, 즉 성공회는 가톨릭 교리와 큰 차이가 없었으나 엘리자베스 1세Elizabeth I, 1558~1603 치세에 통일령A Act of Uniformity, 1559으로 국교회주의Anglicanism를 확립하였다. 체육사적으로 관심을 끄는 것은 국교회의 수장이었던 왕들부터 스포츠를 애호하는 기풍을 보여 주었다는 것이다. 종교개혁이 일어났던 튜더 시대1485~1603부터 영국 왕실과 귀족 사회를 중심으로 스포츠가 급속히 확산되었다. 그러한 변화는 19세기에 영국이 스포츠의 나라라는 별칭을 얻게 된 것과 무관하지 않다.

---

48 잉글리시 선데이(English Sunday)라는 청교도적 전통은 영화 〈불의 전차(Chariot of Fire)〉에서 잘 드러나 있다.

4. 종교개혁 시대의 체육 가치관

가톨릭 지도자들의 체육 가치관

• 로욜라

스페인의 기사騎士로서 명성을 얻었던 가톨릭의 지도자 로욜라Ignatius Loyola, Ignatio de Loyola, 1491~1556는 신체를 배격하는 중세 사상에 반대하였다. 심신은 하느님의 손에 의하여 창조된 것이므로 인간이 심신을 다스리지 않는 것은 잘못이라는 인식을 갖고 신에게 봉사하기 위해서는 완전한 신체적 상태를 유지해야 한다는 입장을 견지하였다.

• 샤들레토

샤들레토 추기경Cardinal Sadleto, 1477~1547은 「올바른 어린이들의 양육에 관하여De Lideris Recte Instituendis」라는 소논문에서 어린이들의 놀이에 대한 욕구를 억압하지 말라고 권고하고, 볼 게임, 창던지기, 달리기, 승마와 같은 운동의 참여를 권장하였다. 예컨대 세인트 시르Saint Cyr의 『학교안내서 Prospectus』에 의하면, 그 학교의 소녀들은 자주 오락을 즐겼으며, 게임을 비롯한 모든 수단을 동원해 이성을 발달시키기 위해 노력하였다.

• 안토니아노

가톨릭의 소위 반종교개혁파 지도자들 중에서 체육 활동을 강조한 대표적인 인물로 안토니아노 추기경Cardinal Silvio Antoniano이 있다. 그는 1584년 인생의 고난을 극복하고 생활에 적응할 수 있는 능력을 기르기 위해 어린이들에게 신체적 훈련은 꼭 필요한 것이라고 말하였다. 또한 레크리에이션은 심신의 활력을 회복시켜, 생명력 있는 신체와 활동적인 정신 상태로 자신의 일을 다시 시작할 수 있게 해 준다고 강조하였다. 또한 그는 각종 게임을 정신의 발달과 건전한 신체의 훈련 수단으로 보고, 청소년들에게도 승마, 수렵, 복싱, 도약, 펜싱 등과 같은 체육 활동의 참여를 권장하였다.

신교 지도자들의 체육 가치관

• 루터

마틴 루터Martin Luther, 1483~1546는 교육을 통해서 종교를 진흥시켜야 한다는 데 관심이 있었지만 체육의 필요성도 인정하였다. 루터는 음식과 음료가 건강에 중요하듯이 기쁨과 즐거움도 건강에 중요하다는 인식을 갖고 있었다. 개인의 건강을 유지하고 퇴폐적인 활동 참여의 방지 수단으로써 스포츠가 필요하다고 믿었고, 좋은 운동으로 펜싱과 레슬링을 추천하였다.[49]

• 츠빙글리

스위스의 신교 지도자 츠빙글리Uirich Zwingli, 1484~1531는 그의 저서 『청소년 기독교 교육론The Christian Education of Boys』에서 체계적인 성경 공부와 자연, 산수, 음악과 함께 체육을 권장하였다. 그는 도덕적으로 문제가 없다면 즐거움을 위한 신체적 활동과 조국 방위를 위해 필요한 신체 활동은 허용해야 한다는 입장을 취하였다.

• 칼뱅

칼뱅Jean Caulvin, 1509~1564은 현세의 우월성에 대한 인문주의자들의 주장을 비난하고 내세를 강조하였다. 그는 극단적인 도덕주의자로서 영혼을 중시하는 입장을 취하였다. 물론 그도 소위 '정당한 게임honest games'에 참가하는 것은 허락해야 한다는 입장을 취하였다. 그러나 총체적으로 놀이를 금기시하던 칼뱅파의 금욕주의적 사고는 체육과 스포츠의 발달 속도를 늦추는 결과를 낳았다.

북유럽 사회적 인문주의자들의 체육관

• 에라스무스

네덜란드의 에라스무스Desiderrius Erasmus of Rotterdam, 1466~1536는 북유럽

---

49 Robert A. Mechikoff and Steven G. Estes, *A History and Philosophy of Sport and Physical Education*, p. 115.

의 르네상스 운동을 주도한 학자로 체육의 가치를 인정하였으나 구체적으로 강조하지는 않았다. 그는 체육의 목표를 장래의 유능한 지적 노동자를 양성하기 위하여 신체를 단련해야 한다는 데 두었을 뿐 신체의 미적, 생리적 가치를 인정하지는 않았다. 그는 6세 이후 아동들의 지적 교육을 위해서 스포츠와 게임에 소비되는 시간을 제한해야 한다는 심신이원론적 견해를 보인 금욕주의자였다.

• 엘리엇

엘리엇 경Sir Thomas Elyot, 1490~1546은 신사 교육의 방향을 제시하였으며, 국가 관리를 지낸 학자로서 체육에 깊은 관심을 보였다. 그는 지배계급의 교육을 취급한 『통치자The Boke Named the Governour』라는 책을 라틴어가 아닌 영어로 저술하였다. 그는 이 책의 여러 장章에서 체육에 대하여 언급하고 있다.[50] 그는 이 책에서 " (……) 아무것도 하지 않는 것보다 건전한 레크리에이션에라도 참여하는 것이 좋다"고 말하고, 적당한 운동을 하지 않고 공부만 하는 것은 정신력을 고갈시키고 소화 장애는 물론 몸을 병들게 한다고 경고하였다. 그는 좋은 운동으로 달리기, 사냥을 권하고, 위험에 대한 방어책으로 레슬링을 권하였다. 그리고 중량거, 던지기, 아령, 테니스 등과 승마, 검술, 궁술, 수영, 카드놀이, 서양장기 등을 장려하기도 하였다. 특히 그는 무용을 교육의 중요한 영역으로 취급하였으며, 춤을 7세부터 20세까지 교양 교육의 중요한 부분으로 여겼다. 그러나 축구는 저속하고 폭력적인 것으로 신사에게는 어울리지 않는 운동으로 생각해 반대의 입장을 취하였다. 그의 입장을 종합해 볼 때 그는 심신의 조화적 발달을 지향한 체육관體育觀의 소유자였던 것으로 보인다.

• 아스캄

엘리자베스 여왕의 개인교사였다가 훗날 비서 역할을 하였던 아스캄

---

50 Sir T. Elyot, *The Governour*, 1531 Book Ⅰ, Chaps. 16, 22, 26, 27.

Roger Ascham, 1515~1568은 교양 교육을 중시하고 젊은이들의 체력 관리에도 깊은 관심을 보였다. 아스캄은 그의 저서 『교사The Schoolmaster』에서 "젊은 신사들은 항상 품위 있고 신사적인 유희를 즐겨야 한다"고 주장하였다. 그가 품위 있고 신사적인 유희라고 생각한 종목은 승마, 토니, 양궁, 육상, 수영, 매사냥, 테니스 등이었다. 그는 『톡소필러스Toxophilus』라는 양궁의 기술技術에 관한 글을 쓰기도 하였다. 그것은 서구 세계에서 스포츠의 방법에 관한 최초의 저술로 평가되고 있다. 그가 권장한 체육 활동은 옛 기사의 전통과 연관된 스포츠로 유럽 인문주의 학자들이 추천한 체육 활동들과 유사한 것이었다. 아스캄도 체육의 올바른 가치를 인식한 대표적인 인물이었다.

5. 중국 명조의 체육

서양의 르네상스와 종교개혁 시대는 중국의 역사로 보면 명조The Ming Dynasty, 1368~1644이다. 원나라 말기 정치적 혼란기를 극복하고 중국을 통일한 명나라는 모든 것을 한민족漢民族 국가 시대의 것으로 되돌려 놓으려 하였다. 그리고 한漢, 당唐, 송宋에서 행하여졌던 신체 문화는 명조 시대로 계승되었다. 명나라는 문文을 숭상하고 무武를 천시하는 풍조가 형성되었다. 그렇지만 무거武擧가 존재하였으며 각종 무술, 권법, 경도, 투호 등을 비롯하여 빙상 유희와 아동들의 유희가 존재하였다.[51]

---

51 笹島恒輔 지음, 林榮茂 옮김, 『中國體育史』, pp. 85~92.

제4절

르네상스 및 종교개혁 시대의 스포츠

1. 영국 왕실과 귀족 사회의 스포츠

1485년 헨리 7세가 등극하면서 영국잉글랜드은 강력한 절대왕권 시대를 열었다. 튜더 시대가 스포츠 역사적으로 큰 의미를 지니는 것은 이 시대부터 왕실과 귀족 사회를 중심으로 스포츠 애호주의 사조가 형성되었고, 그러한 변화는 근대 영국 스포츠 문화 발달의 배경이 되었기 때문이다.

역사적으로 영국에서는 민중의 스포츠 활동을 금지하던 전통이 남아 있었으며 이 점은 튜더 시대에도 마찬가지였다. 예컨대 1535년 귀족을 제외한 하층계급의 테니스 참여를 금지하였다. 그러나 상류 사회에서는 왕실의 분위기에 편승하여 스포츠 활동이 매우 활성화되어 있었다. 왕실 스포츠 전통은 헨리 8세 치세부터 본격화되었다. 헨리 8세는 스포츠를 즐기는 대표적인 왕이었다. 헨리 8세는 어린 시절부터 운동에 정력적인 모습을 보여 왔는데 많은 시간을 펜싱, 레슬링, 중량 던지기, 볼 게임, 사냥, 승마 등에 할애하였다.[52] 1592년 햄프턴 궁Hampton Court에 테니스코트tennis court를 지었다. 테니스를 즐기는 일은 그의 생활에 있어서 중요한 부분이었다. 그 외에도 헨리 8세의 스포츠에 대한 관심은 지대해서 왕립 투계장cock-pit을 지었고, 화이트홀Whitehall에는 볼링장bowling-alley을 짓기도 하였다. 튜더 시대에 들어서면서 스포츠가 수적으로 급속히 늘어나기 시작한 젠트리gentry계급으로까지 확산되면서 영국 스포츠는 점차 하나의 계급 문화로 성장하게 되었다.

---

52 P. McIntosh, *Sport in Society*, p. 41 참조.

2. 중산층과 민중사회의 스포츠

16세기의 영국 스포츠는 중세적인 전통이 지속되었으나 승마가 활성화 되고, 각종 검술swordplay은 펜싱으로 대체되었다. 사냥, 매사냥, 테니스, 볼 링 등과 같은 스포츠가 귀족 사회로 급속히 확산되었다. 그러나 무엇보다 널리 확산된 것은 양궁이었다. 양궁 기술은 사냥으로 인해 발달되었으나 전쟁을 위한 훈련으로 전 국민에게 권장됨으로써 매우 발달되었다. 그리고 각종 볼 게임도 튜더 시대부터 대중의 생활에 뚜렷한 모습으로 등장하였 다. 미조직화된 형태의 테니스, 셔틀콕배드민턴 형, 하키, 볼링의 모습이 출현 하였다. 그 밖에도 중세 크리그creag와 스툴 볼stool ball, 클럽 볼club ball, 라 운더스rounders, 트랩 볼trap ball, 캣 앤 독cat and dog 등과 같은 미조직화된 유형의 볼 게임이 성행하였다. 그중 가장 대표적인 것은 테니스였다. 당시 왕실과 귀족 사회에서 행하여지던 테니스는 '레알 테니스Real Tennis', 즉 '로 열 테니스Royal Tennis'로 머리카락이나 털을 넣은 가죽 공을 사용하였다. 헨 리 8세는 테니스의 종주국인 프랑스에 많은 사람들을 보내 테니스에 대한 정보를 수집하기도 하였다. 이러한 레알 테니스가 오늘날의 론 테니스lawn tennis로 변천되었다. 볼링bowling도 왕실과 귀족 사회를 중심으로 확산되었 으나 민중들에게는 금지되었다. 볼링이 민중 사회로 확산될 경우 국민들이 양궁 연습을 게을리할 것이라는 생각 때문에 1514년 민중들의 볼링bowling 참여를 법으로 금지하였다.[53]

경마와 유혈 스포츠도 발달되었다. 튜더 시대부터 경마가 도박성을 지닌 관중 스포츠로 등장하였다. 중세부터 성행하던 곰 몰이bear-baiting나 소몰 이bull-baiting, 투계 등은 튜더 시대에도 매우 성행한 유혈 스포츠bloody sport 였다.

---

53 D. Brailsford, *Sport and Society: Elizabeth to Ann*, p. 31.

3. 중국 명조의 스포츠

중국사는 서양사의 시대 구분과 다르지만 르네상스 및 종교개혁 시대
는 중국 역사로 보면 명나라 시대이다. 중세 이후 중국은 오대십국, 송, 원
을 거쳐 명1368~1644, 청1643~1911으로 이어졌다. 명조 이전까지 마구polo, 축
국蹴鞠, 상박相撲, 투호投壺, 보타구, 무용, 추천鞦韆 등과 같은 레크리에이션
활동이 활성화되어 있었다. 이러한 유희나 스포츠는 명조 시대에도 성행하
였다. 명나라 시대 경기적 특성을 띠고 등장한 스포츠 활동은 경도競渡, boat
race이었다. 그 외 투호를 비롯하여 빙상 유희나 다양한 아이들의 유희가 있
었다.

절대주의 시대의 체육과 스포츠 문화

• 학습 목표

1. 절대주의 시대의 사회와 문화를 이해한다.
2. 절대주의 시대 교육의 변천과 학자들의 체육 가치관을 파악한다.
3. 절대주의 시대 근대 체육의 발달 토대가 된 사상과 사회적 배경을 이해한다.
4. 절대주의 시대 종교가 신체적 오락이나 스포츠에 미친 영향을 확인한다.
5. 절대주의 시대 영미 스포츠 문화의 발흥 상황을 이해한다.

골프의 고향, 스코틀랜드 세인트 앤드루스 골프클럽.

절대주의 시대의 사회와 교육

1. 절대주의 시대의 사회와 문화

중세 봉건 사회가 붕괴되면서 유럽에는 점차 절대왕정이 구축되었다. 절대왕정이 가장 일찍이 시작된 나라는 영국으로 16세기 초부터 사실상 절대왕정을 구축하였다. 에스파냐는 신대륙과의 무역을 독점하면서 16세기 말까지 강국으로서의 지위를 누렸으나 1588년 무적함대Invincible Armada가 영국 함대에게 격파당한 이후 점차 쇠퇴의 길을 걸었다. 프랑스는 칼뱅파의 신교, 위그노와 구교의 대립으로 이어진 위그노전쟁1562~1598으로 격심한 종교분쟁을 치른 이후 앙리 4세1589~1610가 즉위하였다. 그 이후 프랑스의 절대왕정은 점차 안정을 되찾게 되었으며, 루이 14세1643~1715가 등장한 이래 프랑스는 유럽의 강국으로 등장하였다.[54]

절대왕정 시대에는 정치적 혁명과 산업혁명이 동시에 일어났다. 영국에서는 청교도혁명과 명예혁명이 일어났고, 프랑스에서는 시민혁명bourgeois revolution이 일어났으며, 1776년 미국은 독립을 선언하였다. 18세기 후반 산업혁명도 일어났다. 산업혁명은 유럽 전역에서 경쟁적으로 전개되었지만 역사의 대변혁에 불을 지핀 것은 영국이었다. 방적기를 비롯한 새로운 기계가

---

54 이하 절대주의 시대의 역사 분야는 학회 사무국에서 집필·감수하였다.

발명되고 제철업이 발달되었으며 석탄이 등장하였다. 증기기관차와 증기선의 발명으로 교통과 통신에 혁명적인 변화가 왔다.

철학과 과학도 발전하였다. 17세기 프랑스의 문학은 역동감에 넘치는 '바로크' 정신을 나타내었고, 영국에서는 『실낙원失樂園, Paradise Lost』(1667)의 저자 밀턴Milton이 등장하였다. 철학계에는 계몽주의자들이 출현하였다. 그것은 새로운 변화를 촉진하는 이데올로기였다. 몽테스키외Montesquieu, 1689~1755는 『법의 정신L' Esprit des lois: The Spirit of the Laws』(1784)에서 삼권분립을 주장하였고, 루소Jean Jacques Rousseau, 1712~1778는 『에밀Emile』(1762)을 통해 혁신적 교육론을 선보였는데, 계몽주의 사상은 근대 체육의 발달에도 큰 영향을 미치게 되었다.

17세기부터 일어난 변화 중에서도 가장 뚜렷한 변화는 자연과학의 발달이었다. 코페르니쿠스는 지동설을 발표하였고 갈릴레이, 뉴턴 등의 등장은 천문학과 물리학의 발달로 이어졌다. 그리고 철학의 발달은 과학적 혁명을 뒷받침하였다.

유럽의 절대주의 시대는 중국 역사로 보면 명조 후기 및 청조 전기였다. 중국은 명조 시대부터 군주체제가 완성되었고, 산업이 발달하고 국내 상업이 번창하였으며 외국과의 교역도 활발하였다. 그러나 왕과 환관의 폐해가 증가하면서 1616년 만주족을 통일하여 후금後金의 황제로 즉위한 누루하치는 1636년 국호를 대청大淸으로 바꾸고 팔기제八旗制를 확립하여 관제를 정비하였다. 1644년 명이 멸망하자 중국 본토로 진출하여 베이징北京을 수도로 정하고 중국 전체를 지배하였다. 춘추전국 시대부터 활발하였던 유가는 한대漢代에 들어 더욱 중시되었다. 한대에는 유가 경전에 대한 상세한 해석이 담긴 경학經學이 등장하였다. 그리고 유가는 송대와 명대에 와서는 불가 사상과 도가 사상을 흡수한 소위 송명이학末明理學으로 발전하였다.[55]

---

55 송명이학의 대표적인 인물은 송대의 정씨(程氏) 형제, 주희(朱熹), 명대의 왕양명(王陽明) 등이다.

2. 절대주의 시대의 교육

16세기부터 귀족이나 부유한 집안의 자제 교육을 위한 문법학교라틴어학교와 같은 특수학교들이 등장하였다. 궁정학교나 대학도 있었으나 일부 귀족 자제들만이 교육을 받을 수 있었다. 그런데 17, 18세기에는 귀족 자제는 물론 일반 대중의 교육을 위한 작은 학교들이 등장하였다. 비록 학교의 교육의 내용이 고전古典이나 기본적인 쓰기, 읽기, 교리문답 등의 범주를 벗어나지 못하는 수준이었다. 그러나 궁정 교육과 귀족 교육에는 그 이전과는 근본적으로 다른 변화가 왔다. 개인교사 중심으로 실시되던 궁정이나 귀족 자제의 교육에서 라틴어 등 고전 중심의 교육이 강조되던 분위기가 약화되고 역사, 지리, 법률, 정치학 등이 교육과정에 도입되었다. 게임, 검술, 승마, 사냥, 테니스, 무용 등 신체적인 교육 활동의 필요성도 제기되었다. 이러한 변화는 실학주의 사상의 출현을 의미하는 것이었다.

과학 시대의 교육

• 실학주의 교육의 확산

16세기 초반 이탈리아나 프랑스를 중심으로 확산되었던 인문주의 사상은 북유럽으로 확산되었다. 영국에서는 17세기에 인문적 실학주의Humanist Realism 사상이 확산되었다. 인문주의적 실학주의 사상을 파급시킨 대표적인 인물은 밀턴John Milton, 1608~1674이었다. 그는 『교육론Tractate on Education』(1644)을 통해 당시 교육방법에 비판을 가하고, 교육은 현실적인 삶에 도움을 주는 훈련이어야 한다는 교육관을 피력하였다.[56]

---

56 밀턴은 16세기 비베스, 라블레와 함께 대표적인 인문적 실학주의자로 분류되어 왔다. 그러나 사상적 맥락이 같을 지라도 그는 17세기 인물이었다. 달렌과 베네트는 『세계체육사(World History of Physical Education)』에서 르네상스부터 19세기 이전까지를 통합적으로 다루면서 사조 중심으로 기술하였기 때문에 이러한 인물들을 같은 영역에서 함께 기술하였으나 시대적으로는 구분되어져야 마땅하다.

• 사회적 실학주의의 확산

프랑스에서는 사회적 실학주의Social Realism 사상이 등장하였다. 그 변화는 몽테뉴Michel de Montaigne, 1553~1592가 주도하였다. 몽테뉴는 『아동교육론De l'Institution des Enfants』, 『현학론衒學論, Du Pedantisme』, 『아동양육론On the Upbring of Children』 등과 같은 저술을 통하여 실학주의 교육 사상을 확산시켰다.

• 감각적 실학주의의 확산

1600년을 전후로 북유럽에는 감각적 실학주의 사상이 확산되었다. 그것은 교육에 대한 과학적 접근의 시도를 의미한다. 분석 기하학의 개척자 데카르트R. Descartes, 1596~1650, 태양 중심설로 천문학의 새 장을 연 코페르니쿠스N. Copernicus, 1473~1543, 천체 현상을 발견한 갈릴레이G. Galilei, 1564~1642 등과 같은 과학자들이 출현하였다. 이들의 출현은 학문의 방법론에 새로운 방향을 제시함으로써 과학적 사고 방법을 중시하는 감각적 실학주의Sense Realism 사상의 출현을 가능케 하였다.

감각적 실학주의를 교육에 적용시킨 대표적인 인물들은 영국의 베이컨Francis Bacon, 1561~1626과 멀캐스터Richard Mulcaster, 1535~1611 등이었다. 이들의 사상은 17세기 교육의 천재 코메니우스John Amos Comenius, 1592~1670에게로 이어졌다. 베이컨은 생동감 있게 서술된 저서들을 통해 교육자들에게 영향을 주었으며, 멀캐스터는 『초학서Elementaire』와 『아동교육론Positions Concerning Training up of Children』 등을 통해 교육에 관한 근대적인 사고와 체육에 대한 관심을 보여 주었다. 16세기 말 영국의 감각적 실학주의는 북유럽으로 확산되어 천재적인 교육학자 코메니우스John Amos Comenius, 1592~1670에게 영향을 미침으로써 감각적 실학주의는 체코, 폴란드, 독일, 스웨덴, 네덜란드 등 북유럽 전역에 영향을 미치게 되었다.

• 영국의 단련주의 교육

계몽주의 시대의 출현을 부채질한 철학자 중 17세기 말 영국 교육의 방향을 제시한 대표적인 인물은 로크John Locke, 1632~1704였다. 몽테뉴로부터 많은 영향을 받은 그는 신사에게 필요한 지식과 예의 등 행동 양식을 강조하였다. 이러한 점에서 로크는 사회적 실학주의자로 분류되지만 교육의 형식을 강조하였다는 점에서 그의 교육 사상을 단련주의Disciplinarianism, 또는 훈련주의로 부르게 되었다. 그는 오성悟性이 모든 면에서 능력을 발휘할 수 있다고 보았으며, 교육을 형식의 도야라는 쪽으로 귀결시켰다. 즉 바람직한 행동을 습관화시키기 위해서는 지속적인 단련, 훈련이 필요하다고 주장하였던 것이다.

계몽 시대의 교육

• 프랑스의 자연주의 교육

18세기 절대왕정이 동요하면서 개인의 구속에 대한 철학적 반항과 비판이 뚜렷해진 계몽사상啓蒙思想, the Enlightenment 시대가 전개되었다. 그러한 시대적 변화 속에 자연주의 교육 사상이 출현하여 유럽 교육은 물론 체육사에도 지대한 영향을 미치게 되었다. 자연주의자들은 계몽주의의 이성이나 백과전서식 지식 그리고 실학주의의 사실적인 내용은 결국 지식 만능주의에 빠져 독단을 일삼게 된다고 비판하였다. 또한 자연의 질서에 따르는 교육을 주장하였다. 자연주의 교육의 선봉에는 루소가 있었다. 자연주의 교육은 다음과 같은 의미를 내포하고 있었다. 첫째, 자연법칙의 발견, 형성, 응용하는 교육을 의미한다. 둘째, 자연의 법칙에 일치하는 인간발달 교육을 의미한다. 셋째, 인위적인 것으로부터 벗어나 자연으로 돌아가는 교육을 의미한다. 넷째, 자유로운 활동을 강조하는 교육을 의미한다.

• 독일의 범애주의 교육

범애주의 교육은 18세기 중엽 독일의 이성주의적 계몽사상을 바탕으로 확산된 자연주의 교육 사상을 실천에 옮긴 교육을 의미한다. 루소의 자연주의 교육 사상은 바세도우, 잘츠만과 같은 범애주의 교육자들에게 응용되고, 페스탈로치의 교육 사상의 중핵을 이루게 됨으로써 18세기 후반 교육 및 체육의 변화에 영향을 미치게 되었다. 범애주의the Philanthropium는 범애주의자The Philanthropist 바세도우Johan Bernhard Basedow, 1723~1790가 모범학교를 설립하고 그 이름을 범애학교라고 붙인 데서 유래한 것이며, 범애파의 사상을 범애주의라고 부르게 되었다.

바세도우는 존 로크John Locke의 합리주의 정신에 입각하여 『만인을 위한 실천철학Practical Philosophy for All Class』을 썼으며, 인류가 고도로 발달할 수 있는 출발점은 신체에 대한 재평가로부터 시작되어야 한다고 주장하였다. 루소의 『에밀Emile』을 읽고 큰 영향을 받은 그는 인생을 지배할 만한 최고의 원리는 이성이 아니라 사랑이라는 신념을 갖게 되었다. 그러한 신념을 바탕으로 범애주의 교육을 실시하였다. 범애주의는 사랑의 원리를 기초로 한다는 것이었지만 큰 범주에서 볼 때 계몽주의 사상이 토대가 된 자연주의 교육의 실천이며, 근대적 전인 교육의 시작이라는 점에 역사적으로 큰 의의가 있다.

중국 청조의 교육

중세 이후 중국은 오대십국五代十國, 907~979, 요916~1125, 송북송, 960~1127, 남송, 1127~1279, 원1271~1367을 거쳐 명1368~1644, 청1643~1911 시대로 이어졌다. 17세기 청나라의 교육제도는 대개 한대漢代에서 흥기하였던 관학이 송, 원, 명으로 이어져 계승되었다. 사학 교육도 마찬가지였으며, 특히 서원 교육도 여전히 흥성하였다. 그러나 서원 교육은 관학화의 경향이 강해졌으며, 대부분의 서원이 과거시험을 위한 준비기관으로 전락하였다. 청의 교육제도는 1840년 아편전쟁 이후부터 급변하게 되었다.

절대주의 시대의 체육과 사상

1. 과학 시대의 체육

체육의 목적 개념

16세기 후반부터 과학의 발달과 함께 교육계에 실학주의 사상이 등장함으로써 교육의 목적 개념에 변화가 왔으며 많은 학자들은 체육의 필요성을 제기하였다. 당시에 제기된 체육 사상이 근대 체육 발달의 밑거름이 되었다는 측면에서 체육의 목적 개념을 정리해 볼 필요가 있다. 17세기 영국의 밀턴은 『교육론』에서 체육의 목적을 군사적 훈련 및 레크리에이션과 연계시켰다.[57] 로크는 귀족이나 상류 젠트리신사계급의 건강과 품위 유지, 전쟁 능력 향상 등을 위해 체육 활동이 필요하다는 주장을 강력히 펼쳤다. 이러한 학자들의 체육관을 통해 당시 체육의 목적 개념은 첫째, 건강의 유지 및 증진, 둘째, 정신의 수양, 셋째, 군사 훈련, 넷째, 남성다운 기상 등으로 압축된다.

권장된 체육 활동 내용

16세기 후반 유럽 귀족 자제의 교육은 주로 가정교사가 맡았으며, 학교의 교육체계 속에 체육이 공식적인 교과목으로 편성되지는 않았다. 그러나 밀턴, 몽테뉴, 코메니우스 등은 달리기, 레슬링, 무용, 사냥, 승마, 펜싱, 각종 게임, 전쟁놀이, 경보, 펜싱, 궁술, 투창, 투원반, 산보, 각종 볼 게임 등을 권장하였다.

---

57 임창재, 『敎育史哲學』, p. 107.

2. 과학 시대의 체육 사상

의학자 메르쿠리알리스의 체육관

16세기 후반 인문주의 운동에 참여하였던 의사들은 체육의 필요성을 부각시켰다. 대표적인 인물은 메르쿠리알리스Hieronymus Mercurialis, 1530~1606였다. 그는 6권으로 된 『체조술De Arte Gymnastica』(1569)을 저술하고, 신체 활동의 필요성, 운동의 생리적 가치, 각종 체육 활동 방법 등을 제시하였다.[58] 그는 영혼이나 정신만을 수련하는 자나 신체만을 단련하는 자 모두 불완전한 인간으로 보고 심신의 조화로운 발달을 이상적인 인간 수련의 방향으로 보았다. 그는 생리학적 가치관의 소유자였다. 그는 "신체 수련은 원천적으로 건강의 유지나 양호한 상태를 유지하기 위해 행하여지는 활동으로 호흡의 변화를 동반하는 격렬하고 자발적인 운동이다"라고 정의하였다.[59] 그리고 운동을 위한 일반 법칙을 첫째, 습관, 둘째, 연령, 셋째, 생활양식, 넷째, 체열體熱 상태 등으로 분류하여 제시하였다. 그의 등장은 체육 활동의 치료적 가치를 일깨워 주는 계기가 되었다. 메르쿠리알리스는 체육 활동의 가치를 과학적으로 검증하려는 시도를 한 측면에서 체육사적으로 중요한 위치를 점하는 인물이다.

밀턴의 체육관

인문적 실학주의자로 불리는 밀턴John Milton, 1608~1674의 교육론과 언론 출판의 자유에 대한 입장은 『레오파지티카Areopagitica』(1644)에 잘 담겨 있다. 그의 교육관은 1644년 발표된 『교육론Tractate on Education』에 잘 드러나 있다. 그는 당시의 교육 방법을 맹렬히 비판하고 교육은 실생활에 도움

---

58 P. C. McIntosh, J. G. Dixon, A. D. Munrow, R. F. Willetts, *Landmarks in the History of Physical Education*, p. 74.

59 Ibid., p. 80.

을 줄 수 있는 훈련이어야 한다는 입장을 취하였다.[60] 그러한 그의 교육관은 체육에 대한 가치관으로도 연결된다. 그는 어떠한 전투에도 임할 수 있는 능력을 배양하기 위하여 군사 훈련의 일환으로 신체를 단련해야 한다고 주장하였으며, 군대식 체육 활동을 강조하였다.

몽테뉴의 체육관

사회적 실학주의자Social Realist의 대표적인 인물로 꼽히는 몽테뉴Michel de Montaigne, 1553~1592의 교육관은 체육에도 많은 의미와 시사점을 던져 주는 것이었다. 그가 주장한 교육 내용에는 체육이 포함되어 있었다. 그는 심신의 조화로운 발달을 위해 체육의 중요함을 시사하였다. 몽테뉴에게 있어서 신체적으로 허약함, 사회적으로 졸렬함, 지적 비생산성 등은 교육의 실패를 의미하였다. 그는 몸과 마음의 단련을 위해 달리기, 레슬링, 음악, 무용, 승마, 전쟁놀이, 각종 게임을 권장하였고, 체육을 전인 교육의 중요한 부분으로 파악하였다.

북유럽 감각적 실학주의자들의 체육 가치관

진정한 의미의 실학주의는 감각적 실학주의Sense Realism를 말한다. 그것은 곧 과학적 인식을 바탕으로 한 사고에서 비롯되었다. 감각적 실학주의를 교육에 적용시킨 대표적인 인물들은 영국의 베이컨Francis Bacon, 1561~1626과 멀캐스터Richard Mulcaster, 1535~ 1611 등이었다. 이들의 사상은 17세기 교육의 천재 코메니우스John Amos Comenius, 1592~1670에게로 이어졌다.

• 베이컨

베이컨은 그의 저서를 통해 "몸의 선과 마음의 선 사이에는 어떤 관계 또

---

60 Deobold B. Van Dalen and Bruce L. Bennett, *A World History of Physical Education*, p. 163.

는 일치점이 있으며 신체의 선은 아름다움, 건강, 힘, 쾌락 등으로 분류할 수 있고, 거의 모든 질병은 적당한 운동으로 예방할 수 있다"고 하였다. 그리고 "운동 기술을 이용하려면 충분한 연습이 필요하지만 과도한 운동은 보수를 목적으로 한 헛수고에 지나지 않는다"고 하였다.[61] 이러한 점으로 보아 그는 체육 활동의 가치를 건강의 유지 및 증진, 체력 증진, 신체미의 육성, 즐거움의 추구 등에 두었던 것으로 평가된다.

• 멀캐스터

멀캐스터는 교육자였다. 그는 『아동교육론』에서 스포츠에 대한 깊은 관심을 나타내고 있다. 그는 이 교육론의 부제에서 "기술을 이해하기 위해서 책을 읽듯이 건강을 증진시키기 위해 신체의 단련이 필요하다"고 기술하고 있다. 멀캐스터는 당대의 어느 누구보다 체육의 중요성을 강조한 교육자였다. 그는 몸과 마음은 자체의 기능 발휘를 위해 상호 보완적인 관계에 있기 때문에 어느 한쪽을 허약하게 두어 질병에 걸리도록 방치해서는 안 된다는 신념을 표출하였다. 그리고 신체 활동은 군사적 목적이나 여가 선용을 위해서도 필요하지만 무엇보다 건강 유지 수단으로서의 가치가 가장 높다고 평가한 실학주의 교육자였다.

• 코메니우스

코메니우스는 인간의 궁극적 목적을 신神과 더불어 영원한 행복을 얻는 것이라고 보았다. 그는 심신이원론적 사상을 지녔던 인물로 보이나 신체 활동과 놀이의 가치는 충분히 인식하고 있었던 교육자였다. 그는 "어린이는 매일 운동을 하고 즐거움excitement을 가져야 한다"고 주장하였다. 그는 어린이들이 "즐거운 마음을 갖는다는 것은 건강의 반을 얻은 것"이라고 주장하였다. 이런 주장들을 종합해 보면 그는 놀이와 같은 적절한 신체적 활

---

61 조명렬·노희덕·나영일, 『체육사』, p. 157.

동이 신체적, 정신적 성장에 꼭 필요한 것이라는 인식을 지녔던 교육자로 평가된다.

존 로크의 단련주의 체육관

존 로크John Locke, 1632~1704는 체육을 도덕적, 신체적, 지적으로 완전한 인간을 육성하는 수단으로 보았다. "건강한 신체에 건전한 정신"[62]라는 말로 유명한 로크는 교육 및 체육의 역사에 큰 영향을 미친『교육론』을 썼다. 그의 체육 가치관은 본질적으로는 심신이원론적인 입장을 바탕으로 한 것이었다. "건강한 신체에 건전한 정신"이라는 이 말에도 데카르트의 이원론적인 견해가 내포되어 있다. 그렇다고 로크가 신체 활동의 의미와 가치를 부정한 것은 아니었다. 로크는 몸을 "진흙의 집"이라고 표현하였다. "건강한 신체에 건전한 정신"이라는 말과 함께 몸이 마음의 명령에 복종하고 그것을 실행토록 몸을 튼튼하고 힘차게 하는 데 필요한 조치에 대하여 장황한 처방을 내리고 있다. 그리고 레크리에이션을 권장하였으며, 특히 우아한 동작, 남성다움, 자신감 등을 갖추기 위해 무용이 꼭 필요하다고 보았다. 그리고 건강을 위해서나 전쟁을 위해서 펜싱과 승마가 신사 교육에 필수적인 것으로 간주하였다. 그는 교육자로서도 큰 공헌을 하였다. 건강한 신체의 발달에 대한 로크의 견해는 근대 체육의 발달에 큰 영향을 끼쳤다. 특히 그의 사상은 17세기 합리주의와 뉴턴의 기계적 우주관과 함께 근대 체육 태동의 열쇠가 된 계몽주의 사상의 기반이 되었다는 점에서 체육사적으로 매우 큰 의미를 지닌다.

---

62 이 말은 정확히 표현하자면 "'건강한 신체에 건전한 정신'이라는 말은 짧지만 이 세상에서 가장 행복한 상태를 가장 잘 표현한 것이다(A sound mind in a sound body is a short, but full description of a happy state in this world)"라는 것으로 로크의『교육론(Some Thoughts Concerning Education)』서두에 있는 말이다.

3. 계몽 시대의 체육

자연주의 체육

• 체육의 목적 개념

루소의 계몽주의 사상에서는 개인의 선천적인 선과 덕성, 권리 등이 강조되었다. 그리고 자연주의 교육은 청소년들의 선천적인 선善이 자발적이고 자유롭게 계발되도록 하는 것이었다. 따라서 체육 활동도 강조되었다. 자연주의 체육의 목적은 자연적이고 건전한 신체 활동을 통해서 국가에 충성심을 지닌 시민을 양성하는 것이었다. 당시 많은 교육자들은 루소의 주장을 무시하였다. 그러나 그의 주장은 현대 체육의 목적 개념에 접근한 명쾌한 것이었으며, 19세기 근대 체육의 발달에 큰 기여를 하게 되었다.

• 권장된 체육 활동 내용

루소의 자연주의 체육은 그의 작품『에밀』속에 나타난 이상을 통해 추정한 것이다. 루소는 감각 기능의 발달을 중요하게 생각하였던 것으로 보이며, 체육 활동은 감각 훈련과 동등하게 중요한 부분으로 생각하였던 것으로 보인다. 그의 작품 속에는 달리기, 수영, 도약점핑, 테니스, 당구, 양궁, 축구, 팽이치기, 돌 던지기 등과 같은 체육 활동과 공놀이를 비롯한 다양한 레크리에이션 활동이 등장한다. 이러한 자연주의 사상은 범애주의 사상과 근대 체육의 출현에 결정적인 영향을 미치게 되었다.

범애주의 체육

• 체육의 목적 개념

범애주의는 바세도우Johann Basedow, 1724~1790가 자연주의 사상을 실천으로 옮기는 과정에서 생겨난 교육 사조의 한 유파로 인류애라는 개념이 강조된 것이다. 따라서 범애주의 체육의 목적도 자연주의 사상을 토대로 한 것이며, 자연적인 신체 훈련을 통해 늠름함, 체력, 용기, 기력 등을 증진하여 신체적, 정신적으로 조화를 이룬 인간의 육성에 있었다.

• 권장된 체육 활동 내용

범애주의 체육의 프로그램은 자연주의 사상에 입각하여 선택된 것으로 매우 다양하였다. 바세도우와 잘츠만이 세운 범애학교 교육과정에 등장하는 체육 프로그램은 달리기, 나무 타기, 썰매 타기, 고리 돌리기, 굴렁쇠 굴리기, 시소 등을 비롯하여 행진, 하이킹, 수영, 돌 던지기, 멀리뛰기, 평행 운동, 사다리 타고 오르기, 밧줄 타고 오르기, 중량 들기, 중량 운반, 스킵 운동skipping, 무용, 도보, 레슬링, 양궁, 사격 등이었다.

4. 계몽 시대의 체육 사상

루소의 자연주의 체육 사상

• 루소의 교육 사상과 체육

루소의 교육 사상은 자연주의Naturalism 교육으로 집약된다. 『에밀』에 드러난 교육 단계는 유아기, 아동기, 소년기, 청년기, 성년기 등 다섯 단계로 나타난다. 『에밀』의 내용을 볼 때 루소는 존 로크의 단련주의 사상에 큰 영향을 받았다. 그러나 로크는 상류층의 시민 교육에 관심을 가졌던 반면 루소는 각 개인의 교육에 관심을 가졌다.

중요한 것은 루소가 『에밀』을 통해 신체 활동을 통한 교육을 강조하였다는 것이다. 그는 "도시는 인류의 무덤이다 ……. 그러므로 아이들을 시골로 보내어 힘을 되찾게 하고, 사람들이 많은 도시의 혼탁한 공기에서 잃어버린 활력을 시골의 옥외에서 되찾아야 한다"라고 주장하며,[63] 자연적인 환경 속에서 체육을 육성하고, 감각적 경험 기회를 가져야 한다는 점을 강조하였다. 자연주의 교육 사상은 범애주의 교육을 통해 근대 체육 발달의 촉진제가 되었다는 점에서 체육사적으로 다음과 같은 의미를 지닌다.

---

63 Jean Jacques Rousseau, *Emile, Julie and other Writings* edited by R. L. Archer, New York. Barron's Educational Series, p. 77.

첫째, 루소의 자연주의 교육 사상은 근대 체육 발달의 밑거름이 되었다.

둘째, 심신일원론적인 체육 교육의 가치 개념을 명확히 정립해 주었다.

셋째, 스포츠 교육의 가능성을 시사하여 학교에 스포츠가 도입될 수 있는 여지를 넓혀 주었다.

범애주의 체육 사상

• 바세도우의 체육 사상

루소의 영향을 받은 바세도우는 데사우Dessau의 왕자 프란츠Leopold Franz의 후원으로 1774년 범애학교를 설립하였다. 바세도우의 체육은 자연주의적 범애 사상에 토대를 둔 것이었다. 범애주의 체육은 베이컨, 코메니우스, 루소 사상을 통합한 것으로 자연에 순응하는 감각을 통한 학습을 지향한 체육이었다. 그는 지리, 수학, 물리, 역사, 라틴어, 독어, 불어, 음악, 미술 등과 함께 체육도 교육과정에 편성하였다. 하루 8시간 중 3시간은 펜싱, 승마, 무용, 음악 등 레크리에이션에, 2시간은 수공예에 할당하였다.

초기에는 시몬Johann Friedrich Simon이 체육을 맡았다. 그의 프로그램은 매우 다양하였으나 주로 기사의 체육 활동 내용으로 구성되었다. 댄스, 펜싱, 승마, 달리기, 레슬링, 던지기, 멀리뛰기 등과 같은 그리스식 체육 활동을 도입하여 지도하였다. 바세도우의 범애학교는 갑자기 유명해져서 괴테를 비롯한 많은 명사들의 방문이 이어지기도 하였는데, 이 학교의 설립은 근대 체육의 탄생을 위한 신호탄 역할을 하였다.

• 구츠무츠 체육 가치관

바세도우의 범애학교가 폐교되자 바세도우 범애학교의 동료직원이었던 잘츠만Christian Salzmann, 1744~1811이 슈네펜탈Schnepfenthal에 유사한 범애학교를 다시 설립하였다. 그 학교의 불어 교사였던 구츠무츠는 체육의 체계를 확립하였다. 그는 『청소년을 위한 체조Gymnastics for Youth』(1792), 『게임론Games, Spiele』(1796), 『수영기법The Art of Swimming』(1798) 등과 같은 체육

전문서적을 저술하였다.

구츠무츠는 『청소년을 위한 체조』의 제1부에서 『에밀』을 참고로 하여 루소가 말하였던 당당한 야만인의 모습을 그렸다. 체육의 목적을 옛 게르만의 미덕인 신체적인 늠름함, 체력, 용기, 기력 등이 조화를 이룬 인간의 육성이라고 주장하며, 그 조화를 일련의 병치apposition로 예시하였다.[64]

첫째, 신체적 건강—마음의 동요가 없는 쾌활함,

둘째, 단련—남성다운 정신,

셋째, 체력과 기술—정신과 용기,

넷째, 신체 활동—정신 활동,

다섯째, 훌륭한 신체적 발달—정신적 아름다움,

여섯째, 예리한 감각—예리한 정신.

구츠무츠의 두 번째 저서 『신체 및 정신 운동과 레크리에이션을 위한 게임론』은 쉴러Schiller의 미적 교육론에 입각하여 만들어졌다. 쉴러는 미래의 자유 국가는 유희 본능, 또는 목적이 없고 비이성적이면서도 중요한 그 무엇에 의하여 길러진 정신적, 감각적 성질이 같은 인간에 의해서만 창조될 수 있다고 말하였다.[65] 구츠무츠는 게임을 인간 생활의 소우주라고 보았다. 그러한 측면에서 아이들은 흐르는 강물로 인하여 둥글게 된 작은 돌과 같이 소우주 속에서 마찰을 통해 윤이 나는 존재로 성장한다고 보았다.

범애주의 교육자들이 학교에서 실시한 운동들은 대부분 자연적인 물체를 사용한 것이며, 주로 옥외에서 실시하는 종목이었다. 이것은 바로 루소의 자연주의 철학의 실천이었다. 이러한 체조 운동은 독일의 체조 운동으로 이어져 세계 체육 발달에 지대한 영향을 미치게 되었다.

---

64 Peter McIntosh, *Fair Play*, p. 46.

65 Ibid.

5. 중국 청조의 체육

청淸은 명나라 말기 후금이라는 나라를 세운 만주족이 명나라의 쇠퇴에 따라 청이라는 국호를 내세우고 등장한 나라이었다. 그러나 원과 같이 민족주의적인 경향을 드러내지 않고 한문화漢文化를 받아들여 점차 동화되어 갔다. 청나라의 대표적인 제도는 병제兵制를 기초로 한 팔기제도八旗制度였다. 만주인들은 모두 군인이었으며, 이를 세습하는 팔기로 나누어졌다. 한인들과 몽고인들에게도 한족팔기漢族八旗, 몽고팔기蒙古八旗를 제정하여 이 제도권에 있는 사람들을 기인旗人이라 부르며 귀족자리로 매김 하였다. 청조 초기 이러한 무사귀족의 자제들은 학교旗學, 旗義學에서 교육을 받았으며, 그들의 교육 내용에는 궁술, 마창 등과 같은 체육 활동이 포함되어 있었다. 그리고 인재는 무거를 통해 등용하였다. 군사 훈련을 위한 체육 활동으로 권법, 빙상 훈련 등이 있었다.[66]

제3절

절대주의 시대의 스포츠

1. 영국 스포츠의 발달

왕실과 귀족 사회의 스포츠 애호 전통

16세기 영국 왕실과 귀족 사회에서는 스포츠 애호주의 사조가 등장하였다. 이러한 기풍은 근대 스포츠 문화 발달의 밑거름이 되었다. 예컨대 엘리자베스 1세Elizabeth I, 1558~1603는 토니tourney, 토너먼트 구경을 즐겼다. 스튜어

---

66 笹島恒輔 지음, 林榮茂 옮김, 『中國體育史』, pp. 93~103 참조.

트 시대의 귀족이나 젠트리gentry들도 각종 게임에 대단한 집착을 보였으며, 튜더 시대의 왕들도 마찬가지였다. 제임스 1세James I, 1603~1625 재위는 아들에게도 신체적인 운동의 중요성을 강조하면서 여러 가지 스포츠 활동을 권장하였다. 이처럼 17세기 영국에서는 스포츠 문화가 점차 조직적으로 성장하기 시작하였다. 상류계층의 스포츠 애호 전통은 근대 스포츠 문화의 발달 토대가 되었다.

스코틀랜드 스포츠의 잉글랜드 확산

역사적으로 잉글랜드 왕좌는 외국의 왕족들에 의해 계승되기도 하였다. 스코틀랜드 왕이었던 제임스 6세가 잉글랜드와 스코틀랜드 통합왕 제임스 1세James I로 등극하였다. 그 결과 스코틀랜드의 스포츠가 잉글랜드 전역으로 확산되었다. 그러한 스포츠는 훗날 전 세계로 확산되었다.[67] 브리튼 섬 북부의 스코틀랜드에는 '하일랜드 게임Highland Game'과 같은 전통 스포츠가 있었다. 하일랜드 게임에는 달리기, 도약, 레슬링, 펜싱, 모의전sham battles, 전차경주, 갤볼거gaelbolga, 다트 묘기feat of throwing the dart, 바퀴 던지기roth-cleas, 해머던지기 등과 같은 종목들이 포함되어 있었다. 이러한 게임의 전통은 오늘날까지 하일랜드 게임으로 이어지고 있다. 특히 골프, 컬링curling, 펄말pall-mall[68] 등은 전 세계로 확산되었다.

영국 스포츠의 문화적 진화 추이

• 골프

컬링은 '스코틀랜드의 유일한 게임Scotland's ain game'이었고, 골프는 '스

---

67 G. Redmond, *The Sporting Scots of Nineteenth-Century Canada*, p. 27 참조.

68 중세의 Bowls에서 파생된 유희로 한때 금지되기도 하였던 이 놀이는 방망이로 회양목(boxwood)으로 만든 공을 치는 골프와 크로케(croquet)의 혼합형이었다. 제임스 1세와 찰스 1세 때 장려된 것으로 후일 the Mall이라고 불렸다.

코틀랜드가 세계에 준 선물Scotland's gift to the world[69]이었다. 골프는 15세기부터 스코틀랜드 동쪽 해안의 '링크links'로 알려진 모래 언덕에서부터 발달되었다.[70] 그리고 16세기에 들어서는 스코틀랜드의 왕실 스포츠가 되었다. 1503년 스코틀랜드의 제임스 4세는 광적인 골퍼Avid Golfer였고, 제임스 5세James V, 1512~1542 재위는 이스트 로우시언East Lothian에 있는 고스포드Gosford의 사설 링크에서 골프를 즐겼다. 그의 딸인 메리 여왕Mary, Queen of Scots, 1542~1587 재위도 '세인트 앤드루스St. Andrews'에서 골프를 즐겼으며, 그의 남편도 유명한 골퍼golfer였다.[71] 이러한 왕실의 골프 전통은 메리의 아들이었던 제임스 6세잉글랜드와 스코틀랜드의 통합 왕 제임스 1세에게 이어지게 되어 잉글랜드로 확산되었다. 골프는 컬링과 함께 스코틀랜드에서 잉글랜드로 확산되었다. 후일 스코틀랜드 출신 이주민들이 캐나다와 미국으로 이주하면서 북미에서 더욱 널리 확산되었다.

• 펜싱

튜더 말기인 엘리자베스 시대부터 검술sword play에도 변화가 왔다. 그것은 검과 방패buckler의 변화로 펜싱fencing이 튜더 시대부터 중요한 검술 종목으로 등장하였다는 것을 의미한다. 펜싱은 프랑스로부터 도입되어 튜더 시대부터 성행하였다. 특히 엘리자베스 여왕이 아버지 헨리 8세의 위용을 이어감으로써 펜싱은 계속 발달되었다. 엘리자베스 시대 중기 모든 귀족 자녀들은 펜싱 교육을 받았으며, 엘리자베스 통치 말기까지 펜싱은 젠틀맨들이 지녀야 할 필수적인 교양의 한 영역으로 간주되었다.

---

69 John Kerr는 그의 저서 *History of Curling*(Edinburgh, 1890)에 "Scotland's Ain Game"이라는 부제를 달았으며, Josept S. F. Murdoch는 *The Library of Golf, 1743~1966*(Detroit, Mich, 1968)라는 저서에서 "골프는 스코틀랜드인의 선물이다"라고 썼다.

70 G. Newman(ed.), *The Concise Encyclopedia of Sports*, 2nd ed., p. 82.

71 Will Grimsley, *Golf: Its History, People and Events*, pp. 7~8.

• 경마

스튜어트 시대부터 경마는 왕의 스포츠로서 황금기를 맞았다. 17세기 초부터 우승자에게 실버 벨silver bell을 부상으로 주던 제도가 생겼다. 제임스 1세는 경마 도시 '뉴마켓 Newmarket'을 건설하였다. 찰스 2세도 경마를 열렬히 후원하였다. 네덜란드 왕족으로서 영국의 왕관을 이어받은 윌리엄 William Ⅲ, 1689~1702 재위과 앤Anne, 1702~1714 재위 여왕도 경마의 적극적인 후원자였다. 찰스 1세는 경마에 아주 진지한 태도를 보이면서 우수한 말의 수입과 트레이너의 훈련에도 관심을 보였다. 윌리엄은 승마 아카데미를 설립하기도 하였다. 이러한 경마의 애호 분위기는 1750년 세계 최초의 스포츠 조직체인 '조키 클럽Jockey Club'의 탄생으로 이어졌다.

• 유혈 스포츠

17세기 상류계층이나 서민들이 공통적으로 즐기던 동물 학대 유형인 유혈 스포츠bloody sport는 튜더 시대에도 계속 성행하였다. 개를 부추겨서 곰이나 황소와 싸움을 붙여 두고 내기를 하던 곰 몰이bear-baiting나 소몰이bull-baiting, 투계鬪鷄 등과 같은 관중 스포츠가 활성화되었다. 유혈 스포츠에 대한 비판도 많았지만 그러한 스포츠를 즐기던 전통은 절대주의 시대까지 계속 이어졌다.

• 양궁

찰스 1세Charles I, 1625~1649 재위 때까지 심한 내전에도 불구하고 스포츠 활동은 성행하였으며, 양궁은 장려되었다. 그러나 청교도 집정기인 크롬웰의 공화정 시대에 들어서면서 각종 스포츠는 일시적으로 쇠퇴하였다. 그중에서도 양궁의 쇠퇴 경향이 역력하였다. 찰스 1세는 헨리 8세 때 양궁의 강화를 위해 제정되었던 법을 다시 정비하였다. 그러나 소총musket의 등장과 함께 군사적인 필요성이 소멸됨에 따라 양궁은 왕실과 귀족들의 순수한 레크리에이션으로 남게 되었다.

• 테니스

테니스는 프랑스와 마찬가지로 잉글랜드의 인기 있는 스포츠가 되었다. 테니스는 왕이나 귀족계층으로 차츰 사회화社會化되기 시작하였다. 이미 여성의 참여도 이루어지기 시작하였다. 그러나 테니스는 하나의 귀족 스포츠로만 성장하였다. 에드워드 4세 치세에 민중의 테니스 참여를 금지하였던 것과 같이 헨리 치세에서도 테니스는 민중에게는 금지된 스포츠로 남아 있었다.

• 축구

절대주의 시대의 축구는 중세와 마찬가지로 수단을 가리지 않고 상대의 골goal에 공을 넣기만 하면 되는 미조직화된 수준에 머물러 있었다. 그러나 들판이나 거리에서 행하여지던 축구가 학교 운동장에도 모습을 나타내기 시작하였다.

영국 스포츠와 청교도주의

중세에서부터 근대 초기에 이르기까지 신체 문화가 서구 기독교 사상의 확산과 연계되어 야기된 것은 고대 올림픽의 폐지, 중세 체육의 쇠퇴, 청교도들의 스포츠 활동 참여 금지 등이다. 따라서 중세 유럽 기독교의 도덕주의와 체육과 스포츠, 17세기 영국의 청교도주의와 스포츠와의 관계는 체육과 스포츠 역사에서 중대한 관심사가 되어 왔다. 절대주의 시대 잉글랜드 청교도주의는 스포츠 문화의 발달에 부정적인 영향을 미쳤다. 그것은 세계 스포츠 역사학계에서 매우 흥미로운 사건으로 취급되어 왔던 『합법적인 스포츠 권장령』[72]이나 '잉글리시 선데이English Sunday'라는 청교도들의 스포츠 유산이 그것을 대변해 주고 있다. 그러한 전통은 20세기 초까지 이어져

---

72 합법적인 스포츠 선언에 대한 상세한 것은 하남길, 「英國 스튜어트 시대의 스포츠史: 合法的인 스포츠 宣言의 背景」, 『한국체육학회지』 38(3) 참조.

왔다. 그것은 다큐멘터리로 제작된 영화 〈불의 전차Chariot of Fire〉의 내용이 증명해 주고 있다.

• 청교도와 잉글리시 선데이

불안정한 종교 역사 속에서 스튜어트 시대의 프로테스탄티즘은 스포츠의 발달에 부정적인 영향을 미쳤다. 초기 유럽 대륙의 프로테스탄티즘은 신체적 유희나 체육을 무조건 비난하지는 않았다. 그러나 영국 청교도 운동은 주로 칼뱅캘빈, John Calvin으로부터 영감을 받았고 칼뱅의 영향은 광범위하게 지속되어 스포츠에도 영향을 미쳤다. 영국의 국교회측인 왕당파는 스포츠를 장려한 반면 청교도파들은 엄격한 생활을 강조하며 스포츠의 참여를 억제하려 하였다. 쾌락적 성격을 지닌 신체적 레크리에이션 활동을 억제하였던 청교도들의 태도는 뚜렷하였다. 특히 안식일Sabbath에는 스포츠 활동을 금지하였는데, 그러한 전통을 '잉글리시 선데이English Sunday'라고 부르게 되었다.

• 국교회와 합법적인 스포츠 권장령

스튜어트 시대 청교도를 탄압하였던 국교파는 과거 왕실에서 스포츠를 장려하던 전통을 계속 인정하였던 반면, 청교도들은 쾌락적인 유희 활동의 참여를 반대함으로써 상호 갈등이 계속되었다. 국왕 제임스 1세가 엘리자베스 여왕에 이어 계속 청교도를 탄압하면서 스포츠 활동의 참여를 권장하자 청교도들은 그러한 정책 기조에 공격을 가하면서 스포츠 참여를 반대하였다. 특히 일요일의 스포츠 참여에는 철저한 반대 입장을 취하였다. 그러한 갈등 상황에서 나온 것이 국왕 제임스 1세가 내린 〈합법적인 스포츠에 관한 포고Declaration on Lawful Sport〉였다. 제임스 1세는 일요일이나 그 외 종교상의 축제일Holyday에 정당한 운동과 합법적인 레크리에이션 활동을 금지하는 청교도들의 입장을 비난하고, 1618년 『합법적인 스포츠에 관한 선언』이라는 책자를 통해 일종의 포고령을 내렸다. 그것은 『왕의 스포츠 서書

the King's Book of Sport』로 불렸다. 잉글리시 선데이라는 청교도들의 안식일 전통을 무시하고 국민들이 일요일이나 기타 성일에도 건전한 스포츠 활동에는 참여해도 좋다는 뜻을 밝힌 것이었다.

2. 미국 스포츠의 발달

식민지 초기의 스포츠

절대주의 시대의 미국은 식민지 시대이었다. 식민지의 사정에 따라 각 지역별 스포츠 문화의 발흥 상황도 달랐다. 청교도들이 많이 이주한 북부 뉴잉글랜드에서는 청교도주의 사상으로 인해 스포츠 문화의 확산 속도가 느렸다.[73] 1618년 제임스 1세가 합법적인 스포츠를 장려하기 위해 공포한 『스포츠의 서The King's Book of Sports』(1618)가 북미 대륙에 소개되자 1643년 보스턴의 식민지 의회는 이 책의 복사본을 모두 몰수하여 태워 버리도록 결정하였다. 비천한 동물 학대 오락이나 쾌락적인 성격의 스포츠에 참여할 경우 처벌이 따랐고 코네티컷 주의 '블루로Blue Law'는 스포츠나 오락의 참여를 엄격히 처벌하도록 규정하였다. 그렇다고 스포츠나 놀이 문화가 전혀 없었던 것은 아니었다. 놀이나 스포츠를 금지하는 법안이 있었다는 것을 역으로 해석할 때 많은 국민들이 스포츠와 오락에 참여하고 있었음을 뜻하는 것이다. 실제로 오락과 스포츠가 완전히 소멸될 수 없었으며, 레슬링, 달리기, 멀리뛰기, 닭싸움, 경마, 권투, 스케이팅, 썰매 등이 성행하였다.

중부 식민지는 지리적인 측면에서 북부와 남부의 중간에 있었기 때문에 문화적인 교류에 있어서 남부와 북부의 가교 역할을 하였다. 그 중심지였던 뉴암스테르담현 뉴욕의 사정은 북부와 달랐다. 1700년대로 접어들어

---

73 미국의 청교도주의와 스포츠에 관하여 상세한 것은 하남길, 「美國 스포츠 社會史: 청교도주의와 스포츠」, 『한국체육사학회지』, 제19호 참조.

낚시, 사냥, 썰매타기sledding, 스케이팅, 언덕 미끄럼 타기coasting, 미조직화된 형태의 하키, 볼링, 골프, 라켓, 크로케, 크리켓, 스틱 클럽stick club, 말렛mallet 등과 같은 신체적 오락과 스포츠가 성행하였다. 특히 경마는 인기 있는 스포츠였다.

미국의 남부는 원래 왕령식민지王領植民地에서 출발하였기 때문에 남부의 농원 젠트리plantation gentry들에게는 영국 상류계급의 전통이 그대로 이식移殖되어 있었다. 그러한 사정으로 경마, 사냥, 낚시, 크리켓cricket, 레슬링, 백스워즈backswords, 승마, 달리기 등과 같은 스포츠가 발달되었다. 가장 활성화된 스포츠는 경마, 투계, 권투 등이었다. 특히 권투와 경마는 힘센 흑인 노예나 백인 고용인을 내세워 부자들이 후원을 하는 체계로 매우 대중적인 관중 스포츠로 등장하였다.

대각성 시대의 스포츠

미국 역사에서 18세기 중반을 '대각성의 시대the Age of the Great Awakening'라고 한다. 정통 칼뱅주의Calvinism 정서가 부활되었고, 종교 지도자들은 신앙심을 일깨우기 위해 전국을 순회하며 설교를 통해 신앙부흥 운동을 전개하였다. 그러나 칼뱅주의적인 교리가 다시 확산되는 상황에서도 식민지의 오락과 스포츠는 귀족주의적 특성을 띠고 점차 넓게 확산되었다.

18세기 유럽에서 찬란한 꽃을 피웠던 주지주의主知主義가 아메리카 식민지에서는 변질되어 계몽주의로 발전하였다. 계몽주의 사조는 스포츠를 통한 즐거운 여가 생활을 개인 생활과 가정생활의 자연스러운 부분으로 인정하는 데 긍정적인 영향을 미쳤다. 각 분야의 지도자들은 스포츠 문화에 대한 인식 전환을 꾀할 수 있는 계몽적 발언을 하였으며, 스포츠에도 적극적으로 참여함으로써 미국 스포츠 문화는 점차 발달되기 시작하였다.

예컨대 식민지의 지도자였던 프랭클린Benjamin Frankin, 1706~1790은 『펜실베이니아 젊은이의 교육에 관한 제안Proposals Relating to the Education of Youth in

Pennsylvania』이라는 책에서 대학생들에게 달리기running, 뜀뛰기leaping, 레슬링wrestling, 수영swimming 등과 같은 운동을 권장하였다.[74] 그리고 대토지를 소유한 농장주들은 본국의 중상주의重商主義 정책에 호응하였다. 이들은 본국英國의 귀족들과 유사한 생활을 하면서 사냥과 경마 또는 크리켓에 흥미를 느꼈다. 귀족 가문의 숙녀들은 영국 궁정의 풍습을 모방하고 음악이나 댄스에 심취하였다.

상류계층의 스포츠 애호 기풍도 영국의 귀족, 젠트리와 유사하게 유지되었다. 18세기 중반 대부분의 식민지 사람들, 심지어 청교도 전통이 가장 강하였던 뉴잉글랜드 사람들까지도 스포츠를 애호하는 기풍이 생겨났다. 경마, 사냥, 투계, 파이브즈, 테니스, 크리켓, 보트 타기boating, 낚시 등은 영국에서 전래되어 아메리카 대륙에도 모습을 드러내었다. 크리켓은 잉글랜드의 국가적인 스포츠가 되었으며, 미국의 조지아, 메릴랜드, 뉴욕에까지 퍼졌다. 1751년에 식민지 아메리카 대표 11명과 런던 대표 11명이 크리켓 시합을 하였는데 아메리카팀이 승리하였다. 그것은 아메리카 스포츠 역사에서 첫 번째로 열린 국제 시합이었다.

식민지 저항 시대의 스포츠

18세기 후반은 미국의 역사에서 식민지 저항 시대1758~1781였다. 상류계층과 지주계급이 대서양의 해안지방에서 훨씬 더 확고한 정치적·사회적 삶을 이끌어 갔다. 자수성가한 중산계층이 늘어나면서 레저 시간과 레크리에이션 활동 그리고 스포츠 활동에 대한 욕망의 증가는 공통적인 특징으로 나타났다. 오락의 종류가 점차 다양해졌고, 스포츠 문화가 성장할 수 있는 토대가 형성되기 시작하였다. 필라델피아에서 71명의 경마 신사들은 1766년 새로 생긴 조키 클럽Jockey Club에서 핑크빛 사냥복을 입고 개를 몰고 다

---

74 Carl Van Doren, *Benjamin Franklin*, p. 190.

닌 데 반하여 개척지의 하층계급은 좀 더 거친 사격이나 규칙도 없는 복싱, 레슬링 등에 참여하였다. 그러한 상황에서 퀘이커교도들은 도덕성을 강화시키기 위한 조치들을 취하였다. 1779년 펜실베이니아의 의회는 〈악덕과 부도덕에 대한 진압 법령An Act for the Supression of Vice and Immorality〉을 제정하고, 선술집이나 여인숙에서 행하여지던 '무익한 스포츠Idle Sport'를 금지하기도 하였다.[75]

미국 스포츠 문화의 종목별 진화 추이

• 라크로스

라크로스는 인디언들이 평원에서 하였던 인디언 버전의 게임이었다. 미국의 토착민이었던 동북부 지방의 인디언들은 라크로스Lacrosse라는 게임을 탄생시켰다. 전통적으로 이로퀴족Iroquois들은 라크로스라는 볼 게임을 즐겼다. 1630년대 뉴욕의 후론 카운티Huron County에서 열린 라크로스의 모습은 수많은 참가자들이 넓은 평원의 경계선도 없는 경기장에서 시합을 하는 것이었다. 공이 공중에 던져지면 '크로스crosses'라고 불리는 공을 잡아채기 위해 서로 엉기어 몰려다녔다. 원래 이 게임의 목적은 전투력 강화였다. 그러나 신대륙 이주자들에게 알려진 것은 1636년이었다. 그 발견자는 프랑스 제수이트 교단의 선교사였다.[76] 라크로스는 19세기 중반 한 치과 의사에 의해 조직화되어 새로운 게임으로 탄생되어 오늘날까지 계승되어 오고 있다.[77]

• 경마

영국의 경마 전통은 미국의 남부로 이식되었다. 남부의 경마는 최고 속도로 달릴 수 있는 질 좋은 말을 양산하려는 마주馬主들의 희망으로 장려

---

75 John A. Lucas and Ronald A. Smith, *Saga of AMERICAN SPORT*, p. 52.

76 선교사는 Jean de Brébeuf.

77 http://en.wikipedia.org/wiki/History-of-lacrosse

되면서 하나의 관중 스포츠로 발달되었다. 매우 경쟁적이고 개인주의적이며 물질주의적이었던 남부의 신사들은 흑인 기수들이 벌이는 경마를 통해 돈이나 담배를 건 도박을 즐겼다. 미국의 지도자들도 경마를 좋아하였다. 뉴욕의 총독 바네트1688~1728, 초대 대통령 워싱턴George Washington, 1732~99 등은 경마광이었다. 듀란트John Durant는 그의 저서 『스포츠 역사Yesterday in Sports』에서 삽화를 통해 건국 영웅들의 스포츠 애호 경향을 보여 주고 있다. 이처럼 경마는 18세기 후반부터 미국 상류층의 관중 스포츠로 자리를 잡았다.

• 권투

권투는 힘센 흑인 노예나 백인 고용인을 내세워 부자들이 후원을 하는 체계로 인해 매우 대중적인 관중 스포츠로 확산되었다. 당시 권투선수는 고대 그리스 시대에 기원을 둔 현상권투, 즉 맨주먹 권투선수들fugilists의 시합이었다. 남부의 백인 농장주들은 흑인 노예들에게 보트 레이스를 시키고 자신들은 내기를 하였으며,[78] 뛰어난 흑인 복서에게 자유를 주기도 하였다.

3. 중국의 스포츠와 레크리에이션

『동방견문록』을 썼던 마르코 폴로Marco Polo, 1254~1324는 몽골 지도자들이 궁전이나 놀이터에서 하였던 레저에 대하여 "이 도시의 끝에 16마일이나 되는 울타리가 있는 사냥터parkland가 있었다"라고 적고 있다.[79] 원나라 시대에 중국에 살기도 하였던 그의 기록은 중국 대륙에도 서양과 유사한 스포츠들이 있었다는 것을 밝혀 준다. 이처럼 명나라 시대부터 청나라 시대까지 중국에서는 사냥을 비롯하여 상박wrestling, 투호 등 다양한 스포츠가 있었고, 그러한 스포츠는 청나라 시대로 계승되었다. 그러나 청조에 들어 가장 뚜렷하게 등장한 것은 동계 스포츠였다. 아동 유희도 다양하였다.

---

78 John R. Betts, *America's Sporting Heritage*, p. 334.

79 James Riordan and Robin Jones, (eds.) *Sport and Physical Education in China*, p. 55.

썰매는 교통수단으로 이용되었으며, 놀이로서도 널리 확산되어 있었다. 나무로 상을 만들어 그 밑에 쇠를 부착하고 한 사람이 앞에 달린 끈을 잡아당겨 끌어 주는 형태였다. 고종高宗, 乾隆帝이 음력 12월 8일 태액지太液池에 앉아 썰매가 건너가는 것을 보았다는 기록이 있다.[80] 유빙과 활빙스케이팅도 군사들의 내한 훈련을 위하여 도입되었다. 누루하치Nurhachi, 1559~1626는 자신의 군영軍營에서 스케이팅을 하였으며, 그 이후부터 군대의 동절기 훈련으로 스케이팅이 권장되었다. 그리고 아동의 유희로는 척구剔毬, 건아鞬兒, 또는 建子 등이 있었다. 척구는 추위를 이기기 위하여 아이들이 돌을 갈아 만든 공으로 하는 게임이었다. 건아는 동전 모양의 가죽을 아래에 깔고 그 위에 동전, 납, 주석 등을 놓아 둥글게 한 뒤, 거기에 독수리 또는 닭의 털을 가죽으로 묶어 발로 차고 노는 유희였다.[81]

80 笹島恒輔 지음, 林榮茂 옮김, 『中國體育史』, pp. 99~100.
81 위의 책, p. 106.

제3편

근대 체육과 스포츠 문화

제1장

근대 사회와 신체 문화의 발달 배경

- 학습 목표

1. 근대 사회와 문화를 이해한다.
2. 근대 체육의 발달 배경을 이해한다.
3. 근대 스포츠 문화의 발달 배경을 파악한다.

현대 체육의 아버지 헤더링턴.

근대 사회와 문화

19세기 유럽 사회는 정치적으로 전쟁과 혁명의 시대였고, 그 중심에는 프랑스가 있었다. 1799년 나폴레옹은 쿠데타로 통령정부를 수립한 이래 유럽의 지배자가 되었다. 나폴레옹의 유럽 지배는 국가주의, 민족주의 사상의 확산을 촉진하였다. 그리고 1830년 파리에서 일어난 7월 혁명의 영향이 전 유럽으로 파급되면서 벨기에, 독일, 이탈리아 등지에서도 자유주의 운동이 일어났다. 그리고 19세기 후반에는 강대국들이 제국주의적 팽창 정책을 펼쳐 국제적 긴장이 격화되었다. 그것은 1914년 제1차 세계대전의 발발로 이어졌다. 전쟁은 연합군의 승리로 끝났으나 평화는 오래가지 못하였고 다시 제2차 세계대전이 발발하였다.[82]

제1차 세계대전 이후 많은 국가들이 민주주의 체제를 발전시켰다. 영국에서는 1901년 노동당이 급성장하였고, 1928년 남녀평등의 보통선거를 실시하게 되었다. 그리고 제2차 세계대전은 침략적인 전체주의 국가들에게 패배를 안겨 주었으나 전후戰後의 세계는 공산주의와 자유주의 국가로 분열되어 냉전체제가 형성되었다. 이 냉전체제는 고르바초프가 추진한 소련의 페레스트로이카개혁를 계기로 동유럽에 지각변동이 시작되어 1989년부터 1990년에 걸쳐 소련과 동유럽의 공산체제가 해체됨으로써 종식되었다.

---

82 이하 근대 사회와 신체 문화의 발달 배경에 관한 내용은 제3편의 내용을 분석하여 학회 사무국에서 정리하였다.

사회적으로는 산업화, 도시화로 인해 사회구조가 급변하였다. 과학의 발전과 기술의 혁신은 종전의 농업 사회와는 다른 산업 사회industrial society를 출현시켰고, 지속적인 경제 성장을 가능케 하였다. 18세기 후반부터 인구도 급증하여 도시화가 진척되었다. 도시화는 대중교통수단의 개선을 필요로 하였고, 그것은 교통의 발달로 이어졌다. 1870년대 유럽 도시들은 민간기업의 마차 운영사업을 허락하였고, 1890년대 전차가 등장하였다. 1886년 오스트리아, 프랑스, 독일, 영국 등에서 마차는 9억 명의 승객을 수송하는 정도였으나 1910년 전차는 67억의 승객을 수송하였다. [83]

　　학문 또한 발전하였다. 헤겔G.W.F. Hegel, 1770~1831의 변증법dialectic, 콩트A. Comte, 1798~1857의 실증주의positivism, 벤담Jeremy Bentham, 1748~1832의 공리주의Utilitarianism 등과 같은 철학이 등장하였다. 20세기에는 반지성주의, 비합리주의, 비관주의적인 경향이 강하였으나 합리주의적인 사상도 등장하였다. 대표적인 것이 듀이John Dewey, 1859~1952의 실용주의Pragmatism였다. 그는 도구주의Industrialism, 실험주의Experimentalism로 알려진 철학을 정립하였다.

　　그리고 고전적인 놀이 이론play theory들이 등장하였다. 스펜서H. Spencer의 잉여 에너지설Surplus Energy Theory, 그루스Karl Groos의 본능설Instinct Theory, 홀Stanely Hall의 반복설Recapitulation Theory 등이 출현하였다.

83　閔錫泓, 『西洋史槪論』, pp. 485~488.

근대 체육의 발달 배경

18세기부터 19세기 초에 걸쳐 유럽은 격동의 시대였다. 혁명의 시대를 맞이하여 낡은 체제가 붕괴되고 새로운 시민 사회가 구축되었다. 사회 변화와 함께 교육에도 변화가 일어났다. 교육에 대한 과학적 연구를 토대로 교육의 과학화를 실현하려는 움직임과 함께 국가주의또는 민족주의라는 교육 이데올로기를 바탕으로 지적, 도덕적, 신체적 발달을 지향한 보통 교육이 일반화되었다. 그 과정에서 체육도 발달되었다. 근대 체육의 발달 배경은 몇 가지로 요약된다.

1. 국가주의 사조의 확산

자연주의와 자유주의 사상이 근대 체육 발달의 기초가 되었다. 그러나 19세기 유럽 체육의 발달은 국가주의 사상의 확산과 밀접한 관계를 갖고 있다. 독일, 스웨덴, 덴마크 등의 체조 운동은 국가주의 사상을 토대로 발달되었으며, 영국의 체조 운동 또한 마찬가지였다.

2. 과학적 사고와 건강 중시 사조의 확장

1800년대 후반 유럽과 영미 사회에서는 도시화가 진행되면서 건강에 대한 관심이 급속히 고조되었다. 그리고 과학의 발달로 인해 대중적인 체육 활동의 가치에 대한 올바른 인식도 형성되었다. 예컨대 미국의 경우 진화론을 비롯한 생물학적 이론들이 체육의 존립을 정당화하였다. 또한 체육 활동의 생리학적 효과에 대한 가정假定을 명확히 확인시켜 주게 되었다.

3. 강건한 기독교주의 사상의 확산

영미 사회에서는 강건한 기독교주의라는 계몽사조의 확산으로 스포츠가 발달될 수 있었다. 영미 사회에서는 남성다운 기독교인의 자질로서 힘과 용기, 대담성, 투지, 인내, 자제 등과 같은 자질의 함양을 중시하였다. 그 연장선상에서 각종 스포츠가 체육 활동의 수단으로 채택되었던 것이다.

4. 심리학의 발달과 놀이 이론의 등장

심리학이 발달되면서 인간의 의지, 성격 등은 단련에 의해 변화될 수 있다는 인식이 생겨났다. 그리고 놀이 이론의 등장은 체육의 목적 개념을 확대시켰다. 미국의 놀이 이론가였던 스탠리 홀G. Stanley Hall은 놀이play와 놀이의 자연스러운 확장인 게임games, 스포츠sport를 인성 발달을 위한 이상적인 메커니즘으로 보았다.[84]

5. 실용주의와 진보주의의 확산

실용주의 사상이 확산되고, 교육에서는 실용주의 사조와 맥을 같이하는 진보주의 교육 이론이 등장하면서 20세기 중반 체육의 목적 개념이 더 확장된 소위 '신체육' 개념이 등장하였다.

---

84 A. Mechikoff and Steven G. Estes, *A History and Philosophy of Sport and Physical Education*, p. 202.

근대 스포츠 문화의 발달 배경

근대 이전의 스포츠는 근대 스포츠와 차이가 많았다. 근대 스포츠는 그 이전과는 달리 국가적 수준의 제도화된 형식을 갖추게 되었으며, 성문화된 규칙을 갖추고 전국적 차원의 경쟁이 이루어졌다. 그리고 전문적인 선수가 등장하였다. 경쟁의 결과는 기록으로 보관될 뿐만 아니라 공공정보로 등장함으로써 기록이 보존되는 등 많은 변화와 발전을 보였는데, 그 배경은 크게 몇 가지로 요약할 수 있다.

1. 사회구조의 변화

산업혁명의 결과로 시민계급 중에서 신중산계급이 생겨나게 되었다. 이러한 중산계급이 귀족이나 상류층의 생활양식을 따르는 과정에서 상류층의 전유물이었던 스포츠가 점차 중상류계급middle- upper class으로 확산되었다. 그 결과, 스포츠 인구가 늘어나고 스포츠가 대중화될 수 있었다.

2. 운동경기 애호주의의 확산

영국 튜더 시대 왕실과 귀족 사회를 중심으로 확산되기 시작한 스포츠 애호주의 사상은 19세기 중반부터 영국 상류층 자제들이 재학하던 중등학교와 대학으로 확산되었다. 이러한 학교를 졸업한 학생들은 사회로 진출하여 스포츠클럽을 결성하고 운동경기 애호 사상을 확산시켰다. 그러한 기풍은 유럽과 미국으로 전파되었으며, 그 결과 스포츠는 하나의 대중적 여가 문화로 자리 잡게 되었다.

3. 산업 및 교통·통신의 발달

과학의 발달과 산업혁명으로 각종 스포츠 장비가 현격히 개선되었고, 전기의 발명은 야간경기를 가능하게 하였다. 그리고 교통과 통신의 발달은 선수와 관중의 이동을 용이하게 하였다. 매스컴은 운동경기의 결과를 대중에게 빠르게 전달할 수 있었기 때문에 스포츠가 대중문화로 발달될 수 있었다.

4. 제국주의 사상의 확산

19세기 후반부터 급속히 확산된 제국주의적인 정서는 열강들의 팽창 정책으로 이어졌다. 그 결과는 체육의 발달과 스포츠 문화의 확산으로 나타났다. 전쟁을 겪으면서 강대국들은 신체적 능력의 필요성을 인식하고, 유럽의 체조체계를 도입하게 되었다. 그리고 영국과 같은 나라는 자국의 문화인 스포츠를 문화제국주의 정책의 일환으로 식민지나 자치 연방에 의도적으로 보급하였다. 이 정책은 그들의 스포츠 문화가 전 세계로 확산되는 결과를 낳았다.

제2장

유럽 대륙의 체육과 스포츠 문화

• 학습 목표

1. 근대 유럽 제국의 교육제도를 파악한다.
2. 근대 유럽 체육의 발달 과정을 파악한다.
3. 근대 유럽 스포츠 문화의 발달 과정을 이해한다.
4. 근대 유럽 제국의 스포츠 발달 상황을 비교해 본다.
5. 근대 유럽 제국의 체육과 스포츠 사상을 이해한다.

스톡홀름의 체조장(1900).

독일의 체육과 스포츠

1. 독일의 교육

19세기 독일에서는 국가주의 교육이 발달되었다.[85] 유럽에서 프랑스 혁명으로 민주주의와 자유주의 사상이 확산되자 군주적 정치체제를 가진 나라들은 그러한 사상의 파급을 두려워하였다. 나폴레옹 전쟁에 패한 프러시아Prussia와 유럽 여러 나라들은 국가주의 정책을 펼쳤으며, 독일도 마찬가지였다. 피히테Johann Gottlieb Fichte, 1762~1814는 이렇게 말하였다. "국어가 국민에 의해 형성된다기보다는 오히려 국민이 국어에 의해서 형성된다."[86] 이 말은 매우 국가주의적이다. 실제로 독일은 국어독어, 역사, 지리 교육을 강화하였으며, 애국심 배양을 위해 음악과 체육을 강화하였다.

전후 독일 교육에서 체육을 강화한 것도 국가주의 사상의 영향이었다. 제1차 세계대전 이후 바이마르Weimer 공화국 시대1919~1933에는 학교 교육에서 군국주의적인 요소와 교회의 간섭을 배제하였고, 1920년부터 초등학교 교육제도를 단일화하고 하층계급 어린이들에게 중등학교 취학 기회를 제공하였다. 중등교육기관으로는 종래의 김나지움Gymnasium을 비롯하여 다양한 실업학교를 두게 되었다. 그러나 1933년 히틀러Adolf Hitler, 1889~1945

---

85 이하 독일 근대사 분야는 오동섭(경북대) 교수에 의해 감수되었다.

86 윤완, 『교육의 역사와 철학』, p. 385.

의 '나치스Nazis 정권'이 등장하자 극단적인 국가주의 교육이 다시 시작되었다. 그 과정에서 체육은 교련, 역사, 종교, 봉사활동과 함께 매우 중시되었다. 제2차 세계대전 이후인 1947년 독일의 교육개혁이 실시되었다. 서독의 경우 1956년, 1961년의 교육개혁을 통해 김나지움을 중심으로 한 현대적 교육체계가 확립되었다.

2. 독일의 체육

체육의 발달 배경

근대 독일의 체육體操은 유럽 대륙의 여러 나라뿐만 아니라 영국, 미국 등지로 확산됨으로써 세계 체육의 발달에 큰 영향을 미치게 되었다. 이처럼 독일에서 체육의 체계가 일찍이 발달된 것은 여러 가지 이유가 있었다. 그것은 게르만의 전통적인 전사 기풍, 자연주의와 범애주의 교육의 영향, 국가주의 사상의 확산 등이었다.

독일의 체조 운동 튜른베궁

• 독일 체조 운동의 발달 과정

19세기 나폴레옹의 독일 침략은 독일인들에게 애국적 정서의 확산을 촉진하였다. 얀F. L. Jahn, 1787~1852이 등장하여 『독일 국민성Deutsches Volkstum』이라는 책을 출판하였는데, 이 책은 독일 체조 운동의 기초가 되었다. 얀은 독일 국민이 어떻게 하면 게르만적인 특성을 다시 회복할 수 있을 것인가를 고민하던 중 체조 운동을 창시하였다. 체조 운동을 통하여 독일 국토를 통일하고 독일 민족성을 회복하며 국민을 무장하여 나폴레옹의 점령으로부터 독일을 해방시키고자 하였던 것이다. 그는 1811년 6월 베를린의 '하젠하이데Hasenheide'에 옥외 체조장體操場을 마련하고, 본격적인 체조 보급

운동을 전개하였다. 1811년부터 약 8년에 걸쳐 독일 체조 운동 튜른베베궁 German Gymnastics movement, Turnbewegung은 독일 전역으로 확산되었다.

독일 체조 운동의 역사는 순탄하지만은 않았다. 메테르니히Matternich의 반동통치 시대가 도래하였고, 정부는 자유주의적, 민중 운동적 성격을 지닌 체조조직을 혁명 훈련의 예비학교로 간주하여 탄압을 가하게 되었다. 1819 년 체조가인 칼 산트Karl Sand가 반자유주의 극작가 코체브Kotzebue를 살해 함으로써 프러시아 정부의 간섭을 유도하게 된 결과였다. 결국 얀은 체포 되고 체조협회는 해체되었다. 정부는 그 이후에도 1832년과 1848년 두 차 례에 걸쳐 체조 운동 조직을 해체시켰다.

독일의 체조 운동이 다시 시작된 것은 1860년대 이후였다. 체조 지도자 들이 정치와 손을 끊기로 결의한 1860년대 이후부터 국가가 체조 단체를 다시 인정하게 되었다. 1868년 전국에 산재해 있던 체조 단체들은 전국 체 조연맹Deutsche Turnerschaft을 결성하였고, 15개의 지방 산하 단체에 128,491 명의 회원을 두게 되었다. 회원 수는 계속 증가하여 1915년까지 11,769개의 지방 단체와 약 100만 명의 체조 운동 회원을 확보하게 되었다.

• 체조 운동의 특성

근대 독일의 체조 운동은 국가주의적, 민족주의적, 민중주의적 성격을 띤 국민체육진흥운동의 하나였으며, 특히 강한 민족주의적 특성을 띠고 있었 다. 그것은 독일 체조 운동가들이 부착하였던 배지를 통해서 확인할 수 있 다. 모든 회원들은 15그로센의 입회비를 내고 무두질한 가죽 배지를 부착 하였는데, 그 배지에는 턴컨스트Turnkunst, 체조술라는 글과 9게르만이 로마 Varus 장군을 패퇴시킨 해, 919기사들이 토너먼트를 최초로 실시한 해, 1515기사들의 토너먼트가 폐지 된 해, 1811Turnen이 시작된 해 등 네 가지 연도가 새겨져 있었다. 이러한 내용은 독일의 체조 운동이 고대의 전사 기풍과 중세의 기사 전통을 계승하고자 한 민족주의적, 국가주의적인 사회 운동이었음을 명확히 해 주는 것이다.

• 독일 체조 운동의 내용

얀이 설립한 하젠하이데Hasenheide 체조장은 그리스의 팔라에스트라를 모방한 것이었다. 이론적으로 구츠무츠의 체계를 도입하였으나 구츠무츠 체육체계에 없는 철봉과 평행봉을 도입하였으며, 구츠무츠가 중시하였던 감각 운동이나 발성 운동 등은 제외되었다. 주된 체육 활동 내용은 걷기, 달리기, 도약, 뜀틀 운동, 평균대 운동, 철봉, 평행봉, 등반, 던지기, 밀기, 당기기, 들기, 옮기기 등 다양하였다.[87] 설치된 시설은 수평사다리, 높이뛰기대, 철봉, 등반봉, 경사사다리, 평균대, 봉고조대, 줄타기 시설, 멀리뛰기 도랑, 8자형 트랙, 레슬링장 등이었다.[88]

독일 학교 체육의 발달 과정

독일에서 공식적으로 학교에 체육이 도입된 것은 1842년이었다. 그로부터 2년 뒤인 1844년 2월 4일 관보官報를 통해 전국의 중등학교Gymnasium와 사범학교Schullehre Seminaren에 신체 훈련을 실시하고 옥내 및 옥외 시설을 갖추도록 지시가 내려졌다.[89]

독일의 학교 체육 발달에 공헌한 인물은 스피스Adolf Spiess, 1810~1858와 그의 제자들이었다. 스피스는 페스탈로치와 구츠무츠의 영향을 받아 체육을 전인적 교육의 일환으로 생각하고 기계를 이용하는 체조 외에 도수체조, 행진체조, 음악과 놀이를 수단으로 하여 여학생과 아동들을 대상으로 한 교육을 실시하였다. 그는 얀의 체조체계가 학교 사정에 어울리지 않는다고 판단하여 손에 기구를 들지 않는 '자유 운동Free Exercise'이라 불리게 된 일련의 체조체계를 창안하여 교육 체조로 발전시켰다. 그의 자유 운

---

87 김동규, 『세계체육사』, p. 260.

88 오동섭, 『近代 體育史』, p. 47.

89 盧熙悳·吳東燮, 『近代 體育思想史』, p. 123.

동은 신체의 부위를 두 팔tow arms, 두 다리two legs, 머리head, 몸통trunk 등 6개 부위의 운동으로 분류하였다. 운동 방향은 위up, 아래down, 앞forward, 뒤back, 좌left, 우right 6개 방향으로 구성하였다.[90]

1860년 9월 독일프러시아 정부는 훈령을 통해 체육체조의 전면적인 실시를 지시하였고, 그때부터 독일에서 얀의 체조체계를 토대로 학교 체육은 더욱 발전되었다. 1862년 정부는 초등학교Volkschule 남학생에게 체조수업을 필수화하였고, 사범학교에서 체조 지도자를 양성하도록 하였다.

1870년대부터 게임과 스포츠, 각종 레크리에이션도 학교 교육체계 속에 도입되었다. 독일 교육체계 속에 조정, 축구와 같은 영국 스포츠 게임이 도입된 것은 휴즈Thomas Hughes의 자서전적 소설 『톰 브라운의 학창시절Tom Brown's Schooldays』이 소개되면서 영국 퍼블릭 스쿨Public School의 스포츠 교육 내용이 알려지게 된 이후였다. 독일 체조의 옹호론자였던 글래머 스쿨의 교사들은 영국 퍼블릭 스쿨을 방문한 이후 '강건한 기독교인muscular Christian의 육성'이라는 영국의 교육 이념과 '애슬레티시즘Athleticism'이라는 일종의 스포츠 교육 열기를 감지하게 되었다. 또한 육상, 축구, 조정 등과 같은 영국식 신체 활동이 독일 학생들이 하고 있던 질서 운동이나 맨손체조보다 훨씬 더 흥미로울 뿐만 아니라 교육적 가치도 높다는 것도 알게 되었다.

영국 스포츠가 독일에 확산될 수 있었던 것은 무엇보다도 독일의 체조 프로그램보다 영국의 스포츠 프로그램이 학생들의 흥미를 더 자극하였기 때문이었다. 1874년 학생들이 체조에 흥미를 느끼지 못하는 데 대하여 자극을 받은 부른스빅의 체조교사 헤르만Konrad Kochhdhk August Hermann, 코흐Karl Koch 등이 영국의 럭비와 크리켓, 미국의 야구 등을 도입하였다. 1895년 개정된 『체육 지침서』에는 기계체조, 행진 운동, 맨손체조, 달리기 게임 등 16종과 볼 게임 7종이 추가됨으로써 체육의 내용은 체조, 육상, 게임, 스포츠 등으로 다양해지게 되었다.

---

90 C. W. Hackensmith, *History of Physical Education*, p. 135.

1920년부터 체육은 정규 교과과정에서 중요한 위치를 점하게 되었다. 이 시기에 나타난 변화의 조짐은 '자연체조'의 출현이었다. 오스트리아 학교체조는 산보, 등산, 스키 등의 운동에서 자연적 신체 동작들을 통합하여 개발되었다. 비엔나의 스트라이허Margarete Streicher와 가울호퍼Karl Gaulhofer는 오스트리아 학교체조를 모태로 한 독일의 체조체계를 고안하였다. 독일의 전통체조와 영국의 경쟁적인 스포츠를 거부하고 아동의 재능과 요구 수준에 일치하는 체조체계를 지향한 것이었으므로 개혁 성향을 지닌 독일 체조인들은 적극적인 지지를 보내었다. 1926년 베를린 교육부 관리 오텐도르프Ottendorff는 여학생 신체육 교과과정에 '오스트리아 자연체조'의 일부 내용을 체육 교육의 내용으로 편성하도록 하였다. 그리고 영국의 스포츠와 게임도 주로 상류계층 교육기관이었던 글래머 스쿨을 중심으로 급속히 확산되었다. 학생들은 2주에 한번 '오후 스포츠 활동'에 참여하였다. 초등학교에도 스포츠와 게임이 도입되었다. 체조와 운동경기에 대한 체육실기시험은 글래머 스쿨 학생들의 대학진학시험Abitur에서 필수 과정이 되었다. 또한 필드핸드볼field handball이 점차 발달되어 독일인의 게임으로 정착되었다.

야외 교육 반더포겔 운동

19세기 말 독일에서는 청소년 야외캠프활동의 하나인 '반더포겔Wander vogel, 철새 운동'이 일어났다. 1897년 칼 피셔Karl Fischer라는 슈테글리츠 김나지움Steglitz Gymnasium, 高校 학생이 교장을 설득하여 시작한 것이 시초였다. 그 이후 청소년들은 베를린의 빌딩 숲을 떠나 교외의 시골로 나가 캠프파이어campfire를 하고, 주위에 모여 앉아 노래를 부르거나 상호 대화의 시간을 가졌다. 반더포겔 운동은 급속히 확산되어 독일 전역으로 확산되었다. 1911년 프러시아 의회가 법령을 제정하고 3,000명이 사용할 수 있는 83채의 유스 호스텔을 건립함으로써 초기 유스 호스텔 운동의 기반이 되었다.

3. 독일의 스포츠

독일의 스포츠 도입과 갈등

독일에서 영국 스포츠가 확산되기 시작한 것은 1870년대부터였다. 육상, 축구, 테니스, 조정漕艇, 수영 등과 같은 각종 스포츠클럽이 독일 전역에 설립되기 시작하였다. 독일의 체조 운동가들은 영국 스포츠의 도입을 반대하였다. 그러나 각종 스포츠클럽의 수는 급속히 늘어나게 되어 1888년에는 '독일스포츠국局Deutschen Sportbehörde für Athletik'이 설립되었다. 이러한 변화를 주도한 인물은 칼 딤Carl Diem, 1882~1962이었다. 그는 체조 애호가들의 비판에 대항하며, '독일전국체전全獨스포츠경기대회'에 많은 경기 종목들을 추가시켰다. 또한 전독체력장제도인 '스포츠배지제Reich Sports Badge'를 도입함으로써 스포츠는 독일의 사회와 학교로 급속히 확산되었다.

11인제 핸드볼의 발달

1920년대 영국의 스포츠가 독일 상류 교육체계 속에 확산되었다. 학생들은 2주에 한 번 오후 스포츠 활동에 필히 참여해야 하였다. 그러한 상황에서 애국적 정서가 강하였던 독일의 체육교사들은 축구만은 무산계급노동자계급 스포츠라는 이유로 배제하면서 축구를 대신할 독일식 구기 운동 필드핸드볼field handball을 창안하였다. 그것은 축구경기장을 이용하여 11명의 선수가 발 대신 손으로 하는 게임이었고, 규칙은 축구와 비슷하였다. 점차 학교, 클럽, 대학으로 확산되어 '독일게임'으로 자리 잡게 되었다. 칼 실렌츠Dr. K. Schelentz가 명칭을 '핸드볼'로 정하였다. 1928년 11인제 국제아마추어핸드볼연맹IAHF이 설립되었으며, 1936년 베를린 올림픽에서 정식 종목으로 채택되었다. 그러나 제2차 세계대전 이후 덴마크에서 발달된 7인제 핸드볼이 인기를 얻게 되었으며, 동유럽을 중심으로 급속히 확산되자 11인제는 사라지고 7인제로 남게 되었다.

4. 독일의 체육 사상

페스탈로치의 신인문주의 체육

스위스 출신의 페스탈로치Johann Heinrich Pestalozzi, 1746~1827는 독일의 교육과 체육에 지대한 영향을 미쳤다. 그는 신인문주의 교육 사상가 중 한 사람으로 루소의 자연주의와 바세도우의 범애주의 사상의 영향을 받았다. 그는 교육의 목적을 지적, 도덕적, 신체적 제 능력을 조화롭게 발전시키는 것으로 파악하였으며, 인간의 근본적인 힘을 정신력, 심정력, 기술력으로 분류하였다. 그것을 정신적, 도덕적, 신체적인 힘이라고 보았으며, 그 힘을 비유적으로 머리, 가슴, 손 또는 지知, 의意, 행行이라고 표현하였다.

페스탈로치가 체육에 미친 영향은 크게 두 가지였다. 첫째는 게임과 체조 등 체육 활동을 옹호하고 자신이 구상한 교육과정에 체육을 포함시켜 체육의 필요성을 환기시켰다는 것이다. 둘째는 근대 독일 및 유럽 체육의 발달에 사상적 영향을 미쳤다는 점이다. 페스탈로치는 종교적인 이유로 본국인 스위스에서는 환영을 받지 못하였으나 독일, 프랑스, 영국, 미국 등에 영향을 미쳤다. 특히 독일에는 큰 영향을 미쳤다. 근대 독일의 공교육체계 속에 체조가 도입된 것은 신인문주의 교육 사상의 영향이 매우 컸다.

얀과 국가주의·자유주의 체육 사상

프리드리히 루드비히 얀Friedrich Ludwig Jahn, 1787~1852은 프러시아Prussia의 국경에서 신교 목사의 아들로 태어났다. 청소년 시절부터 독일어, 역사, 지리 등에 관심이 많았던 그는 애국심 강한 청년으로 성장하여 체조를 통한 국민운동을 선도하게 되었다.

얀의 체조 운동은 강한 국가주의 사상과 민족적 자유주의 사상을 바탕으로 하고 있었다. 그의 저서 『독일 국민성Deutsches Volkstum』은 게르만족의 주체성을 강조한 것이었다. 모든 용어부터가 그러한 경향을 내포하고 있었다. 김내스틱Gymnastik이라는 외래어 대신에 자신이 모국어라고 생각하였던 튜르넨Turnen이라는 용어를 창안하였다. 체조인gymnast을 Turner, 체조협회Gymnastic Society를 Turnverein, 체조술the art of gymnastics을 Turnkunst, 체조장place for gymnastic exercise을 Turnplatz, 체조축제gymnastic festival를 Turnfest 등으로 불렀다.[91]

그리고 체조 운동가들은 자유주의 운동권과 결속되면서 독일 내 자유주의 운동을 확산시키는 역할을 하였다. 그래서 독일 정부는 체조 운동가들이 자유주의 민중 운동의 전위대 역할을 한다고 보고, 1832년과 1848년 두 차례에 걸쳐 체조 운동 조직을 해체시켰다. 그러나 얀의 국가주의 및 자유주의 체조 운동은 독일 및 독일 체육사, 나아가서는 세계 체육사에 지대한 영향을 미치게 되었다. 독일의 체조는 유럽 대륙과 영국, 미국으로 전파되어 현대 체육 발달의 초석이 되었던 것이다.

스피스의 생애와 사상

얀이 독일 체조의 아버지라면 스피스Adolf Spiess는 독일 학교 체육과 여성 체육의 아버지였다. 스피스가 학교에 재학하던 시절 얀Jahn의 독일 국민체조가 학교에 보급되었고, 그와 동료들은 체조 클럽을 조직하여 얀의 체조를 연구하였다. 그의 체조 클럽은 조국을 위하여 무기 사용법을 수련하고, 체조를 통하여 신체를 단련하는 것을 목표로 하였다.[92] 그들은 체조장에서 철봉, 평행봉, 목마를 설치하고 체조를 하였다.

스피스는 1831년부터 정부가 체조금지령을 강화하게 되자 1833년 스위스로 이주하여 베른에서 체조, 가창, 작문, 미술을 담당하는 교사가 되었

---

91 그는 '튜르넨'이라는 말이 게르만어라고 생각하고 자신 있게 붙였지만 실제는 김내스틱이나 튜르넨이나 모두 외래어였다. P. McIntosh 지음, 하남길·권판근 옮김, 『페어플레이(Fair Play)』, p. 96 참조.

92 盧熙惠·吳東燮, 앞의 책, p. 105.

고, 체조에 대한 연구로 『맨손체조』(1840), 『현수운동懸垂運動에 의한 체조』(1842), 『지지운동支持運動에 의한 체조』(1843), 『집단수련集團修鍊에 의한 체조』(1846) 등을 저술하였다. 그러한 저술을 통합하여 『체조체계Die Lehre dre Turnkuns』를 완성하였다. 1845년에는 공립 여학교의 체육수업 개선안을 제시하여 여성 체육의 발전을 위해서도 노력하였다. 그리고 15년간의 스위스 생활을 끝내고 1848년부터 김나지움과 실업학교 등에서 체육을 가르치며 독일의 학교 체육 발달에 공헌하였다.

그는 강한 국가주의 사상과 합리적인 사고를 바탕으로 신체 운동을 정신적 본질에 대한 상징적 대역代役으로 보았으며, 신체적 활동 자체를 내면의 표출로 보았다. 또한 미용체조나 야외 활동을 비롯하여 기구로부터 벗어난 자유로운 운동체계를 강조하였다. 그는 독일 학교 체육 발달과 여성 체육의 발달에 지대한 영향을 미쳤다. 또한 그의 교육체조는 미국의 밀워키, 캔자스시티, 시카고, 클리블랜드, 세인트루이스 등에 전해짐으로써 현대 체육의 발달에 지대한 영향을 미쳤다.

칼 딤의 생애와 독일 스포츠 운동

칼 딤Carl Diem은 1882년 뷔르츠부르크Würzburg에서 태어났으나 베를린Berlin에서 성장하였으며, 1899년 최초의 스포츠클럽인 SC 마코마니아 베를린SC Marcomannia Berlin을 조직하였다. 딤은 1904년 독일스포츠국의 간사를 맡아 베를린 시민연합운동회를 조직하여 독일 스포츠의 대중화에 공헌하였다.

1913년부터 1933년까지 딤은 독일 올림픽위원회Deutschen Sporta bzeichens의 사무총장을 맡았으며, 그의 임기 동안 수많은 업적을 남겼다. 특히 학교 체육, 올림픽 운동, 스포츠과학 연구, 스포츠 출판사업, 스포츠 행정 등 거의 모든 분야에 관여하며, 민족주의적 스포츠 사상을 나치 독일 사회에 주입시키었다. 그는 또 1947년 쾰른Köln에 독일 체육대학을 설립하고 학장을 역임하였고, 1950~1952년 동안 올림픽위원회IOC 위원장을 역임하였다. 또한 1938년부터는 키시즈Ioannis Ketseas, 1887~1965와 함께 국제 올림픽 아카데미International Olympic Academy의 창설을 준비하였다. 1949년 4월, 로마에서 열린 IOC 4차 총회에서 올림픽 아카데미의 승인을 받았다.

칼 딤은 독일 스포츠 발전 및 올림픽 운동에 인생을 바쳤다. 그러나 스포츠 분야의 활동을 통해 히틀러의 정치 야망을 채워 주는 역할을 맡았다는 비판을 받기도 하였다. 나치 정권하의 스포츠는 독일의 젊은이들에게 민족적 우월성과 전쟁에서 승리할 수 있는 용맹성을 길러 주는 도구로 사용되었다는 비판을 받기도 하였다.

미국으로 떠난 독일 체조인들

얀의 체조 운동이 탄압을 받을 무렵 폴렌과 칼 베크, 리버 등과 같은 독일 체조 운동가들은 미국으로 가서 초창기 미국 체육의 발달에 큰 영향을 미치게 되었다.

얀의 열렬한 추종자였던 변호사 칼 폴렌Karl Follen, Charles Follen, 1795~1840은 비밀결사 조직 '블랙스the Blacks'의 단원이었다. 그는 프러시아 왕의 포고령에 의해 체조가 금지될 무렵 신변에 위협을 느끼고 스위스로 피신하였다. 그 후 1824년 뉴욕으로 가서 독일어를 가르치며, 체조장을 짓고 체조를 가르치게 되었으며, 후일 보스턴 체육관에서 체조를 가르치게 되었다. 베크Karl Beck, Charles Beck, 1789~1866도 1819년 조국을 떠나 스위스에서 고전문학을 가르쳤으나 폴렌과 함께 뉴욕으로 이주하였고, 매사추세츠의 노샘프턴Northampton에 있는 라운드 힐 스쿨Round Hill School에서 체조를 가르치게 되었다. 리버Francis Lieber, 1800~1872는 체조연맹에서 활동하다가 프러시아 정부에 체포된 후 석방되었고, 1826년 런던으로 피신하여 1년간 독일어를 가르치다가 1827년 폴렌이 일하던 미국 보스턴 체육관의 제의로 뉴욕으로 가서 미국 체조 발전에 공헌하였다.

스웨덴의 체육과 스포츠

1. 스웨덴의 교육

19세기 스웨덴 교육은 다른 유럽 국가들과 마찬가지로 국가주의 교육이었다. 당시 스웨덴 교육은 상류층을 대상으로 사회지도층의 양성을 위한 고전 중심의 교육이 실시되었으나 20세기 초반부터 교육제도가 확대되었다. 1950년대부터 의무교육 연한이 7년에서 9년으로 연장되었다. 9년의 의무교육 기간은 유아 과정, 초등 과정, 중등 과정, 고등 교육과정으로 편성되었다.[93]

2. 스웨덴 체육

스웨덴 체육의 발달 배경

스웨덴은 17세기까지 폴란드, 덴마크, 러시아 등 강대국의 세력권 속에서도 '북방의 사자'라고 불린 어린 왕 칼Karl이 절대군주로서 권력을 장악하고 북유럽의 강대국 지위를 유지하였다. 그러나 18세기 초 러시아에게 발트해의 동부지역과 남부지역을 빼앗겼다. 1805년에 일어난 나폴레옹 전쟁의 패배로 1808년까지 유지하였던 남부지역은 프랑스에게, 핀란드는 러시아에게 지배권을 넘겨줌으로써 전체 국토의 1/3이 줄어들게 되었다. 그러한 상황에 이르자 스웨덴에서도 소위 국가주의적인 정서가 팽배하였고, 교육과 체육도 그러한 영향을 받게 되었다.

---

93 이하 스웨덴 체육사 분야는 옥광(충북대) 교수팀에 의해 감수되었다.

스웨덴의 체조 운동

• 스웨덴 체조의 발달 과정

스웨덴에서 근대 체육이 발달되기 시작한 것은 19세기 초반이었으며, 그 중심에는 링P. H. Ling, 1776~1839이 있었다. 그는 덴마크에서 나흐테갈처럼 학교와 군軍 내부적으로 체육 지도자의 양성이 필요하다는 생각을 하게 되었다. 1804년 고국 스웨덴으로 돌아온 링은 룬트Univ. of Lund대학에서 문학과 역사를 강의하면서 체조와 수영을 가르쳤다. 그는 체조와 펜싱이 건강, 신체근력, 인격을 유지·강화·함양하는 데 필수적인 수단이 된다고 믿고 스웨덴 체조 운동에 헌신하게 되었다.

스웨덴 체조 운동은 국왕의 지원으로 시작되었다. 1813년 링은 칼버그Karlberg의 육군사관학교에서 펜싱 교관으로 근무하던 중 정부에 체조학교의 설립을 건의하였다. 그것이 받아들여져 왕립중앙체조학교RGCI: Royal Gymnastics Central Institute가 설립됨으로써 스웨덴 체조의 조직적인 발달이 시작되었다.

링과 그의 추종자들은 체조체계를 연구하고 발전시켰다. 1830년 왕립체조학교 교장을 맡았던 브란팅Lars Gabriel Branting, 스웨덴 체조를 독일에 전한 링의 아들 할마 링Hjalma Ling, 1820~1886, 왕립체조학교 여교사 린드스콕Gustafva Lindskog, 1790~1851, 『링 체조의 일반원리Ling's Principles of Gymnastics』를 저술하고 독일, 프랑스, 영국 등에 스웨덴 체조를 소개한 게오르기Carl August Georgii, 1808~1881, 왕립체조학교 교장을 지내었던 니블래우스Gustav Nyblaeus 등은 스웨덴 체조 운동의 중심에 서 있었던 인물들이었다. 이들이 조직화한 체조체계는 프랑스, 영국, 미국 등 세계 여러 나라로 소개됨으로써 세계 체육사에 지대한 영향을 미치게 되었다.

• 스웨덴 체조의 특성

스웨덴 체조 운동은 링P.H. Ling으로부터 시작되었으며, 강한 국가주의적인 성격을 띠고 발달되었다. 초기 링의 스웨덴 체조는 심신의 조화로운 발달을 목적으로 하되 체조는 그 목적에 따라 교육체조pedagogical gymnastics, 병식체조military gymnastics, 의료체조medical gymnastics, 미적체조aesthetic gymnastics 등 네 영역으로 분류되었다.[94]

스웨덴 체조는 궁극적으로는 과학적 지식을 토대로 인간 움직임 체계를 창안하여 심신의 조화로운 발달을 꾀하는 데 목적을 둔 것이었다. 링의 체조는 군사적 목적도 배제되지 않았으나 과학적 원리를 토대로 체계화하였을 뿐만 아니라 군사적, 의료적, 교육적, 미적 다양한 측면의 목적을 지닌 것이었다는 측면에서 역사적으로 큰 의의를 지닌다.

스웨덴 학교 체육의 발달 과정

스웨덴 학교 체육의 역사에서 특징적인 것은 야외 활동의 강화였다. 1925년부터 스웨덴의 청소년들을 위하여 '혹한기 스포츠 휴일midwinter sports holiday' 제도를 도입하여 실시하였다. 이 제도는 '스웨덴여행자협회', '스키보급회', '국가철도청' 등의 후원으로 주로 산야山野에서 1주일 정도 실시되었다. 청소년들이 저렴한 비용으로 숙박료, 식사, 교통 등의 문제를 해결할 수 있도록 배려하였다.

초기 지도자 양성은 왕립중앙체조학교에서 담당하였고, 1934년 왕립체조학교에서 군사체육학교가 분리되었다. 1946년부터 왕립체조학교가 체조·스포츠체육전문학교Institute of Gymnastics and Sports로 개편되었다. 그 이후 각 대학에서도 전문적인 체육 지도자를 배출하게 되었다. 체육의 프로그램은 주로 맨손체조, 기계체조, 펜싱, 수영, 기타 게임 등이었다. 링이 창시한 맨손체조가 광범위하게 실시되었다. 기계체조는 독일식을 개선한 것으로 늑목, 붐booms, 안마saddles, 창사다리, 복합벤치, 도약상자vaulting

---

94 Ellen W. Gerber, *Innovator and Institution in Physical Education*, pp. 157~158.

boxes, 오름봉climbing poles, 수평로프 및 각종 로프 타기 등이었다. 각종 스포츠는 1900년을 전후로 광범위하게 도입되었다.

3. 스웨덴의 스포츠

스포츠의 도입

스웨덴은 기후나 자연 환경에 맞는 전통 스포츠가 발달되었다. 대표적인 것은 바이킹들의 유산인 조정漕艇, 수영, 오리엔티어링 등이었다. 스웨덴 스포츠의 사도 역할을 한 인물은 빅토르 발크Viktor G. Balck, 1844~1929였는데 "스웨덴 스포츠의 아버지"로 불리게 되었다. 1880년 그는 스웨덴 체조단을 이끌고 영국을 순방하였고, 그 과정에서 영국의 스포츠 활동을 직접 목격하였다. 이후 스웨덴으로 돌아와 스포츠 단체를 조직하고 스포츠 잡지『더 스포츠 타임스』를 창간하였으며, 군대와 학교에도 스포츠를 보급함으로써 스포츠는 점차 스웨덴 전역으로 확산되었다.

스포츠의 발달 과정

스웨덴에서 조직된 최초의 스포츠클럽은 1796년에 창립된 수영협회였다. 그러나 19세기 종반까지 뚜렷한 움직임이 없다가 1903년 스웨덴 스포츠 연맹S.S.F.이 조직되었다. 그 산하에 아마추어육상협회AAA, 축구협회FA, 체조협회GA, 스키협회SA 등 40개 종목의 협회에 1만 개 클럽, 1백만 명의 회원을 확보하게 되었다.

스웨덴 체육진흥운동의 대표적인 예는 스포츠 복권제도 도입, 오리엔티어링의 창안, 체력장제도의 도입 등이다. 1897년 스웨덴 '중앙스포츠진흥협회'는 스포츠의 활성화를 위해 '스포츠 복권제도'를 도입하였다. 1918년 킬란더Ernst Killander는 스웨덴의 자연환경에 알맞은 신체 활동 프로그램을 고안한다는 취지에서 오리엔티어링을 창안하였다. 그리고 1907년 이래 국민체력장제도인 '국민스포츠배지제National Sports Badge'를 도입하였다.

4. 스웨덴의 체육 사상 링의 생애와 업적

스웨덴 체육은 물론 세계 체육의 발달에 지대한 공헌을 한 혁신자 중 한 사람이 스웨덴 체조를 창시한 링Per Henrik Ling, 1776~1839이다. 그는 일생을 통해 체조의 발달에 공헌하였다. 그가 창시한 체조체계는 전 세계로 확산되었으며 오늘날에는 전 인류가 공유하는 신체 문화로 발달하게 되었다.

1776년생인 링은 1799~1804년까지 덴마크의 코펜하겐에서 유학을 하였다. 구츠무츠가 『청년을 위한 체조』를 펴낸 지 불과 몇 년 뒤였던 1799년 그는 나흐테갈이 설립한 사설 체육관을 방문한 것을 계기로 체조 운동에 깊은 관심을 갖게 되었다. 1804년 링은 스웨덴으로 돌아와 룬트대학에서 펜싱을 가르치게 되면서 약 8년 동안 체조에 대한 연구와 연수를 본격화하기 시작하였으며, 전 생애를 체조의 연구와 보급에 바침으로써 체육의 발달에 공헌하였다. 그가 체조에 관심을 갖게 된 것은 강한 국가주의 정서 때문이었다. 왕립체조학교를 설립한 것도 세련되고 강인한 청소년의 육성에 있었다. 1808년 스웨덴이 강제로 핀란드를 러시아에 양도할 즈음 이상주의자였던 청년교사 링의 가슴은 마치 독일의 얀Jahn과 같이 강렬한 애국심으로 가득 차 있었다. 문학청년이기도 하였던 링에게 있어서 체조와 문학은 고트족Goths의 연약한 후손들에게 활력과 용기를 불러일으키기 위한 중요한 수단으로 인식되었다. 체조는 그가 지향한 교육의 중요한 수단이 되었던 것이다. 그는 스웨덴 체육의 발달은 물론 세계 체육의 발전에도 공헌하였는데 그의 공헌은 크게 세 가지였다. 첫째, 스웨덴식 체조Swedish System of Gymnastics의 창안, 둘째, 근대 체육의 기초가 될 전문서적 저술, 셋째, 스웨덴 체조의 보급을 통한 체육의 발달이다.

덴마크의 체육과 스포츠

1. 덴마크의 교육

덴마크에서 근대적인 교육 운동이 일어난 것은 19세기 초반으로 그 사상적 배경은 유럽의 여러 나라와 마찬가지로 국가주의 사조였다. 1814년 교육에 관한 법령이 반포되었다. 덴마크 교육 혁신의 기반을 조성한 그룬트빅Nicloai F. S. Groundvig, 1783~1872은 19세기 덴마크 국민의 정치적 자유와 국가 발전을 위하여 교육의 방향을 제시하였다. 폭넓은 교양, 국가에 대한 헌신, 동포에 대한 사랑 등을 지향하는 인간 교육을 주장하였다. 19세기 덴마크 교육의 목적은 청소년들을 훌륭한 기독교인과 유능한 시민으로 육성하는 것이었으며, 이러한 기조는 현대까지 이어져 왔다.[95]

2. 덴마크의 체육

덴마크 체육의 발달 배경

북유럽 국가에 속하는 덴마크는 바이킹Viking의 전통을 지닌 국가이다. 바이킹의 활동사活動史를 살펴보면 덴마크의 소년들이 바이킹 용사가 되기 위해 다양한 신체 단련을 하였던 기록들이 있다. 이러한 전통 위에 덴마크의 근대 체육 역시 국가주의 사상을 토대로 발달되었다. 덴마크는 독자적인 체육의 체계를 개척하지는 못하였으나 독일, 스웨덴의 체조와 영국 스포츠를 도입함으로써 체육이 발달하게 되었다. 특히 20세기부터 '민중학교'를 중심으로 한 전인 교육으로서의 체육이 발달되었다.

---

95 이하 근대 덴마크 역사는 이학준(고려대) 박사에 의해 감수되었다.

덴마크의 체조 운동

• 독일 체조의 도입과 확산

덴마크 체조 운동은 바세도우J. B. Basedow와 구츠무츠J. F. C. Guts Muths의 영향이 컸다. 바세도우가 학교Søro Knight's Academy를 세우고 체육체조을 가르친 곳이 코펜하겐과 가까웠기 때문이다. 또한 구츠무츠의 저서『청년을 위한 체조』가 덴마크의 프레드릭Frederik 왕자에게 봉정되었는데 그 왕자의 후원으로 나흐테갈Frannz Nachtegall, 1777~1847이 1799년 근대 유럽에서 최초로 코펜하겐에 '체조학교gymnasium'을 설립하고 체조에 대한 연구를 시작하게 되었기 때문이다. 덴마크 체조 운동을 주도한 인물은 나흐테갈이었다. 그는 1821년 프레드릭 왕자가 세운 '육군체조학교Military Gymnastic Institute or Academy, 1804'와 '민간체조사범학교The Civil Gymnastics Teacher's Institute, 1808'의 최고 책임자로 임명되었다. 이외에도『학교체조교본』을 비롯하여 체조교재를 만드는 등 덴마크 체조 운동을 주도하였다. 그의 체조체계는 군과 학교로 보급되었다.

• 체조 논쟁

19세기 후반 덴마크에서는 체육진흥운동이 일어나 스포츠와 함께 체조가 체계적으로 발달되었다. 하지만 독일식 체조와 스웨덴식 체조에 대한 견해가 엇갈려 논쟁이 벌어졌다. 주로 군의 장교들이 독일식 덴마크 체조를 지지하며, 스웨덴 체조의 도입에 극구 반대하였다. 그때 정부가 중재에 나서게 되었다. 1899년 정부는 독일 체조에 가까운 스웨덴 체조 동작에 덴마크 체조의 특성을 가미하여 새로운『체조교본Manual of Gymnastics』을 발간한 뒤 전국의 학교와 군대에 배포함으로써 논쟁에 종지부를 찍었다.

• 덴마크 생활리듬체조

1920년대부터 스웨덴식 체조의 문제점을 개선한 새로운 유형의 덴마크 체조체계가 탄생하게 되었다. 덴마크식 생활체조를 조직화한 인물은 닐스 북Neils Bukh, 1880~1950이었다. 그 체조의 특성은 세 가지 정도로 압축된다. 첫째, 농민을 위한 생활체조, 둘째, 토탈 무브먼트total movement의 원리에 기초를 둔 리듬체조, 셋째, 관절의 가동성, 근육의 탄력성, 신경계의 교치성 신장 강조 등이다.

학교 체육의 발달

1809년 정부가 중등학교 교육과정에 체조 지도를 권장하였으나 체육이 활성화되기 시작한 것은 1864년 이후였다. 덴마크는 오스트리아, 프러시아와의 전쟁에 패하여 슐레비히 홀스타인 지역을 잃고 난 이후 자극을 받아 교육을 강화하였다. 그 과정에서 민간 사격클럽과 민중고등학교를 중심으로 체조와 스포츠를 권장하게 되었으며, 그 이후 점차 체육이 발달되었다.

나흐테갈은 구츠무츠의 체조를 재조직화하였다. 이러한 체조 시스템이 학교로 보급되어 스웨덴 체조가 학교 교육 프로그램으로 이용되었다. 라스무센N. H. Rassmusen에 의해 도입된 스웨덴 체조는 크누센K. A. Knudsen에 의해 더욱 활성화되었다. 1899년 정부는 『체조 교본』을 마련하여 학교에 배포하였다. 1920년대부터 독일·스웨덴 체조에 이어 닐스 북이 체계화한 덴마크 체조도 민중학교를 중심으로 서서히 확산되었다.

1864년 프러시아와의 전쟁에서 패배한 이후부터 국가주의 사상의 확산과 함께 체육진흥운동이 본격화되었고, 교육체계 속에 체조와 각종 스포츠도 도입되었다. 체조는 민중학교를 중심으로 발달되었다. 스포츠는 덴마크 사격클럽의 스포츠 대중화 운동으로 인하여 학교체계 속으로 보급되었다. 20세기 초까지 체조 계통의 운동이 학교 체육의 주된 프로그램이었으나 현대 사회로 접어들어 체조와 함께 학교 체육의 내용에는 육상을 비롯한 다양한 스포츠가 포함되었다.

19세기 초반부터 체조 지도자가 출현하였으나 체계적인 지도자 양성체계가 수립된 것은 20세기 초였다. 1909년 코펜하겐대학에 교사 교육을 위한 교육과정이 편성되었다. 1911년 전담 체육교사제가 도입되고 훗날 덴마크 체육사범대학Physical training teacher's College이 된 국가체조학교State Institute of Gymnastics가 설립되어 체육 지도자를 배출하기 시작하였다.

3. 덴마크의 스포츠

스포츠의 도입

덴마크에 각종 스포츠가 도입되기 시작한 것은 19세기 후반이었다. 스포츠 보급과 활성화에 큰 역할을 한 대표적인 단체는 '덴마크 사격·체조·스포츠협회DRGSA, Danish Rifle·Gymnastics·Sports Association'이었다. 1864년에 설립된 이 협회는 덴마크 스포츠 운동을 주도하였다. 코펜하겐 플레이 그라운드 협회C.P.A.와 덴마크 스포츠 연맹Danish Sports Federation이 결성되어 체조, 수영, 사격, 축구, 핸드볼, 승마, 사이클링, 오리엔티어링, 요트, 육상, 복싱 등과 같은 스포츠의 보급과 발전이 이루어졌다.

스포츠의 진흥

덴마크 스포츠는 각종 청소년단체의 활동과 체력장제도 등을 통해 발달되었다. 1905년 청소년스포츠리그Youths' Sports League, 1921년 체력장제도의 일종이었던 스포츠배지제도 등을 통해 스포츠 활동이 활성화되었다. 1946년 덴마크 직장 스포츠 연맹The Danish Federation for Company Sports의 결성으로 배드민턴, 당구, 축구, 핸드볼, 스키틀skittle, 사격 등이 폭넓게 확산되었다.

덴마크 스포츠 연맹은 1903년부터 정부의 보조금을 받아 범국가적으로 스포츠 활성화를 추구하였다. 1948년 축구복권을 발행하여 그 수입금으로 각종 스포츠단체를 지원하고 육성하였다. 19세기 후반부터 덴마크 국민들은 축구와 덴마크식 7인제 핸드볼, 하키, 크리켓, 사격, 조정漕艇, 배드민턴, 낚시 등을 즐겼다. 특히 배드민턴은 축구에 버금가는 인기 종목으로 국민적인 스포츠가 되었다. 1940년대부터 덴마크는 배드민턴 최강국으로 부상하였다.

7인제 핸드볼

7인제 핸드볼은 1898년 덴마크의 닐센H. Nielsen이 고안하였다. 처음에는 핸드볼드Handbold라고 하였으며, 주로 학교를 중심으로 확산되었다. 닐센의 핸드볼 규칙이 출판된 것은 1906년이었다. 그러나 역사는 더 길지만 독일에서 영국 축구를 변형하여 창안된 11인제 핸드볼이 있었기 때문에 덴마크 핸드볼이 세계화되는 데는 어려움이 따랐다. 1934년 국제적인 룰이 마련되었으며, 1935년에는 덴마크와 스웨덴 간의 최초 국제대회가 열렸고, 1938년 제1회 남자세계선수권대회가 열렸다. 1946년 국제핸드볼연맹IHF이 결성된 이래 7인제 핸드볼은 11인제 핸드볼의 인기를 압도하게 되면서 오늘날의 핸드볼로 발달하게 되었다.

4. 덴마크의 체육 사상

나흐테갈의 생애와 사상

'덴마크 체육의 아버지'로 불리는 나흐테갈Frannz Nachtegall, 1977~1847은 1799년 근대 최초의 체조학교인 '옥외 체조장'을 개설하였다.[96] 그는 독일식 체조를 도입하여 체조학교를 통해 많은 체육 지도자를 양성하였다. 그는 프레드릭Fredrick 왕자의 지원으로 체조 연구와 보급을 주도하였으며, 1821년 '육군체조학교Military Gymnastic Academy, 1804'와 '민간체조사범학교The

---

96 Fred Eugene Leonard and George B. Affleck, *A Guide to the History of Physical education*, Third Edition, p. 181.

Civil Gymnastics Teacher's Institute, 1808'의 교장으로 임명되었다. 1828년 공립학교 교사들과 공동으로 『학교체조교본』을 편찬하여 모든 중등학교와 군대에 배포하였으며, 65세로 공직에서 물러난 뒤에도 체조의 발전에 정열적인 모습을 보였다.

나흐테갈 체육 사상의 기저는 국가주의였다. 그는 덴마크가 처한 시대적 상황으로 인해 체조 운동이 국가 발전에 중요하다는 인식을 가지고 체조 운동을 통해 강인한 덴마크 국민의 양성을 시도하였다. 비록 그가 독자적인 체육체조체계를 수립하지 않았을지라도 프로그램을 조직하는 능력과 재원을 마련하는 능력, 그리고 체육을 학교로 확산시킨 사회 운동가로서의 능력은 대단하였다. 더욱이 그의 노력으로 덴마크를 세계 체육사의 리더leader의 위치에 올려놓았다.

닐스 북의 생애와 사상

나흐테갈이 '덴마크 체조의 아버지'였다면 닐스 북Neils Bukh, 1880~1950은 '덴마크 체조의 개척자'였다. 1912년 '덴마크 사격클럽Danish Rifle Club' 소속의 체조팀을 이끌고 스톡홀름 올림픽에 참가하였던 그는 독일·스웨덴 체조를 개선한 덴마크식 체조체계를 확립해야 한다는 생각을 하게 되었다. 그는 '올레러프민중학교Ollerup Folk High School'와 연계하여 체조학교를 설립하였는데 그것이 유명한 '올레러프체조학교Ollerup Gymnastics High School'였다. 스웨덴 체조에 대하여 문제의식을 갖고 있었던 그는 스웨덴 체조의 '경직성stiffness', '힘의 결여lack of power', '어색함거북한 동작, awkwardness' 등을 문제점으로 파악하고, 이동성mobility, 힘strength, 민첩성agility 등이 강조된 우아한 동작을 지향하는 체조체계를 만들었다. 그는 심신의 조화를 추구한 이상주의자였기 때문에 트레이닝이나 운동경기를 통하여 "완벽한 미와 균형perfect beauty and poise"을 추구하고자 하였다.

제4절

프랑스의 체육과 스포츠

1. 프랑스의 교육

1799년 나폴레옹이 쿠데타로 정권을 장악한 이래 프랑스는 국력을 유지하고 유럽의 패권을 강화하기 위하여 중앙집권적인 교육제도를 확립하여 국가주의적 교육정책을 펼쳤다.[97]

1802년 나폴레옹은 공교육일반법을 공포하고 초등, 중등, 전문학교 등 3종의 교육체계를 수립하였다. 초등과 중등의 공립, 사립, 국립의 리세 Lycéee, 사립 또는 국립의 콜레주collége 등을 두었다. 1871년에 탄생한 제3공화국 시대에 근대적인 교육제도를 수립하게 되었다. 1880년과 1886년 교육개혁으로 의무, 무상, 세속의 3원칙에 입각한 초·중 교육제도가 확립되었다.

19세기까지 프랑스의 교육은 서민을 위한 초등학교, 고등소학교 등과 상류계급을 위한 유치원, 리세, 콜레주, 대학 등으로 복선형 학교제도를 두고 있었다. 그러나 제1차 세계대전 중 지식인들과 군인들이 신대학조합新大學組合을 설립하고 통일학교 운동을 시작한 이래 1930년대부터 리세와 콜레주가 무상교육학교로 문호가 개방되었다.

2. 프랑스의 체육

프랑스 체육의 발달 배경

나폴레옹은 1799년 집권 이후부터 프랑스의 유럽 패권을 강화하기 위하여 국민들에게 국가주의 사상을 주입하였다. 나폴레옹은 국가주의적인 원

---

97 이하 근대 프랑스 역사 분야는 하남길·이효원·최현주·김세기 등에 의해 집필·감수되었다.

칙에 입각한 중앙집권적인 교육제도를 확립하고, 국가주의 교육을 강화하였다. 그러나 19세기 후반 보불전쟁에서 패하여 알자스Alsace와 로렌Lorraine 지방을 잃은 이후 쿠베르탱, 데물랭 등이 청소년의 활력과 강력한 국가의 건설을 위해 체육과 스포츠의 필요성을 강력히 주장함으로써 프랑스 체육도 자유주의·민족주의 사상과 국가주의 사상을 토대로 발달되었다.

프랑스의 체조 운동

프랑스에 체조연맹USFG이 결성된 것은 1873년이었다. 체조가 가장 먼저 도입된 곳은 군대였다. 워털루전쟁에서 패한 프랑스는 군사 훈련의 수단으로서 체조체계를 도입해야 할 필요성을 인식하게 되었다. 스페인의 아모로스Clolonel Francisco Amoros, 1770~1848 대령이 프랑스로 망명하여 체조를 소개함으로써 1820년대부터 체조는 군대와 학교를 중심으로 확산되었다. 1817년 프랑스 국방장관은 아모로스가 주최한 공개 체조 시범을 보고 군사 훈련을 위해 체조를 군에 도입하기로 결정하였다.

아모로스는 1820년 야외체조장을 갖춘 육군 및 시민 체조 학교를 설립하였고, 군인은 물론 일반 시민을 위한 체조 교육을 실시하게 되었다. 아모로스와 함께 프랑스 체조 운동에 공헌한 인물은 클리아스P. H. Clias, 1728~1854였다. 그는 스위스인으로 영국에서 군사용 체육 프로그램을 입안하였던 체조가였으며, 1814년 프랑스에 초청되어 여러 학교와 군에서 체조 지도자로 활동하다가 1848년 스위스로 돌아갔다.

프랑스 학교 체육의 발달 과정

1870년 프랑스는 보불전쟁普佛戰爭에서 패한 후 체육에 대한 관심이 증대되기 시작하였다. 많은 지식인들은 신체적·도덕적인 무관심이 프랑스를 약화시켰다고 비난하였는데 이 분위기 속에서 1870년대부터 많은 체조 단체가 조직되었고, 각종 스포츠도 학교에 보급되었다.

1886년 쿠베르탱은 『사회 개혁』지에 영국의 학교 교육과정에 대한 보고를 싣고 프랑스 교육의 개혁을 위해 청소년들의 기질과 기풍, 도덕성 등을 함양할 수 있는 스포츠 교육의 도입을 주장하였다. 그는 『체육의 신형식』(1902), 『실용 체조』(1906) 등과 같은 저서를 통해 체조의 영역을 구조, 방어, 이동의 세 영역으로 분류하고, 체육의 체계를 확립하여 그 틀 속에 스포츠 종목을 포함시켰다.[98] 그리고 1895년 데몰랭Demolins은 『앵글로색슨족의 우수성은 무엇에서 유래하는가?』라는 저술을 통하여 스포츠 교육의 중요성을 일깨웠다. 이러한 사회적 분위기 속에 각종 스포츠가 학교에 도입되기 시작하였으며, 1899년까지 각종 교육기관에 스포츠클럽이 조직되었다.

20세기 초반까지 초등학교에는 주당 3시간의 체육이 배정되었으며, 중등학교에서는 특별 활동 시간을 통해 체조, 펜싱, 댄스, 축구, 육상, 복싱, 수영 등과 같은 교육 활동이 이루어졌다. 그리고 1920년에 공포된 훈령에 따라 체육의 방법, 시간, 교사양성, 체육진흥 방안 등 체계적인 체육이 시작되었다. 그리고 초기의 체육 지도자는 군 기관을 통해 양성되었으나 제1차 세계대전 이후부터는 민간인 교사가 양성되었다. 1929년 이래 대학에서 체육 지도자가 양성되었다. 초기에는 단기 양성 코스가 설치되었으나 사범학교가 설치되었고, 대학과 각 지역 체육과 스포츠 관련 센터에서 지도자들을 배출하였다.

3. 프랑스의 스포츠

전통 스포츠의 발달

• 사격

프랑스에는 전통적으로 필드 스포츠field sport와 볼 게임 등이 발달되었다. 프랑스의 가장 전통적인 스포츠는 사냥이었다. 1789~1810년 사이 모

---

98 김상순, 『스포츠 사상사』, p. 437.

든 국민에게 허가되기 이전까지 사냥은 귀족들의 대표적인 필드 스포츠였다.[99] 사냥을 애호하던 귀족들의 전통은 19세기 후반 경기 형태를 띤 게임 사격game shooting으로 발전하였다. 1900년까지 프랑스에는 2,000여 개의 사격클럽Rifle Club이 결성되었다. 귀족들의 타깃이었던 야생 멧돼지나 동물들은 이동표적moving target으로 대체되면서 사격은 특정 계층의 스포츠가 아닌 대중의 게임으로 성장하기 시작하였다.

• 사이클링

사격과 함께 가장 대표적인 프랑스 스포츠로 떠오른 것은 사이클링이었다. 사이클은 1860년대부터 프랑스에서 개발되었으며 1869년 최초의 사이클링 경주가 열렸다.[100] 1880년대부터 공기 주입용 타이어가 등장하면서 자전거가 대중화되었고, 제조 회사들의 경쟁이 가열된 결과로 큰 대회들이 열리면서 사이클링은 점차 프랑스의 관중 스포츠로 떠올랐다. 1926년까지 프랑스에는 7백만 대의 사이클이 보급되었다. 사이클링 경주를 대중오락으로 만들어 가는 과정에서 벨로드롬 경기장이 출현하였으며, 1903년부터 투르 드 프랑스The Tour de France 사이클링대회가 개최되었다.

스포츠의 도입과 발달

프랑스에 근대적인 스포츠 문화가 확산되기 시작한 것은 1870년대부터였다. 프랑스의 엘리트들은 보불전쟁의 패배 이후 교육개혁을 단행하면서 영국 교육제도에 대한 관심을 갖게 되었고, 그러한 과정에서 영국 스포츠 교육의 가치를 인식하게 되었다. 대표적인 인물이 쿠베르탱과 에든버러 영사를 지낸 생 클레르George de Saint-Claire였다. 이들은 학교 교육체계 속에 스포츠의 도입을 주장하였으며, 학교에 도입된 스포츠는 점차 사회로도 확산되었다.

---

99 Richard Holt, *Sport and Society in Modern France*, p. 18.
100 Ibid., p. 83.

1872년 운동경기클럽이 결성되었으며 1890년대부터 프랑스 남서부 지역의 학교와 클럽, 지방 부르주아 사회에는 럭비겨울 운동, 축구, 조정, 육상, 스키, 테니스, 농구, 수영, 사이클, 유도, 체조, 마술, 배구, 핸드볼 등과 같은 스포츠가 널리 보급되었다. 1893년까지 USFSA는 74개의 스포츠 조직을 통괄하는 단체가 되었다. 프랑스에 도입된 3대 영미 스포츠는 축구와 럭비, 육상이었다.

스포츠의 진흥

사이클링cycling, 축구soccer, 럭비rugby 등과 같은 경쟁적인 스포츠가 청소년들의 관심을 끌게 되면서 영국 스포츠가 프랑스에 급속히 확산되자 1905년 USFG는 저널을 통해 프랑스 체조클럽에서도 근대 스포츠의 도입을 허락하게 되었다. 또한 1889년 쿠베르탱의 노력으로 '프랑스 스포츠경기 협회 연맹U.S.F.S.A.: Union des Sociétés Francaises de Sport Athlétique'이 결성되었다.[101] 그 이후 프랑스 스포츠는 급속히 발달되었다. 1937년 학생, 군인, 일반인을 대상으로 체력장제도인 스포츠배지테스트Sports Badge Test 제도가 마련되었다. 이 제도는 1947년부터 종목이 추가되어 시행되어 오고 있다.

4. 프랑스의 체육 사상

아모로스와 클리아스

아모로스Clolonel Francisco Amoros, 1770~1848 대령은 스페인으로부터 프랑스로 망명하였다. 그는 1817년 두르당Durdan 사립학교에 최초의 체육학교를 개설하고, 체조 운동을 전개하였다. 아모로스는 모든 운동은 체계적으로 배열하고, 순서에 따라 실시해야 한다는 원칙을 갖고 있었다. 그는 유연

---

101 김상순, 앞의 책, pp. 430~431.

성을 위해 도수체조를 실시하였으며, 그의 체조체계 속에는 주로 기계체조, 아령 운동, 평행 운동, 행진, 도약, 등반, 줄사다리, 목마 운동 등이 포함되어 있었다.

아모로스의 뒤를 이어 프랑스 체조 운동에 공헌한 인물은 클리아스P. H. Clias, 1728~1854였다. 그는 스위스 출신으로 영국에서 군사용 체육 프로그램을 입안하였던 체조 전문가였다. 그는 1814년 프랑스에 초청되어 여러 학교와 군대에서 체조 지도자로 활동하다가 1848년 스위스로 돌아갔다. 그의 저서인 『체조 연습 초보』는 구츠무츠와 얀의 체계를 기초로 저술되었다. 그는 프랑스 체조의 발달에 큰 공헌을 하였다.

쿠베르탱의 생애와 사상

1863년 프랑스의 귀족 가문에서 태어난 쿠베르탱은 성聖 이그나스 콜레주The College Saint Ignace에서 교육을 받았으며, 대학시절에는 사회개혁 운동에 심취하였다. 사회로 진출한 그는 프랑스의 교육개혁과 체육진흥, 올림픽의 제창 등에 지대한 영향을 미쳤다. 따라서 그의 업적은 크게 프랑스 교육개혁에 대한 공헌, 프랑스 체육진흥에 대한 공헌, 근대 올림픽의 제창 등으로 압축된다.

쿠베르탱은 근대 올림픽의 창시자이자이자 교육개혁가요 체육 사상가였다. 그의 생애를 보면 체육 사상의 형성에 영향을 미친 요인은 몇 가지로 압축된다.

첫째 요인은 귀족 출신으로 훈공과 비호를 중시하는 행동 규범이었다. 그는 귀족적인 규범의 실천으로 윤리와 도덕성을 지향하는 '스포츠 운동'을 하기로 마음먹었다.

둘째 요인은 영국 교육의 영향이었다. 그는 『테누의 영국 노트Notes on England』, 휴즈가 쓴 『톰 브라운의 학창시절Tom Brown's Schooldays』 등을 읽고 '자유와 스포츠'라는 '스포츠 교육 사상'의 원형을 구축하게 되었다.

셋째 요인은 사회개혁 사상이었다. 르프레의 사회개혁 운동에 동참하게 되면서 프랑스 교육개혁가로서의 사상을 갖게 되었다. 이러한 요인들은 쿠베르탱의 사상 형성에 큰 영향을 미쳤으며, 그의 사상을 탐색해 보면 크게 '실용주의 스포츠 교육 사상', '올림피즘', '미학 사상' 등으로 나타난다.[102]

첫째, 실용주의 스포츠 교육 사상

쿠베르탱은 생활 체육을 강조하며 스포츠 활동의 교육적 의미를 높이 평가하였으며, 스포츠는 실용적인 생활 체육의 수단이 되어야 한다고 보았다. 그리고 스포츠는 심리적 개선을 위한 적응기제로서 매우 큰 의미를 지니며, 도덕적·사회적 개선을 하는 데 원동력이 된다고 생각하였다.[103]

둘째, 올림피즘

불어로 올림피즘Olympisme은 올림픽경기의 운영, 조직, 규약을 뜻한다.[104] 근대 올림피즘이라는 용어는 1894년 6월 국제스포츠학술대회에서 쿠베르탱이 처음으로 사용하였다. 올림피즘은 쿠베르탱의 현상 철학적 이데올로기가 내재된 용어였다. 즉 올림피즘은 신체의 특성과 의지, 정신의 균형 잡힌 통합체를 조화시키고 강화하려는 삶의 철학이었다.[105]

셋째, 미학 사상

스포츠 및 올림픽과 연관된 쿠베르탱의 핵심 사상 중 하나는 미학 사상이었다. 그는 미학적 근거에서 '인간의 청춘'을 위한 평화 제전에 미美를 장식하여 축복하는 것으로 정신과 신체가 서로 결합하고 협력하는 예술적·문학적 창조가 완성되어야 한다는 가치관을 지니고 있었다. 올림픽 찬가, 올림픽 컵, 올림픽 기, 표어와 선서, 올림픽 메달, 성화 릴레이 등을 통하여

---

102 쿠베르탱의 사상에 관한 상세한 것은 李曉園, 「쿠베르탱의 사상과 스포츠교육사적 공헌」, 경상대학교 교육대학원 석사학위 논문, 2003 참조.

103 小石原美保, 『ク.ベルタンとモンテルラン-20世紀初頭におけるフランスポ.ツ思想-』, p. 47.

104 清水重勇, 『フランス近代體育史研究序設』, p. 212.

105 http://www.olympic.org/uk/organisation/missions/charter~uk.asp

평화 제전에 미적 문제를 강화하였다. 그것은 스포츠맨십과 페어플레이 정신과도 연계된 개념이다.

제5절

러시아의 체육과 스포츠

1. 러시아의 교육

현재의 러시아는 구소련蘇聯에서 분리되었다. 소비에트사회주의연방공화국USSR은 수많은 소수 민족으로 구성되어 있었다. 소련은 표트르 대제Pëtr Alekseevich, 1689~1725 시대부터 서방의 문명을 적극 수용하여 소수 특권층을 위한 엘리트 교육제도를 도입하였다.[106]

19세기 초반부터 초등교육망이 형성되기 시작하였으며, 1917년 러시아혁명과 함께 새로운 교육체계가 마련되었다. 1918년 10월 '통일노동학교령'이 공포되었고, 9년제4-3-2 공립, 무상, 의무제의 통일노동학교Edinaja Trudovaja Sckola들이 설립되었다. 1934년 이후 이 제도는 변경되어 각 지역의 사정에 따라 '3원적 복선형 교육제도'를 두었으며, 훗날 다시 10년제 체계로 개편되었다.

사회주의 혁명 이후의 소련 교육은 마르크스레닌주의에 기초를 둔 유물론적 변증법의 원리를 소년들에게 주입시키는 것이 최우선적인 목표였다. 학교는 아동들에게 집단의 이익을 위해 봉사하며, 공공의 재산을 존중하도록 하는 교육을 실시하였다.

---

106 러시아 체육사 분야는 주로 오동섭(경북대) 교수의 『체육세계사』 내용을 토대로 기술되었으며, 학회 사무국에서 감수하였다.

2. 러시아의 체육

러시아 체육의 발달 배경

구소련 체육 정책의 기본 방향은 대중 체육과 우수 선수 양성을 위한 것이었다. 러시아혁명 이후 당 지도자들은 체육을 공산주의 발전의 중요한 분야로 인식하였기 때문에 체육과 스포츠 문화는 광범위하게 확산되었다. 1917년 개혁 이후 수년 동안 신정부 지도자들은 그들의 공산 정권을 존속시키고 세계에서 가장 긴 국경을 가진 국토를 방위하기 위하여 체육을 국방력의 강화 수단으로 삼았다. 다른 한편으로는 노동 생산성을 향상시키기 위해 노동자의 건강 유지와 체력 향상에 목적을 두고 체육 활동을 강화하였다.

학교 체육의 발달

1914년 이전까지 구소련의 체육은 유럽이나 미국 등에 비하여 체계적으로 발달되지 못하였으나 러시아혁명 이후 모든 학교에서는 체육 활동이 강조되었다. 영미 스포츠를 도입하여 우수 선수 육성에 많은 투자를 하였으며, 과반수의 학생들은 방과 후에도 체육교사의 지도 아래 매주 여러 차례 운동부의 활동에 참가하여야만 하였다. 운동부에 속한 선수들은 15개 종목에 한하여 4개 연령별로 개최되는 경기대회에 참가하였다. 그 15개 종목은 농구, 배구, 수구, 사이클, 체조, 육상, 수영, 다이빙, 탁구, 축구, 사격, 카누, 장기, 팀 핸드볼 등이었다. 특정 종목에 재능을 가진 12~18세 학생들은 약 2천여 개의 체육학교에 입학하여 고도의 전문성을 지닌 교사로부터 특수 지도를 받았다.

소련 학교 체육의 이념적 기초는 사회주의였고, 넓은 의미의 목적은 국방력 강화와 생산성의 향상이었다. 소련공산당은 생산성을 높이는 데 있어서 노동자의 체력과 건강이 중요하다고 생각하였다. 1917년 사회주의 혁명 이후 체계적인 지도자 양성 과정도 개설되었다. 소련공산당은 부르주아계층과 관련이 있던 체육 지도자들을 해임하고 1909년 페터르부르그St. Peterrburg에 종합체육사관학교를 설립하여 해부학, 생리학, 위생학, 역사, 실내 및 실외 체육지도법 등을 이수하는 10개월 연수 과정을 개설하여 지도자를 배출하였다. 그리고 1919년에는 레닌그라드에 레스가프트체육대학을 설립하였고, 1920년에는 모스크바에 국립체육대학을 설치하여 단기연수 과정의 체육 지도자를 배출하였다.

3. 러시아의 스포츠와 무용

스포츠의 도입

소련에서 근대 스포츠가 도입·발달된 것은 1860년대부터였다. 체코의 '소콜Sokol 운동'에 영향을 받아 각종 스포츠클럽이 생겨났다. 1860년 모스크바 등지의 상류계층을 중심으로 체조, 스케이팅, 요트, 크리켓 등과 같은 스포츠클럽이 결성되었으며, 1887년 테니스, 수영, 사이클링 등과 같은 아마추어 스포츠클럽들이 결성된 이래 1905년까지 스포츠 및 체조와 관련된 100여 개의 자생 단체가 결성되었다.

스포츠의 발달 과정

1917년 러시아혁명 이후 소련의 스포츠는 점차 국가주의적·사회주의적 경향을 띠고 발달되었다. 1919년 군중체육대회, 1921년 국민수영대회가 개최되었다. 그리고 군사체육단체를 중심으로 스키, 수영, 복싱, 레슬링, 역도 등이 장려되었다. 스탈린 치하에서 일반 시민 체육단체는 통제를 받았고, 정부 주도로 '전연방체육회의'가 창설되었다. 이 기구는 1936년의 신헌법에 의하여 '전연방체육연맹All-Union of Physical Culture'으로 대체되었다가 1959년부터 소비에트연방스포츠연맹USSO, Union of Sports Societies and Organization of the USSR으로 변경되었다. USSO는 국제대회 경기력 관리, 체육전문대학의 기능 조정, 전 스포츠단체의 규정 및 방침 제정, 체육교사, 코치, 기타 지도자 양성기관의 수준 결정, 대중 체육 활동의 진흥 등 광범위한 체육업무를 관장하였다.

1917년 이전의 소련 체육은 극히 제한된 형태로서만 존재하였으며 스포츠 참여는 부유계층의 특권처럼 되어 있었으나 1917년 이후 상황이 많이 달라졌다. 1925년 공산당은 우수 선수의 육성을 통해 국위 선양과 공산주의 체제의 우월성을 강화하기 시작하였다. 1930년대 중반부터 우수 선수들에게는 주택, 직장, 호화 휴가 등 특별 혜택을 주며 엘리트 스포츠 정책을 펴기 시작하였다. 그러한 정책은 1970년대까지 계속됨으로써 20세기 후반부터 소련은 올림픽에서 월등한 성적을 거두게 되었다.

GTO와 스포츠 등급제

구소련에서는 제1종부터 제5종까지 연령에 따라 구체적인 목적을 둔 체육 활동 체계를 확립하였다. 제1종10~11세 소년과 12~13세 소녀부터 제5종60세까지의 남자, 55세까지의 여자까지 연령에 따라 운동의 흥미, 기본 기능, 노동과 국방을 위한 체력 등과 같은 목표를 둔 체력장제도를 확립하였다. 이것이 GTO제도였으며, 소련 체육위원회는 전국적인 실시 계획을 세우고 지역별, 연도별 G.T.O. 수여자의 비율을 책정하였다.

• GTO제도

'GTOGotov k Trudu i Oborone, 노동과 국방'제도는 국민의 체력 수준을 향상시키기 위한 체력장제도의 일종이었다. 1930년 공산주의 청년단이 발안하여 1931년 소련정부의 승인을 받아 시행되었다. 1934년에는 어린이 검사 종목이 추가되어 그 명칭을 BGTOBud'gotov k Trudu i Oborone라고 명명하였다. 초기의 GTO는 단일 검사 종목에 단일 배지章만 두었으나 1932년에 2개 등급으로 나누어졌다. 소련의 국가 발전과 교육제도의 변화에 따라 GTO는 1939년, 1946년, 1955년, 1959년 등 여러 차례에 걸쳐 개정되었다.

GTO제도의 목적은 크게 네 가지였다. 첫째, 어린이들의 조기 스포츠 사회화와 우수 선수의 조기 발굴이었다. 둘째, 군에 입대할 청소년에 대한 조기 군사 교육의 실시였다. 민방위 테스트, 방독면 훈련, 소총 사격 등과 같은 종목의 테스트가 이루어졌다. 셋째, 신체적 적응력 강화를 통해 노동자들의 생산성을 향상시키기 위한 것이었다. 넷째, 청소년의 정열과 에너지를 건전한 레크리에이션 활동을 통해 발산시킬 수 있도록 하는 것이었다. 다음은 1972년에 전면 수정된 GTO제도의 내용이다.

첫째, GTO 제I종용맹과 민첩

10~11세 소년과 12~13세 소녀들에게 해당되며 주목적은 신체적인 기본기와 체육 활동에 대한 애호심 및 흥미 유도에 목표를 두었다.

둘째, GTO 제II종예비 스포츠맨

14~15세 남녀를 대상으로 하며 체력 향상과 기본적 운동 기능의 숙달에 목표를 두었다.

셋째, GTO 제III종근력과 용기

16~18세의 청소년이 그 대상이며, 미래의 노동 활동과 군복무에 부응하는 청소년의 체력 수준을 향상시키는 데 목표를 두었다.

넷째, GTO 제IV종신체 완성

19~39세의 남자, 19~34세의 여자를 대상으로 하며 이들을 다시 2개 그룹으로 나누어 남자는 19~28세 그룹과 29~39세 그룹, 여자는 19~28세 그룹과 29~34세 그룹으로 구분하였다. 전체 국민의 체력 수준 향상과 이에 따른 노동 생산성, 국방력 강화가 그 목적이었다.

다섯째, GTO 제V종활력과 건강

60세까지의 남자와 55세까지의 여자를 대상으로 하며 역시 연령에 따라 다시 2개 분류로 나누어 남자는 40~49세와 50~56세, 여자는 35~44세와 45~55세로 구분하였다. 전체 인구의 건강 유지와 노동 생산성과 국방력을 유지하는 것을 목적으로 하였다.

GTO 5종은 각각 이론 부분과 실기 부분으로 되어 있으며 이 두 부분의 일정한 기준을 통과하면 은장銀章 또는 금장金章을 수여하였다.

• 전연방 스포츠 등급제

GTO가 국민체육진흥을 위한 제도였다면 스포츠 등급제는 엘리트 스포츠의 육성을 위해 마련된 제도였다. 1937년 이래 42개 종목에 걸쳐 실시되었고, 1948년 소련 선수들의 세계 기록 갱신과 올림픽, 세계선수권대회 석권을 목적으로 중앙공산당회의에서 스포츠 등급제도의 기준이 재검토되어 매 4년마다 재조정되었다. 최고 등급인 국제급 스포츠마스터와 국내급 스포츠마스터는 명예 칭호로서 평생 동안 주어졌다. 1949년 국제마스터급은 2,261명, 1952년 4,117명이었다.

무용의 보급과 장려

소련은 체육과 함께 무용을 전국적으로 보급하고 장려하였다. 댄스, 발레, 오페라 등 합동 공연단이 전국을 순회하며 공연을 하도록 하였으며, 일반대중에게도 민속 무용을 장려하였다. 소련은 국민들에게 무용을 보급하고 무용단을 지원하여 발전을 촉진시킴으로써 무용은 소련 국민의 일상생활에서 중요한 문화 영역이 되었다. 특히 발레는 국제적인 명성을 자랑해 왔다. 발레리나들은 사회주의적 리얼리즘을 반영한 현대 무용 작품을 많이 공연해 왔다. 그 외에도 다양한 형태의 무용이 발달되었다. 포크 댄스, 캐릭터 댄스, 짐내스틱 댄스 등이 발달되었으며, 우크라이나, 러시아, 투르크메니아 등 다양한 민속무용이 고유한 민족적 전통을 유지하며 발달되어 왔다.

영국의 체육과 스포츠 문화

· 학습 목표

1. 근대 영국의 사회와 교육제도를 이해한다.
2. 근대 영국 체육과 스포츠 문화의 발달 배경을 파악한다.
3. 근대 영국 체육의 발달 과정을 파악한다.
4. 근대 영국 스포츠 문화의 조직화와 확산 과정을 파악한다.
5. 근대 영국 체육과 스포츠 사상을 이해한다.

19세기 초반 럭비 스쿨의 축구 광경(그림).

영국의 사회와 교육

1. 영국의 사회

영국은 산업혁명의 성공으로 빅토리아 여왕 시대에는 지구의 1/3을 차지하는 대제국을 건설하게 되었다. 1870년대부터 유럽 국가들은 거의 동시에 제국주의 정책을 펼쳤으며, 그중에서도 영국은 선두주자로서 전 대륙에 걸쳐 광대한 영토를 점령하고 거대한 제국Empire을 건설하였다.[107]

1876년 영국의 식민지 인구는 2억 5천만 명에 달하였으며, 제1차 세계대전 초기인 1914년까지는 거의 4억 명에 달하였다. 그러나 제1차, 제2차 세계대전으로 많은 국력을 손실하게 된 영국은 주도권을 미국과 러시아구소련에게 넘겨주게 되었다. 1931년 영제국은 해체되고, 대신 영연방英聯邦이 수립되었다.

20세기에 들어 영국의 위상은 많이 약화되었으나 영국이 세계사에 미친 영향은 존속되었다. 근대부터 시작된 영국의 제국주의적 팽창은 끝났어도 문화적인 측면에서 그들은 전 세계를 지배한 것이나 마찬가지였기 때문이다. 영국인들은 식민지주의나 제국주의 정책을 통해 그들의 문화였던 언어영어, 종교기독교, 민속 문화스포츠를 세계화시켰던 것이다.

---

107 이하 영국사 분야는 하남길(경상대), 옥광(충북대) 교수에 의해 집필·감수되었다.

2. 영국의 교육

1870년대까지 영국의 교육제도는 이원화二元化된 독특한 체계를 유지하고 있었다. 하나는 빈민계층과 서민 교육을 위한 초등교육기관이었고, 다른 하나는 상류계층을 대상으로 설립된 문법학교Grammar school나 퍼블릭 스쿨Public Schools 등 사립형 공교육기관이었다.[108] 특수 귀족들은 아이들의 교육을 가정교사tutor에게 맡겼으나 중상류계층의 아동들은 예비학교preparatory schools를 나온 뒤 영국 특유의 중등교육기관이었던 이튼Eton, 해로Harrow, 윈체스터Winchester, 럭비Rugby 등의 퍼블릭 스쿨public schools에서 교육을 받았다. 이러한 학교는 점차 상류층 교육기관으로 발전하여 오늘날까지 자립형 사립학교로 존속되어 오고 있다. 서민을 위한 초등교육기관은 일요학교Sunday School, 자선학교Charity school, 교구학교parish school 등이 있었다. 의무 공교육제도가 도입된 것은 1870년대부터였다. 1902년 '발포어법안Balfour Education Act'의 제정으로 전국 교육관리 기관이 통폐합되면서 강력한 공교육제도의 기틀이 마련되었다. 1943년 7월 〈교육재건백서white Paper on Education Reconstruction〉를 공포하고 초·중등교육을 의무화하였다.

제2절

영국의 체육

1. 영국 체육의 발달 배경

영국 체육은 두 가지 양상을 띠고 발달되었다. 19세기 후반부터 일반 빈

---

108 퍼블릭 스쿨(Public Schools) 등 사립형 공교육기관이었다.

민학교나 교회설립학교, 주일학교, 초등학교 등을 중심으로 교련 및 체조 중심의 체육체계가 발달되었다. 상류층 자제들이 재학하던 사립형 '퍼블릭 스쿨Public School'[109]의 교육체계 속에는 스포츠 중심의 체육이 실시되었다. 종합적으로 볼 때 근대 영국 체육의 발달 배경은 몇 가지로 압축된다.

첫째, 영국 상류계급의 스포츠 애호 전통이 있다. 19세기 이전부터 영국의 왕실과 상류계층의 스포츠 애호 전통은 계속 이어져 왔다. 그러한 전통이 퍼블릭 스쿨과 옥스브리지Oxbridge 등 대학으로 계승되어 다른 나라보다 일찍 스포츠 교육이 이루어짐으로써 체육이 발달될 수 있었다.

둘째, 학생 생활 지도 문제의 봉착이었다. 영국 퍼블릭 스쿨은 독특한 교육체계로 많은 학생들은 기숙사 생활을 하고 있었으며, 학생들은 통제된 환경에서 욕구의 분출구를 찾지 못하여 폭력과 난동이 난무하였다. 그러한 상황에서 학생들의 정서 순화를 목적으로 스포츠 활동이 교육체계 속에 도입됨으로써 체육이 발달될 수 있었다.

셋째, 제국주의 정서의 확산과 군사적 필요성의 대두였다. 19세기 후반 제국주의가 영국의 국민적 정서가 되었고, 군사 훈련을 위해 체조나 각종 게임이 적절한 선택이 됨으로써 체육이 발달될 수 있었다.

2. 영국의 체조 운동

독일 체조의 도입

1800년 영국에서 『청년을 위한 체조』가 출판되었다. 1822년 독일 체조 시스템이 영국 군대로 소개되었다. 1822년 스위스 출신의 클리아스P. H. Clias, 1782~1854가 영국 군軍의 체조 담당관이 되어 체조를 가르쳤다.[110] 그리

---

109 현재의 사립 Independent School. 상세한 것은 하남길, 『영국 엘리트 교육과 애슬레티시 즘』, 1995, pp. 101~104 참조.

110 Peter C. McIntosh, *Physical Education in England Since 1800*, p. 80.

고 영국 육군당국으로부터 큰 지지를 받았던 옥스퍼드의 맥클라렌Archibald Maclaren은 구츠무츠와 클리아스의 체조체계를 발전시켰다. 파리에서 의학을 공부하며 펜싱과 체조를 접한 그는 옥스퍼드에 정착하면서 오리엘 랜Oriel Lane에 펜싱학교와 체조장을 개설하였다. 그리고 1858년 알프레드 스트리트에 체조장을 개설하고 연구를 통해『전국적 신체 운동체계』,『체육의 체계: 이론과 실제』등과 같은 저서를 펴내었다.

영국에 도입된 유럽 대륙계 체조는 19세기 후반 영국의 군軍을 통해 활성화되었으며, 교련의 일환으로 학교 교육체계에도 도입되었다. 1861년 최고사령장관, 케임브리지 공작H. R. H. the Duke of Cambridge은 "전군全軍 군사교육의 한 부분으로서 체조 운동gymnastic exercise을 정규적으로 가르쳐야 한다"라는 결정을 내렸다.[111] 그리고 해로Harrow, 웰링턴Wellington, 윈체스터Winchester 등과 같은 퍼블릭 스쿨에도 체조장體操場이 들어섰다.

스웨덴 체조의 도입

스웨덴 체조가 영국에 소개된 것은 1838년이었으며, 주로 의사들이 스웨덴 체조의 보급을 위해 노력하였다. 인디베토우J. G. In De Betou는 1842년부터는 런던에서 스웨덴 체조를 도입하여 의료체조가로서 일을 시작하였으며,『의학체조Therapeutic Manipulation』라는 서적을 출판하였다. 1840년대 초 엘렌호프C. Ehrenhoff도 같은 일을 하였다. 1850년 게오르기C. A. Georgii는 런던에 사립학교를 설립하고,『키네시파시Kinesipathy』라는 제목의 팸플릿을 출판하였다. 이들은 모두 의료체조가로서 개업하여 런던에서 생계를 이어갔다.[112]

학교에도 스웨덴 체조가 도입되었다. 로스는 초등학교에 스웨덴 체조를 도입하기 위해 많은 노력을 하였다. 그는 1851년『운동에 의한 만성질환의

---

111 *The Times*, 23 July 1861.

112 그는 내과 의사로서『청소년의 신체적 발달·강화를 위한 링 체계에 따른 운동』이라는 저서를 출판하였다.

예방과 치료』라는 책을 출판하였고,[113] 1853년 『링의 도수체조』라는 책을 출판하였다. 이 책을 통해 그는 해부학과 생리학 지식을 기초로 교육체조의 발전을 위한 사회 운동을 전개하였다. 그는 초등학교에 체육의 실시를 요구하였다. 또한 합리적 체조체육 활동는 건강에 도움이 될 뿐만 아니라 나쁜 행동을 예방하고, 합동 연습을 통해 동료애를 촉진시킬 수 있다고 주장하였다.

3. 레크리에이션 및 소년단 활동

19세기 후반부터 영국에서는 많은 사회단체가 결성되어 야외 활동, 게임, 스포츠 등을 수단으로 청소년 사회교육 활동을 강화하였으며, 이러한 단체의 활동은 체육 및 야외 교육의 발달에 큰 영향을 미쳤다.

플레이 센터 운동Play Center Movement

런던의 플레이 센터 촉진 운동은 1897년 험프리 워드Mrs. Humphry Ward에 의해 시작되었다. 미국 플레이 그라운드 운동에 영향을 받아 시행된 것으로 '야간 스포츠 교실' 운영을 통해 시작되었다. 1917년까지 공공단체와 민간단체에서 설립한 전국의 플레이 센터는 각각 68개와 254개였다.

루카스 투스 학교

루카스 투스 학교Lucas Tooth Institute는 1913년 루카스 투스 경Sir Lucas Tooth이 5만 파운드의 청소년수련기금을 출연하여 설립하였다. 1925년 청소년 교육을 위해 런던의 툴리 스트리트Tooley Street에 새로운 체육관을 건립하게 되었다. 청소년클럽이나 그 외 청소년조직에서 체조, 스포츠를 비롯한 다양하고 흥미로운 신체 단련 프로그램을 운영하였다.

---

113 M. D. Roth Hansard, 8th July 1862, 3rd Series, Vol. 168 Col. 22, 1851.

국립플레잉필드협회N.P.F.A

1930년대 초기 영국은 약 200만 명 이상의 실업자가 발생하였다. 실업으로 빈곤, 불만, 도덕성의 실추와 같은 사회적 문제가 발생하였고, 운동장의 확보 문제가 논란의 대상이 되자 1925년 7월 이 문제에 관심을 가진 사람들이 모여 요크 공작Duke of York을 회장으로 한 국립플레잉필드협회를 조직하게 되었다. 그 이후 이 단체는 각종 게임의 참여 기회를 확대하여 영국 청소년의 선도와 건전한 레저 문화 창달에 큰 역할을 하게 되었다.

유스 호스텔 협회

유스 호스텔 운동은 제1차 세계대전 이후부터 1928년까지 2,187개의 청소년 숙박업소를 마련하였던 나치Nazi 이전의 독일에서 시작되었다. 영국에 유스 호스텔 협회가 발족된 것은 1930년이었다. 1929~1930년 시즌 영국은 '영국 유스 호스텔 협회British Youth Hostels Association'를 결성하였고, 1931년까지 73개의 호스텔에 1,526개의 베드를 갖추어 6,000명 이상의 회원을 확보하게 되었다.[114] 유스 호스텔 운동에는 야외 활동의 발전에도 큰 영향을 미쳤기 때문에 체육사적으로도 의미를 지닌다.

보이스카우트

보이스카우트는 단원의 교육 수단으로 캠핑, 등산, 레크리에이션 게임 등을 채용함으로써 체육의 발달에 간접적인 영향을 미쳤으며 베이든 파월 Lord Baden-powell 장군에 의해 제창되었다. 그 목적은 소년들에게 매력과 위엄을 주기 위하여 군대의 척후斥候 활동을 도입하여 책임감, 모험심, 연대의식을 기르고 사회의 척후병 역할을 수행할 수 있도록 한다는 것이었다. 파월은 군인이었고, 보이스카우트의 착상도 군을 통해 얻었다. 그러나 보이

---

114 O. Coburn, *Youth Hostel Story*, pp. 17~18.

스카우트의 훈련 형식은 교련 형식을 철저히 배제하고 분대 게임이나 캠핑, 하이킹, 등산 그 밖의 자연 운동을 통해서 신체적 적성을 강화하고 인격을 도야하는 데 목적을 두고 전개하였다. 보이스카우트 운동은 전 세계 청소년 운동으로 확산되었다.

4. 영국 학교 체육의 발달 과정

19세기 유럽에서는 나폴레옹 전쟁의 결과로 국가주의 사상이 유럽 전역으로 확산되었다. 20세기에 들어서도 제1차, 제2차 세계대전으로 인해 군사적 목적과 연계되어 체육 활동이 강조되었다. 영국도 예외가 아니었다. 19세기 후반과 제1차 세계대전기의 영국 학교 운동장은 교련 교육장이기도 하였다. 그러나 영국 체육이 유럽 대륙과 다른 점은 퍼블릭 스쿨Public School을 중심으로 애슬레티시즘Athleticism이 널리 확산되었으며, 스포츠 활동을 통한 인격 함양이라는 체육의 목적 개념이 매우 강조된 것이다.

체조체계의 도입

1834년 워커D. Walker는 유럽 대륙에서 도입된 체조체계를 정비하고 체육의 내용을 다양하게 제시하며, 학교 체육의 필요성을 제기하였다. 영국 학교 교육체계 속에 체조가 많이 보급된 것은 1870년대부터였다. 군사 교련敎鍊이 학교 교육과정에 편성되면서 체조나 신체 단련 프로그램이 교련체계 속에 도입되었던 것이다. 1877년 런던학교위원회는 18개교의 교정에 체조 기구를 비치하였고, 군사 교련에 방해가 되지 않는 범위에서 체육을 실시하는 것으로 결정하였으며, 스웨덴 체조의 도입도 공식화하였다.

체육이 강화되고, 체조체계가 급속히 확산된 것은 제1차 세계대전 이후였다. 1923년 영국의 '링 체조협회'는 덴마크와 스웨덴에 전문가로 구성된 시찰단을 파견하기도 하였으며, 1927년에는 덴마크의 닐스 북 체조팀이 영국을 방문하여 덴마크 체조를 소개하였다. 이러한 과정을 거쳐 유럽의 체조체계는 영국 학교 체육의 중요한 수단으로 자리 잡게 되었다.

애슬레티시즘의 확산과 스포츠 교육

1830년대부터 그레이트 퍼블릭 스쿨Great Public School을 중심으로 일기 시작한 운동경기 애호주의 사조, 즉 애슬레티시즘Athleticism은 점차 신흥 퍼블릭 스쿨로 확산되기 시작하였다. 1850년대부터는 말보로와 어핑엄을 필두로 스포츠 활동이 각종 유형의 퍼블릭 스쿨로 확산됨으로써 학교 '스포츠 운동Sports Movement'으로 일어났다. 운동경기의 교육적 가치를 인정하고 각종 게임의 참여를 후원하며, 탁월한 선수를 예찬하는 분위기 속에 스포츠가 전국의 학교로 확산되었다. 당시 스포츠 교육의 주된 목적은 크게 세 가지였다.

첫째, 강건한 기독교인의 육성이었다. 영국의 엘리트 교육을 담당하던 교사들은 스포츠 활동을 통해 강인한 체력의 함양은 물론 협동심, 희생정신, 스파르타적인 근성 등 남성다운 자질을 키우고자 하였다.

둘째, 신사도의 함양이었다. 영국의 교육자들은 각종 게임을 인격 훈련의 지렛대로 생각하였다. 스포츠 활동을 통해 페어플레이 정신, 정정당당한 태도, 예의, 정직, 자기신뢰, 절제 등과 같은 자질을 함양시키고자 하였던 것이다.

셋째, 제국에 대한 충성심과 리더십 함양이었다. 팀 스포츠 활동을 통해 애교심과 애국심을 기르고, 리더십leadership, 팔로우십followship, 희생정신 등을 함양하여 국가 지도자로서의 자질을 육성하고자 하였다.

대교경기의 확산

학교 교육체계 속에 대교경기도 생겨났다. 축구와 크리켓을 비롯한 각종 스포츠클럽이 생겨나기 시작하였다. 1885년 런던에는 '학교축구협회London

School Football Association'가 결성되었다.[115] 1888년 런던의 교육위원회가 "학교의 부속 운동장은 격렬한 스포츠, 체조, 교련 등의 클럽 결성을 위해 사용되어야 한다"는 결정을 내렸다. 이러한 변화 속에 각종 체육 활동이 체계화되고 축구, 크리켓, 육상, 수영 등과 같은 종목의 학교대항 경기대회가 급속히 확산되었다.

무용과 움직임 교육 개념의 출현

20세기 초반 영국은 아메리카 무용과 중앙유럽의 현대무용체계를 체육 활동으로서의 가치가 있다고 인정하여 학교에서 받아들이게 되었다. 1939년 영국의 『체육학회지Journal of P.E.』에는 이사도라 던컨의 무용체계에 대하여 "현재 행하여지고 있는 방식의 무용은 신체적으로나 기능적으로 뛰어난 전신 훈련이 된다"라고 평가하였다.[116] 영국 '링 체육협회'는 중앙유럽의 무용을 수용하였다. 그 과정에서 라반Von Laban과 울먼Ullman 등이 자유무용의 창작적·교육적 가치를 지지하자 교육부에서 모던 댄스를 장려하게 되었다.

무용에 대한 관심은 체육에 새로운 개념 변화를 가져왔다. 그것은 체육이 단순한 신체적 단련이 아니라 움직임movement에 대한 이해와 학습이라는 개념 확대를 의미하였다. 그 결과 움직임이 체육을 평가하는 열쇠가 됨으로써 '움직임의 예술art of movement', '움직임 트레이닝movement training', '움직임 교육movement education'이라는 용어가 등장하였다.

영국 교육부는 1942년과 1953년에 『초등학교체육』을 발간하였는데, 그 내용에는 체조를 비롯한 신체 단련을 목표로 한 운동체계와 각종 게임에 움직임 교육이 포함됨으로써 학교 체육의 체계 속에 무용도 자리를 잡게 되었다. 체육을 이해하는 열쇠는 신체가 아니라 신체 움직임이라는 개념이 생겨났으며, 체육의 목표 개념도 확장되었다.

---

115 E. D. *Special Inquires and Reports*, 1898, Vol 2, p. 159. p. 194
116 J. of P.E. XXXI, 91, (1938), P. McIntosh, op. cit., p. 259.

학교 체육의 진흥

제2차 세계대전 이후 일어난 가장 큰 변화는 체육이 정규 필수교과로서 영역을 차지하게 된 것과 체육의 과학적 연구가 이루어진 것이었다.

보건 분야에 소속되어 있던 체육 장학사 직책이 교육부로 흡수되었으며, 체육은 전체 교육과정 속에서 필수적인 영역으로 자리를 잡게 되었다. 그리고 1950년대에 들어 체육 교육의 수단이 되는 체조, 스포츠, 무용 등에 대한 해부생리학적 접근을 시도하게 되었다. 대표적인 학자로는 먼로A. D. Mumrow였다. 그는 『순수체조와 응용체조』(1955)라는 저서를 통해 모든 유형의 운동에 대한 기능적 접근이 옳은 것인지, 운동의 해부생리학적 효과는 어떤 것인지를 논하였다. 그리고 리즈대학University of Leeds의 아담슨G. T. Adamson과 모건R. E. Morgan은 서킷 트레이닝 체계를 고안함으로써 영국 청소년과 성인들 속에서 널리 행하여졌다. 이는 오늘날에도 전 세계적으로 행하여지고 있다.

체육 지도자의 양성

영국에서 체육 지도자가 양성되기 시작한 것은 1891년이었다. 현직 교사 연수를 목적으로 체육전문학교British College of Physical Education가 설립되었다. 그 이후 더 체계적인 체육 지도자 양성을 위한 실험은 스웨덴 스톡홀름 중앙체조학교 출신의 버그만 외스터베르그Martina Bergman, Madame Bergman Österberg에 의해 실시되었다. 그녀는 1881년 런던학교위원회의 장학사가 되었으며, 1885년 햄스테드Hampstead에 '체육사범학교'를 설립하였다. 그로부터 10년 후 이 학교는 다트포드로 옮겨져 '버그만 외스터베르그 체육사범학교Bergman Osterberg Physical Training College'가 되었다. 그 학교는 체육교사를 양성하는 최초의 기숙학교boarding school였다.

교사양성제도에 큰 변화가 생긴 것은 1944년의 맥네이어 조사보고서McNair Report가 나온 뒤였다. 1946년부터 버밍엄대학에서 체육을 하나의 정식 과목으로 인정하게 되자 체육교원양성도 체계적으로 이루어지게 되었다. 버밍엄경기협회 및 아마추어체조협회1870년대, 대학교원양성소1960 등이 체육 지도자 육성에 중심적인 역할을 담당하였다.

제3절
영국의 스포츠

1. 영국 스포츠 문화의 발달 배경

19세기 후반 영국 스포츠 문화의 발달 과정은 '스포츠 혁명'이라고 불러도 좋을 만큼 혁신적이고 거대한 변화였다. 그 배경은 다양하지만 중요한 것은 다음 몇 가지로 볼 수 있다.

첫째, 학교의 역할이었다. 학창시절 스포츠에 사회화되었던 퍼블릭 스쿨과 옥스브리지 출신들이 사회 각층의 지도자로 진출하여 학창시절에 접한 스포츠를 사회로 확산시키는 역할을 하였다.

둘째, 사회적 변화였다. 신흥 부르주아들의 증가로 중산층이 늘어나는 사회계층의 변화가 스포츠의 대중화에 큰 영향을 미쳤다. 18세기부터 영국은 부르주아를 대표하는 나라가 되었다. 부를 축적하여 계급 상승을 이룩한 신흥 부르주아들이 옛 귀족과 젠트리gentry의 전유물이었던 상류층 스포츠에 참여함으로서 스포츠는 더욱 대중화되었다.

셋째, 산업화와 과학화였다. 스포츠는 결국 여가의 산물이고, 경제적 수준의 향상은 대중의 스포츠 사회화 상황을 조성해 주었다. 산업화는 도시화를 촉진하였고, 교통과 통신의 발달로 이어졌으며, 이러한 변화는 스포츠의 대중화를 촉진시킨 요인이었다.

넷째, 정부와 종교 단체의 영향이었다. 정부와 기독교 단체들은 합리적인 여가 정책의 일환으로 노동계급에 축구를 비롯한 각종 스포츠를 보급함으로써 서민들도 스포츠에 사회화될 수 있었다.

2. 스포츠의 조직화와 확산

경마, 골프와 같은 종목을 제외하면 대부분의 영국 스포츠는 19세기부터 조직화organization가 진전되었다. 19세기 말까지 많은 종목에 걸쳐 전국적인 통괄 단체가 결성되고, 성문화된 규칙을 갖춘 사회 문화로 되었다. 그러한 스포츠 문화는 전 세계로 확산되었다.

전통적으로 영국 스포츠는 계급 문화의 성격을 띠고 발달되었지만 19세기 후반부터 귀족 스포츠와 서민 스포츠가 공히 중상류계급middle upper class, 즉 신사紳士, gentleman의 여가 문화로 성장하였다. 예컨대 사냥, 테니스, 골프 등과 같은 스포츠는 전통적으로 귀족 스포츠였으나 중산계급으로 확산되었고, 크리켓, 럭비, 조정, 육상, 배드민턴 등과 같은 스포츠는 서민의 놀이에서 중산계급 문화로 성장하였다.

19세기 영국 스포츠의 조직화와 확산은 인구의 도시 집중, 교통의 발달, 경제 성장, 노동자들의 실질임금 상승, 여가 투쟁 등 많은 요인이 영향을 미쳤다. 그러한 스포츠는 국내는 물론 국제적으로도 확산되었다. 영국은 일찍이 식민지를 개척해 왔고, 영제국British Empire을 건설하였다. 대제국을 건설한 영국은 총독, 문관, 군인, 상인, 은행가, 철도 및 광산 기술자, 석유 탐광자, 목장 소유자, 선교사, 교사, 항해사 등을 통해 그들의 문화를 전 세계로 확산시켰다. 스포츠 문화 또한 그러한 과정을 통해 세계화되었다.

3. 각종 스포츠의 발달

골프Golf

골프의 기원에 관해서는 여러 가지 설이 있으나 스코틀랜드 발생설이 가장 유력하다. 15세기 스코틀랜드에서 골프가 성행하였으며, 1600년대 초 스코틀랜드의 제임스 6세가 잉글랜드와 스코틀랜드의 통합 왕제임스 1세으로 등극하면서 골프는 왕과 귀족의 스포츠로서 잉글랜드로 전파되었다.

1744년 스코틀랜드의 리스골퍼커뮤니티에서 은컵을 두고 라운딩을 하였으며, 로열 앤 에인선트 골프클럽the Royal and Ancient Golf Club이 된 세인트 앤드루스 골프회는 1754년 당시 리스골프커뮤니티에서 채용하였던 규칙들을 손질하여 새로운 규칙을 만들게 되었다.

잉글랜드에서는 1766년 런던 근교 블랙히스Blackheath에 최초의 골프클럽이 설립되었고, 1860년 제1회 브리티시 오픈 골프대회가 열렸다.

크리켓Cricket

크리켓은 영국의 국기國技이다. 크리켓에 대한 기록은 1700년 초부터 나타난다. 예컨대 1706년 골드윈W. Goldwin의 작품에는 골프에 관한 내용이 나타난다. 초기에는 시골 농부들의 게임이었으나 점차 중산계급 문화로 성장해 왔다. 1730년 런던 핀스베리에서 경기가 열렸으며, 18세기부터 점차 영국 전역으로 확산되었다. 1760년대 햄프셔 주 햄블던에 클럽이 생겨났고, 1788년 런던 로즈Lord's Cricket Ground에서 지금의 크리켓 통괄단체인 MCCMarylebone Cricket Club가 조직되었다.

럭비 유니언 풋볼Rugby Union Football

축구는 19세기에 들어 럭비풋볼Rugby Football과 어소시에이션 풋볼Association Football, Soccer로 분화되었다. 럭비풋볼은 1823년 럭비 스쿨에서 풋볼을 하던 중 엘리스William Webb Ellis라는 소년이 경기에 열중한 나머지 공을 끼고 달리는 반칙 플레이를 한 것이 혁신의 계기가 되었다고 전해지고 있다. 이 사실을 증명할 근거는 없지만 상징적인 이야기로 남아 있다. 월드 컵 럭비 선수권의 트로피 명칭도 '윌리엄 웹 엘리스 트로피'로 되어 있다. 최초의 국제적인 럭비 시합은 잉글랜드와 웨일즈의 경기로 1823년 11월 1일에 열렸다. 1871년 영국럭비풋볼연합Rugby Football Union이 설립되어 협회식 축구Association Football와 결별하고 럭비경기 규칙을 채택하였다.

어소시에이션 풋볼Association Football, Soccer

현재의 축구는 'football'이라는 일반적인 용어로 사용되어 왔다. 다양한 규칙의 풋볼이 있었으나 19세기 후반 어소시에이션 풋볼Association Football, soccer로 조직화되었다.

대학에 진학한 중등학교 출신별로 규칙이 다른 축구를 하는 문제점을 개선하기 위해 케임브리지대학의 살로피언Salopian, 해로 동문들이 이트니언Etonian, 이튼 동문들을 끌어들이기 위하여 통일된 규칙을 만들었다. 그것이 현대 축구의 근간이 된 케임브리지 룰 풋볼Cambridge rule football[117]이었다. 그 후인 1863년 런던 그레이트 퀸 스트리트Great Queen Street의 한 주점에서 여러 클럽 대표자들이 모여 회의를 개최하였고, 그 모임을 통해 축구협회FA, Football Association를 조직하여 통일된 규칙을 만들게 되었다. 그 이후로 어소시에이션 풋볼Association Football로 불리다가 약어인 'soccer'라는 명칭이 생겨났다.

1867년 협회는 규칙의 통일에 대한 공론화 작업을 끝내고, FA컵 대회를 창설하였다. 그리고 1904년 5월 프랑스의 제안으로 파리에서 벨기에, 덴마크, 프랑스, 네덜란드, 스페인, 스웨덴, 스위스 대표단들이 모여 FIFAFederation Internationale de Football Association를 결성하게 되었다. 오늘날 월드컵 축구의 서막을 예고하는 것이었다.

---

117 John Aroltt, *The Oxford Companion to Sports & Games*, p. 336.

육상Athletics

육상의 경우 영국에서는 애슬레틱스Athletics, 미국에서는 트랙 앤 필드 Track and Field라고 한다. 육상의 기원은 고대 그리스 시대로 거슬러 올라간다. 5종경기를 비롯한 육상경기는 고대 그리스 시대부터 전래되어 온 것이다. 하지만 몇몇 종목은 영국에서 조직화되었다.

근대 최초의 조직화된 육상경기는 1849년 영국육군사관학교Royal Military Academy에서 열렸다. 그리고 경쟁적인 스포츠로서 최초의 공식적 정규경기는 1850년 옥스퍼드의 엑시터 칼리지Exeter College, Oxford에서 열렸다.[118] 크로스컨트리경기Cross Country Running는 영국 헤어 앤 하운드hare and hound나 산지 놀이Paper–Chasing에 기원을 둔 것으로 1867년에 하나의 경기 종목으로 등장하였다. 영국 테임스 조정클럽Thames Rowing Club 선수들이 비시즌에 체력을 강화하기 위하여 크로스컨트리경기를 하였다. 투해머경기는 스코틀랜드 북부 하일랜드 민속 게임에서 유래한 것이다. 최초의 3,000m 장애물경기Steeplechase는 1850년 옥스퍼드대학에서 시작되었다.

1860년대부터 영국의 퍼블릭 스쿨과 옥스브리지에서 육상경기가 열렸으며, 1880년 영국아마추어육상협회AAA가 창립되었다. 현대의 육상경기는 IOC에 의해 발달이 촉진되었다. 1912년 17개국 대표가 모여 국제아마추어육상경기연맹IAAF, International Amateur Athletic Federation을 창립하였고, 1969년 130개 회원국을 확보하였다. 그리고 제1회 아테네 올림픽부터 육상은 중심 종목으로 위치를 점하였다.

조정Rowing

배 젓기는 고대부터 해양 생활인들의 일이었으나 근대 스포츠로 시작된 곳은 잉글랜드의 템스 강이었다. 중세부터 첼시와 윈저 사이에는 자격을

---

118 Ibid., p. 29.

갖춘 4만 명의 직업적인 뱃사람들이 있었으나 증기선이 등장한 이래 배 젓기는 스포츠로 남게 되었다.

1793년부터 이튼 칼리지중등학교의 소년들은 조정을 즐겼다. 1822년 옥스퍼드와 케임브리지대학에서는 범핑 레이스bumping race가 등장하였다. 1829년 옥스브리지 보트 레이스boat race가 열린 이래 지금까지 계속되고 있다. 옥스브리지 조정경기 전통은 미국으로 전파되어 1852년부터 하버드-예일 조정 레이스가 지금까지 계속되고 있다.

필드하키Field Hockey

근대 하키는 영국에서 발달되었다. 1887년 잉글랜드 하키협회가 설립되었고, 브리튼Britain 왕국의 4개 국가에서는 매우 인기 있는 스포츠로 성장하였다. 1908년 제4회 런던 올림픽에서는 영국의 4개국과 기타 2개국 등 6개국이 출전하였다. 그 이후 스페인 , 프랑스, 독일, 네덜란드, 벨기에, 덴마크 등 유럽 대륙과 호주, 뉴질랜드, 캐나다, 영연방, 파키스탄, 인도 등으로 급속히 보급되었다. 1924년 국제하키연맹FIH, Federation Internationale de Hockey sur Gazon이 창설되었다.

론 테니스Lawn Tennis

오늘날의 테니스는 글러브를 낀 손으로 실내나 벽에 공을 치던 프랑스의 '주 드 폼Jeu de Paume'이나 그와 유사한 공놀이에서 유래한 것으로 보고 있다. 이러한 공놀이는 15세기 영국에서 레알 테니스Real Tennis: Court Tennis[119]로 발전하였다가 문화적 진화를 거쳐 론 테니스로 발달되었다. 1874년 윙필드Major John Wingfield가 스파이리스티케Sphairistiké라는 론 테니스lawn

---

119 Real은 불어이며, 영어의 Royal이다. 로열 테니스는 왕이 궁전(Court)에서 하였기 때문에 붙여진 이름이며, Court는 궁전, 저택이나 큰 집을 의미한다. 넓은 의미로 실내 테니스라는 뜻이다.

Tennis를 고안하였고, 그것은 MCC에 의해 재조직화되어 오늘에 이르고 있다. 1875년 올 잉글랜드 크로켓 클럽All England Croquet Club[120]은 MCC가 개선한 테니스 룰을 도입하였으며, 1877년 제1회 윔블던 챔피언십Wimbledon Championship을 개최하게 되었다.

배드민턴Badminton

배드민턴 게임의 정확한 기원에 대해서는 여러 가지 추측이 있을 뿐이다. 배드민턴은 고대의 배틀도어battledore와 셔틀콕shuttlecock 게임에 기원을 두고 있다. 게임의 이름은 현재의 이븐셔Avonshire 주州의 뷰포트 공작Duke of Beaufort의 거주지에 있는 배드민턴 하우스Badminton House에서 따온 것이다.

1870년대에 배드민턴은 인도에서 행하여지고 있었으며 최초의 규칙도 거기서 만들어졌다. 1870년대 인도의 푸나지방에서 배드민턴과 유사한 게임이 성행하였으며, 인도에 주둔하였던 영국 장교들이 그 게임을 즐겼다.

최초의 클럽이 출현한 곳은 잉글랜드 남부였다. 1893년 햄프셔 주의 사우스시Southsea에서 14개 클럽의 대표자들의 합의로 규칙을 통일하고 배드민턴 협회Badminton Association of England[121]를 창설하였다. 1934년 영국, 캐나다, 뉴질랜드, 덴마크, 네덜란드, 프랑스 등이 주축이 되어 국제 배드민턴 연맹IBF을 창설하였으며, 1948년 남자 토마스컵Thomas Cup, 1956년 여자 우버컵Uber Cup대회가 열리게 되었다.

탁구Table Tennis

셀룰로이드 공으로 경기를 하게 된 현대 탁구의 발생지는 영국이다. 영국의 깁James Gibb은 1898년 미국 방문 시 아이들이 장난감으로 만든 셀룰

---

120 크로켓(Croquet)은 31.95×35.56m의 코트에서 볼(ball)과 말렛(mallet)으로 하는 잔디밭의 게임으로 크리켓(Cricket)과는 다른 경기이다.

121 Bernard Adams, *The Badminton Story*, p. 32.

로이드 공에서 힌트를 얻어 귀국 후 탁구공으로 사용하였다. 송아지 가죽을 펴서 붙인 벤조 라켓으로 탁구공을 치면 '핑! 퐁!' 하는 소리가 나자 핑퐁ping pong으로 부르게 되었으나 그 뒤 탁구table tennis라는 정식 명칭이 붙여졌다. 1902년 영국 핑퐁협회가 결성되었고, 1926년 독일 레만 박사Dr. Georg Lehmann의 주도로 국제탁구연맹ITTF이 결성되었다.

복싱Boxing

유럽 여러 나라와 마찬가지로 영국에서는 중세부터 맨주먹 권투pugilism가 유행이었다. 1719년 검술sword, 봉술quarterstaff, 권투fist 세 분야에서 최고봉의 위치에 있던 피그J. Figg는 런던 옥스퍼드 스트리트에 '아담과 이브 코트Adamand Eve Court'라는 권투 교습소를 설립하고 권투를 가르치며, 권투 발전의 초석을 닦았다. 그리고 피그의 제자였던 브로우턴J. Brougton은 1741년 복싱의 새로운 규칙을 제정하였다. 그 룰은 1838년 '런던 프라이즈 링룰London Prize-Ring Rules'이 등장하기까지 약 90여 년 동안 복싱의 지침이 되었다.[122]

레슬링Wrestling

레슬링은 고대 그리스 올림피아제18회에 정식 종목으로 채택된 스포츠이며, 첫 근대 올림픽에서도 레슬링은 경기 종목으로 채택되었다. 그것이 그레코로만형Graeco-Roman Style이다. 오늘날 자유형의 원형인 랭카스터 스타일 레슬링은 영국에서 조직화되었다. 영국에서는 레슬링이 지방마다 고유의 특색을 지닌 채 발달되었다. 양모 공업이 발달된 랭커셔Lancashire 지방의 레슬링을 캐치 애즈 캐치 캔catch-as-catch-can 스타일이라고 불렀다. 이 스타일은 제1차 세계대전 이후 유럽과 미국으로 급속히 확산되었으며, 제11회 베를린

---

122 J. Arlott(Ed.), op. cit., pp. 106~115.

올림픽부터 경기 종목으로 도입되었다가 제14회 런던 올림픽부터 자유형free style으로 불리게 되었다.

4. 영국 스포츠의 세계화

오늘날 세계 모든 국가들이 영국에서 조직화組織化한 많은 종목의 스포츠를 즐기고 있다. 그것은 19세기 후반 영국에서 조직화된 많은 스포츠가 전 세계로 확산된 결과이다. 이와 같이 영국의 스포츠가 세계화된 이유는 크게 세 가지를 들 수 있다.

첫째, 영국 문화제국주의 정책의 결과였다. 영국은 자국과 지배 민족의 문화적인 결속을 위해서 스포츠를 문화제국주의 정책의 수단으로 이용하였다.

둘째, 각국에서 영국 스포츠를 자발적으로 수용한 결과였다. 예컨대 1870년대의 프랑스 엘리트들은 그들의 "군사적인 패배"에 큰 충격을 받고 영국의 교육제도에 대하여 관심을 갖게 되었으며, 영국의 스포츠 교육제도를 수용하였다. 이처럼 많은 국가에서는 영국의 스포츠를 자연스럽게 받아들였다.

셋째, 상인, 사업가, 선교사들의 해외 진출 결과였다. 영국의 상인, 사업가, 선교사 등이 영국의 스포츠를 전 세계에 소개하였기 때문이었다.

영국의 체육과 스포츠 사상

1. 애슬레티시즘

애슬레티시즘의 의미

애슬레티시즘Athleticism은 운동경기Athletics라는 단어에 주의ism을 결합시킨 신조어였다. 19세기 영국 엘리트 교육체계 속에서 운동경기에 강한 흥미를 갖고 참여하면서 운동경기주로 팀 스포츠의 교육적 가치를 높이 평가하고 예찬하던 풍조를 20세기 영국의 교육학자들이 하나의 교육 이데올로기로 평가하고 붙인 명칭이다.

애슬레티시즘에 내재된 체육의 목적 개념

애슬레티시즘은 영국 스포츠의 조직화와 확산을 촉진하였던 하나의 교육 이데올로기로서 그 목적 개념은 크게 도덕적·종교적·정치적 목적으로 나타난다. 첫째, 신사도gentlemanship의 함양, 둘째, 강건한 기독교도Muscular Christian의 육성, 셋째, 제국에 대한 충성심Imperial Royalty 배양이었다. 애슬레티시즘이라는 스포츠 교육 이데올로기 속에는 공명정대한 태도, 남성다움, 협동심, 통솔력 등과 같은 목적 개념 아래 진솔, 헌신, 정직, 강인한 의지력, 신체적 탁월성, 성실, 자기신뢰, 절제, 명예, 복종심, 강인한 체력, 스파르타적 근성, 희생정신, 단결 등과 같은 목표 개념이 내재되어 있었다.

애슬레티시즘의 체육사적 의미

19세기 영국 교육체계 속에 애슬레티시즘이라는 이데올로기가 확산되면서 스포츠가 중요한 교육 수단으로 등장하였다. 퍼블릭 스쿨은 상류계층과 신흥 부르주아 자제들이 모두 퍼블릭 스쿨에 진학하게 됨으로써 계급적인 통합을 통한 새로운 신사Gentleman의 유형을 창조하는 역할을 하였다. 거기에 옛 귀족 스포츠와 민중 스포츠를 중산계급 사회의 문화 또는 교육 매체로 정착시키는 역할도 하였다. 이러한 측면에서 볼 때 애슬레티시즘의 체육사적인 의미는 세 가지로 요약된다.

첫째, 애슬레티시즘이 스포츠 교육 발달의 촉진제 역할을 하였다.

둘째, 애슬레티시즘은 스포츠의 조직화를 촉진하였다.

셋째, 애슬레티시즘은 체육에 넓은 목적 개념을 부여하였다.

2. 강건한 기독교주의

용어의 출현과 개념

1857년경 『옥스퍼드 영어사전Oxford English Dictionary』에 '강건한 기독교주의Muscular Christianity'라는 용어가 처음으로 등장하였다. 초창기 이 용어를 사용하고 그 개념을 구체화한 인물은 찰스 킹즐리Charles Kingsley[123]였다. '강건한 기독교주의Muscular Christianity'라는 계몽사조의 핵심 개념은 '남성다움Manliness'이었고, 남성다움을 뜻하는 자질은 '협동심team spirit'이었다. 남성다운 특성은 힘과 용기, 대담성, 투지, 인내, 자제 등으로 보았다.

확산 배경

강건한 기독교주의라는 계몽주의적인 사조가 확산된 것은 19세기 후반 신제국주의 시대에 세계로 뻗어나가던 영국의 사회적 상황과 복음주의 종교집단의 역할 때문이었다.

'남성다움'이라는 용어에는 호전성을 함축한 군사적 이미지가 투영되어

---

123 Charles Kingsley(1819~1875) 영국의 소설가, 종교가. 런던대학과 케임브리지대학에서 공부한 후, 목사보(牧師補), 목사, 성당참사회원 등을 역임하였으며, 기독교 사회주의자 중 한 사람이었다.

있었다. 이 용어는 전쟁과 지배, 제국의 유지·통솔이 요구되었던 19세기 영국의 정치적·사회적 상황과 연계되어 급속히 확산될 수 있었다. 제국의 지도자가 될 남성다운 청소년의 양성이 필요하였던 것이다.

강건한 기독교주의 사조가 급속히 확산된 또 하나의 배경은 복음주의적인 영국 교회 집단의 역할이었다. 찰스 킹슬리, 스티븐Leslie Stephen, 토마스 휴즈 등과 아이디어를 공유하던 교장, 목사, 문인들이 행동과 글을 통해 '남성다움'이라는 미덕에 대한 예찬 풍조를 확산시켰던 것이다. 예컨대 휴즈Thomas Hughes의『톰 브라운의 학창시절Tom Browns's Schooldays』은 프랑스를 비롯한 유럽제국과 미국, 영연방 등지로 강건한 기독교주의 사상이 확산되는 데 결정적인 역할을 하였다.

스포츠와의 관계

19세기 종반부터 대영제국의 건설은 영국 국민의 신조敎條가 되었다. 자연히 제국주의라는 이데올로기의 합리화를 위한 지적·도덕적 치장이 필요하였으며, 학교는 그 치장을 떠맡는 중심기관으로 부상하였다. 남성다운 자질의 육성 개념이 스포츠와 결속된 곳은 이러한 상황에 놓인 학교였다. 영국의 지도자들은 퍼블릭 스쿨과 옥스브리지라는 특수 교육체계를 통해서 양성되었다. 강건한 기독교인을 양성하고자 하였던 영국 엘리트 교육체계의 교육자들에게 크리켓, 축구, 조정漕艇 등과 같은 팀 스포츠는 적절한 교육수단으로 받아들여졌다. 수많은 제국의 총독·지사·문관·고급장교가 될 퍼블릭 스쿨의 학생들을 강건한 기독교인으로 육성하고자 하였다. 강건한 기독교인으로서 적합한 도덕적 태도, 투지, 인내, 체력 등의 함양과 육성을 위해 스포츠가 적절한 선택이 됨으로써 강건한 기독교주의라는 일종이 계몽주의적 사조와 스포츠는 강한 결속력을 갖게 되었다.

강건한 기독교주의의 역사적 의미

강건한 기독교주의의 체육사적 의의는 이 사조가 영미 사회에서 스포츠 교육의 촉진제 역할을 하였다는 것이다. 강건한 기독교인, 즉 남성다운 기독교인을 육성하기 위하여 스포츠 활동이 필요한 것으로 인식함으로써 영미 사회에서 스포츠가 교육의 중요한 수단으로 받아들여졌다. 그로 인해 스포츠를 수단으로 한 체육이 더욱 발달되었다. 강건한 기독교주의는 영미 체육사에서 스포츠 교육 운동의 촉진제 역할을 한 일종의 계몽주의 사조였다.

3. 아마추어리즘

아마추어Amateur는 전문가專門家나 숙련자熟練者에 대비되는 소인素人·미숙자未熟者·애호가愛好家, devoted를 일컫는 말이다. 그런데 19세기에는 아마추어가 젠틀맨이라는 지위를 강조하기 위해 말로 사용되었으며, 계급을 지칭하는 용어였다. 젠틀맨 아마추어gentleman amateur라면 사회적으로 상류층 출신의 신사를 의미하였던 것이다.

19세기 후반부터 영국은 '스포츠의 나라'라는 별칭을 얻게 되었으나 주된 스포츠는 상류층의 문화였다. 물론 민중의 유희도 중산계급에 침투하여 젠틀맨 스포츠가 된 종목도 많았다. 그러나 그들이 조직화된 다음부터 전문직을 가진 노동자계급의 참여는 배제한 채 운동경기대회를 펼쳤다. 스포츠 참여에 사회적 차별이 있었던 것이다. 따라서 지배계급의 스포츠계에 팽배하였던 아마추어리즘이라는 이데올로기는 계급적 배타성이 내재되어 있었고 본질적으로 신사주의를 의미하였다.

신사들은 '페어플레이fair play'[124], '정정당당한 경기play the up play the games',

---

124 "페어플레이(fair play)는 젠틀맨 아마추어의 표어(watchword)였다." R. Holt, *Sport and British: A Modern History*, p. 98.

'스포츠맨십sportsmanship' 등과 같은 단어와 캐치프레이즈를 내걸었고, 진정한 아마추어라면 심판과는 상관없이 신사다운 태도를 유지해야 한다고 생각하였다. 결국 아마추어리즘은 스포츠를 통해 신사도gentlemanship를 추구하려 한 행동규범이었으며, 상류층 사회 스포츠 확산의 촉진제 역할을 한 스포츠 이데올로기였다.

4. 프로페셔널리즘

영국 스포츠계에서 '프로페셔널professional'이라는 용어가 사용된 것은 1850년대 이후였다. 19세기 중엽까지 스포츠에는 아마추어와 프로페셔널이라는 말 대신에 '젠틀맨신사, gentlemen'과 '플레이어광대, players'라는 용어가 빈번하게 사용되었으며, 계급적 차별이 심하였다. 예컨대 크리켓에서 신사 출신은 미스터Mr라는 존칭 접두어를 붙였으며, 하층계급으로서 육체노동에 종사하는 전문직 출신의 선수는 아마추어진정한 신사가 있는 한 팀의 주장이 될 수 없었다. 이러한 차별은 순전히 사회적 지위를 기준으로 한 것이었고 먹고 살기 위하여 스포츠에 참여하는 것을 불명예스러운 것으로 생각하였다. 그런데 시대의 변화에 따라 노동자계급이 스포츠에 참여하게 되면서 관중 스포츠 시대가 도래하였다. 직업적으로 스포츠에 참여하는 하층계급의 스포츠맨을 프로페셔널 스포츠맨, 즉 '플레이어player'라고 부르게 되었다. 결국 프로페셔널리즘은 아마추어리즘에 상반되는 사회계급적 의미를 지닌 말이었으나 점차 전문 직업주의라는 개념을 지닌 용어로 변천되어 왔다.

5. 제국주의

19세기와 20세기 초 영국의 정치·경제·문화·교육 등 모든 분야는 제국주의imperialism라는 이데올로기의 영향으로부터 자유로울 수 없었다. 엘리트 교육체계 속의 체육과 스포츠 활동 또한 제국주의와 무관하지 않았다. 애슬레티시즘과 제국주의라는 이데올로기는 사실상 서로 결속되어 있었으며, 강건한 기독교주의라는 사조 또한 제국주의라는 이데올로기와 강력히 결속되어 있었다. 19세기 후반 영국의 체조 및 신체 단련 프로그램은 교련 교육의 일환으로 받아들어졌다. 퍼블릭 스쿨과 같은 엘리트 교육체계 속에서는 기독교적 신사Christian Gentleman의 양성을 추구하였으나 남성다움을 강조하던 강건한 기독교주의muscular Christianity 사조는 제국주의의 이념적 토대가 된 사회진화론Social Darwinism과 무관하지 않은 것이었다. 따라서 제국주의라는 이데올로기는 영국 스포츠 교육의 발달과 영국 스포츠의 세계적 확산을 촉진한 이데올로기였다고 규정할 수 있다.

6. 체육 사상가

맥클라렌

맥클라렌Archibald Maclaren, 1820~1884은 유럽 대륙으로부터 받아들인 체조체계를 발전시켜 영국 체육의 발달에 공헌한 중요한 인물이었다. 영국 군대의 후원을 받았던 옥스퍼드대학의 맥클라렌은 구츠무츠와 클리아스의 체조체계를 발전시켰다. 프랑스 파리에서 의학을 전공하였던 그는 체조에 관심을 갖고 오리엘 랜에 펜싱학교와 체조장을 개설하였다.[125] 그리고 체육에 대한 과학적인 연구를 시작하였다.

맥클라렌은 신체 단련physical training의 교육적·보건의료적 효용에 대한 확신을 갖고 있었으며, 그의 체육관體育觀은 심신일체론적 사고와 건강을 중시하는 의료적 사고를 바탕으로 하고 있었다. 그는 교육체조educational gymnastics에 깊은 관심을 갖고 1869년 『체육의 체계: 이론과 실제』를 출

---

125 J. W. Mackal, *The Life of William Morris*, p. 67.

간하였다. 운동을 레크리에이션적 운동recreative exercise과 교육적 운동 educational exercise으로 분류하고 두 가지를 혼합하여 균형 있는 체육체계를 확립하고자 하였다.

킹즐리

찰스 킹즐리Charles Kingsley, 1819~1875는 '강건한 기독교주의'라는 조어造語 를 만들어 낸 인물이었다. 이 사조를 확산시킨 주인공으로서 영국 체육과 스포츠 교육의 발달은 물론 미국 스포츠 교육의 발달에도 지대한 영향을 미쳤다.

킹즐리는 '기독교 사회주의 운동Christian Socialism Movement'[126]을 하였던 모리스J.F.D. Maurice처럼 노동계급의 개선에 많은 관심을 갖고 있었다. 그는 1879~1881년까지 28권의 책을 썼는데, 그 책의 내용 때문에 세인世人들로 부터 전투적이고, 열정적이며, 호전적인 '강건한 기독교주의'의 사도로 불리 게 되었다.

킹즐리도 처음에는 강건한 기독교인Muscular Christian이라는 용어가 적절 한 것은 아니라고 생각하였다고 한다. 그는 고귀한 존재神와 동물적 측면 筋肉을 혼동하게 되거나 신체적인 용맹과 과도한 혈기에 대한 맹목적인 숭 배의식을 신성시하는 것으로 생각할까 봐 두려워하였다고 한다.[127] 그러나 강건한 기독교주의라는 용어는 하나의 사조가 되어 영미 체육과 스포츠 역 사에 지대한 영향을 미치게 되었다. 그러한 이유로 킹즐리는 세계 체육사의 한쪽을 차지하게 되었다.

아놀드와 코튼

킹즐리가 주창하였던 강건한 기독교주의 사상은 럭비 스쿨을 배경으로

126 19세기 중반 그리스도의 사상에 입각한 사회주의 운동.
127 Leslie Stephen, *Hours in a Library III*, 1902, p. 41.

쓴 『톰 브라운의 학창시절』을 통해서 널리 확산되었다. 그 자서전적 소설 속에 그려진 아놀드Thomas Arnold, 1795~1842 교장과 교사 코튼G.E.L. Cotton은 남성다운 신사의 유형을 창조한 강건한 기독교주의자로 평가되어 왔다. 아놀드는 럭비 스쿨의 스포츠 활동을 인정한 인물로 강건한 기독교주의자 의 일파로 취급되고 있다. 그의 남성다움은 도덕적·종교적인 색채가 더 짙 은 것으로 도덕적 절제력이나 신사도의 개념이 강조된 것이다. 킹즐리나 휴 즈의 남성다움은 전사戰士의 기풍이 느껴진다.

그러나 아놀드가 럭비 스쿨의 개혁에 공헌하였고, 교장으로서 스포츠 활 동을 지지한 것은 틀림없는 것으로 인정되지만 그가 직접 스포츠 활동을 위해 헌신한 흔적은 찾기 어렵다. 실제로 럭비 스쿨의 스포츠 활동을 주도 적으로 이끌었던 인물은 코튼이었다. 코튼은 강건한 기독교주의자로 훗날 말보로 스쿨에서도 스포츠 교육에 헌신하였던 인물이다. 아놀드나 코튼은 스포츠를 통해 동료애·애교심·애국심의 육성을 강조하였다. 이들이 숭상한 남성다움도 개인의 이기심을 버리고 단결력을 강화하는 팀 스피릿과 연계 되어 있었다.

휴즈

토마스 휴즈Thomas Hughes, 1822~1896는 변호사, 작가, 국회의원 등을 지 낸 인물로 열렬한 스포츠맨이자 '강건한 기독교주의Muscular Christianity' 라는 복음의 전도사였다. 그는 영국은 물론 미국과 프랑스 학교 스포츠 의 발달에 지대한 영향을 미쳤다. 그가 『톰 브라운의 학창시절Tom Brown's Schooldays』이라는 자서전적 소설을 통해 '애슬레티시즘Athleticism'과 '강건한 기독교주의' 사상을 널리 확산시켰기 때문이다. 소설 속에는 '남성다운 신 사manly gentleman', '남성다운 기독교인manly Christian'의 상이 투영되어 있었 다. 소설의 인기로 그러한 이미지가 확산됨으로써 학교 스포츠의 발달에

영향을 미치게 되었으며, 작가는 강건한 기독교주의의 화신으로 불리게 되었다.[128]

문학적이지도 않은 이 소설이 체육의 발달에 공헌하게 된 것은 작가가 스포츠맨인 주인공을 통해 '남성다운 신사manly gentleman'의 유형을 창조해 내었다는 점 때문이었다. 이 소설의 한 장章은 온통 럭비 스쿨의 축구rugby football 게임에 대한 이야기로 가득 차 있고, 다른 한 장은 크리켓Cricket 시합에 대한 이야기로 되어 있다. 휴즈는 럭비풋볼, 크리켓 등과 같은 팀 스포츠를 통해 전체를 위해 자신을 희생할 줄 아는 남성다운 신사manly gentleman, 남성다운 기독교인manly Christian의 모습을 그렸다. 또한 휴즈는 그의 작품을 통해 아놀드 교장의 (비록 정확하지는 않지만) 이미지를 창조하였다. 강건한 기독교주의 사상과 애슬레티시즘Athleticism을 영국은 물론 전 세계에 확산시키는 역할을 하였다.

예컨대 프랑스의 쿠베르탱은 어린 시절 이 소설을 읽고 청년이 된 후 영국의 럭비 스쿨을 견학하였으며, 스포츠 교육의 중요성을 인식하고 프랑스의 교육개혁과 스포츠의 도입에 적극적인 역할을 하였다. 그리고 미국의 YMCA는 킹즐리와 휴즈의 영향으로 강건한 기독교주의 사상을 수용하여 대학과 중등학교에 스포츠를 확산시키는 역할을 하였다. 이러한 결과로 인해 휴즈는 영국의 강건한 기독교주의자의 한 사람으로써 그의 소설과 함께 서양 체육사에 길이 남게 되었다.

버그만 외스터베르그

1888년 마르티나 버그만 외스터베르그Martina Bergman Österberg, 1849~1915 는 잉글랜드의 교사양성학교 중 하나였던 화이트랜드 트레이닝 칼리지 Whiteland Training College에서 스웨덴 체조를 도입하였다. 잉글랜드의 스웨덴

---

128 상세한 것은 하남길 옮김, 『머스큐러 크리스천: 톰 브라운의 학창시절』, (서울: 21세기 교육사, 2000) 참조.

체조는 1838년 로스M. Roth와 같은 의사들의 관심으로 도입되었으나 학교로는 많이 보급되지 못한 상태였다. 1870년 교육법에 따라 영국에서는 교련을 겸한 체육을 교육과정에 도입하였다. 당시 체육교사 역할은 군 출신들이 맡고 있던 상황이었다. 그러한 상황에서 스웨덴의 링 체조학교Ling's Institute in Stockholm를 졸업하고 돌아온 외스터베르그가 스웨덴 체조를 도입하고자 하였다. 그러나 많은 중등학교에서는 스포츠와 게임이 활성화되어 있고, 초등학교에서는 군사체조가 확산되어 있는 상황이었다. 그러나 외스터베르그는 체육교사 자격을 줄 수 있는 단기 체육교사양성 과정을 개설하였다. 그리고 버그만 외스터베르그 트레이닝칼리지Bergman-Österberg Training College를 설립하여 여성 체육 지도자 양성에 지대한 공헌을 하였다.

미국의 체육과 스포츠 문화

배구의 탄생지 YMCA 홀리요크 체육관 전경(1895).

미국의 사회와 교육

1. 미국의 사회

1776년 미국은 영국 국왕의 통치하에 있었으나 식민지 대표들이 모여 독립을 선언하였고 1783년 파리 회의에서 독립을 인정받게 되었다. 공장제 공업과 농업의 발전을 이룩한 미국은 19세기 후반 제2의 산업혁명을 성공으로 이끌어 1900년까지 공업생산이 국민 총생산의 65%에 달하는 공업국가가 되었다. 제1차 세계대전이 끝난 이후 세계 최대 강대국으로 부상하게 되었다. 유럽 국가들이 전쟁에 국력을 소모하는 동안 미국은 국내적인 발전을 거듭하여 전통적인 채무국에서 채권국으로 탈바꿈하게 되었다. 제2차 세계대전을 승리로 이끈 1945년 이후부터 정치, 경제, 사회, 문화 등 제 영역에서 세계를 이끌어 가는 위치를 점하게 되었다.[129]

2. 미국의 교육

미국의 교육은 19세기 국가주의 시대부터 급속히 발전하였다. 먼로J. Monro, 1758~1831 대통령이 유럽의 간섭을 거부하는 노선을 피력한 이래 미국 교육은 강한 국가주의적 특성을 띠고 발달되었다.

---

129 미국 근대사 분야는 하남길(경상대), 김방출(서울대) 등에 의해 집필·수정·감수되었다.

1830년대부터 무상교육제도가 확립되기 시작하였고, 1852년 매사추세츠 주에서 처음으로 의무교육제도를 도입한 이래 1890년까지 남부의 몇몇 주를 제외하고 의무교육제도가 정착되었다. 또한 사범대학이 설립되고 대학의 학문적 발전도 가속화되었다. 다윈Charles Robert Darwin, 1809~1882의 『종의 기원』(1859)이 출간된 이후 과학적 교육론이 대두되었으며, 대학에서는 생물학과 심리학의 발전이 급속하게 진전되었다.

1890년대부터 미국에서는 대대적인 교육개혁 운동이 일어났다. 교육 개혁 운동의 하나는 전통주의를 지향한 '전국교육협의회National Education Association'의 'NEA 운동'이었다. 다른 하나는 진보주의를 지향하는 '진보주의교육협의회Progressive Education Association'의 'PEA 운동'이었다. 특히 진보주의 교육 운동은 1896년 존 듀이John Dewey가 시카고대학에 실험학교를 개설한 이래 과학적·민주적·실험적인 교육을 지향한 운동으로 교육계의 지각 변동을 몰고 왔으며, 20세기 미국은 물론 세계 여러 나라의 교육에 지대한 영향을 미치게 되었다.

제2절
미국의 체육

1. 미국 체육의 발달 배경

유럽과 아프리카, 남미 등으로부터 다양한 민족이 유입된 북아메리카에 서는 다양한 문화가 형성되었다. 19세기 후반부터 체육과 스포츠도 급속히 발달되었다. 미국 체육의 발달에 영향을 미친 요인은 다양하지만 가장 뚜렷하게 드러나는 배경은 크게 네 가지로 요약된다.

첫째, 유럽 체조 시스템의 도입이었다. 독일 및 스웨덴 체조 시스템은 미국 체육 발달의 기초가 되었다.

둘째, 건강 중시 사조의 확산과 생물학적 사고biological thought의 발달이었다. 계몽주의자들이 건강의 중요성에 대한 인식을 환기시키고, 생물학의 발달로 체육 활동의 생리적 효과에 대한 검증이 이루어지자 체육의 필요성에 대한 인식의 전환이 이루어져 체육이 발달될 수 있었다.

셋째, 심리학의 발달과 놀이 이론의 등장이었다. 놀이가 아동의 인격 형성에 영향을 준다는 심리학자들의 주장으로 놀이나 스포츠가 교육의 수단으로 받아들여짐으로써 체육의 내용에 놀이, 게임, 스포츠가 포함되었다.

넷째, 애슬레티시즘Athleticism과 강건한 기독교주의Muscular Christianity 사조思潮의 확산이었다. 영국에서 이러한 스포츠 교육 이데올로기가 미국의 대학과 YMCA 등으로 파급됨으로써 체육이 발달될 수 있었다.

2. 미국의 체조 운동

독일 체조의 도입

미국에 체조가 소개된 것은 1820~1850년 사이였다. 가장 먼저 도입된 체조는 얀의 독일 체조체계였다. 미국에 독일 체조를 소개한 중심인물들은 메테르니히Metternich의 억압을 견디지 못하여 미국으로 망명한 얀의 제자였던 베크Karl Beck와 폴렌Karl Follen[130] 등이었다. 베크는 1825~1830년 사이 라운드 힐 스쿨Round Hill School의 교사진으로 가담하여 체조를 소개하고 가르쳤다. 폴렌은 하버드대학Harvard University에서 체조를 가르치다가 1827년 독일계 이주민 프란시스 리버Francis Leiber에게 위임하였다. 그들의 노력에도 불구하고 체조의 도입을 위한 일차적인 노력은 실패로 끝났다. 그러나

---

130 이들의 명칭은 영어식으로는 Charles Beck, Charles Follen이다.

1830~1860년대 사이 체조는 다시 인기를 얻기 시작하였으며, 1866년 '북아메리카체조사범학교Normal School of the North America Gymnastic Union'가 설립되었다. 1867년에 이르자 10,200명의 회원으로 구성된 148개의 체조단체가 출현하였다.

스웨덴 체조의 도입

19세기 초에 미국에서 받아들인 체조는 독일 얀의 체계였으나 19세기 말 스웨덴의 체조가 워싱턴의 스웨덴건강연구소Swedish Health Institute에 소개되었다. 1883년 니센Hartvig Nissen이 보스턴공립학교에 이 체조를 도입하였다. 그리고 포세Nile Posse와 그의 뜻을 계승한 헤멘웨이Mary Hemenway도 체조를 소개하고 지도하였다. 이들은 각각 보스턴체조사범학교1889와 호먼스보스턴체조사범학교1889를 개설하고 운영함으로써 스웨덴 체조의 보급에 공헌하였다.

3. 레크리에이션 및 소년단 활동

플레이 그라운드 운동

미국의 플레이 그라운드 운동Playground Movement은 1885년 보스턴에서 어린이들을 위해 모래사장sand garden을 만든 것이 기원이다. 2년 후 그것은 10개로 늘어나게 되었으며, 1906년 굴릭L. H. Gulick 박사와 헨리 커티스Henry Curtis 박사가 미국 플레이 그라운드 협회the Playground Association of America를 창설하게 되면서 플레이 그라운드 운동은 미국과 전 세계로 확산되었다. 플레이 그라운드 운동으로 인해 공원과 운동장이 설립되었다. 그러한 장소는 청소년의 건전한 여가 생활을 위한 필수적인 장소로 등장하였고, 각종 체육 활동이 도입됨으로써 미국 체육의 발달에도 영향을 미치게 되었다.

YMCA의 스포츠 운동

미국 체육사에서 YMCA와 YWCA의 역할은 지대하였다. 미국 YMCA는 1850년대 중반부터 체육 및 스포츠 활동 프로그램에 관심을 갖게 되었다. 1870년대와 1880년대에 걸쳐 루이스, 비처, 서전트 등이 개발한 체육 프로그램이 YMCA에 도입되었다. 그리고 1884년부터 전국 23개의 YMCA 협회는 야구baseball, 조정rowing 등과 같은 신체적 레크리에이션 프로그램을 채택하였다. 그리고 1887년부터 YMCA는 체육부를 설치하였고, 굴릭을 비롯한 YMCA 지도자들의 공헌으로 YMCA의 스포츠 운동Sport Movement은 급속한 진보를 보게 되었다. 미국 YMCA는 강건한 기독교주의 사상을 수용하였다. 이 사상은 1880년대 미국 복음주의 운동evangelism movement 및 기독교 부흥 운동revivalism과 연계됨으로써 미국 YMCA와 YWCA는 미국 스포츠 교육의 요람이 되었다.

YMCA 스포츠 운동의 중심에는 굴릭L. H. Gulick이라는 위대한 체육 지도자가 있었다. 그는 미국 YMCA 지도자로서 YMCA 스포츠 교육 운동에 큰 업적을 남겼다. 그는 강건한 기독교주의 사상의 신봉자로서 신체body와 정신mind, 영혼spirit의 삼각관계를 하나로 통합하려는 철학과 놀이 이론play theory을 바탕으로 체육의 목적 개념을 심동적 영역psychomotor domain에서 정의적 영역affective domain으로 확대시킨 미국 체육의 혁신자innovator였다.

YWCA도 체육의 발달에 기여하였다. 이 단체는 1877년 보스턴 지부에서 처음으로 미용체조를 도입하였다. 1882년 협회 회원들을 위해 강사를 초빙하여 와렌턴가Warreton Street에서 각종 운동 프로그램을 도입하고 운영하였다. 비처, 루이스, 델사르트 등이 구성한 체조 시스템을 도입하여 여성 체육의 발달도 기여하였다.

4. 미국 학교 체육의 발달 과정

하버드의학교Harvard Medical School의 존 워런 박사Dr. J. C. Warren는 1830 년대 '체육Physical Education'이라는 용어를 처음으로 사용하였다. 그리고 그 리스어로 아름다운 힘beautiful strength이라는 의미의 캘리세닉스Calisthenics, 미 용체조라는 말도 사용하였다.

미국 체육 발달의 제1단계는 1885~1900년 사이로 체조 중심의 신체 단 련 프로그램이 확산되고 체육에 관한 학문적 접근이 시작된 기간이었다. 1885년 앤더슨 박사를 비롯한 49명의 학자들이 '미국체육진흥협회AAAPE' 를 창립하였다. 그것은 체육에 대한 학문적 접근의 시도를 의미하며, 미국 체육의 체계적인 발달과 전문화의 출발점이 되었다. 19세기 후반 다원학파 의 영향으로 유전에 대한 관심과 건강의 중요성에 대한 관심이 고조되면서 인체측정학이 등장하는 등 체육에 대한 과학적 연구가 이루어지기 시작하 였다. 애머스터대학Amherst College의 교수였던 히치콕Edward Hitchicock, 하버 드대학의 교수 겸 체육 관장이었던 서전트Dudley A. Sargent 등은 체육에 대 한 과학적 접근을 위해 체격, 체력 등을 측정하여 체육의 과학화를 시도한 대표적인 인물들이었다.

미국 체육 발달의 제2단계는 1900~1917년 사이였다. 이 단계에서는 미 국의 공립학교에 각종 체육시설이 마련되기 시작하였다. 1910년대까지 미 국의 많은 주에서 체육을 필수교과로 지정하였다. 그리고 체육 활동의 방 법과 목표에 관한 논쟁을 거듭한 끝에 스포츠를 교육의 수단으로 학교 교 육체계 속에 수용하게 되었다. 1900년까지 주로 의학을 전공하였던 학자 들은 건강 증진과 질병 예방에 관심이 많았으며, 체육을 그러한 시각에서 인정함으로써 주로 체조나 신체 단련 프로그램을 중시하였으나 게임과 스 포츠의 교육적 가치를 인정하려 들지 않았다. 그러나 생물학과 의학의 발 달로 세균 및 일반적인 질병의 원인이 규명되자 신체 활동의 목표를 건강 증진에만 두었던 체육 이론가들의 논리적 입지가 약화되었다.

그러한 상황에서 놀이 이론play theory이 등장하게 되자 1900년대부터 놀이play, 게임games, 스포츠sports도 체육의 수단으로서 적절하다는 인식이 확산되었다. 스펜서Herbert Spenser, 1820~1903, 스탠리 홀G. Stanley Hall 등의 놀이 이론은 각종 게임이나 스포츠가 체육 교육의 수단으로 채용될 여지를 넓혀 주게 되었다.[131] 1903년 '뉴욕공립학교경기리그New York Public School Athletic League'가 창설되었고, YMCA를 통해 강건한 기독교주의Muscular Christianity 사조가 널리 확산되었다. 일요일에는 스포츠 활동을 금기시하던 잉글리시 선데이English Sunday 전통은 약화되고, 일요일에도 운동경기를 권장하는 소위 애슬레틱 선데이Athletic Sunday 전통이 수립되었다. 학교 스포츠는 사회 스포츠의 발달과 함께 중요한 교육의 수단으로 자리 잡게 되었다.

　미국 체육 발달의 제3단계는 1917~1930년 사이로 체육의 개혁기였다. 이 개혁은 '신체의 교육신체 단련 시대'에서 '신체 활동을 통한 교육의 시대'로의 전환을 뜻한다. '신체육 시대the Age of New Physical Education'가 열렸던 것이다. 진보주의 교육 이론은 체육의 심리적·사회적 가치 개념을 확장시킴으로써 신체육 사조의 확산에 결정적인 영향을 미쳤다. 우드T. D. Wood, 1865~1951, 헤더링턴C. W. Hetherington, 1870~1942, 캐시디R. Cassidy 등과 같은 학자들은 진보주의적인 사고를 바탕으로 신체 단련physical training이라는 종래 체육의 개념을 신체 활동을 통한 교육이라는 개념으로 전환시켰다. 이러한 변화는 제1차 세계대전 이후부터 1930년대까지 체육의 이론적 토대가 생리학을 넘어 사회심리학적이고, 행동적인 영역까지 확장되었다는 것을 의미한다.

　1950년대부터 나타난 또 다른 변화는 '인간 움직임human movement' 철학 사조의 출현이었다. 영국에서 출현한 인간 움직임의 개념은 미국으로 확산되어 교육계에 움직임 교육이 등장하였다. 루돌프 라반Rudolph Laban이 그

131　J. A. Mangan (ed.), *Manliness and Morality*, p. 126.

의 저서 『현대교육무용Modern Educational Dance』을 통해 인간 움직임 철학의 이론적 기반을 제시하였다. 1952년 영국의 교육부가 학교에서 이용될 수 있는 새로운 체육 교육과정 『움직이며 성장하기Moving and Growing』를 출판하면서 움직임 교육의 개념은 영국과 미국 등으로 확산되었다. 움직임 교육의 교육과정은 교육체조, 교육무용, 교육게임으로 구분되었고, 탐색 exploration과 발견guided discovery이라는 개념의 교육 방법이 제시되었다.

그 외에도 20세기 중반 미국의 학교 체육제도에 많은 변화가 일어났다. 체력장제도가 폭넓게 시행되고 교사 교육도 체계적으로 실시되었다. 제2차 세계대전을 겪으면서 미국에서는 청소년과 국민 체력 강화 프로그램의 필요성이 제기되자 1958년 **AAHPER** 청소년 체력 검사가 실시되었다. 1861년 설립된 보스턴체육사범학교Boston Normal Institute for P. E, 1861~1868에서 체육 지도자 교육이 시작된 이래 많은 지도자 교육과정이 설치되었다. 미국 체육 지도자 양성 과정에서 4년제 전공 과정이 개설된 것은 1892년부터 1911년 사이였다. 스탠포드1892, 하버드1892, 캘리포니아1898, 네브래스카1899, 오벌린1900, 콜롬비아1901년, 위스콘신1911 등과 같은 대학에 4년제 전공 과정이 개설되었다.

대교경기도 발달되었다. 1900년을 전후로 중등학교에서는 학교대항 운동경기Interscholastic Athletics가 개최되었다. 1843년 예일과 하버드의 조정 Rowing경기가 열린 이래 대학 간 경기Intercollegiate Athletics는 지속적으로 확산되었다. 1885년을 기점으로 조정, 야구, 미식축구, 육상 등과 같은 종목을 중심으로 대학 간 경기는 급속하게 확산되었으며, 20세기 초부터 대학 생활에서 중요한 위치를 점하게 되었다.

제3절

미국의 스포츠

1. 미국 스포츠 문화의 발달 배경

독립 후, 미국 사회에서는 청교도적인 전통 때문에 스포츠 활동은 그다지 호의적으로 받아들이지 않았다. 그러나 1830년대에서 남북전쟁1861 발발까지 약 30여 년 동안 스포츠에 관한 정보가 비로소 사회적 주목을 끌기 시작하였으며, 몇 가지 배경으로 인해 19세기 종반부터 스포츠 문화는 급속히 발달되었다.

첫째, 선험론, 즉 초절주의초월주의 사상의 출현이었다. 초월주의자들은 개인을 사회와 격리된 존재로 보지 않았으며, 인간을 우주의 자연스러운 부분으로 보고, 몸과 마음을 분리된 것으로 보지 않았다. 이와 같은 초절주의 사상은 놀이를 금기시하였던 청교도주의 정서를 일소하고 미국 스포츠 문화의 발달을 촉진시키는 역할을 하였다.

둘째는 실용주의Pragmatism의 출현이었다. 다윈Charles Darwin, 1809~1882이 『종의 기원』을 출간한 이래 다윈의 생리학적 체계는 사고의 혁명을 일으켰다. 그의 영향으로 미국에서는 실용주의 사상가들이 등장하였고, 실용주의 사조는 미국 스포츠 문화의 발달을 촉진하였다. 피어스C. S. Peirce, 제임스W. James 등은 실용주의 철학을 정립하였다. 홈즈O. W. Holmes와 같은 학자들이 신체적성론을 대두시키면서 스포츠 문화가 확산될 수 있는 사회적 토양을 마련하였다.

셋째, 강건한 기독교주의 사상의 유입이었다. 청교도주의적 전통이 강하였던 미국 사회에서 스포츠 문화가 대중화될 수 있었던 것은 종교지도자들이나 문인들의 종교적 신념 변화와 강건한 기독교주의Mascular Christianity

사상의 유입 결과였다. 청교도의 후예였던 히긴슨T. W. Higginson과 같은 작가들은 건강, 체력, 운동 등을 주제로 한 글을 쓰기 시작하였다. 그러한 분위기는 스포츠 문화의 확산을 촉진하였다.

넷째, 사회적 변화였다. 중산계층의 증가, 산업의 발달, 도시화 등과 같은 사회적 변화는 스포츠 문화의 발달 배경이 되었다. 특히 1860년대 인구의 도시집중 현상이 급속하게 일어났고, 도시 생활은 레크리에이션 활동의 필요성을 증대시켰다.

다섯째, 매스컴과 통신수단의 발달이었다. 매스컴과 통신수단의 발달은 대중이 스포츠에 직간접으로 노출되는 시간을 증가시켰다. 1830년대 신문의 출현, 1920년대 라디오의 출현, 1940년 텔레비전 방송의 시작 등은 스포츠의 발달에 큰 영향을 끼치게 되었다. 세계 도처의 경기를 중계할 수 있게 됨으로써 스포츠에 대한 국민의 노출 빈도를 높였다.

2. 스포츠의 조직화 전조

19세기 초반 미국은 문화국가주의, 즉 아메리카니즘Americanism 시대였다. 개혁의 시대가 전개되면서 청교도주의 정서가 퇴조하고 스포츠 문화가 확산될 조짐이 나타났다. 1820년대 동부지역의 도시에서는 맨발의 경주, 경보대회, 레슬링 시합, 보트 레이스를 비롯한 수상경기가 관중 스포츠로 자리를 잡아 갔고, 권투, 경마 등의 관중 스포츠가 활성화되었다. 그리고 1840년대와 1850년대에는 스포츠 관람자spectator와 참여자participatory의 수가 점차 늘어났다. 에머슨R. W. Emerson, 1803~1882의 선험주의transcendentalism, 즉 초월주의 철학이 확산된 이래 스포츠가 성장할 수 있는 문화적 토양이 마련되었다. 승마와 경마가 인기를 끌었으며, 미조직화된 형태의 야구, 조정, 경보, 요트, 체조, 현상권투 등이 성행하였다.

1850년대부터 스포츠와 레크리에이션 참여를 정당화하는 사조가 등장하였다. 신교 교리가 지배적이었던 미국 사회에서 가장 놀랄 만한 사건으로 기록될 수 있는 것 중 하나는 '강건한 기독교주의Muscular Christianity'의 유입이었다. 이 계몽주의적인 사조는 영국에서와 마찬가지로 청교도 전통이 강한 미국 사회에서도 큰 반향을 일으키게 되었다. 1850년대 말 토마스 휴즈의 『톰 브라운의 학창시절』은 미국 독자들에게 극적으로 소개되었으며, 운동선수, 남성다움, 강인함, 협동심 등에 대한 강조는 지식인들과 교육자들뿐만 아니라 서민들에게도 강력한 영향을 미쳤다. 뉴잉글랜드의 경우 청교도적인 전통이 잔존하였으나 소수의 성직자와 세인世人들에 의해 기독교의 교의나 선善한 생활에 상반되지 않는 긴장 해소의 형식으로써 스포츠를 정당화하기 위한 시도가 이루어졌다.

1857년부터 1859년 사이에 제3의 '대각성Great Awakening 운동'으로 불리는 종교부흥 운동이 일어났고, 일부 성직자들은 레저와 레크리에이션 개념을 비판하였다. 그러나 이러한 정서적인 갈등 속에서도 스포츠 문화의 성장 토대는 단단해졌으며 1851년 미국 YMCA가 결성되었다. 그것은 건강에 도움이 되는 도시의 오락을 인정하려는 징조였다. 종교적 부흥 운동에도 불구하고 많은 사람들이 미국인의 건강에 깊은 관심을 보이게 됨으로써 스포츠는 종교적 가치관을 뛰어넘어 미국인의 중요한 생활 문화로 인정받게 될 조짐을 보였다.

3. 스포츠의 조직화

남북전쟁 이후부터 1900년경까지 약 반세기 동안 미국에는 영국에서 도입된 스포츠 문화가 확산되었다. 또한 문화국가주의Americanism 사조를 토대로 미국적인 특성을 지닌 스포츠가 조직화되기 시작하였다.

19세기 후반부터 운동경기를 애호하는 애슬레티시즘Athleticism이 확산되었다. 그 결과로 스포츠는 대중사회로 널리 확산되기 시작하였다. 유럽 이

주민들에 의해 미국에 소개되거나 미국에서 조직화된 종목은 양궁, 야구, 농구, 사이클링, 당구, 볼링, 권투, 카누, 코칭coaching, 마차, 크리켓cricket, 크로켓croquet, 크로스컨트리cross country, 컬링curling, 펜싱, 미식축구, 골프, 체조, 핸드볼, 하네스harness, 승마, 아이스하키, 스케이팅, 라크로스lacrosse, 폴로polo, 경보, 롤러스케이팅roller skating, 조정rowing, 럭비, 세일링sailing, 사격, 스킹skiing, 축구soccer, 스쿼시, 수영, 테니스, 육상track and field, 트랩 사격trap shooting, 배구, 수구water polo, 레슬링, 요트 등이었다. 이와 같이 많은 스포츠가 19세기 말 약 30년 동안에 체계화되었기 때문에 이 시대를 '조직화의 시대the Age of organization'라고 한다. 그 사실은 스포츠 관련 단체의 결성 과정을 통해 명확히 확인된다.

1870년대부터 헤아리기 힘들 정도의 많은 협회와 클럽들이 생겨났으며, 전국적인 통괄단체도 출현하였다. 전국경마협회가 생겼고, 전미프로야구선수협회N.A.P.B.P. 1871, 미국대학조정협회RAAC, 1871, 전미아마추어조정인협회NAAO, 1872, 시와나카요트클럽S.Y.C. 1871, 전국라이플협회N.R.A., 1871, 내셔널리그NL, 1876 등이 결성되었다. 그리고 요트에서는 1870년, 1871년, 1876년에 걸쳐 아메리카 컵 레이스America's Cup Race가 열렸다. 1875년 미국대학간아마추어육상협회ICAAA가 생겨났으며, 아마추어 볼링애호가들은 1875년 전국볼링리그NBL를 탄생시켰다. '귀족들의 게임noble game'으로 불리던 크리켓의 경우, 1878년 미합중국크리켓인협회Cricketer's Association of the United States가 결성되었다. 1879년에는 전국양궁인협회National Association of Achers도 결성되었다. 미식축구는 몇 개 대학만 제한적으로 확산되어 있었으나 1876년 미국대학간미식축구협회AIFA가 결성되면서 대학마다 차이가 있었던 규칙이 통일되었다. 미국 대학의 운동경기는 1879년 전미아마추어경기협회NAAAA[132]의 구성으로 인해 미국 사회에 안정적으로 뿌리를 내리게 되었

---

132 The National Association of Amateur Athletes of America. 이 단체는 훗날 NCAA(National Collegiate Athletic Association)으로 재조직화되었다.

다. 한마디로 말해 1870년대는 미국 스포츠의 급속한 조직화 시대였다.

1880년대 또 하나의 변화는 테니스, 골프, 폴로 등과 같은 계급 스포츠의 활성화였다. 1881년 미합중국론테니스협회US Lawn Tennis Association가 결성되었다. 소수의 사람들은 뉴욕에 소개된 골프에 관심을 갖기 시작하였다. 그리고 일련의 사교계의 명사들은 미합중국폴로협회US Polo Association를 결성하였다. 그리고 1888년 역사적인 '아마추어경기연맹AAU'이 결성되었다. 이와 같이 많은 애슬레틱클럽AC의 출현은 미국 스포츠의 조직화와 확산을 더욱 촉진하였다. 1870년대부터 1880년대까지 약 20년 동안 뉴욕애슬레틱클럽을 비롯하여 전국적으로 약 2만 5천 개의 클럽이 결성되었다. 가장 대표적인 클럽은 뉴욕애슬레틱클럽NYAC이었다. NYAC는 미국 육상의 발전에 지대한 공헌을 하였다. 1876년 NYAC의 주최로 미국 최초 옥외 아마추어 육상경기대회가 열렸다. 이러한 대회에 자극을 받아 미국 대학육상경기도 시작되었고, 1883년부터 크로스컨트리cross country경기도 실시되었다. NYCA의 역할은 다양하였다. NYCA는 1879년 아마추어 선수들의 전국 조직인 NCAA의 결성에도 주도적인 역할을 하였으며, 수영, 레슬링, 권투, 조정, 사격, 테니스 등과 같은 종목의 전국대회를 개최하여 아마추어 스포츠의 발전을 주도하였다.

아마추어리즘의 확산과 함께 미국의 대학들도 스포츠 문화의 발달에 지대한 영향을 미쳤다. 매킨토시P. McIntosh는 "잉글랜드에서는 게임이나 스포츠, 특히 팀 스포츠가 우선 학교에서 발전해서 대학이나 사회로 퍼져 갔다. 미국의 경우 이것과 반대의 일이 생겼다"[133]라고 말하였다. 이처럼 미국에서는 대학에서 발달된 스포츠가 중등학교와 사회로 확산되었으며, 대학은 각종 스포츠의 조직화 과정을 주도하였다. 예컨대 1880년대부터 아메리카니즘을 상징하는 미국 고유의 경기 형태로 발전한 미식축구의 경우는 아마

---

133 小田切毅一 지음, 金隆吉 옮김, 『미국스포츠문화사』, p. 189.

추어 경기의 대표적인 예이다. 그 외 아마추어 육상경기도 대학을 중심으로 발전하였다. 예컨대 1873년 하버드, 예일, 코넬, 콜롬비아 등 4개 대학이 참가하는 육상경기가 열렸다. 이듬해 8개 대학이 1마일 경주, 100야드 경주, 3마일 경주, 7마일 경주, 120야드 허들경기 등을 펼쳤다. 미국 대학 스포츠는 그 자체가 아마추어였으며, 주로 영국으로부터 영향을 받아 발달되어 대학 문화로 정착되었다. 그러한 사실은 초기 미국 대학 스포츠 발전에 있어서 중심적 위치에 있었던 조정을 보아도 명확하다. 1852년 최초의 경기가 시작된 하버드와 예일대학의 정기전은 영국 케임브리지대학 대 옥스퍼드대학의 조정경기를 따른 것이었다. 1860년경까지 동부의 모든 대학들은 스포츠를 대학에 정착시켰다. 그 이후 대학 스포츠는 사회로 확산되었다.

4. 스포츠의 대중화

19세기 미국의 스포츠는 상류계층을 중심으로 급속히 대중화되기 시작하였다. 부유층의 가장 화려한 수상 스포츠는 단연 요트yachting였다. 가장 화려한 지상 스포츠는 '왕들의 스포츠sport of kings'로 불린 경마였다. 그러나 1900년을 전후로 계급적 특성을 지닌 스포츠 문화가 발달되었다.

미국 상류층 스포츠에서 가장 현저한 모습은 엘리트주의와 컨트리클럽이었다. 컨트리클럽은 도시 생활로 인한 스트레스를 풀거나 건강에 유해한 도시 환경을 탈피하고자 하는 사회 엘리트들의 열망으로 형성된 단체였다. 미국 최초의 컨트리클럽은 1882년 브루클린의 보스턴 외곽에 건설되었다. 뉴욕애슬레틱클럽NYAC은 1886년에 트래버스 아일랜드Ttravers Island에 컨트리클럽 하우스를 건립하였다. 20세기에 들어 컨트리클럽은 일반적으로 골프장으로 구성되었는데, 이것은 19세기 경마인들의 활동에서 그 기원을 찾을 수 있다. 여우사냥, 야외장애물경기, 폴로, 마상 쇼, 코칭coaching은 초기 컨트리클럽의 주된 종목들이었다. 그러나 세월이 지남에 따라 컨트리클럽의 주된 스포츠는 골프가 되었다. 수년 동안 골프클럽으로 주목을 받던 브루클린 컨트리클럽은 원래 경마센터였다.

19세기 미국 스포츠는 상류층을 중심으로 엘리트주의적인 스포츠 문화가 확산되었으나 19세기 종반 조직화된 게임이 하나의 대중문화로 성장하기 시작하였다. 야구나 미식축구를 국가적인 오락으로 만든 것은 대중들이었다. 남북전쟁에서 제1차 세계대전이 일어나기까지 야구는 미국의 대중 스포츠 시장을 독점하였다. 미식축구는 대학을 중심으로 그 열기가 가열되었다.

1918년 제1차 세계대전이 끝난 이후 미국의 스포츠는 하나의 시대적 정점頂点을 맞게 되었다. 계급 사회적인 종래의 틀을 벗어나 대중적 수준의 새로운 스포츠 활동이 널리 확산되었다. 운동경기장에 동원되는 관객의 수도 급증하였다. '보고 즐기는 스포츠'가 하나의 주목거리로 등장하면서 이 시대는 미국 스포츠의 황금기로 불리게 되었다.

5. 각종 스포츠의 발달

야구

야구Baseball는 더블데이Abner Doubleday가 1839년 뉴욕의 쿠퍼스타운에서 창조하였다고 알려져 왔으나 그것은 스팔딩A. G. Spalding이 지어낸 이야기로 밝혀졌다. 라운더스rounders라는 게임이 미국에서 새로운 버전으로 재조직화된 것이 야구이다. 그 중심에는 '니커보커 베이스볼클럽Knickerbocker Baseball Club'이 있었다. 니커보커들은 1842년 사회인 야구를 시작하였고, 1845년 카트라이트A. J. Cartwright가 쓴 규칙을 받아들이게 되었다.[134] 1857년

---

134 Henry Chadwick, "Old Time Baseball", *Outing*, XXXVIII (Jun–July 1901), p. 420.
   John A. Lucas, Ronald A. Smith, *Saga of AMERICAN SPORT*, p. 172.

뉴욕에 아마추어 야구 협회가 생겨났다. 그다음 해 전국야구인협회NABP가 출현하였다. 1869년 신시내티 레드 스타킹스Cincinati Red Stokings는 선수들과 프로 계약을 체결하였다.

1880년대 아메리카협회American Association, 1884년 유니언협회Union Association, 1890년 선수리그Players League 등에 속한 많은 팀들은 선수의 확보와 관중 동원을 위해 경쟁을 벌였다. 도덕적인 문제도 발생하였다. 잉글리시 선데이English Sunday의 전통에 따라 일요일에는 야구경기를 하지 않기로 되어 있었으나 주로 독일 이민자들이 많은 지역에서 내셔널리그의 '블루로Blue Law'는 깨어지기 시작하였다. 1876년 필라델피아 독립 100주년 기념행사도 일요일에는 개최할 수 없었을 정도로 안식일 중시 사상은 남아 있었다.[135] 그러나 산업의 발달은 프로야구의 발달에 긍정적인 영향을 미쳤다. 1870년대부터 야구는 하나의 사업으로 등장하였다.

미식축구

미식축구American football는 영국의 럭비rugby와 축구soccer를 토대로 성장한 미국적 스포츠이다. 1875년 봄 하버드대학은 터프츠대학Tufts College과의 경기를 비롯하여 여러 대학들과 친선경기를 하였다. 가을에는 예일대학과 럭비풋볼 규칙을 조금 변형시킨 축구경기를 뉴헤븐New Heaven에서 하게 되었다. 그로 인해 하버드와 예일대학의 럭비풋볼Rugby Football경기가 미식축구의 근간이 되었다. 한편 프린스턴, 예일, 콜롬비아, 룻거스대학은 1873년 대학간축구협회Intercollegiate Football Association를 결성하고, 럭비풋볼을 변형시킨 유형의 규칙을 정비해 갔다. 각 대학의 이러한 게임이 미식축구의 근간이 되었다.

---

135 Thomas C. Cochran and William Miller, *The Age of Enterprise: A Social History of Industrial America*, p. 20. Allan Nevins, *The Emergence of Modern America, 1865~1878*, p. 307. John A. Lucas, Ronald A. Smith, *Saga of AMERICAN SPORT*, p.184

럭비풋볼의 미국 브랜드로 새롭게 탄생한 미식축구는 예일, 프린스턴, 하버드 등 소위 3대 명문Big-Three 대학 간 경기로 발전하면서 1883년경부터 미국 최고의 스포츠였던 야구의 인기를 추월하기 시작하였다. 1900년을 전후로 미식축구는 동부지역의 대학뿐만 아니라 전국의 대학으로 확산되었다. 학생들은 미식축구경기의 후원금을 확보하기 위해 관중들에게 입장료를 받음으로써 일찍이 상업화의 길을 열었다. 뉴욕의 신흥 부호들이 해마다 개최되는 추수감사절경기를 사교 시즌으로 정하였을 때 미식축구경기는 사회적 기능과 의미를 갖게 되었다. 1890년대에 뉴욕의 폴로 그라운드Polo Ground와 맨해튼 필드Manhattan Field에서 열린 게임은 단순한 운동 시합의 성격을 넘어 사회적인 볼거리로서 대중의 축제로 등장하였다.

제1차 세계대전 직전부터 미식축구는 야구와 함께 미국의 대중 스포츠 문화로 등장하였다. 1917년 미식축구 코치나 감독직은 하나의 전문직이 되었고, 협회는 대학생 대표들이 가졌던 팀에 대한 통제권도 장악하게 되었다. 1920년에는 미국 프로풋볼협회APFA가 출현하였다. 프로미식축구가 시작된 것은 1894년이었으나 대학미식축구에 몰리는 수많은 관중은 축구를 통해 돈을 벌 수 있다고 생각한 사람들에게는 유혹의 대상이 되었다. 그러나 APFA는 재정적인 어려움으로 파산하였고, 오하이오 출신의 조 카Joe. F. Carr가 새 회장이 된 이후 APEA는 NFLNational Football League로 바뀌었다. 그러나 제2차 세계대전이 끝나기 전까지는 대학의 미식축구가 프로미식축구의 인기를 능가하였다. 1960년 미식축구리그American Football League 창설, 1966년 슈퍼볼, 1970년 AFL과 NFL의 통합 등 프로미식축구는 엄청난 성장을 하게 되어 지금까지 미국의 사대스포츠 중 하나로 자리 잡게 되었다.

농구

농구Basketball는 미국 YMCA에서 우연한 실험으로 출현한 스포츠이다. 지금의 스프링필드대학은 당시 YMCA 체육부였다. 체육주임을 맡고 있었던 굴릭 박사Dr. Luther Gulick는 네이스미스James Naismith에게 겨울철 스포츠로 적당한 실내 게임을 고안해 보라는 요청을 하였다. 체조나 신체 단련 중심의 체육 활동이 지루하여 학생들의 관심을 끌지 못하였기 때문이었다. 1891년 12월 네이스미스는 라크로스, 수구, 필드하키, 풋볼의 변형된 경기를 해 보던 중 우연히 낡은 복숭아 바구니를 발견하여 그것을 체육관 발코니에 붙여 게임을 해 보는 궁리를 하였다. 그것이 1892년 1월 농구의 탄생으로 이어졌다.

1915년 대표자들이 연합농구위원회the Joint Basketball Committee를 설립하여 규칙을 통합하였고, 1910년대 대학농구리그가 결성되었다. 제1차 세계대전 이후 농구는 대학을 중심으로 미식축구 다음가는 인기 스포츠로 등장하였다. 1920년대부터 농구는 캐나다, 멕시코, 브라질, 아르헨티나, 칠레 등으로 확산되었으며, 소련, 프랑스 등지로도 확산되었다. 그리고 선교사들의 영향으로 필리핀을 비롯한 아시아 제국으로도 소개되었다. 1932년 국제아마추어농구연맹FIBA이 결성되었으며, 1936년 베를린부터 올림픽 정식 종목으로 채택되었다.

배구

배구Volleyball는 우연히 세상에 탄생하였다. 일련의 사업가들이 매사추세츠 홀리요크의 YMCA에 들어왔을 때 그들을 유심히 바라보던 모건William G. Morgan은 농구보다 운동량이 적고 레크리에이션 성격을 지닌 실내경기를 생각하며 어떤 게임을 구상하게 되었다고 한다. 모건은 테니스와 핸드볼에 힌트를 얻어 네트를 사이에 두고 손으로 공을 쳐서 넘기는 게임을 착상해 내었다. 이 경기는 1895년 스프링필드칼리지에서 개최된 YMCA 지도자 회의석상에서 공개되었다.

배구의 원래 명칭은 미노네트Minonette였으나 스프링필드칼리지의 호르스테드가 공이 지면에 닿기 전에 치거나 차는 것이므로 발리볼volleyball이 어떠

냐는 제안을 하였다. 그것이 받아들여져서 배구Volleyball라는 명칭이 붙여지게 되었다.

초기 체조 중심의 신체 단련 시스템의 생리학적 가치를 높이 평가하던 체육교사들은 배구의 수용을 거부하였다. 그러나 YMCA에 의해 조금씩 개선되면서 점차 미국의 군대 스포츠로 채택되었다. 그 이후 주로 YMCA를 통해 미국과 해외로 확산되었다. 1936년 베를린 올림픽을 기점으로 국제화되기 시작하였다. 1946년 폴란드를 비롯한 5개국 대표들이 모여 국제배구연맹IVBF을 결성하였고, 조직위원회를 구성하였으며, 1962년부터 올림픽 정식 종목으로 등장하였다.

소프트볼

소프트볼Softball은 1900년 야구선수들이 동계 훈련 때 실내에서 할 수 있는 야구 훈련으로 인도어 베이스볼indoor baseball이라는 게임을 착안해 내었다. 그것이 1920년대 옥외경기로 확산되면서 플레이그라운드볼playground ball로 불리게 되었다. 1929년경까지 레크리에이션볼, 레이디볼 등 다양한 명칭이 있었다. 피셔H. Fisher와 파울레이J. Paulay가 시카고 시에 소개하면서 전용구장을 세우고, 미국선수권대회를 개최하면서 명칭을 소프트볼로 통일하였다. 1946년 이후 소프트볼은 미국 전역으로 확산되었으며, 1949년 국제소프트볼연맹ISF, International Softball Federation이 창설되었다.

라크로스

1700년대부터 라크로스Lacrosse는 보스턴 지방을 중심으로 불길처럼 확산되었다. 메인Maine 주에서 캘리포니아California 주에 이르기까지 모든 원주민들에게 널리 퍼져 있었다. 멕시코 만灣과 허드슨 만에 이르는 지역에도 잘 알려져 있었다.

라크로스가 하나의 게임으로 조직화된 것은 19세기 중반이었다. 1867년 프랑스 선교사에게 발견되었는데 캐나다의 치과 의사 조지 비어스W. George Beers는 게임의 시간을 단축하고, 한 팀이 10명으로 구성된 게임으로 조직화하였다. 그 이후 1900년대까지 많은 고등학교와 대학에서 인기를 얻게 되면서 미국 전역으로도 확산되었다.

기타 스포츠

• 경마

경마horse racing는 1600년대 중반부터 남부의 부유층 스포츠로 발달되어왔다. 도박성이 짙은 경마의 인기는 19세기에도 유지되었다. 1830년대부터 미국 전역에 경마장이 건립되었다. 초기 경기는 경마만 있었으나 후일 마구경주harness racing, 속보경주trotting 등도 등장함으로써 초기의 귀족주의적인 경향의 특성이 조금씩 사라졌다.

• 크리켓

1800년대 초 미국에서 나타난 다양한 형태의 베이스볼 게임이 있었으나 가장 조직화된 모습을 지닌 것은 영국으로부터 전래된 크리켓Cricket이었다. 크리켓은 1840년부터 1855년 사이 야구보다 더 인기가 있었다. 그러나 크리켓은 잉글랜드로부터 온 이민자들만이 즐겼으며, 미국에서 인기 스포츠가 되지는 못하였다. 영국에서는 MCC라는 크리켓 통괄단체가 결성되어 이미 조직화된 경기로 발전해 있었다. 그러나 크리켓은 19세기 초 미국의 시골 생활에는 어울리지 않았고, 야구의 급속한 성장에 밀려 대중의 관심을 끌어내지 못하였다. 급기야 1855년경에는 야구가 크리켓의 인기를 능가하였다. 특히 남북전쟁 당시 병사들이 야구를 즐기다가 전쟁이 끝난 후 그들 자신의 고향으로 돌아가게 됨으로써 야구는 급속히 확산되었다. 야구의 그늘에 가려 크리켓의 인기는 시들어 갔고, 결국 미국에서 살아남지 못하였다.

• 조정

조정rowing은 1800년대 초반부터 중반까지 미국에서도 가장 인기 있는 스포츠 중 하나였다. 특히 남북전쟁 이후부터 상류층을 중심으로 조정클럽rowing club이 급증하였다. 그러나 1845년부터 1865년 사이 프로 조정인professional rower들이 조정 세계를 지배하였고, 1만 명 이상의 관중들이 경기를 관전하였다. 1872년 전미아마추어조정인협회NAAO가 조직되었다. 1880년대부터 점차 인기를 더해 갔다. 조정은 야구, 미식축구 등 다른 스포츠의 출현과 함께 점차 관중 수가 줄어들면서 인기를 잃어 갔지만 지금도 미국 대학의 주된 스포츠 중 하나로 남아 있다.

• 육상

초기 미국의 육상Track and Field은 칼레도니안경기Caledonian Games로부터 영향을 받아 조직화된 모습으로 성장하였다. 미국으로 이주한 스코틀랜드인들에 의해 조직된 칼레도니안 경기는 운동경기를 포함한 연례 민속축제 행사로 고국의 전통을 계승한 것이었다. 1853년 첫 육상경기가 열렸다. 그 이후 보스턴, 뉴욕, 필라델피아 등지에 칼레도니안클럽이 조직되었다. 칼레도니안 게임의 주된 종목은 해머던지기해머던지기 초기 유형, 돌 던지기, 장대높이뛰기, 멀리뛰기, 단거리, 무용 등이었다.

미국의 육상은 뉴욕애슬레틱클럽New York Athletic Club의 영향으로 점차 조직화되었다. NYAC에는 세 사람의 중심인물이 있었다. 특히 육상 및 조정 챔피언이었던 커티스는 잉글랜드 육상에 매력을 느낀 나머지 NYAC의 창립에 지대한 공헌을 하였다. 그로 인해 미국의 육상은 더욱 발전되었다. NYCA에서는 엠파이어 스케이팅 링크에서 첫 경기를 가졌으며, 커티스는 잉글랜드로부터 육상 스파이크 슈즈를 도입하기도 하였다. 1879년 뉴욕에는 100개 이상의 애슬레틱클럽이 등장하였다. 다른 많은 도시에도 그러한 유형의 클럽들이 생겨나 아마추어리즘을 고수하며 육상경기의 발전을 주도하였다. NYAC가 이끌고 있던 클럽들이 1888년 아마추어경기연합

Amateur Athletic Union을 창설하였다. 그 이후 AAU는 미국 육상의 발전을 주도하였다.

• 골프

영국으로부터 미국에 골프가 소개된 것은 필라델피아 크리켓클럽Cricket Club의 회원이었던 폭스J. M. Fox가 크리켓 시합 때문에 영국을 가게 되었을 때 골프 구경을 하기 위해 스코틀랜드의 세인트 앤드루스St. Andrews 골프 코스로 여행을 한 것이 계기가 되었다. 그 후 장비를 들여 온 폭스는 펜실베이니아 폭스버그Foxburg에 8홀 코스를 만들어 골프 라운딩을 하였다. 그리고 1887년에는 미국에서 가장 오래된 코스로 알려진 두 번째 코스를 건설하였다. 같은 해 뉴욕 외곽 용커스Yonkers에 살고 있던 스코틀랜드 출신, 레이드J. Reid는 스코틀랜드를 여행하는 친구에게 골프 장비를 가져와 줄 것을 부탁하였다. 그다음 해 봄, 레이드는 그의 친구들에게 골프를 소개하였고, 폭스와 레이드는 그해에 스코틀랜드의 유명한 클럽 이름을 본 따 '세인트 앤드루스 골프클럽 오브 용커스St. Andrews Golf Club of Yonkers라는 골프클럽을 설립하였다.

1894년 세인트 앤드루스 골프클럽에서 미국 동부의 모든 골퍼들golfers이 참여할 수 있는 최초의 골프 토너먼트가 열렸고, 그것이 'US오픈US Open'으로 알려지게 되었다. 그 후에 미국골프협회United States Golfing Association가 조직되었다. 1895년 여자 선수권대회가 롱아일랜드Long Island 메도 브룩 코스Meadow Brook Course에서 개최되었다. 1900년까지 미국에 1,000개 이상의 골프클럽이 생겨나면서 골프는 인기 있는 스포츠로 급격하게 성장하였다. 사회적 지위, 충분한 돈, 자유 시간을 가진 많은 컨트리클럽 회원들의 중심 스포츠가 되었다.

미국의 초기 골프도 두 가지 면을 동시에 갖고 있었다. 한 관찰자는 "골프와 컨트리클럽은 과도하게 일해야 하는 국가에 있어서 안전밸브safetyvalve가 되어 줄 거라고 약속하고 있다"[136]고 말하였다. 그러나 다른 한 비평가는 골프는 부를 과시하는 수단이며, 가난한 사람들에게 박탈감을 안겨 주었다고 평하였다. 부유한 계층의 많은 남녀 골퍼들이 컨트리클럽에 급속히 가입하기 시작하였고, 사업에 성공한 사람들의 골프에 대한 열정은 1900년대 초기까지 계속되었다. 그러나 20세기 초부터 퍼블릭 골프코스public golf course가 생겨나면서 골프는 특권계급의 전유물이 아닌 대중 스포츠로 발달되었다.

제4절
미국의 체육과 스포츠 사상

1. 초절주의

초절주의초월주의, 즉 선험론transcendentalism은 미국의 체육과 스포츠 문화 발달에 큰 영향을 미쳤다. 청교도적 전통이 강한 미국 사회에서 초월주의는 체육이나 스포츠 활동을 정당화시키는 사상적 양념이었다. 1836년부터 1860년까지 뉴잉글랜드에는 작가 비평가, 철학자, 신학자들이 등장하여 초월주의 사상을 확산시켰다. 대표적인 사상가들로 문인 에머슨Ralph Waldo Emerson, 1803~1882과 철학자 소로Henry David Thoreau, 1817~1862 등이 있었다.

초월주의는 직관에 초점을 맞춘 것으로 신비적 이상주의romantic idealism와 연결되어 있었다. 초월주의자들이 가르치고자 한 것은 자기 신뢰와 원

---

136 A poem by Sarah N. Cleghorn as quoted by Walter Lord, *The Good Years, From 1900 to the First World War*, p. 320. John A. Lucas, Ronald A. Smith, *Saga of AMERICAN SPORT*, p.162.

대하고 위대한 정신이었다. 에머슨의 경우 전인으로서의 가능성에 대한 선험적 믿음을 갖고 있었으며, 그것은 이상주의적 경향의 표출이자 새로운 세계의 자유를 뜻하였다. 그는 낙관론자로서 그의 작품을 통해 신체적·정신적으로 인간은 자연과 도시, 개인 모두가 서로 연결되어 있다는 인식을 심어 주었다. 그러한 초월주의적 사고는 뉴잉글랜드 청교도들이 이원론적 생활 방식에서 탈피할 수 있도록 하는 데 큰 영향을 미쳤다.

초월주의자들은 개인을 사회와 격리된 존재로 보지 않았으며, 인간을 우주의 자연스러운 부분으로 생각하고, 몸과 마음을 분리된 실체로 파악하지 않았다. "행동은 명상보다 더 중요하다"[137]고 생각한 이들의 사상은 신체 활동의 가치에 대한 미국인들이 인식을 새롭게 하는 데 영향을 미쳤기 때문에 미국 체육사에서 중요한 철학으로 평가되어 왔다.

2. 실용주의

다윈Charles Darwin, 1809~1882의 『종의 기원』이 출간된 이래 다윈의 생리학적 체계는 사고의 혁명을 일으켰다. 그의 영향으로 미국에서는 형이상학적 사고를 탈피한 실용주의Pragmatism 철학이 등장하였다. 실용주의는 체육과 스포츠 문화의 발달에 큰 영향을 미쳤다.

피어스Charles Sanders Peirce, 1839~1914, 제임스Wlliam James, 1842~1910 등이 실용주의 사상을 확산시켰고, 그 일파인 홈즈Dr. Oliver Wendell Holmes, 1809~1894는 신체적성론을 대두시키면서 미국 체육이나 신체 문화의 발달에 직접적인 영향을 미쳤다. 의사이자 문인이었던 홈즈는 당대 대학생들을 "부드러운 살결과 창백한 얼굴빛을 가진 젊은이"로 묘사하고, 뉴잉글랜드 지식인들의 신체적 불완전함에 대해 한탄하며 스포츠의 참여를 권장하였다.

---

137 A. Mechikoff and Steven G. Estes, *A History and Philosophy of Sport and Physical Education*, p. 230.

피어스, 제임스 등은 정신이 신체로부터 분리될 수 있다는 생각을 거부하였다는 측면에서 심신일원론적 사고를 확산시킨 것으로 평가할 수 있다. 실용주의는 인간의 신체와 친근한 철학이었다는 점에서 체육사적 의미를 지닌다.

무엇보다도 중요한 것은 실용주의 철학이 교육자들에게 영향을 미쳐 진보주의 사상이 출현하면서 신체육 사상을 낳게 되었다는 점이다. 듀이John Dewey가 진보주의 교육 이론을 통해 사회적 교육과 창조적인 경험에 의한 학습을 강조하게 되자 신체적인 활동이 단순히 신체의 단련뿐만 아니라 청소년의 정신적, 사회적인 발달에도 기여할 수 있다는 주장이 받아들여지게 되었다. 이 점에서 실용주의 사상은 체육과 스포츠 문화의 발달을 촉진한 철학으로 평가되고 있다.

3. 강건한 기독교주의

영국에서 생성된 강건한 기독교주의Muscular Christianity 사조는 미국으로 확산되어 미국 체육과 스포츠 문화의 발달에도 큰 영향을 미쳤다.

미국 스포츠 사회학자 암스트롱은 영국 '퍼블릭 스쿨'에서 각종 게임과 스포츠 활동을 통해 팀워크team work, 도덕적 용기moral courage, 단체정신group spirit을 함양하여 미래 지도자들을 양성하려고 하였으며 그러한 영국의 교육 이상理想은 미국의 중등학교에 영향을 미치게 되었다고 밝혔다.[138] 사회학자 세이지G. H. Sage도 애슬레티시즘에 뿌리를 둔 '남성다운 특성manly trait', '강건한 인격 특성muscular characteristics'의 함양이라는 스포츠 교육의 개념은 미국 스포츠 교육체계로 전파되었다고 밝혔다.[139]

---

138 C. F. Armstrong, "The Lessons of Sport: Class Socialization in British and American Boarding School," *Sociology of Sport Journal* 1 ,1984, p. 315.

139 G. H. Sage, *Power and Ideology in American Sport*, pp. 253~274.

미국에 강건한 기독교주의 사조를 확산시킨 그룹은 '복음주의 운동'을 하던 기독교인들이었다. 그중에서도 가장 큰 영향력을 발휘한 그룹은 YMCA 체육 관계자들이었다. 1880년대부터 미국의 대학들은 스포츠를 광범위하게 수용하기 시작하였다. 그러한 움직임은 YMCA의 복음주의 운동과 깊이 연계되어 있었다. 예컨대 1890년대까지 예일대 미식축구팀 스타팅 멤버 11명 중 6명은 복음주의파 기독교 신자들이었다.[140] 이처럼 체육사적으로 볼 때 YMCA는 미국 학교와 사회에 스포츠를 보급하고 확산하는 데 결정적인 역할을 한 단체였으며, 그 사상적 토대는 강건한 기독교주의였다.

4. 인종주의와 스포츠

'인종주의人種主義, Racism'는 인종의 생물학적·생리학적 특징에 따라 계급이나 민족 사이의 불평등한 억압을 합리화하는 비과학적인 사고방식이다.[141] 이러한 인종주의는 미국 스포츠 역사에서도 끊임없이 이어졌다.

식민지 시대 흑인들은 크리켓, 요트, 사냥 등과 같은 상류 스포츠에 사회화될 수 없었다. 남부의 흑인들은 노동에 시달렸고, 권투나 경마 등과 같은 스포츠 활동에서 그들의 역할은 백인들의 장난감 같은 광대player였다. 남부의 백인 농장주들은 흑인 노예들에게 보트 레이스를 시키고 자신들은 내기를 하였다. 또한 부유한 백인 농장주들은 흑인 노예에게 권투를 장려하고 이웃 농장의 노예와 권투 시합을 시켰다. 백인 농장주들은 큰돈을 걸었으며, 뛰어난 흑인 복서에게 자유를 주기도 하였다. 축제 행사에서 흑인 복서들은 보수도 없이 백인 농장주를 즐겁게 해 주는 광대player 역을 맡았다.[142]

---

140 *Youngman's Era*, 10 (Dec. 1891), p. 779.

141 동아출판사백과사전부, 『동아원색세계백과사전』, 4판, p. 472.

142 이 부분에 대한 상세한 것은 이은한·하남길, 「미국 스포츠 사회사: 인종주의와 스포츠」, 『한국체육사학회지』, 19, 2007, 참조.

남북전쟁1861~1865에서 북부군의 승리는 노예의 해방을 의미하였다. 1860년대부터 제1차 세계대전 직후 60년간은 미국이 산업화의 성공으로 세계강대국으로 부상한 진보의 시대였다. 다양한 스포츠도 미국 사회에 확산되었다. 그러나 인종주의의 장벽을 넘어 유색인종의 사회화가 가능하였던 종목은 권투, 경마, 야구, 농구, 육상 등 몇몇 종목에 불과하였다. 거기에도 차별은 있었다. 1880년대 미국의 백인 복서 설리번J. L. Sullivan은 1882년 미국 헤비급 챔피언이 된 후 "나는 흑인과는 결코 싸우지 않을 것이다"라고 말하였다.[143]

야구에서도 흑인의 배제와 대결 기피, 차별, 편견 등 인종차별은 극심하였다. 메이저리그에 흑인 선수들이 등장하자 백인 선수들은 차라리 야구를 그만두겠다며 구단주에 저항하였다. 1888년 구단주들은 급기야 메이저리그Major League에 흑인 선수들을 선발하지 않기로 합의하였다. 그러한 구두 합의는 1945년에 브루클린 다저스Brooklyn Dodgers의 리키B. Rickey 감독이 로빈슨J. Robinson과 계약하기 전까지 지켜졌다.

초기의 농구에서 흑인 선수를 찾아보기 어려웠다. 예컨대 1882~1945년 사이 미시건대학교 농구팀에 흑인 선수는 단 한 명도 없었다. 야구와 마찬가지로 흑인들은 흑인 농구단을 결성하였고, 그들만의 올스타전All Star Games을 개최하였다.[144] 미식축구도 마찬가지였다. 1890년 하버드대학의 루이스W. H. Lewis가 최초의 흑인 선수였다. 그러나 1882년부터 1945년까지 미시간Michigan대학 미식축구팀에는 단 4명의 흑인 선수가 존재하였다.

제1차 세계대전 이후 미국은 세계 강대국으로 부상하였고, '스포츠의 황금시대the Golden Age of Sport'를 맞았다. 그러나 아프리카계 미국인Afro-American들에게 있어서는 '스포츠의 경멸 시대Despairing Age of Sport'였다.

---

143 James J. Corbett, *The Roar of Crowd*, p. 165. John R. Betts, *America's Sporting Heritage*, p. 337.

144 George H. Sage, *Power and Ideology in American Sport: A Critical Perspective*, p. 89.

백인 선수들이 복싱 세계에 등장하여 주도권을 쥐었으며, 그들은 흑인 선수와의 경기를 거부하였다. 1919년 뎀시Jack Dempsey가 윌라드를 꺾고 백인 헤비급 타이틀을 차지한 뒤 기자회견에서 "흑인 도전자들에게는 어떤 관심도 없다"고 말하였다. 흑인 챔피언 루이스Joe Louis가 등장하였고, 11년 8개월 동안 챔피언을 보유하고 있었다. 루이스의 끝없는 승리 행진은 흑인들의 권리와 정체성을 살려 주는 역할을 하였다. 그러나 공화당 보수주의자들은 루즈벨트 대통령과 루이스와의 만남 일정을 취소하도록 하였다. 야구에서도 차별과 냉대, 저항이 계속되었다. 1880년대 백인 야구계에서 퇴출되었던 흑인들은 1920년 '흑인야구리그'를 결성하였다. 1933년 인종차별color line이 철폐되기까지 미식축구 선수는 극소수에 불과하였다. 미시건Michigan에 팀이 창단1882된 이래 약 63년 동안 단 4명의 흑인 선수만 존재하였다. 그러나 1950년대부터 인종차별의 해빙 무드가 조성되고 대학이나 프로팀에 흑인 선수의 진출이 급속히 늘어나기 시작하였다. 농구도 다른 종목과 비슷한 양상이었다.

인종주의적인 관점에서 볼 때 1920~1950년대까지는 스포츠 인종차별의 전환기였다. 20세기 후반에 들어 미국 스포츠계에는 변화의 큰 흐름이 나타났다. 1954년 5월 연방 최고재판소에서 학교의 인종격리제도는 위법이라는 판결을 내렸다. 1946년과 1947년 북부의 각 주와 여러 도시가 짐크로우법을 반대하는 조례를 통과시켰으며, 1964년 공민권법도 성립되었다. 그러나 인종주의적 차별과 편견은 또 다른 양상으로 나타났다. 대표적인 것은 스태킹Stacking, 즉 수비 위치별 인종분리 방침이었다. 흑인들은 스피드와 빠른 반사 반응을 요구하는 외야수 포지션이 주어졌으며, 백인들은 지적 판단력과 신체적 기술이 요구되는 포지션을 맡았다. 농구의 경우 흑인 선수의 진출이 늦은 종목이었으나 1962년 전체 대학팀에서 흑인 선수의 비율이 45%까지 올라갔고, 1975년에는 92%까지 치솟았다. 흑인 배제라는 인종주의적 장벽은 1960년대까지 지속되다가 1970년대부터 급속한 반전이 일어 났던 것이다.

1960년대부터 약 40년 동안 수많은 흑인 선수들이 미국 스포츠계로 진출하였다. 그들은 육상, 미식축구, 농구, 야구 등과 같은 대중 스포츠계에서 뛰어난 활약을 보였다. 그러나 인종차별이나 불평등 문제가 완전히 해소된 것은 아니었다. 20세기 후반 미국 스포츠 세계의 인종주의는 스태킹, 사회적 이동 제한, 연봉 불평등 계약 등 또 다른 양상을 띠고 존속되었다. 결국 전체적인 추이의 변화는 있었으나 인종주의적 편견과 차별, 분리는 계속되었던 것이다.

5. 미국 체육 사상가

에머슨

에머슨R. W. Emerson, 1803~1882은 초절주의자초월주의자, 선험론자였다. 그는 건강을 위한 운동이나 건전한 놀이나 스포츠의 참된 가치를 인정한 인물로, 미국 체육과 스포츠 문화의 발달에 큰 영향을 미쳤다.

에머슨은 스포츠나 오락의 참여를 신체의 문제를 뛰어넘어 정신적 퇴행을 막을 수 있는 수단으로 보았다. 그는 튼튼한 몸과 건강은 내적인 영혼과 신성의 외적 현시화manifestation, 즉 영혼의 형태화로 보았다. 그리고 스포츠와 오락을 즐기는 행위를 자연 법칙을 수용하는 자연스러운 활동이라고 생각하였다. 또한 신과 자연과 인간이 궁극적으로 일치한다고 하는 성선설로서의 색다른 청교도주의적 사고를 표출하였다.

그는 신체적·도덕적 용기는 신체적 건강함에 의존하며, 가장 중요한 재산은 건강이라고 하였다. 그러한 생각을 토대로 에머슨은 청소년들에게 체조 훈련을 등한시하지 말도록 당부하였다. 또한 양궁, 크리켓, 총과 낚싯대, 말과 보트 등은 모두가 교육자 역할을 한다고 피력하였다.[145] 또한 풋볼, 승마, 수영, 스케이팅, 등산, 펜싱 등과 같은 청소년들의 게임을 자기표현 및 극적劇的인 교육의 한 장場으로 보았다. 건강을 중시하던 그의 사고 체계는 1840년대 미국인들에게 대단한 영향을 미쳤다. 그의 사고와 신념, 철학은 미국의 체육과 스포츠 문화가 발달하는 데 있어서 사상적 토양이 되었다.

서전트

미국의 체육과 스포츠 문화의 발달에 영향을 사회 운동은 매우 많지만 그 가운데 하나가 1885년 체육진흥운동The Movement for the Advancement of Physical Education이었다. 체육진흥운동을 주도한 핵심적인 인물은 히치콕Edward Hitchcock, 서전트Dudley Allen Sargent, 하트웰Edward Mussey Hartwell, 앤더슨William Gilbert Anderson 등이었다. 이들은 미국 체육의 발전에 지대한 영향을 미쳤으며, 그중 서전트의 영향도 매우 컸다.

두들리 알렌 서전트D. A. Sargent, 1849~1924[146]는 미국체육진흥협회AAAPE 회장을 비롯하여 1899년 대학체육담당관협의회Society of Directors of Physical Education in Colleges 회장, 건강교육연합회Health Education League 회장 등을 역임하였다. 평생 동안 체육의 과학적 발전을 위한 연구에 전념하였으며, 그가 연구하고 개발한 체육의 측정 방법과 기구는 대학, YMCA 등을 통해 미국 전역으로 소개되었다.

19세기 후반 미국 체육진흥운동의 선구적인 역할을 수행하였던 서전트의 체육 가치관은 건강을 중시하는 생물학적 사고biological thought를 바탕으로 하고 있었다. 그는 경기적인 스포츠athletic sports보다는 신체 단련을 위

145　Ralph Waldo Emerson, *The Conduct of Life*, p. 125.
146　상세한 것은 하남길·이상두, 「D.A. 서전트의 體育觀과 體育史的 업적 探索」, 『한국체육사학회지』, 제10호 참조.

한 운동에 더 관심을 가졌고, 한평생 동안 건강 및 체력과 관련된 연구에 몰두하였다.

서전트 박사의 주요 업적은 '서전트체육학교의 설립을 통한 체육지도자의 양성', '체육학교의 교육과정의 개발', '과학적인 측정방법의 고안' 등이었다. 서전트의 지도자 교육과정에 포함된 교과목은 거의 자연과학적 영역에 편중되었으나 55세가 되던 1904년 그가 운영하던 사설체육학교의 교육과정에 미용체조, 필드하키, 아이스하키 등도 도입하여 경쟁적인 스포츠의 교육적 가치를 인정하기도 하였다.

이상의 내용을 압축해 보면 서전트 박사는 체육의 과학화와 체계화를 위해 가장 큰 공헌을 한 인물로 평가된다. 체육사범학교의 설립과 운영, 교사 교육과정의 개발, 과학적 측정방법과 기구의 개발 등으로 미국 체육진흥운동의 견인차 역할을 하였다. 의학을 전공한 그는 체육신체 단련을 예방의학의 한 분야로 생각하고 과학적인 신체 훈련으로 건강을 유지하고 증진시키는 데 목적을 둔 연구에 몰두한 미국 체육의 개척자였다.

귤릭

커다란 역사의 전환점에는 그 변혁에 결정적인 영향을 미친 사상, 기관, 인물 등이 있게 마련이다. 1900년을 전후로 미국 교육체계 속에 불기 시작한 스포츠 교육 열풍은 하나의 큰 변화였으며, 그 변혁에 결정적인 영향을 미친 사상은 '강건한 기독교주의Muscular Christianity'이었다. 대표적인 기관은 YMCA이었으며, 대표적인 인물은 귤릭Luther Gulick이었다. 귤릭은 19세기 말 미국에서 강건한 기독교주의 운동을 선도하며 학교 및 사회 스포츠 운동에 가장 큰 영향을 미친 인물이었다.

귤릭은 미국체육진흥협회AAAPE 회장1903~1907을 비롯하여 많은 역할을 맡았다. 북미YMCA국제위원회 체육부 간사1887~1902, 스프링필드 YMCA 기독교근로자학교 체육주임1889~1990, 뉴욕 공립학교경기연맹PSAL 창설 및 초대 주임1903~1908, 미국 플레이 그라운드 협회PAA의 초대회장1906~1910, 러셀 세이지 재단Russel Sage Foundation '어린이 위생분과Child Hygiene Department'의 조직자 겸 초대 소장 등을 역임하였다. 미국 보이스카우트 운동 지도자, 소녀캠프파이어Camp Fire Girls 회장1913~1918, 놀이 이론play theory의 제창 등 체육과 스포츠를 통한 청소년 교육에 다양한 역할을 소화해 내었다.

굴릭의 체육 사상의 바탕에는 심신일체론, 놀이 이론, 강건한 기독교주의 등이 깔려 있었다. YMCA 역사가인 홉킨스H. Hopkins는 굴릭이 YMCA에서 체육 프로그램을 투입하는 데 중요한 역할을 한 최초의 인물이며, 신체body와 정신mind, 영spirit의 삼각관계를 하나로 통합하는 성스러운 철학의 소유자였다고 평가하였다. 실제로 그는 정신mind과 신체body에 의해 지지되는 영spirit을 상징하는 역삼각형 YMCA 휘장emblem을 고안하였다. 또한 스포츠의 중요성을 일깨워 주는 데 강한 열정을 보였다. 체육과 스포츠의 중요성과 가치를 인식시키는 데 열중하면서 YMCA 조직을 통해 세계 여러 나라에 인간의 영적인 삶은 신체와 정신의 균형적인 발달에 의존한다는 복음을 전파하였다.[147]

굴릭이 놀이나 스포츠 등 신체적 레크리에이션을 통해 YMCA 교육 활동을 주도한 것은 신체적 레크리에이션 활동이 심성의 계발에도 영향을 미친다는 놀이 이론을 믿었기 때문이었다. 그는 놀이나 스포츠를 통해 민주사회에 적응할 수 있는 능력 배양, 공동체의식의 강화, 사회성의 발달 등이 가능한 것으로 믿었던 것이다. 심리학자 홀Hall과 친구였던 굴릭Gulick은 인간의 종족이 진화하는 과정에서 놀이를 하려는 본능이 자연스럽게 획득되어졌다고 믿었다.

147 Benjamin G. Rader, "The Recapitulation Theory of Play: motor behaviour, moral reflexes and manly attitudes in urban America, 1880~1920" in J.A. Mangan (ed.) *Manliness and Morality*, p. 126.

몸과 마음, 영의 일체론적 사고와 놀이의 교육적 가치를 인정하고, 각종 스포츠 활동을 통해 추구하였던 YMCA 체육지도자들의 활동은 강건한 기독교주의 사상과 연계되어 있었다. 복음의 전파와 건전하고 강인한 청소년의 육성을 꿈꾸던 굴릭과 YMCA 체육담당자들은 농구와 배구를 창안하였고, 스포츠 교육 운동을 학교와 지역사회로 확산시켰다. 굴릭은 "YMCA.의 목적은 다방면에서 기독교적 '남성다움manliness'을 길러 주기 위한 것이라고 믿었다"[148]고 한다. 강건한 기독교주의 운동의 예는 많다. 그는 뉴욕의 공립학교 체육 담당관Director of Physical Training of the Public School으로서 1903년 지역 명사들의 후원을 받아 '공립학교경기리그PSAL, Public School Athletic League'를 창설하였다. 이 리그 조직은 1910년까지 세계에서 가장 큰 운동 조직이 되었으며, 공립학교경기리그PSAL는 미국 전역으로 확산되었다. 그리고 굴릭이 주도한 '플레이 그라운드 운동playground movement'의 프로그램 또한 1912년까지 중등학교나 사범학교, 대학, 도시 행정기관에 제공되었다. 그리고 농구와 배구도 YMCA의 굴릭과 강건한 기독교주의를 신봉하던 동료들에 의해 창안되었다.

헤더링턴

헤더링턴C. W. Hetherington, 1870~1942은 현대 체육의 새로운 개념을 이끌어 낸 위대한 교육자이자 체육철학자였다. 그는 심리학의 대가였던 홀의 연구 보조원 일을 하며 아동의 자발적 놀이 활동에 대한 이론을 접하게 되었다. 1923년부터는 뉴욕대학의 교육대학에서 교수로 일하며 뉴욕대학과 각 주各州의 체육 분야 발전을 주도하였다.

헤더링턴은 4년간의 체육학부 과정과 3년간의 대학원 교과과정을 구

---

148 Luther Gulick, "The legitimate Phrase of Athletic in the Y.M.C.A.", 1896, *SCA-sc*, BV 1145 G8.

안하였으며, 체육학 박사 과정 설치를 주장하였다. 그리고 1938년 현직에서 은퇴할 무렵 체육교사를 위한 프로그램을 개발하였다. 무엇보다도 체육에 대한 가치관 변화에 지대한 영향을 미쳤다. 생애를 통해 과학적 지식과 논리적 사고를 토대로 통일된 이론들을 정립한 그는 "미국 체육의 아버지", 또는 "현대 체육철학자modern philosopher of physical education"로 불리게 되었다.

헤더링턴의 체육 사상은 실용주의와 놀이 이론이 토대가 되었다. 그는 굴릭이나 우드와 거의 동시대를 살았으며, '신체의 교육 시대'에서 '신체 활동을 통한 교육의 시대'로 넘어가는 전환기에 활동하였던 인물이었다. 그는 1900년경부터 1930년대까지 가장 왕성한 활동을 하였다. 스탠퍼드에서 토마스 우드를 만나 놀이play가 행동의 변화에 영향을 미친다는 논리를 전개함으로써 놀이와 스포츠, 각종 게임 등이 체육의 프로그램으로 적절하다는 인식을 이끌어 내게 되었다. 제1차 세계대전이 끝난 뒤 우드, 캐시디, 굴릭, 헤더링턴의 '신체육 사상'은 윌리엄스J. F. Williams와 내시J. B. Nash 등에 의해 지지를 받게 됨으로써 미국은 완전한 신체육 시대를 맞게 되었다. 따라서 헤더링턴은 굴릭과 우드, 윌리엄스와 내시 등과 함께 '신체육'이라는 새로운 체육의 개념 정립기에 등장하여 체육의 철학적 기초를 제공한 현대 미국의 체육 철학자였다.

제5장

아시아 국가의 체육과 스포츠 문화

• 학습 목표

1. 근대 중국·일본의 사회와 교육제도를 이해한다.
2. 근대 중국·일본의 체육 및 스포츠 문화의 발달 과정을 이해한다.
3. 근대 중국·일본의 체육 및 스포츠 사상을 이해한다.

동양 무예.

제1절

중국의 체육과 스포츠 문화

1. 중국의 사회와 교육

중국의 사회

중국은 아편전쟁阿片戰爭에서 패한 이후인 1842년 남경조약 체결로 문호를 개방하고 근대화의 길을 걷게 되었다. 1911년 10월 10일 신해혁명辛亥革命으로 오랜 왕조 정치가 막을 내리고, 1912년 1월 손문孫文, 쑨원의 삼민주의三民主義에 기초를 둔 중화민국이 건국되었다.[149]

제1차 세계대전이 끝난 이후 서양 열강의 팽창으로 중국은 소련과 유대를 강화하면서 용공주의容共主義 체제로 개혁하였다. 1926년 상해上海, 남경南京을 점령한 장개석蔣介石, 짱지에쓰은 쿠데타 이후 북벌을 단행하였고, 1928년 이후 중국은 국민당國民黨, Kuomintang Nationalist Party의 지배하에 놓이게 되었다. 그러나 1921년에 창당된 중국공산당Chinese Communist Party 세력은 농민과 소련의 지지를 받으며 착실히 성장하였다.[150] 1945년 일본의 패망과 함께 국민당과 공산당 정부가 치열한 내전을 벌였으나 세에 밀린 국민당 정부는 1949년 대만臺灣으로 축출되면서 1949년 모택동毛澤東, 마오쩌둥을 주석으로 한 중화인민공화국이 수립되었다.

---

149 이하 중국 근대 체육사는 임영무(한국교원대)·박귀순(영산대) 교수에 의해 감수되었다.

150 James Riordan and Robin Jones, (eds.) *Sport and Physical Education in China*, p. 80.

중국의 교육

중국은 아편전쟁阿片戰爭에서 패한 이후 문호를 개방하고 서구식 교육제도를 도입하였다. 문호개방으로 기독교계 미션 스쿨Mission School이 설립되고 근대적인 학교가 등장하였다. 1844道光24년 절강성浙江省에 기독교계 학교가 건립된 이래 많은 근대식 학교가 설립되었으며, 복건선정학당福健船政學堂, 1866, 상해기계학당上海器械學堂, 1867 등과 같은 기술학교와 무예학교도 설립되었다.

학제가 공포된 것은 1894년 청일전쟁淸日戰爭, 甲午戰爭 이후였다. 일본에 패한 청조는 명치유신明治維新, 메이지이신으로 서양교육제도를 받아들인 일본의 국민교육을 염두에 두고 근대적인 학교의 건립을 추진하였다. 1901년 각 성省의 서원書院 명칭을 학당學堂으로 변경하고 몽양학당蒙養學堂, 유아교육, 소학당小學堂, 중학당中學堂, 고등학당高等學堂, 대학당大學堂 체제를 만들었다. 그리고 청조가 몰락한 후인 1912년 1월부터 중공中共 정부는 보통교육령을 공포하고 초등학교의 남녀공학제도를 받아들였다. 1921년에는 미국의 6·3·3학제를 도입한 뒤 중국의 사정에 맞게 수정하여 무진학제戊辰學制를 공포하였다. 어려운 고문古文과 고어古語를 사용하지 말고 현대인이 사용하는 국어, 곧 백화白話를 쓸 것을 주장하는 백화 운동이 일어나 기존의 고어를 대신하게 되었다.

2. 중국의 체육

중국 체육의 발달 배경

중국 전통 체육은 신심일체身心一體, 신심결합身心結合 등 경쟁적인 측면을 강조하기보다는 도덕적·예술적인 측면을 중시하는 경향이 강하였다. 그러나 문호개방 이후 프랑스, 영국, 미국, 일본 등의 영향으로 전통 체육과 함께 서구식 체육도 발달되었다. 근대 체육의 발달 배경은 크게 세 가지로 요약된다.

첫째, 서구 선교사들의 영향이었다. 개방 후 서구 선교사들의 영향으로 서구의 교육 및 체육제도가 도입되면서 근대적인 체육이 발달되었다.

둘째, 민족주의 사상이 고조된 결과였다. 외세의 침략에 의한 민족주의 사상의 고조로 군국민화軍國民化를 위한 체육의 필요성이 대두되면서 서구식 체육과 함께 무예 중심의 전통 체육도 발달되었다.

셋째, 전통 체육에 대한 애착 정서였다. 외래문화로 인해 전통 체육 활동이 소멸된다는 위기의식으로 무예와 같은 자국의 전통 신체 문화를 교육 체계 속에 도입하게 되었다.

중국의 체조 운동

중국에서 근대적인 체조 운동Gymnastic Movement이 싹튼 것은 19세기 후반이었다. 1844년 최초의 기독교계 학교가 설립된 이래 1880년대부터 진강여숙鎭江女塾, 1884 등과 같은 기독교계 학교들이 등장하면서 서구식 체조와 스포츠가 도입되었다. 그리고 중국이 서구 열강들에게 잇달아 패한 이후 생겨난 복건선정학당福健船政學堂, 1866, 상해기계학당上海器械學堂, 1867 등의 공업계 학교와 천진수사학당天津水師學堂, 1880, 천진무비학당天津武備學堂, 1885 과 같은 군사학교에서는 검술, 곤봉술, 봉술, 권투, 축구, 허들경주, 멀리뛰기, 높이뛰기, 수영, 스케이트, 평균대 도마, 평행봉, 등산 등과 같은 근대적인 신체 활동이 교육의 수단으로 채택되었다.

중국에서 근대적인 체조 운동이 본격화된 것은 청조 말기였다. 영국, 독일, 스웨덴의 체조체계가 도입되어 군대와 학교에 보급되었다.[151] 1900년대에 접어들어 남자 2개, 여자 1개의 체육학교와 함께 체육학과가 설치되었

---

151 Ibid., p. 76.

다. 강소우급사범학당江蘇優級師範學堂, 1903 체조과는 강소성江蘇省 소주蘇州에 설립되었는데 주임은 일본인 다카타高田儀太郎였으며, 수업 연한은 1년이었고 2회에 걸쳐 120명의 졸업생을 배출하였다. 중국 체조학교는 1904년 서전림에 의해 상해에 설립되었고, 상해중국여자체조학교는 탕검아湯劍娥에 의해 1905년에 설립되었다. 이러한 학교의 졸업생들이 현대 중국의 체조 운동을 이끌어 갔으며, 1910년대부터 학교의 체조 운동은 더욱 본격적으로 펼쳐졌다. 외세의 침략을 받자 지식인들은 건군강군建軍强軍, 구망도존救亡圖存을 외치며, 무비교육武備敎育을 제창하는 과정에서 체조, 병식체조, 권법拳法, 검법劍法, 창법槍法, 수영, 조정 등과 같은 체조 운동체계가 확산되었다.[152] 청조가 무너진 민국원년民國元年, 1912 국민정부는 군사 교육을 강화하였고, 학교에 각종 체조와 병식체조를 도입하였다. 1912년 5월부터 고등소학교중학교 이상의 남학생들에게는 병식체조를 가르쳤다.

문호 개방 이후 외국인들에 의해 각종 스포츠가 보급되었으나 전통 체육도 발달되었다. 청조 시대의 중국에서는 '멸만흥한사상滅滿興漢思想'이 잔존하였다. 영국, 일본 등 외세의 지배를 받은 뒤부터 강한 중국인이 되어야 한다는 취지에서 전통적으로 계승되어 오던 권법과 같은 전통적 신체 활동이 장려되었다. 중국에서는 권법 전체를 무술이라고 부르며, 그 속에는 태극권太極拳, 장권長拳, 도술道術, 봉술棒術 등 다양한 활동이 포함되어 있다. 그리하여 청조부터 쇠퇴하였던 권법은 1900년대부터 무술, 호신술, 의료체조의 성격을 띠고 발달되었다.

중국 학교 체육의 발달 과정

중국에서 학교 체육이 발달되기 시작한 것은 문호개방 이후였다. 청조 말기 기독교계 학교를 통해 체조가 도입되었다. 1900년대에 접어들어 체조

---

152 許義雄 등 지음, 황호숙 옮김, 『中國近代體育思想』, p. 40.

과體操科가 개설되었으며, 체조학교體操學校도 설립되어 군사적 목적에 따른 체육이 발달되었다.

중국 체육이 체계적으로 발달된 것은 1910년대부터였다. 민국원년民國元年, 1912 국민정부는 고등소학교중학교 이상의 학교에서는 병식체조를 실시하도록 하였다. 그리고 일본, 영국, 미국 등 외국 선교사들이나 외국에 유학을 마친 청년들에 의해 서구적인 체육 활동이 소개되었고, 운동회도 개최되었다.

1920년대부터 신문화 운동新文化運動이 일어나자 체육에도 변화가 왔다. 1919년 미국 콜롬비아대학의 몬로Paul Monroe와 듀이John Dewey 등이 중국을 방문하여 교육 민주화에 자극을 주었다.[153] 기독교청년회, 각종 선교학교, 귀국 유학생, 외국 체육학자 등의 영향으로 교육민주화 운동이 일어나면서 평민주의平民主義, 민주주의의 중국식 표기 체육 사상이 확산되었다. 평민주의 사상은 체육을 교육의 일환으로 간주하고, 개성의 발전과 심신이 건강하고 활발한 개인을 양성하며, 개인의 가치를 증진시키는 것을 목적으로 삼았다. 이는 바로 학생 본의의 교육정신이었다.[154] 청조 말 민초 학교는 군국민교육軍國民敎育을 실시하면서 체육을 '체조體操'라는 명칭하에 실시하였다. 병식체조가 주된 내용이었으나 신문화 운동 기간 중 체육은 신체의 단련이라는 편협한 관념이 사라지기 시작하였다. 체육은 체력의 발달은 물론 지智·덕德·체體, 정情·의意를 조화롭게 발달시키는 교육의 한 영역이라는 인식이 확산되었던 것이다.

평민주의 체육 사상이 확산된 이후 중국의 체육은 심신의 조화를 추구하는 교육의 한 영역으로 자리를 잡았으나 내우외환의 위기 상황 속에 체육은 다시 군사적 성격을 띠고 발달되었다. 1925년 10월 제11회 전국교육

153 James Riordan, op. cit., p. 81
154 앞의 책, p. 292.

연합회는 '학교는 군사 훈련을 중요시해야 한다重視軍事訓練案'는 안을 통과
시켰고, 이때부터 학교에는 과외 체육 활동 외 병식체조가 다시 도입되었
다. 1927년 국민정부는 체육을 필수교과로 정하였으나 1928년 일본이 침
략 야욕을 본격적으로 드러내자 전문대 이상의 학교는 군사 교육을 수업
에 포함시키고 중등학교 이하는 체육을 강화하도록 지시하였다. 그 결과,
체육은 군사 교련의 성격을 강하게 띠고 발달되었다.

1949년 중화민국 정부는 대만으로 밀려나고 북경에는 중화인민공화국
이 수립되면서 중국 대륙에는 사회주의 체육이 실시되었다. 사회주의 체
육 정책의 가장 대표적인 것은 노위제勞衛度의 도입이었다. 노위제는 노동
위국체육제도조례勞動衛國體育制度條例의 약어로 1958년 중화인민공화국 체
육운동위원회가 공포한 조례였다. 노위제는 소련의 GTO노동과 국방 준비와
BGTO노동과 국방을 위한 준비-어린이를 위한 추가의 프로그램 제도를 토대로 설정된
것이었다. 그 목적은 인민의 체력 단련 활동을 적극적으로 장려하고 사회
주의 건설과 조국 방위 능력을 향상시키는 데 있었다. 16세 미만의 학생들
을 위한 표준 종목은 60m 달리기, 400m 달리기, 멀리뛰기, 높이뛰기, 수류
탄 던지기, 소프트볼 던지기, 줄 오르기 등이었다.

중화인민공화국 수립 이후 연이어 신학제가 공포되고, 체육의 교육적 중
요성에 대한 인식이 날로 확산되자 교원 양성제도도 확립되었다. 제2차 세
계대전 중 임시로 설립된 학교를 비롯하여 사범학교 수준의 학교까지 합치
면 40여 개의 학교가 설립되었다. 절강체육전문학교浙江體育專門學校, 1912를
비롯하여 1930년대까지 교원 양성 기관이 대거 설립되었으며, 1948년에는
19개의 학교에서 체육 지도자를 양성하였다.

3. 중국의 스포츠

중국 스포츠 문화의 발달 배경

중국에서는 중국 고유의 전통 스포츠 문화가 발달되어 왔으나 19세기 후반부터 서구의 근대 문명을 수용하면서 서구 스포츠 문화도 급속히 보급되었다. 그 배경은 몇 가지로 압축된다.

첫째, 선교사들의 영향이었다. 미션 스쿨과 YMCA는 중국의 서구 스포츠 보급에 결정적인 역할을 하였다.

둘째, 국가주의 사상의 영향이었다. 근대 중국 사회에 서구 문화가 급속히 유입되면서 열강들의 위세로부터 벗어나려는 시도를 하였다. 그러한 시도는 자위우국自爲憂國 체육 사상, 국수주의國粹主義 체육 사상의 발흥으로 연결되어 전통 스포츠 문화의 발달로 이어졌다.

셋째, 사회주의 체육 정책이었다. 중국이 사회주의 국가가 되면서 국가적으로 스포츠 활동을 장려한 결과 현대 중국 스포츠 문화는 사회주의 사상을 토대로 발달되었다.

중국 스포츠의 발달 과정

• 서구 스포츠의 도입

중국에 서구 스포츠가 본격적으로 도입·확산된 것은 19세기 후반이었다. 미션 스쿨과 YMCA를 통해 육상, 야구, 농구, 체조, 탁구, 테니스, 배구 등이 소개되었다.[155] 문호개방을 한 이후 중국으로 유입된 외국인들에 의해 각종 서구 스포츠가 소개되었던 것이다. 미국의 리온Willard Lyon을 비롯한 많은 기독교 관련 인사들이 중국으로 진출하여 중국 YMCA나 YWCA 스포츠 프로그램을 개발해 주었다.[156] 그리고 영국, 프랑스, 일본 등지에서 온

---

155 J. Riordan et. al, op. cit., p. 76.

156 C. W. Hackensmith, *History of Physical Education*, p. 273.

외국인들이 서구적인 스포츠 문화를 전하였다. 예컨대 제1차, 제2차 세계대전 이후 중국으로 반환되기 전까지 중국의 외국인 거류지는 전국적으로 28개소에 달하였다. 최초의 운동회는 육상경기 중심이었고, 미국인 살레Dr. C. Saler가 농구를 소개하였다. 영국식 축구가 도입된 시기는 명확하지 않으나 1902년 축구연맹이 결성되었다. 최초의 배구경기는 청조 말기 광동성廣東省에 있는 남무중학南武中學과 홍콩香港의 황후서원皇后書院 사이에 열렸다.

• 스포츠 단체의 결성과 시설 확충

중국에서는 1900년을 전후로 각종 스포츠가 성행하였다. 올림픽경기, 극동대회極東大會 등의 개최에 발맞춰 각종 스포츠 통괄단체가 결성되었다. 제일 먼저 1904년 광동성廣東省에 최초의 체육협회가 설립되었다. 1908년에는 미국인 엑스너Dr. Exnor가 상해에 YMCA와 동체육부同體育部를 조직하였다. 1912년에는 북경체육연구사北京體育研究社가 설립되었다. 그리고 북경체육경진회北京體育競進會, 1912, 화북체육연합회華北體育聯合會, 1913, 화동체육연합회華東體育聯合會, 上海 등도 잇따라 결성되었으며, 중화무술회中華武術會, 1918, 화남체육회華南體育會, 1920 등도 창립되었다. 1910년대부터 전국에 운동장이 건립되기 시작하여 1936년까지 총 2,685개가 축조되었다.

• 경기대회의 개최

중국 최초의 학교 간 경기대회는 1899년 천진에서 북양대학당, 수사학당, 무비학당, 전보학당 사이에 열린 경기였다. 1907년에는 남경에서 제1회 연합대운동회를 개최하였는데 경기 종목은 경주, 무장경기, 체조, 연기, 유희, 구기, 댄스, 무술, 마술 등 69개 종목이었다. 1900년대에 접어들어 각 학교에서는 운동회가 개최되었다. 그것은 연합운동회로 발전하였고, 1910년에는 전국운동회全國體育大會도 개최되었다. 1910년에 거행된 전국학교구분全國學校區分 제1차 체육동맹회體育東盟會는 중화민국이 되면서 그 명칭이 전국운동회全國運動會로 변경되었다. 20세기 전반 중국의 '전국운동회'는 제2

회$_{1914}$, 제3회$_{1924}$, 제4회$_{1930}$, 제5회$_{1933}$, 제6회$_{1935}$, 제7회$_{1945}$ 등 여러 차례에 걸쳐 개최되었다.

• 전통 스포츠의 발달

중화인민공화국 건국 이후 서구식 스포츠가 확산되었지만 다른 한편으로는 중국의 전통 스포츠라고 할 수 있는 국술國術, 즉 중국 전통 무술武術이 번성하였다. 1933년 교육부는 전통적으로 계승되어 온 탄궁彈弓, 풍쟁風箏, 공죽空竹, 경도競渡 등과 같은 종목을 장려하였다.

무술의 발달에 커다란 공헌을 한 인물은 곽원갑霍元甲이었다. 그는 1902년 상해上海에 정무체육회精武體育會를 설립하고 인재 양성과 무술에 관한 저술과 보급에 노력하였다.

청조 시대 왕실로부터 탄압을 받았던 국술國術은 1912년 학교와 군대로 보급되었다. 1928년 남경南京에 중앙국술관中央國術館을 설립하고 제1회 국술 시험을 시행하여 무술 인재를 양성하고 교재를 마련하여 무술의 발전을 시도하였다. 그리고 1935년 남경南京에 중앙국술체육연구소中央國術體育研究所를 설립하고 무술의 체계화를 꾀하였다.

• 운동원 등급제의 도입

중국에서는 종합체력 검정제도였던 노위제를 기초로 우수 선수의 발굴과 육성을 위한 운동원 등급제도가 1958년 중화인민공화국 체육운동위원회에 의해 공포·시행되었다. 등급은 ① 운동건장運動健壯, ② 1급 운동원, ③ 2급 운동원, ④ 3급 운동원, ⑤ 소년급 운동원 등 5등급이었으며, 건장, 1급, 2급, 3급 등은 중화인민공화국 공민으로서 정치에 대한 사고가 건전하고 체육도덕운동정신이 양호한 자로 정하였다.

4. 중국의 체육 사상

민족주의 체육 사상

근대 중국의 민족주의 사상은 서구 열강의 침략으로 한층 강화되었다. 체육 또한 민족주의 사상의 영향을 받았는데, 그 민족주의 사상에는 자위구국 사상, 국수주의 사상, 국혼교육 사상 등이 혼재되어 있었다.

첫째, 자위구국 체육 사상이었다. 중국의 근대 체육은 포화가 끊이지 않는 가운데 성장하였다. 군사 훈련과 상무구국尙武救國의 틀에서 벗어나지 못한 채 국방력을 강화한다는 자위구국自爲救國 사상을 기초로 시작되었다.

둘째, 국수주의 체육 사상이었다. 국수주의 체육 사상은 애국심에 뿌리를 둔 체육 사상의 구체적 표현으로 체육 교육과정에서 국기인 무술을 소홀히 해서는 안 된다는 의식을 바탕으로 한 사상이었다. 1922년 체조라는 명칭이 체육으로 변경되었다. 체육은 서구식 일변도로 변하고 있었다. 그러한 상황에서 중국 전통 체육 문화의 계승·발전을 통해 중국의 정체성을 지키려는 사상이 국수주의 체육 사상이었다. 그것은 전통 무술의 강조로 나타났다.

셋째, 국혼 교육적 체육 사상이었다. 중국의 민족주의 체육 사상은 민족정신, 즉 국혼國魂, 민족정신의 배양을 지향한 것이었다. 일본 및 서구 열강들의 침략이 계속되는 상황에서 체육은 당연히 민족정신 교육의 강화 수단이 될 수밖에 없었다. 전통 무술과 같은 신체 활동을 통해 민족정신을 강화하고자 하였다.

양토체육사상

양토체육사상羊土體育思想 논쟁은 서양 체육 사상과 중국 전통 체육 사상과의 반목과 대립을 뜻한다. 서방 열강들은 중국을 착취하였다. 그러한 상황에서 서방 교육을 받은 지식인들과 전통 교육을 받은 지식인들 사이에는 많은 견해차가 있었다. 청조 말부터 서양 체육이 소개되고 서양 스포츠 문화를 비판 없이 수용하여 체육과 스포츠 문화가 서구화되는 과정에서 서구 체육을 중시하는 지식인과 전통 체육을 중시하는 지식인들 사이에 논쟁이 일어나게 된 것이다.

양토 논쟁은 배척, 흡수, 융합의 세 단계를 거치면서 서양과 본토의 이념을 종합한 양토체육사상의 출현으로 종결되었다. 양토 논쟁의 결과는 서양 체육과 중국 전통 체육의 조화와 통합으로 나타났다. 그것은 '국민체육실시방안國民體育實施方案'의 이념적 토대가 되었다. 그래서 1932년 이후 체육활동 내용에는 서양식 활동 외 중국 국술도 포함되었다.

맥클로이

중국 체육의 발전에 가장 공헌한 대표적인 인물은 중국 YMCA 간사이자 미국 측정평가 분야의 선구자 중 한 명이었던 맥클로이C. H. McCloy였다.[157] 그는 13년 동안 중국에 머물며 중국 체육의 발전에 지대한 공헌을 하였다.[158] 복음주의자였으며, 체육과학자요, 강건한 기독교주의자의 일파였던 것으로 평가된다.

미식축구, 농구, 야구 등에 뛰어난 기량을 지녔던 그는 인체생리학, 측정평가, 통계 등에 깊은 학식을 지닌 인물이었고, 독어, 불어, 중국어, 일어 등을 구사할 수 있는 능력의 소유자였다. 중국어로 14권의 체육 관련 서적을 출판하였으며, 원동운동회遠東運動會를 기획하였다. 그 외 중국교육개진사中國教育改進社 고문, 전국체육연구회 창시, 중화아마추어연합회 서기, 『체육계간體育季刊』 편집 등과 같은 일을 맡았다. 천진에는 농구를 보급하였으며, 광동廣東에서는 각급 학교 운동선수들이 체육훈련에 적극 참여하여 성적을

---

157 Ellen W. Gerber, *Innovator and Institutions in Physical Education*, pp. 403~405.

158 Deobold B. Van Dalen and Bruce L. Bennett, *A World History of Physical Education*, p. 622.

향상시킬 것을 역설하였다.[159] 이처럼 그는 **YMCA** 체육 사업에 헌신하는 삶을 살았으며, 중국 체육의 발전에 지대한 영향을 미쳤다.

제2절
일본의 체육과 스포츠 문화

1. 일본의 사회와 교육

일본의 사회

일본의 근대화는 1868년 명치유신明治維新, 메이지이신으로부터 시작되었다. 1860년대, 도쿠가와막부德川幕府는 국가적 혼란으로 어려움을 겪었다. 1867년 도쿠가와德川 15대代 장군, 경희慶喜, 시게노부는 장군직을 사직하면서 모든 권력을 천황에게 넘기고 떠났다. 도쿠가와막부德川幕府는 가마쿠라막부鎌倉幕府가 승계함으로써 600여 년간의 무가정치武家政治는 종말을 맞았으며, 천황 치하의 새로운 정부가 탄생하게 되었다. 1868년 명치대성明治大星, 1867~1912 재위은 '오개수어경문五個修御警文'이라는 새로운 통치의 기본 방침을 공포하였다. 또한 약 1,100여 년간 수도의 자리를 유지하였던 교토京都에서 에도江戸로 수도를 옮겨 그 명칭을 도쿄東京로 정하였다. 메이지明治라는 연호를 사용하였으며, 명치유신明治維新으로 정치적·사회적 개혁을 단행하였다.[160]

---

159 C. H. McCloy, 『靑年進步』 第45冊, pp. 81~82. 許義雄 등 지음, 황호숙 옮김, 『中國近代體育思想』, p. 134.
160 이하 일본 근대 체육사 분야는 손환(중앙대), 유근직(한림성심대) 교수에 의해 수정·감수되었다.

명치유신 이후 일본의 근대화는 급속히 진행되었다. 총선이 실시되어 국회가 개원되었으며, 철도와 해운업의 기틀이 잡혀 갔다. 1872년 영국에서 기관차를 도입하여 도쿄東京-요코하마橫浜 구간에 철도가 개설되었으며, 1889년 동해도선東海道線이 개통되었다. 또한 근대 우편제도를 도입하였으며, 1887년부터 방적, 제지, 직물 등의 경공업과 제철, 조선, 기계 등 중공업을 육성하였다. 사회적으로도 많은 변화가 왔다. 일본은 서구의 문물을 받아들이면서 단발, 양복 착용, 폐도廢刀 등의 관습이 생겼다.

일본의 교육

근대 일본 교육의 가장 큰 변화는 학제의 도입이었다. 1872년 프랑스 교육제도를 도입하였으며, 1879년 다시 '개정교육령'을 공포하였다. 1885년 개정을 거쳐 1886년 '학교령學校令'도 확정하였다. 제국대학령, 사범학교령, 중학교령, 소학교령에 의하여 각급 학교가 설립되었다. 1894년 고등학교령, 1899년 실업학교령과 여자고등학교령, 1903년 전문학교령에 의하여 해당 학교들이 설립되었다. 이러한 학교령은 일제강점기 한국의 교육제도에도 영향을 미쳤다.

일본의 교육은 군국주의적인 이데올로기를 바탕으로 성장하였다. 1890년 '교육칙어敎育勅語'가 발효되었고, 그때부터 교육정책은 강한 국가주의적 색채를 띠게 되었다. 무사제도가 사라지고 국민개병제가 도입되었으나 군인칙유軍人勅諭를 통해 무인 정신을 계승하였다. 교육칙어를 통하여 국가주의적 사상 교육을 강화함으로써 국민의 사상적 통일을 이루어 제국주의적 팽창과 아시아 제국의 지배를 위한 교육이 강화되었다.

2. 일본의 체육

체육의 발달 배경

19세기 말부터 20세기 초 사이 일본에서도 산업화가 진전되었다. 도시화, 교통과 통신의 발달, 여가문화의 생성 등은 체육의 발달에 큰 영향을 미치게 되었다. 그 외 일본 체육의 발달에 영향을 미친 것은 무사도 정신, 명치유신으로 인한 서구 체육의 도입, 교육체계의 변화 등 다양하지만 가장 큰 배경이 된 것은 군사적 필요성이었다. 일본의 근대 체육은 학교와 군대를 중심으로 활성화되기 시작하였다. 제1차 세계대전 직전부터 일본의 체육은 교련의 강화와 연계되어 있었다. 학교 교련 교육을 강화하기 위하여 육군 현역장교들이 각 학교에 배치되었으며, 학교 체육의 내용은 체조, 교련, 유희 및 경기로 되어 있었다. 그리고 남자중등학교와 사범학교에서는 검도, 유도가 추가되었다. 이처럼 근대 일본의 체육은 군사적 배경을 띠고 성장하였다. 그러한 경향은 1945년 이후부터 점차 사라지게 되었다.

체조 운동

명치유신 이후 서구의 문물을 받아들이면서 체조 운동도 시작되었다. 1872년 발표된 '학제學制'에 따라 외국 근대 학교 제도를 도입하게 되었다. 그 이후 교육령이 공포되었다. 문부성 학감으로 있던 미국인 머레이David Murrey, 1830~1905의 영향으로 제정된 교육령에 따라 소학교에는 '체술體術'이라는 명칭의 체육 활동이 도입되었다. 체술은 1873년 '개정소학교칙'에 따라 '체조體操'라는 명칭으로 변경되었다.

1878년 문부성은 '체조전습소體操傳習所'를 설립하고, 체조 지도자를 양성하였다. 체조전습소의 설립은 학교 체조 운동으로 이어졌다. 도쿄사범학교, 도쿄여자사범학교 등에서도 체조 지도자가 양성되었다. 교육 내용은 도수 운동 외 아령체조, 곤봉체조, 막대체조 등과 같은 기구 운동으로 구성되어 있었다. 1886년 소학교령에는 심상소학교4년 주당 6시간, 고등소학교4년 주당 5시간, 1890년 개정 소학교령에는 심상소학교 주당 3시간, 고등소학교 주당 남자 3시간, 여자 2시간으로 규정되어 있었다.

학교 체육의 발달

일본의 교육제도는 1907년 소학교령이 재개정되어 심상소학교6년제와 고등소학교2~3년제로 분리되었으며, 중학교 또한 심상중학교와 고등중학교로 분리되었다.

20세기 초 학교 체육의 중심 내용은 유희, 보통체조, 병식체조남 등으로 중심 내용은 체조였다. 심상중학교에서는 1~3학년까지 매주 3시간의 보통체조를, 4~5학년까지는 5시간의 보통체조와 병식체조를 가르치도록 하였다. 그리고 고등중학은 2년간 매주 3시간의 병식체조를 실시하도록 하였다. 중학교령은 1899년에 개정되어 매주 3시간, 보통체조와 병식체조를 하였다. 1902년에는 중학교 교수지침이 제정되어 시간 배당과 교과 내용이 명료하게 정해졌다. 보통체조 내용은 교정술, 도수체조, 아령체조, 구간球竿체조, 곤봉체조 등이었으며, 병식체조는 도수유연체조, 도수각개교련, 도수소대교련, 도수중대교련, 기계체조, 호령연습 등이었다. 그리고 청일전쟁1894과 러일전쟁1904 이후 국수주의, 국가주의 사상이 확산되면서 검도, 유도를 학교 과외활동으로 권장하였다.

명치 시대 중기까지 학교 체육은 보통체조와 병식체조를 중심으로 발전하였으나 후기에 이르러 스웨덴 체조 등 서구 체조와 각종 게임도 보급되었다. 가와세川瀨元五朗, 1871~?를 비롯한 일련의 지도자들이 미국으로부터 스웨덴 체조를 도입하였으며, 츠보이坪井玄道, 1852~1922는 1902년에 유럽 체육을 연구하여 각종 유희도 도입하였다. 그러나 정세의 변화에 따라 학교 교육도 국가의 요구를 벗어날 수 없었다. 1926년 교수요목의 개정과 함께 교련 교육이 강화되면서 본격적인 전시교련 시대戰時敎練時代가 열렸고, 학교

체육도 그러한 성격을 띠고 발달되었다. 체육의 내용은 체조, 교련, 유희 및 운동경기였다. 남자중등학교와 사범학교에서는 검도, 유도가 추가되었다.

1941년 '국민학교령'이 공포된 이후 '체조과'는 '체련과體鍊科'로 변경되었다. 체육과체련과 교육의 목적은 신체를 단련하고 정신을 연마하여 윤달강건潤達剛健한 심신을 육성하는 헌신봉공獻身奉公의 실천력을 기르는 데 두었다. 체련과는 체조와 무도로 구분하고, 체조는 체조, 교련, 유희, 경기, 위생 등으로 구성하였다. 초등과 5학년 이상은 무도수업을 받았다. 그러나 제2차 세계대전 종식 직후부터 군국주의적 체육은 점차 사라졌다. 1947년 3월에 교육기본법이 공포되었으며, 체육은 초등학교에서부터 고등학교까지 필수교과가 되었다. 1947년부터 '체련'이라는 교과목 명칭이 '체육'으로 바뀌었다.

체육의 필요성에 따라 교원양성체계도 확립되었다. 1886년 체조전습소體操傳習所가 폐지되고 고등사범학교高等師範學校에 1년 4개월 과정의 체조전수과體操專修科가 설치되었다. 그 이후 수신체조과修身體操科, 대학겸수체조전수과大學兼修體操專修科를 거쳐 1915년 정식 체육과體育科가 설립되었는데, 이것이 오늘날 츠쿠바대학 체육전문학군의 기초가 되었다. 1891년에 창립된 일본체육회도 도쿄에 체조연습소를 설치하여 지도자를 양성하였다. 이것이 1900년에 체조학교로 되었다가 오늘날 일본체육대학日本體育大學으로 발전하여 고등사범학교高等師範學校 체육과體育科와 함께 일본 체육교사體育教師 양성의 한 축을 담당하였다. 그 밖에도 도쿄여자체조학교東京女子體操學校, 1902년, 대일본무술전문학교大日本武術專門學校, 武道專門學校, 1905년, 도쿄여자고등사범학교東京女子高等師範學校, 국어체조전수과國語體操專修科, 1905년 등에서도 체육교사 및 지도자를 양성하였다.

1939년에 체력장검정體力章檢定 제도도 도입되었다. 15~25세 남자를 대상으로 한 제도였으며, 1943년부터는 15~21세의 여자에 대해서도 실시하였다. 종목은 100m 달리기, 200m 달리기, 멀리뛰기, 수류탄 던지기, 중량 운반50m, 턱걸이, 수영, 행군 등이었다.

3. 일본의 스포츠

일본 스포츠의 발달 배경

아시아 제국도 다양한 전통 스포츠 문화를 보유해 왔지만 19세기 후반부터 서구 문화가 세계화되었고, 1896년부터 시작된 근대 올림픽게임에서는 서구에서 조직화된 각종 스포츠가 정식 종목으로 채택되었다. 그런데도 일본은 다른 아시아 국가에 비하여 스포츠가 매우 일찍이 발달되었다. 그 배경은 개방 정책으로 인한 서구 스포츠의 조기 도입, 국가주의 사상에 따른 전통 스포츠의 애호주의 전통, 군사 체육의 발달 등이었다.

일본 전통 스포츠의 발달

동양의 여러 나라와 마찬가지로 일본에서도 전통적인 신체 문화가 발달되어 왔다. 신사제례神社祭禮의 전통 행사에는 경마競馬, 스모相撲, 궁사弓射를 비롯한 많은 민속 스포츠 경연이 열렸다. 일본의 대표적인 전통 무예나 스포츠는 검술, 유술, 수영, 스모 등이었다. 특히 메이지 시대부터 약 20년 동안 80여 개의 한코藩校[161]가 설립되어 무술 교육이 이루어졌다. 많은 한코藩校가 있었으며, 문무겸비 교육을 목적으로 무술 교육이 이루어졌다.

• 검도

19세기 말 서구 스포츠가 도입되자 외래문화에 심취하는 소위 구화주의歐化主義를 우려하는 목소리가 높아지면서 자국의 전통을 우선시하는 국수주의國粹主義 사상이 대두되었다. 그러한 분위기 속에 1895년 대일본무덕회大日本武德會가 결성되었다. 그리고 1911년 무술이 학교 교육에 포함되면서 일본의 검도는 국가적으로 발달되었다.

• 유도

일본의 유술柔術은 검도와 다른 형태로 발전하였으나 유도柔道로 발전시

---

161 제후들의 자제들을 교육하는 학교.

킴으로써 일본의 전통적인 무예 및 스포츠로 발전하였다. 유도를 발전시킨 인물은 가노지고로嘉納治五郎, 1860~1938였다. 도쿄대학 학생시절 유술을 배운 그는 자신의 교육적 지식과 식견을 바탕으로 유술을 체계화하여 고도칸유도講道館柔道를 완성시켰다. 1882년 도쿄에 유도 도장道場을 설치하였다. 그가 체계화한 유도가 경시청에 도입되어 유도 시합이 생겨나게 됨으로써 고도칸유도는 일본 유술계의 주류로 자리 잡게 되었다.

• 스모

레슬링의 한 종류인 스모相撲는 일본의 국민적 스포츠로서 높은 위상을 확보하고 있다. 스모의 역사는 고대로 거슬러 올라가는데 에도 시대江戸時代 1600~1868년부터 전문 스포츠로 조직화되었다. 오늘날 스모는 아마추어 협회뿐 아니라, 고등학교와 대학교의 부部 활동으로 독점적인 남자 스포츠가 되었다.

스모경기는 두 사람이 서로 맞잡고 넘어뜨리거나, 지름 4.6m의 씨름판 밖으로 밀어내거나 하며 힘과 기술을 겨루는 대인경기로 전통적인 일본 스포츠 중 하나로 발달되어 왔다. 일본에서는 한자로 표기할 때 '상박相撲'이라고 쓴다. 이 스모를 하는 씨름꾼을 '리키시力士'라 하고, 스모를 겨루는 장소를 '도효土俵, 밀집으로 만든 높은 경기장'라고 부른다. 고대의 이미지를 연상시키는 화려한 '마와시回し, 샅바와 '오이초'大銀杏, 은행잎 모양으로 올린 머리라고 불리는 독특한 머리 모양과 함께 스모는 '도효'와 순위 제도 등의 전통적 관습을 따르고 있으며 신도의 종교적 의식과 결합되었다.

스모라는 단어는 중국어로 '서로를 해치다'라는 뜻이다. 시합을 하기 전에 양 선수들은 두 팔을 벌리고 발을 동동 구르며 쪼그려 앉아서 상대편을 노려보는 의식을 치른 뒤 경기장을 정화시키기 위해 한 움큼의 소금을 뿌리는 의식을 치르고, 경기에 임한다.

서구 스포츠의 도입과 확산

일본에서 서구 스포츠가 도입·발달된 곳은 학교였다. 주로 외국인 교사나 해외유학파 일본인들에 의해서 서구 스포츠가 도입되었다. 그러한 스포츠는 대부분 학교를 중심으로 도입되어 학교 운동부와 운동회 등을 통해 사회로도 확산되었다. 예컨대 축구는 1874년 타이멜 조슨에 의하여 도쿄공학부 학생들에게 소개되었다. 같은 해 해군학교의 경투유희회競鬪遊戱會에서 최초의 축구경기가 개최되었다. 당시 해군학교의 교관으로 재임한 영국사관이 지도를 하였다고 한다. 조정rowing과 육상 역시 1875년 영국인 교사, 스트레인지F. W. Strange에 의하여 소개되었다. 야구는 미국인 교사 윌슨이 1873년에 개성교開成校에서 처음 소개하였고, 일본의 히로오카平岡熙가 1877년 미국에서 야구 용품을 들여와 야구의 발전을 보게 되었다. 소프트볼, 테니스는 1876~1880년 사이에 보급되었으며, 스키, 탁구는 1900년대 초에 보급되었다.

대학의 운동클럽에서 스포츠를 접한 교사들은 다시 하급학교 교사로 진출하여 스포츠를 지도하였다. 1908년에는 최초의 중학교 체육대회가 개최된 이래 서구 스포츠는 점차 일본 국민의 생활 속으로 확산되었다. 1911년 대일본체육협회大日本體育協會가 창립되고 제5회1912 스톡홀름 올림픽대회에 대표 선수 2명을 파견하는 등 일본의 스포츠는 일찍이 세계 스포츠계로 눈을 돌렸다.

일본 스포츠의 발달 과정

일본의 스포츠가 조직적으로 발달되기 시작한 것은 메이지明治 말기부터였다. 특히 1911년 근대 올림픽의 참가를 위하여 대일본체육협회大日本體育協會가 설립되면서 근대 스포츠는 일본 전역으로 보급되었다.

일본은 1912년 제5회 스톡홀름 올림픽대회에 처음으로 2명의 선수를 참가시켰다. 1930년대 이미 일본의 스포츠는 세계적인 수준에 도달하였다.

『기네스 올림픽 기록The Guinness Olympics Fact Book』에 따르면 제1회 올림픽게임1896, Athens부터 제11회 올림픽게임1936, Berlin, Germany까지 40년 동안 아시아 국가로서 올림픽에 참가하여 메달을 획득한 나라는 인도, 일본 2개 국가뿐이었다. 최초로 메달을 획득한 아시아 국가는 인도였다. 그러나 아시아의 올림픽과 스포츠 운동Sports Movement을 주도한 나라는 일본이었다. 일본은 1912년 2명의 선수를 파견한 이래 제10회 로스앤젤레스 올림픽대회에서 이미 메달 순위 5위G7, S7, B4를 차지하였고, 1964년 아시아 국가로서는 최초로 제18회 도쿄 올림픽대회를 개최하였다. 이처럼 일본 스포츠는 매우 빠르게 성장·발달하였는데, 그 과정에는 정부와 매스컴의 역할이 매우 컸다.

20세기 초반 일본은 전쟁으로 인해 국민들이 많은 어려움을 겪었으나 전반적으로 생활수준이 향상되고 철도, 통신의 발달, 라디오, 출판물의 보급, 전기 보급 등 문화 수준의 향상과 함께 스포츠 문화도 활성화되었다. 1920년대부터 일본 정부는 학교 체육은 물론 국민의 체육진흥을 위해 적극적인 지원을 하였다. 1924년 체육연구소의 설치, 1927년 메이지신궁대회의 개최, 1929년 운동심의회의 설치 등을 통하여 일본의 스포츠는 급속히 성장하였다.

일본 스포츠의 발전에는 매스 미디어의 역할도 컸다. 국영 NHK 방송국은 라디오체조 방송을 통해 국민들의 체육 가치관 형성에 큰 역할을 하였다. 1925년부터 라디오 방송이 시작되었으며, 1928년에 라디오체조 방송이 시작되었다. 1927년부터 고시엔甲子園 야구대회를 중계하였고, 그 이후 수상경기를 비롯하여 육상, 럭비, 테니스 등 많은 종목에 걸쳐 중계방송을 함으로써 방송은 스포츠의 대중화에 큰 역할을 하였다. 1897년 스포츠 분야를 다루는 『운동계運動界』가 창간되었다. 그 외 『마이니치신문毎日新聞』(1872), 『아사히신문朝日新聞』(1879) 등 일간 신문과 많은 스포츠잡지가 창간됨으로써 국민체육진흥과 스포츠의 대중화에 큰 영향을 미쳤다.

4. 일본의 체육 사상

무사도

일본은 전통적으로 무사도를 중시해 왔다. 무사도는 기사도의 규율이었다. 무사도는 의義, 용勇, 인仁, 예禮, 성誠 등을 기초로 하고 있다. 사는 용기, 죽는 용기가 강조된 무사도 정신은 일본인들의 아름다운 이상으로 평가되어 왔다. 일본 추진력의 바탕은 무사도이며, 명예와 용기, 무덕武德을 중시하는 무사도는 불멸의 유산이요 교훈으로서 일본의 정신으로 평가되어 왔던 것이다.[162]

봉건 시대 일본 무사의 첫째 임무는 주인의 집안을 지키는 것이었고, 두 번째는 자신의 집안을 지키는 것이었다. 이 두 가지 임무가 통합된 말이 무사 자신이 늘 말하던 '주가主家를 위해'라는 것이었다. 무인이 주가를 위해 싸우는 정신은 역사적 인습에 뿌리를 두고 있으며, 그것이 무사 교육의 맥으로 이어져 왔다.

일본 무사들의 생활양식을 간략히 요약한다면 첫째는 검술, 둘째는 독서, 셋째는 교우이다. 이 가운데 검술과 독서는 무사들의 필수적 본분이었다. 그들의 특성은 '생사를 가볍게 여김', '신의를 중히 여김', '의기意氣를 존중함' 등이었다. 이러한 정신은 오랜 역사를 통해 계승되어져 왔다. 무사는 주가主家를 위해서라면 기꺼이 자신과 가족의 생명까지 바쳤다.

봉건 시대 무사들의 노력과 분투 정신은 모두로부터 찬미의 대상이었으며, 일본인들은 이를 도덕의 극치, 인생의 진정한 의미, 우주의 근본 법칙으로 여겼다.[163] 일본 무사도의 정화를 보여 주는 극치는 복수仇討, 아다우치와 할복切腹, 셋푸쿠으로 지방의 번주는 무사에게 특별히 복수를 허가하였다.

---

162 니토베 이나조(新渡戸稲造) 지음, 沈雨晟 옮김, 『武士道란 무엇인가』, 2002, 참조.
163 다이지타오 지음, 박종현 옮김, 『일본론』, p. 65.

그리고 정의를 위해 싸우는 것도 찬사를 받았다. 그리고 동정심으로 복수를 도와주는 소위 스케다치助太刀도 찬미의 대상이었다.

일본은 웅雄과 무武의 나라라고 말할 수 있다. 나라를 연 것은 무덕武德을 존중하고 웅지雄志를 표양하기 위한 것으로 생각하였다. 그러한 정신은 시대적 상황에 따라 국가에 대한 충성심으로 이어져 일본인들의 맥 속에 계속 흘러내려 오고 있다.

제6장

근대 올림픽

• 학습 목표

1. 근대 올림픽의 부활 배경을 이해한다.
2. 근대 올림픽 운동의 발달 과정을 이해한다.
3. 근대 올림픽 운동의 문제와 사상적 흐름을 파악한다.

근대 올림픽의 창시자, 쿠베르탱 남작(Baron Pierre de Coubertin, 1863～1937).

근대 올림픽의 부활

1. 유사 올림픽

근대 올림픽대회는 영국의 페니 브룩스 박사Dr. W. P. Brooks의 조언과 노력에 힘을 얻은 프랑스의 쿠베르탱 남작Baron Pierre de Coubertin, 1863~1937에 의해 제창되었다. 1896년 그리스의 아테네에서 제1회 올림픽대회Olympic Games가 개최되었다.[164]

쿠베르탱이 근대 올림픽을 제창할 수 있었던 것은 자신도 스포츠에 관심이 많았으나 근대 올림픽 이전에 존재하였던 고대 올림픽과 유사한 종합운동경기대회를 통해 아이디어를 제공받을 수 있었기 때문이다. 쿠베르탱은 파리의 귀족 가문에서 태어났으며, 12세가 되던 1875년, 토마스 휴즈의 자서전적인 소설 『톰 브라운의 학창시절Tom Brown's Schooldays』을 읽고 큰 감명을 받았다. 그 이후 영국 퍼블릭 스쿨을 중심으로 활성화되었던 스포츠 교육에 깊은 관심을 갖게 되었다.[165] 젊은 시절 프랑스 교육개혁과 스포츠 교육의 발전에 공헌하였던 그가 근대 올림픽을 제창하는 과정에 결정적인 영향을 미친 것은 각종 유사 올림픽을 통해 얻은 영감이었다.

---

164 이하 근대 올림픽 역사 분야는 하웅용(한체대)·옥광(충북대)·하남길(경상대)·김재우(중앙대) 교수에 의해 집필·감수되었다.

165 Robert A. Mechikoff & Steve G. Estes, *A History and Philosophy of Sport and Physical Education*, p. 270.

근대 올림픽이 개최되기 이전에 있었던 고대 올림픽과 비슷한 종합운동경기대회를 모의 올림픽대회 또는 유사 올림픽대회Pseudo Olympic Games라고 한다. 그러한 운동경기대회의 대표적인 것으로 '코츠월드 올림픽Cotswold's Olympicks', '머치웬록 올림픽게임Much Wenlock Olympic Games', '자파스 올림픽게임Zappas Olympic Games', '리버풀 올림픽게임Liverpool Olympic Games', '대영제국 올림픽게임Greater Britain Olympic Games' 등이 있었다. 그중에서도 근대 올림픽의 부활에 가장 큰 영향을 미친 것은 머치웬록 올림픽게임와 자파스 올림픽게임였다.

머치웬록 올림픽게임

머치웬록 올림픽게임은 1850년 영국 중부의 작은 마을, 머치웬록에서 개최된 경기대회였다. 브룩스 박사Dr. W. P. Brooks, 1809~1895는 1850년부터 자신이 살고 있던 마을, 머치웬록Much Wenlock에 종합경기대회를 창설하고, 그 이름을 머치웬록 올림피안게임Much Wenlock Olympian Games이라고 하였다.

브룩스 박사는 잉글랜드 체육의 아버지로 불린다. 그의 직업은 의사였으며, 라틴어, 히브리어 등 외국어 구사 능력을 두루 갖춘 학자로서 영국 의회에 학교 체육의 필요성을 제기하기도 하였다. 그가 '머치웬록 올림피안게임'을 창설하였기 때문에 많은 학자들은 브룩스 박사를 근대 올림픽의 설계자로 평가하고 있다. 브룩스 박사는 머치웬록 지역의 몇 학자들과 함께 육상, 크리켓, 고리 던지기 등과 같은 종목을 채택하여 최초의 머치웬록 올림픽게임을 개최하였다.[166] 머치웬록 올림픽게임 개최 소식을 알게 된 쿠베르탱은 1890년 영국을 방문하여 브룩스 박사를 만났다. 그 만남은 올림픽 부활의 계기가 되었던 것으로 확인되고 있다.[167]

---

166 Ibid., pp. 270~271.
167 方光一, 『아테네에서 아테네까지』, p. 43.

자파스 올림픽게임

자파스 올림픽게임은 그리스와 루마니아에서 살았던 자파스E. Zappas가 주창하여 그리스에서 개최한 종합운동경기대회였다. 1859년 영국의 브룩스 박사는 자파스 가족들에게 잉글랜드에서 열리는 올림픽경기 소식을 알리고 고대 올림픽과 같은 경기대회의 개최를 권유하였다. 자파스는 그리스 정부에 올림픽의 부활을 제의하였다. 그 결과 1859년 아테네 중심부에서 농업 및 산업 박람회의 부속행사 성격을 지닌 종합경기대회가 개최되었는데, 이 대회를 자파스 올림픽게임Zappian Olympic Games라고 한다.[168] 이 대회는 약 30년 동안 간헐적으로 개최되었다.

이상과 같은 대회는 근대 올림픽의 부활에 큰 영향을 주었다. 특히 브룩스 박사는 쿠베르탱이 근대 올림픽의 부활을 위한 의지를 다지는 데 결정적인 영향을 주었다. 그러므로 근대 올림픽의 부활은 그 이전에 있었던 유사 올림픽이 있었기 때문에 가능하였던 것으로 보아야 한다. 또한 쿠베르탱이 올림픽을 제창하였다고 하나 근대 올림픽의 설계자 역할을 한 브룩스 박사의 업적도 과소평가되어서는 안 될 것이다. 따라서 근대 올림픽의 설계자는 브룩스 박사이며, 근대 올림픽의 제창자는 쿠베르탱으로 정리되어야 옳다.

2. 고대 올림픽의 부활

1890년 쿠베르탱은 영국 브룩스 박사의 초청으로 머치웬록 올림픽게임 광경을 보았고, 거기서 고대 올림픽 부활에 관한 의지를 다졌다.[169] 1890년 쿠베르탱은 머치웬록에서 프랑스로 돌아와 브룩스 박사의 열정에 찬사를

---

168 方光一, 『아테네에서 아테네까지』, p. 44.
169 위의 책, p. 46.

보내면서 프랑스 각계의 반대에도 불구하고 세계적인 운동경기대회를 조직할 의사를 표명하였다. 그는 1892년 11월 소르본에서 열린 '스포츠운동경기자연합Unions des Sports Athletiques' 관계자들이 모인 총회에서 고대 올림픽을 부활시키자고 제안하였다. 참가자들의 태도는 냉담하였다. 그러나 쿠베르탱은 그의 의지를 굽히지 않았다. 그로부터 2년 뒤인 1894년 6월 16~24일까지 파리 소르본대학 강당에서 영국, 프랑스, 미국 등 20개국 47개 단체 79명의 대표가 참석하는 파리국제학술회의Congress International de Paris를 개최하였다.[170] 총회의 성격을 지닌 이 회합에서 1주일 동안 격론을 벌인 끝에 투표를 통해 올림픽경기의 부활을 결정하게 되었다. 당시 중요 결정 사항은 다음과 같다.[171]

첫째, 1896년을 근대 올림피아드의 첫해로 한다.

둘째, 고대 올림픽대회의 전통에 따라 4년마다 개최하되 세계 각국의 대도시를 순회하며 개최한다.

셋째, 경기 종목은 근대 스포츠에 한한다.

넷째, 제1회 대회에 관한 모든 사항은 쿠베르탱과 비켈라스에게 위임한다.

다섯째, 최고의 권위를 갖는 국제올림픽위원회IOC를 구성한다.

쿠베르탱은 파리국제위원회를 조직하고 올림픽 부활에 관한 자신의 열정적인 모습을 계속 보여 줌으로써 전 세계 스포츠 단체 연합의 지지를 이끌어 낼 수 있었다. 1주일 동안 계속된 국제위원회의 긴 토론 끝에 1894년 6월 23일 올림픽의 부활 건은 만장일치로 가결되었고, 첫 대회는 1896년 아테네에서 개최하기로 확정되었다.

---

170 위의 책, p. 55.
171 위의 책, pp. 56~57 참조.

그림. 2. 국제올림픽위원회(IOC) 창립총회 참석자.[172]

제2차 세계대전 이전의 올림픽

1. 제1회 올림픽, 그리스 아테네Athens, 1896

개요

근대 올림픽의 부활이 결정되자 올림픽위원회의 중심에 서 있었던 쿠베르탱은 아테네 대회의 성공적인 개최를 위해 각국 정부와 사회단체, 기업 등으로부터 재정적 지원을 받으려고 최선의 노력을 기울였다. 우여곡절 끝에 쿠베르탱의 제안과 요청으로 준비위원회 명예의장이었던 콘스탄틴 왕자

---

172 **기립자** 독자 입장에서 볼 때 오른쪽으로부터 게하르트 박사(Willibald Gebhardt, 독일),
야르코프스키(J. Guth-Jarkovsky, 보헤미아), 케메니(Ferenc Kemeny, 헝가리), 발크 장
군(Victor Balck, 스웨덴).
착석자 IOC 사무총장 쿠베르탱(B. Pierre de Coubertin, 프랑스), 초대 IOC위원장
Demetrius Vikelas(그리스), 보우토프스키(A de Boutovsky, 러시아) 등 7명.

Prince Constantine는 올림픽 주경기장 건설을 결정하기에 이르렀다.

1896년 4월 6일 근대 최초 올림픽대회의 막이 올랐다. 제1회 올림픽대회의 종목은 육상, 수영, 체조, 사격, 레슬링그레코로만형, 사격, 사이클링, 테니스 등이었다. 올림픽 첫 메달의 주인공은 미국 세단뛰기 선수 코놀리James Connolly였다. 미국은 2진급 선수들을 파견하고서도 육상 종목의 메달을 휩쓸며 메달 집계G11, S7, B2 1위를 기록하였으며, 근대 올림픽대회를 주도하기 시작하였다.

특징

첫째, 올림픽은 세계적인 대회로서의 권위가 서지 않았다. 제1회 아테네 올림픽대회는 홍보가 덜 되어 각국의 최고 선수들이 참가하지 못하였다. 미국의 뉴욕애슬레틱클럽The New York Athletic Club 관계자들은 대표 선수를 보내 달라는 요청에 조소를 보내었다. 권위가 매우 약하였던 탓이었다.

둘째, 여성의 참여가 금지된 대회였다. 제1회 아테네 대회에는 여성의 참여가 금지된 올림픽이었다. 고대 올림픽대회의 전통을 계승한 것으로 보이나 13개국 311명선수 245명의 선수단 구성원이 모두 남자였다.[173]

셋째, 육상의 트랙 선수들은 우회전 주로를 달렸다. 첫 올림픽대회의 주된 종목은 육상이었고, 육상 트랙경기는 오늘날과 같은 좌회전경기가 아니라 우회전경기였다. 이것은 영국 경마와 옥스브리지 교류전의 전통에 따른 것이었다.

넷째, 1위에게는 은메달과 올리브 관, 상장이 수여되었다.

1위에게는 은메달과 올리브 관, 상장이 동시에 주어졌고, 2위에게는 월계관과 동메달, 상장이 주어졌다. 그리고 3위는 시상에서 제외되었다.

---

173 어떤 자료에는 14개국으로 된 것도 있다. 이탈리아 선수 때문이었다. 이탈리아의 한 선수가 밀라노에서 아테네까지 걸어서 참가하였으나 아마추어가 아니라는 이유로 참가하지 못하였기 때문에 1개국은 제외되었다.

제2차 세계대전 이전의 올림픽

횟수	개최 연월일	국가명	개최 지역	1위국	참가국	참가인원
제1회	1896. 4. 6. ~ 4. 15.	그리스	아테네	미국	13	311
제2회	1900. 5. 18. ~ 10. 28.	프랑스	파리	미국	22	1,319
제3회	1904. 7. 1. ~ 11. 23.	미국	세인트루이스	미국	12	681
제4회	1908. 4. 27. ~ 10. 31.	영국	런던	영국	22	1,999
제5회	1912. 5. 5. ~ 7. 22.	스웨덴	스톡홀름	스웨덴	28	2,490
제7회	1920. 7. 7. ~ 9. 12.	벨기에	앤트워프	미국	29	2,686
제8회	1924. 5. 4. ~ 7. 27.	프랑스	파리	미국	44	2,956
제9회	1928. 5. 17. ~ 8. 12.	네덜란드	암스테르담	미국	46	2,724
제10회	1932. 7. 30. ~ 8. 14.	미국	로스앤젤레스	미국	37	1,281
제11회	1936. 8. 1. ~ 8. 16.	독일	베를린	독일	49	3,738

2. 제2회 올림픽, 프랑스 파리Paris, 1900

개요

아테네 올림픽 이후 그리스인들은 이후의 모든 올림픽경기는 아테네에서만 열려야 한다고 주장하였지만 IOC위원들과 쿠베르탱의 노력으로 제2회 올림픽 개최지는 프랑스 파리로 결정되었다. 그러나 프랑스스포츠운동경기연합The Union des Sports Athletiques of France은 IOC와 협력할 의사를 보이지 않았고, 프랑스인들도 올림픽대회에 무관심한 태도를 보였다. 파리 올림픽 대회는 같은 기간에 열렸던 세계박람회World Exposition의 부속 경기대회의 성격이 짙었다.[174] 여러 가지 어려운 여건에서 쿠베르탱은 자동차 경주, 소방사

---

174 USOC, *Legacy of Gold*, p. 80.

경기 등과 같은 종목을 올림픽에 포함시키자는 의견에 동의할 수밖에 없었다. 줄다리기경기가 올림픽의 하이라이트가 되는 오락적 성격이 짙었다.

특징

첫째, 올림픽이 세계박람회 부속 행사로 열려 5개월 동안 개최되었다. 올림픽대회는 부속 행사로서 큰 관심을 끌지 못하였으며, 대중의 무관심 속에 굴욕적인 상황을 맞은 쿠베르탱은 자동차 경주, 소방사경기 등을 올림픽에 포함시키자는 강요에 어쩔 수 없이 동의하였고, 줄다리기가 올림픽의 하이라이트가 되는 해프닝이 벌어졌다.

둘째, 여자 선수가 처음으로 출전한 대회였다. 파리 올림픽대회 동안 여자 운동선수들은 골프와 테니스에 처음으로 참가하였다. 잉글랜드의 윔블던 챔피언이었던 샬럿 쿠퍼Charlotte Cooper는 여자 테니스에서 우승함으로써 6월 9일 여성 최초의 금메달리스트가 되었다.[175]

셋째, 잉글리시 선데이 전통이 잔재해 있었다. 미국 선수들은 대부분 대학생들이었고, 당시 대개의 대학생들은 교회의 통제와 전통을 따르고 있었기 때문에 일요일에 벌어지는 경기의 참여를 거부하는 사태가 있었다.

3. 제3회 올림픽, 미국 세인트루이스St. Louis, 1904

개요

제3회 올림픽은 세인트루이스에서 개최되었다. 처음에는 시카고가 올림픽 개최지로 선정되었으나 미국의 사정에 따라 세인트루이스로 변경되었다. 세인트루이스 조직원들은 환영하였지만 시카고 시민들과 각국의 사회단체들은 IOC가 미국 정부의 정치적 힘에 밀려 개최지를 변경한 것을 비난하

---

175 Stan Greenberg, *The Guinness Olympics Fact Book*, p. 14.

였다. 우여곡절 끝에 세인트루이스에서 개최된 올림픽경기는 최악의 경기가 되고 말았다. 유럽에서 아메리카 대륙까지 선수단의 이동이 용이하지 않았기 때문에 대부분의 참가자가 미국인들이었다. 또한 박람회 행사의 일부로 진행되어 미국인들만의 잔치가 되었다. 올림픽경기는 2회 연속 세계박람회의 빛에 가려 명맥만을 유지하는 수준이었다.[176]

특징

첫째, 미국만의 축제였다. 올림픽대회 참가자의 85%가 미국인이었으며, 메달 또한 84%를 미국이 차지하였다. 영국과 프랑스는 참가하지 않았으며, 미주美洲에서도 캐나다와 쿠바 정도만 참가하였다. 올림픽대회 종목과 명칭은 육상, 줄다리기, 대학야구, 체조, 라크로스, 대학 간 농구, 사이클, 복싱, 양궁, 조정, 테니스, 골프, YMCA장애인경기대회, 올림픽크리켓챔피언십 등 매우 다양하였다.

둘째, 최초로 금메달, 은메달, 동메달이 수여된 대회였다. 세인트루이스 올림픽부터 최초로 1위에게 금메달, 2위에게 은메달, 3위에게 동메달이 수여되는 전통이 확립되었다. 메달 표면에는 승리의 상징인 여신 나이키, 올림피아드, 월계수, 올리브, 제우스신의 흉상 등이 새겨져 있었다.

4. 제4회 올림픽, 영국 런던London, 1908

개요

IOC는 1904년 런던 총회에서 1908년 올림픽 개최지를 로마로 확정하였다. 그러나 로마는 1906년 베수비어스 화산Mt. Vesuvius의 폭발로 재정적 어려움에 봉착하였다. 이탈리아는 올림픽 개최가 불가능하다고 판단하였다.

---

176 USOC, *Legacy of Gold*, p. 82.

런던이 1908년 올림픽게임을 개최하겠다고 IOC에 제안하여 그 제안이 받아들여졌다. 1908년 올림픽도 '프랑스–영국박람회'와 함께 열려 대중의 관심을 나눠 가져야만 하였다. 런던 올림픽은 규모면에서 한층 더 커진 대회였다.

특징

첫째, NOC 단위로 참가한 올림픽대회였다. 제3회 세인트루이스 올림픽대회까지는 개인 또는 팀 단위로 참가 신청을 하고 대회에 참가하였다. 그런데 런던 올림픽대회1908. 4. 27.~10. 31.부터 각국 올림픽위원회National Olympic Committee가 엔트리Entries 신청을 해야만 하였다.[177]

둘째, 국명國名의 알파벳 순서에 따라 개회식 입장을 한 대회였다. 개회식 입장 시 참가국은 국명이 적힌 표지판과 국기를 들고 행진을 하는 것으로 정해졌다.

셋째, 올림픽 신조信條 어구語句가 출현하였다. 주최국인 영국과 미국은 첨예하게 대립하며 경쟁하였다. 그 때문에 런던 올림픽대회는 '세퍼즈 부시 전투The Battle of Shepherd's Bush'라고 불렸다.[178] 이 상황을 본 미국의 탈봇 Ethelbert Talbot 주교는 "올림픽대회에서 중요한 것은 승리가 아니라 참가하는 것이다"라며 선수들을 타일렀다. 쿠베르탱도 "올림픽대회가 국가의 업무가 되고 있다"라고 한탄하며 7월 24일 열린 각국 임원 초청 리셉션에서 "인생에서 중요한 것은 성공하는 것이 아니라 노력하는 것에 있다. 본질적인 것은 정복하는 것이 아니라 훌륭하게 싸우는 것이다"라고 말하였다.[179] 이 두 사람의 말이 훗날 올림픽 신조Olympic Creed가 되었다.

넷째, 42.195km의 거리의 마라톤경기가 열렸다. 마라톤은 원저성에서 메

177 Stan Greenberg, *The Guinness Olympics Fact Book*, p. 18.

178 Shepherd's Bush 메인 스타디움이 건설된 지명.

179 방광일, 앞의 책, p. 102.

인 스타디움까지 42.195km의 거리에서 실시되어 오늘날까지 정식 거리로 남게 되었다.[180]

5. 제5회 올림픽, 스웨덴 스톡홀름Stockholm, 1912

개요

제5회 스톡홀름 올림픽대회는 여러 가지 측면에서 많은 의미를 지닌 대회였다. 1952년 구소련이 참가하기 이전까지 러시아가 참가하였던 마지막 대회였다. 그리고 여자 선수들이 수영 종목에 최초로 참가하였다. 영국과 미국팀의 대립을 피하기 위한 쿠베르탱의 노력으로 스톡홀름 올림픽은 아주 훌륭한 성공을 거두었다. 그러나 제1차 세계대전은 그다음 대회인 1916년 올림픽대회의 개최를 가로막았다.[181]

특징

첫째, 올림픽대회 공식 종목이 정해진 대회였다. 스톡홀름 올림픽대회 이전까지 경기 종목 선정에 대한 뚜렷한 기준이 없었다. 쿠베르탱은 경기 종목에 대한 검토를 요청하였다. 대회 조직위원회 부위원장이었던 에드스트룀Sigfrid Edstrom[182]은 자신이 잘 아는 육상부터 손질을 가하였다. 국제 수영연맹의 요청에 따라 여자 수영 종목이 추가되었고, 쿠베르탱의 요청으로 근대5종과 승마가 채택되었다. 미국과 영국이 제안한 레슬링 자유형catch as catch can: free style, 영국이 추천한 하키, 러시아가 제안한 역도 등이 올림픽 종목에 포함되었다. 그리하여 올림픽대회는 육상, 수상경기, 축구, 조정, 체

---

180 Stan Greenberg, op. cit., p. 20 참조.

181 Official website of the Olympic Movement, 2007. 6. 19. www.olympic.org

182 그는 학창시절 스웨덴 육상 대표 선수였으며, 전기 기사 출신으로 훗날 IOC위원과 IOC위원장을 역임하였다.

조, 레슬링, 요트, 사이클, 펜싱, 사격, 근대5종, 승마, 줄다리기 등으로 구성되었다. 그리고 쿠베르탱의 부탁으로 건축, 회화, 조각, 음악, 문학 등 5개 분야의 예술 경연을 포함시켜 운동경기처럼 금메달, 은메달, 동메달을 수여하였다.[183]

둘째, 전자계측과 사진 판독이 시도된 대회였다. 스톡홀름 대회는 전기기사 출신이었던 에드스트룀Sigfrid Edstrom의 발상으로 계측 기록을 1/10초 단위까지 측정하도록 하였고, 사진 판독 시도도 이루어졌다.

셋째, 아마추어 규정이 엄격히 적용된 대회였다. 오스트리아의 수영선수 보이레파이레Francis Beaurepaire는 인명구조원과 수영 지도자 생활을 하였다는 이유로 제5회 스톡홀름 올림픽 참가의 꿈을 접어야 하였다. 인디언 혈통의 소프J. F. Thorpe는 5종과 10종 경기에 출전하여 2개의 금메달을 목에 걸었으나 1909년 세미프로로야구경기에 참여한 선수라는 기사로 인해 금메달을 박탈당하고 기록도 삭제되었다.[184] 당시 짐 소프가 참가한 10종경기에는 훗날의 IOC위원장이 되어 프로 선수의 올림픽대회 참가를 완강히 거부하였던 브런디지A Brundage도 참여하였다. 그는 소프에 이어 5위를 차지하였다.[185]

6. 제7회 올림픽, 벨기에 앤트워프Antwerp, 1920

개요

제1차 세계대전이 끝난 직후인 1920년 벨기에 앤트워프에서 제7회 올림픽경기대회가 개최되었다. 이 대회는 두 가지의 올림픽 전통을 낳았다. 운동

---

183 방광일, 앞의 책, p. 110 참조.

184 방광일, 앞의 책, pp. 113~115, Robert A. Mechikoff & Steve G. Estes, *A History and Philosophy of Sport and Physical Education*, p. 280.

185 Robert A. Mechikoff, ibid.

선수들이 일반 대중 앞에서 올림픽 선서를 하였으며, 오륜기가 게양되었다. 올림픽경기에 여자 종목의 증가는 주목받을 만한 중요한 사회적 관심사였다. IOC가 더 많은 여성들의 운동 참여 프로그램을 개발한 일은 여성 권리를 신장하는 데 촉매제 역할을 하였고, 세계 각국의 여성들이 스포츠를 통한 기쁨을 경험할 수 있도록 하였다. 결과적으로 여성의 스포츠 참가 기회 확대 과정은 느렸지만 지속적으로 진행되었던 것이다.

특징

첫째, 오륜기가 최초로 게양된 대회였다. 올림픽 기Olympic Flag가 등장하였다. 쿠베르탱 남작은 1913년 고대 그리스의 문화 유물에서 힌트를 얻어 5개로 얽힌 바퀴five interlace ring로 된 올림픽 기를 고안하였다. 쿠베르탱은 모든 국가의 국기를 살펴본 결과 어떤 나라의 국기나 다섯 가지 색깔 중 한 가지 색은 띠고 있다는 것을 알고, (좌에서 우로) 파랑blue, 노랑yellow, 검정black, 초록green, 빨강red의 링을 배치하였다고 한다. 다섯 개로 얽힌 바퀴는 전 세계 인류의 우정을 상징하였다.[186]

둘째, 선수 선서가 최초로 실시되었다. 앤트워프 올림픽대회를 통해 올림픽 기의 게양에 이어 두 번째로 확립된 전통은 선수 선서Athletes' Oath였다. 최초로 올림픽 대표 선수로서 선서의 영광을 안은 인물은 브왕Victor Boin이었다.

셋째, 올림픽대회 모토가 소개되었다. "더 빠르게, 더 높게, 더 힘차게 Citius, Altius, Fortius"라는 올림픽대회 모토가 소개되었다. 이 말은 원래 프랑스 파리의 앙리 디동Henri Didon 신부가 학생들의 럭비 훈련에 사용하였던 말이라고 알려져 있다.

---

186 Stan Greenberg, *The Guinness Olympics Fact Book*, p. 23.

7. 제8회 올림픽, 프랑스 파리Paris, 1924

개요

1924년 파리 올림픽은 1900년 파리 올림픽에 비하면 대성공이었다. 1900년의 대회 결과를 회상하며 제8회 파리 올림픽 조직위원회는 밤낮으로 준비하여 올림픽 개최를 성공으로 이끌었다. 이전의 다른 올림픽과 마찬가지로 파리 올림픽에서도 많은 문제가 발생하였다. 프랑스는 올림픽 개최 결과 2백만 프랑의 적자를 보았다. 스포츠에 대한 식견이 부족한 일부 프랑스 관중들이 불쾌한 행동을 일삼았고, 프랑스 관중과 다른 나라 관중들 사이에 언쟁과 충돌도 자주 발생하였다. 그리고 프로 선수에 대한 처리 문제가 IOC의 중요한 논의 대상으로 떠올랐다.[187]

특징

첫째, 대회 규정이 체계화된 대회였다. 1921년 스위스 로잔에서 올림픽대회 규정을 만들어야 한다는 의견이 대두되었다. 대회 종목은 공식 종목과 선택 종목, 시범 종목 등으로 정해졌다. 공식 종목은 육상, 체조, 복싱을 비롯한 13개 종목이었고, 선택 종목은 조직위원회가 선정한 축구, 하키, 농구, 요트 등이었다.

둘째, 4월부터 7월까지 봄과 여름 종목으로 나누어 개최하였다.

봄에 열린 것은 예술 경연, 럭비, 축구, 폴로, 사격, 펜싱 등 6개 종목이었고, 여름에는 육상, 수영, 수구, 조정, 복싱, 체조, 레슬링, 요트, 역도, 사이클, 승마, 근대5종, 테니스 등 13개 종목이었다.

---

187 Ibid.

8. 제9회 올림픽, 네덜란드 암스테르담Amsterdam, 1928

개요

네덜란드는 올림픽의 유치를 위해 많은 노력을 한 끝에 1928년 제9회 올림픽 개최권을 따내었다. 그러나 재정적인 문제가 큰 장애물로 부각되었다. 필요한 시설과 새로운 스타디움이 절대적으로 필요한 상황이었다. 이러한 문제에 대해 큰 걱정을 하게 되었다는 것은 올림픽에 대한 대중의 관심이 점차 커지고 있었다는 것을 의미하였다. 우여곡절 끝에 대회는 개막되었고, 독일은 제1차 세계대전의 전범국가로 몰려 참가하지 못하다가 16년 만에 다시 참가하게 되었다.

특징

첫째, 여자 육상이 공식 종목으로 채택된 대회였다. IOC는 제9회 대회를 앞두고 여자 육상 100m, 800m, 400m 계주, 높이뛰기, 원반던지기 등 5개를 공식 종목으로 채택하였다. 그 후 800m 경주만 여성에게는 무리라는 판단에 따라 제외되었다가 1960년 로마 올림픽대회부터 다시 채택되었다.

둘째, 종합경기장이 등장한 대회였다. 네덜란드는 재정적인 어려움을 극복하고 종합스포츠단지Sport Complex를 건설하였다.

셋째, 아시아 국가가 최초로 개인 종목 금메달을 딴 대회였다.

4,000여명의 관중이 지켜보는 가운데 인도의 하키팀은 네덜란드팀을 제압하여 첫 우승의 영광을 안았다. 그 이후 1956년 멜버른 대회까지 6연패하였다. 그리고 일본의 육상 세단뛰기 선수 오다 미키오가 아시아인으로서는 최초의 개인 종목 메달을 획득하였다. 일본은 네 번째 출전한 올림픽에서 금메달을 획득하는 성과를 거두었다.

9. 제10회 올림픽, 미국 로스앤젤레스Los Angeles, 1932

개요

1932년 로스앤젤레스 올림픽대회를 준비하던 미국은 대공황으로 난관에 봉착하였고, 유럽 대부분의 국가들도 여비 문제로 올림픽 참가를 주저할 수밖에 없는 상황이었다. 그러나 올림픽이 개막되자 남부 캘리포니아의 이상적인 기후 조건에다 열광적인 팬들도 등장하여 참가한 선수들에게 열렬한 환영의 박수와 격려를 보내었다. 역대 올림픽과 비교할 때 가장 웅장한 스포츠 축제가 펼쳐졌다. 10만 관중을 수용할 수 있는 콜로세움은 인파로 가득 찼고, 선수와 심판, 팬들의 상호 협조로 최상의 올림픽 정신을 보여준 대회였다.[188]

특징

첫째, 최초의 사진 판정이 이루어졌다. 육상경기에서 처음으로 사진 판독에 의한 순위 판정제도가 도입되었다. 남자 100m 결승에서 거의 동시에 골인하였으나 사진 판독 결과 차이를 확인할 수 있었다.

둘째, 우리 민족이 최초로 참가한 올림픽대회였다. 일제강점기여서 우리 선수들은 일장기를 달고 올림픽에 참가하여야 하였다. 당시 참가한 선수는 마라톤의 김은배金恩培, 권태하權泰夏, 복싱의 황을수黃乙秀 등이었다.

셋째, 올림픽대회 신조가 공인되어 사용되었다. 1908년 런던 올림픽대회의 스코어보드에 소개되었던 말이 LA 올림픽대회를 통해 올림픽 공식 신조信條로 자리 잡게 되었다. "인생에서 가장 중요한 것은 성공이 아니라 투쟁이듯이 올림픽에서 가장 중요한 것은 승리가 아니라 참가하는 것이다. 본질적인 것은 정복하는 것이 아니라 훌륭하게 싸우는 것이다"[189]라는 말이었다.

---

188 USOC, *Legacy of Gold*, p. 92.

10. 제11회 올림픽, 독일 베를린Berlin, 1936

개요

1936년 베를린 올림픽은 히틀러Adolf Hitler의 공포정치하에서 개최된 대회였다. 히틀러 정권은 나치의 우월성을 나타내 보이기 위해 올림픽을 철저히 이용하였다. 베를린 올림픽의 개최를 위해 두 명의 남자가 노력하였다. 독일 올림픽 위원회 위원장이었던 테오도어 레발트 박사Dr. Theodor Lewald와 당시 훌륭한 스포츠 역사가이기도 하였던 칼 딤 박사Dr. Carl Diem였다. 그들은 올림픽의 유치와 준비 과정에서 중요한 역할을 수행하였다. 베를린 올림픽은 역사상 기술적인 측면에서 가장 우수한 대회로 평가받았다. 그 전의 어떤 대회도 11회 올림픽의 거대한 범주를 능가하지 못하였다.[190]

특징

첫째, 최초의 성화 봉송 릴레이 제도가 탄생하였다. 독일 올림조직위원장이 된 칼 딤은 고대 올림픽의 발상지에서 베를린까지 소위 '올림픽의 불'을 채취하여 릴레이식으로 봉송하는 '성화 릴레이'를 제안하였다. IOC는 그 제안을 수용하였고, 이로써 올림픽 사상 최초의 성화 릴레이가 탄생하게 되었다.

둘째, 농구, 핸드볼, 카누 등이 채택된 대회였다. 베를린 올림픽대회는 49개국에서 4,066명의 임원과 선수가 참석한 역대 최대 규모의 올림픽이었다. 여자 선수의 수도 328명으로 늘어났다. 종목도 19개 종목에 달하였으며, 농구, 핸드볼, 카누가 공식 종목으로 처음 채택되었고, 전 대회에서 제외되었던 축구도 다시 포함되었다.

---

189 Stan Greenberg, *The Guinness Olympics Fact Book*, p. 36. 이 말은 사실상 1908년 7월 19일 세인트폴대성당에서 영국 국교회 회의에 참가한 펜실베이니아 주교 탈봇(Ethelbert Talbot)이 한 말과 7월 24일 쿠베르탱이 한 말이 조합된 것이었다. 그러나 1932년 LA 올림픽대회에서 "쿠베르탱의 말"로 알려져 왔다.

190 Ibid., pp. 286~290.

셋째, 올림픽에서 흑인 선수들의 활약이 두드러지기 시작하였다. 독일은 유태인과 유색인종을 박해하였으나 흑인 선수들이 등장하여 호기록을 내자 독일 언론들은 '검은 외인부대Black Auxilieris'라고 불렀다. 베를린 대회의 흑인 영웅은 100m, 200m, 멀리뛰기, 400mR에서 총 4개의 금메달을 목에 걸었던 제시 오웬스였다.

넷째, 한국의 손기정이 일장기를 달고 마라톤에서 우승한 올림픽이었다. 일제강점기 일본 선수단의 일원으로 베를린 올림픽대회에 참가한 인원은 8명이었으며, 그중 손기정과 남승용은 마라톤에서 각각 1위와 3위를 차지하였다. 쾌거였지만 공식적으로 조선의 메달은 아니었다.

제3절
제2차 세계대전 이후의 올림픽

1. 제14회 올림픽, 영국 런던London, 1948

개요

제2차 세계대전으로 제12회와 제13회 올림픽대회는 열리지 못하였다. 제14회 올림픽을 앞두고 동구 공산진영과 서구 자유진영 사이의 세력 다툼이 시작되었다. 동서 냉전 기류가 더욱 강하게 흘렀고, 민족적 대립으로 이스라엘이라는 국가를 중동에 건국한 유대민족이 런던 올림픽에 참가하기 위해 적극 노력하였다. 그러나 아랍 국가들의 반발로 IOC에서는 이스라엘에게 참가 자격을 주지 않았다.[191]

---

191 Official website of the Olympic Movement, 2007. 6. 19. www.olympic.org

특징

첫째, 전범국의 참여를 금지한 대회였다. IOC는 스포츠와 정치는 별개라는 IOC의 이념에 따라 제2차 세계대전이 끝나기 전에 항복한 점을 고려하여 이탈리아의 참가는 허락하였고, 독일과 일본에는 제재를 가하였다.[192]

둘째, 한국이 공식 최초로 하계 올림픽 무대에 등장한 대회였다. 우리 정부가 수립되기 전이었으나 산모리츠 동계 올림픽 파견에 이어 런던 올림픽에 처음으로 대표 선수를 파견하였다. 한국은 육상, 역도, 레슬링, 자전거, 축구, 농구 등 총 69명의 임원 및 선수를 파견하였다. 그중 권투 플라이급 한수안韓水安과 역도 미들급의 김성집金晟集이 각각 동메달을 획득하였다.

2. 제15회 올림픽, 핀란드 헬싱키Helsinki, 1952

개요

헬싱키 올림픽은 전 세계적으로 동서 이데올로기 대립이 점차 고조되는 상황에서 개최되었다. 미국과 소련이 냉전 상태에 있었고, 그러한 기류는 올림픽에서도 '스포츠 냉전Cold War of Sport'이라는 용어를 낳았다. 핀란드는 올림픽의 성공적인 개최를 위하여 올림픽 휴전협정을 선포하였지만 참가한 강대국들은 전혀 호응을 해 주지 않았다. 소련의 올림픽 등장으로 미소美蘇 간의 메달 경쟁이 본격화되기 시작한 올림픽이었다.

특징

첫째, 소련이 올림픽에 복귀한 대회였다. 소련은 처음으로 출전한 헬싱키 올림픽에서 금메달 22개를 획득하며 금메달 40개를 차지한 미국에 이어 일약 2위로 대회를 마쳤다. 소련의 참가로 올림픽은 더욱 정치화되었다. 소련

---

192 방광일, 앞의 책, p. 212 참조.

은 모든 참가 선수가 선수촌에 머무르되 소련 선수와 불가리아, 체코, 헝가리, 폴란드 등 위성국가들의 선수촌은 다른 나라와 분리하여 건립해 줄 것을 요구하였다.

둘째, 인간 기관차 자토펙이 위용을 과시한 대회였다. 자토펙Emil Zatopek은 제14회 런던 올림픽에 데뷔하여 10,000m에서 우승하였다. 헬싱키에 다시 모습을 드러낸 자토펙은 육상 5,000m, 10,000m에서 우승한 데 이어 마라톤에서도 우승함으로써 장거리 3종목을 석권하는 놀라운 기록을 달성하였다.

셋째, 최윤칠 선수가 마라톤에서 4위를 차지한 대회였다.

처음으로 마라톤에 출전한 자토펙은 2시간 23분 3초2라는 마라톤 신기록으로 우승하였다. 2위는 아르헨티나의 노르고였고, 3위는 스웨덴의 얀슨이었다. 한국의 최윤칠 선수는 얀슨에 이어 4위를 차지함으로써 한국 마라톤의 가능성을 보여 주었다.

제2차 세계대전 이후 하계 올림픽

횟수	개최 연월일	국가명	개최 지역	1위국	참가국	참가 인원	주요 사건
제14회	1948. 7. 29. ~ 8. 14.	영국	런던	미국	59	4,099	
제15회	1952. 7. 19. ~ 8. 3.	핀란드	헬싱키	미국	69	4,925	휴전협정
제16회	1956. 11. 22. ~ 12. 8.	호주	멜버른	소련	67	3,184	인종전쟁
제17회	1960. 8. 25. ~ 9. 11.	이탈리아	로마	소련	83	5,348	독일통합팀
제18회	1964. 10. 10. ~ 10. 24.	일본	동경	미국	93	5,140	
제19회	1968. 9. 12. ~ 10. 27.	멕시코	멕시코 시티	미국	112	5,530	마스코트 학생집회
제20회	1972. 8. 26. ~ 9. 11.	서독	뮌헨	소련	121	7,173	뮌헨대참사
제21회	1976. 7. 17. ~ 8. 1.	캐나다	몬트리올	소련	92	6,028	
제22회	1980. 7. 19. ~ 8. 3.	소련	모스크바	소련	80	5,217	미국 불참
제23회	1984. 7. 28. ~ 8. 12.	미국	LA	미국	140	6,797	소련 불참

횟수	개최 연월일	국가명	개최 지역	1위국	참가국	참가 인원	주요 사건
제24회	1988. 9. 17. ~ 10. 2.	대한민국	서울	소련	159	8,465	
제25회	1992. 7. 25. ~ 8. 9.	스페인	바르셀로나	EUN	169	9,367	독립국연합 (구소련)
제26회	1996. 7. 19. ~ 8. 4.	미국	애틀랜타	미국	197	10,318	100주년
제27회	2000. 9. 15. ~ 10. 1.	호주	시드니	미국	199	10,651	
제28회	2004. 8. 13. ~ 8. 28.	그리스	아테네	미국	202	18,553	

3. 제16회 올림픽, 호주 멜버른Melbourne, 1956

개요

자유진영을 표방하는 미국과 연합국, 사회주의를 대표하는 소련과 소련의 위성국가들 사이에 냉전의 골이 더욱 깊어 가는 상황에서 제16회 올림픽이 멜버른에서 개최되었다. 중동지역에서는 이집트의 나세르Nasser 대통령이 소련과 미국의 원조를 받는 양다리 정책을 펼쳐 미국에게 아스완 댐의 건설을 요청하며 수에즈 운하 봉쇄조치를 단행하였다. 그러자 영국, 프랑스, 이스라엘이 이집트에 군사 행동을 감행하게 되었고, 이로 인해 세계는 또 다른 전쟁의 위기를 맞았다. 남아공을 비롯한 아프리카 대륙에서는 백인우월주의 정책으로 흑인폭동이 일어났다. 케냐에서는 마우마우Mau Mau 폭동이 일어나 15,000명이 살해되는 참사를 낳았다. 복잡한 이데올로기의 충돌로 올림픽 도중에 선수단을 철수하는 국가들이 나타났다. 올림픽의 정치화가 진전되는 모습이 뚜렷하였다.

특징

첫째, 최초의 올림픽 보이콧 운동이 일어난 대회였다.

올림픽대회 기간 중 이집트, 스페인, 네덜란드, 중국, 이라크 5개국이 선수단을 철수하는 일이 일어났다. 중국은 대만의 올림픽 참가가 철수 이유였고, 이라크는 수에즈 운하 사태로 인해 이집트와 행동을 같이한다는 것이 철수 명분이었다.[193]

둘째, 동서독 단일팀이 참가한 대회였다. 동독과 서독은 3색기 중앙에 올림픽대회 마크를 넣은 국기를 참가 국기로 정하고 단일팀으로 출전하였다. 이데올로기를 초월한 올림픽 운동의 결실을 보여 준 사례였다.

셋째, 본격적인 미소 대결이 시작된 대회였다. 세계를 동서로 나눈 냉전 Cold War이 시작되자 헬싱키 올림픽대회부터 스테이트 아마추어리즘 정책을 펼치던 공산주의권의 대표 소련과 자유주의 진영의 전통 강호 미국이 올림픽을 통해 국력 대결 양상을 보였다. 그것은 자연히 메달 경쟁으로 이어졌다. 결국 소련이 두 번째로 참가한 올림픽에서 금메달 37개로 금메달 32개를 획득한 미국을 누르고 1위로 부상하였다.

넷째, 한국이 최초의 은메달을 획득한 대회였다. 한국은 임원 14명, 선수 35명을 파견하여 최초의 은메달을 획득하였다. 복싱의 송순천은 결승에 올라 서독 선수와 격전을 치른 끝에 판정으로 져 은메달을 안았고, 역도 라이트급의 김창희 선수가 동메달을 획득하였다.

4. 제17회 올림픽, 이탈리아 로마Rome, 1960

개요

로마 올림픽이 열릴 즈음 쿠바 카스트로Fidel Castro 대통령의 미사일 배치 사건, 미국의 소련 영공 정찰기 추락 사건 등으로 미소美蘇 양국은 외국인 학생, 외교관 등을 추방시키면서 더욱 깊은 냉전의 골로 빠져들고 있었다. 올림픽은 물론 모든 스포츠는 냉전의 도구로 활용되었다. 제2차 세계

---

193 Ibid., pp. 297~298.

대전 전범국인 독일은 동독과 서독으로 분단되어 있었으나 단일팀으로 출전하였다. 통일을 향한 기대가 높아졌지만 전체적인 정치적 소용돌이는 한층 강한 상태에서 올림픽이 개최되었다.

특징

첫째, 스포츠의 정치화 현상이 뚜렷해진 대회였다. 제17회 로마 올림픽대회1960. 8. 5. ~ 9. 11.는 쿠바의 카스트로Fidel Castro 정권이 탄생한 이후 미국과 소련 간의 심각한 대립 상황 속에 개최되었다. 그러한 상황에서 미국과 소련이 벌이는 올림픽에서의 경쟁은 많은 관심을 끌었다. 소련은 그들의 체제 우월성을 과시하기 위해 스포츠를 통해 선전전을 폈다. 국제적 평화의 유지와 우호의 증진이라는 올림픽의 이상理想은 보이지 않는 듯한 올림픽이었다.

둘째, 마라톤의 아베베와 복싱의 클레이가 출현한 대회였다. 로마 올림픽대회에서 가장 화제가 된 것은 무엇보다 '맨발의 영웅 아베베'가 출현한 것이었다. 무명 마라토너 아베베 비킬라Abebe Bikila는 맨발로 달려 우승을 차지하여 세상을 놀라게 하였다. 훗날 무하마드 알리Muhammad Ali로 개명하여 가장 위대한 복서로 남아 있는 카시우스 클레이Cassius Clay는 미국의 라이트 헤비급 선수로 출전하여 금메달을 차지하였다.

5. 제18회 올림픽, 일본 도쿄Tokyo, 1964

개요

세계 질서를 위해 경찰국가 노릇을 하겠다고 자처한 미국이 베트남전쟁에 관여하면서 막대한 인명과 재산 피해를 입었다. 중국은 첫 원자폭탄을 만들었다. 공산주의와 민주주의의 대립은 계속되었다. 인도네시아와 북한은 출전 정지된 선수들의 항의 표시로 올림픽에서 철수하였다. 그리고 인도네시아 수카르노 대통령은 모든 언론에 대하여 올림픽 관련 보도를 통제하였다. 이러한 국제 정세의 변화 속에 도쿄는 역대 올림픽 역사상 가장 많은 돈을 투자하여 완벽한 올림픽을 준비하였다. 완벽한 올림픽Perfect Olympic으로 불린 도쿄 올림픽의 성공적인 개최는 일본이 경제대국으로 성장하는 데 결정적인 역할을 하였다.

특징

첫째, 아시아 지역에서 개최된 최초의 올림픽이었다. 일본은 1940년 제12회 올림픽 개최지로 선정되었으나 제2차 세계대전으로 무산되었고, 패전국이 되어 국제 스포츠계에서도 축출당하였다. 그러나 1949년부터 스포츠 외교를 시작한 일본은 1959년 5월 23일 서독 뮌헨 IOC 총회에서 도쿄 올림픽 개최권을 따내었다.

둘째, 도쿄 올림픽은 경제 올림픽의 기원이 된 대회였다. 일본은 도쿄 올림픽을 세계적인 강국 건설의 계기로 삼았다. 그러한 계획은 차질 없이 진행되었고, 올림픽은 훗날 일본이 세계 경제 대국으로 성장하는 기반이 되었다.[194]

셋째, 유도가 공식 종목으로 선정되어 아시아 스포츠 문화의 세계화의 길을 연 대회였다. 일본은 자국의 국기國技였던 유도를 올림픽 공식 종목으로 채택해 줄 것을 제안하였고, IOC가 그 제안을 받아들임으로써 유도의 세계화에 박차를 가하였다.

6. 제19회 올림픽, 멕시코 멕시코시티Mexico City, 1968

개요

제19회 하계 올림픽대회1968. 9. 12.~10. 27.가 개최될 즈음 세계의 분위기

---

194 Official website of the Olympic Movement, 2007. 6. 19. www.olympic.org

는 매우 어지러웠다. 미국에서는 킹Martin Luther King 목사와 케네디Robert Kennedy가 암살되었고, 동남아시아, 아프리카, 중동에서는 생명과 재산을 약탈하는 사태가 일어났다. 소련 군대는 체코슬로바키아 유혈 반란을 총기로 진압하였다. 국제 정세가 불안정한 가운데 올림픽대회가 개최되었다. 올림픽 기간 중 인종차별의 문제가 심각하게 대두되었고, 멕시코에서는 올림픽 개최를 반대하며 150,000명의 학생들이 3일간 폭동을 일으켜 도시를 황폐화시켰다.

특징

첫째, 올림픽 마스코트가 등장한 대회였다. 19회 멕시코시티 올림픽1968. 9. 12.~10. 27.부터 올림픽을 상징하는 마스코트가 등장하였다. 마스코트는 '붉은 아메리카표범Red Jaguar'이었고, 이러한 전례는 1980년 동계 올림픽부터 하나의 제도로 자리 잡게 되었다.

둘째, 고지대에서 열린 올림픽으로 신기록에 영향을 주었다. 멕시코는 과거 개최지에 비하여 해발 고도가 높아 IOC는 선수들의 적응훈련 기간을 4주에서 6주로 늘려 주었다. 한편 산소가 희박하여 공기 저항이 줄어들기 때문에 신기록이 양산되는 결과를 낳았다. 예를 들어 남자 멀리뛰기에서 미국의 비몬Bob Beamon이 8.90m이라는 경이적인 기록을 세웠다.

셋째, 높이뛰기에서 처음으로 '플로프 스타일'을 선보인 대회였다. 높이뛰기에 출전한 미국의 포스베리D. Fusbery는 바깥쪽 발로 뛰어오르며 등을 바bar 쪽으로 향하게 돌아누운 뒤 머리부터 바를 넘어가는 후방뛰기 동작 Backward Motion으로 2.24m를 기록하며 금메달을 획득하였다. 그 후 배면뛰기는 '포스베리 플로프'로 불리게 되었다.

7. 제20회 올림픽, 독일 뮌헨Munich, 1972

개요

베트남 전쟁은 진행 중이었고 전 세계에는 이스라엘과 중동 국가들처럼 종교와 민족 갈등이 혼재하였다. 또한 인종갈등 역시 문제가 되면서 우간다 대통령 이디 아민은 우간다에서 모든 아시아인을 추방하였다. 올림픽 기간 중 아랍 게릴라들이 이스라엘 운동선수들에게 테러를 감행하여 17명이 사망하는 사건도 발생하였다. 1936년 나치 독일은 베를린 올림픽에서 유대인 및 유색인종 참여 배제를 시도하였다. 36년 후 유대인은 또 한 번 독일 땅에서 타깃이 되어야 하였다.[195]

특징

첫째, 뮌헨의 대학살극이 일어난 대회였다. 1972년 9월 5일 수류탄과 총기로 무장한 아랍 게릴라 8명은 이스라엘 선수촌으로 잠입하여 11명의 이스라엘인, 5명의 팔레스타인, 독일 경찰 1명 등 17명의 목숨을 앗아가는 학살극을 일으켰다. 자연히 올림픽은 축제의 장에서 공포와 두려움의 장으로 바뀌게 되었다.

둘째, 인종차별 문제가 극도로 부각된 대회였다. 뮌헨 대회가 임박해지면서 가장 큰 문제로 떠오른 것은 로디지아Rhodesia, 현 Zimbabwe의 참가 문제였다. 로디지아는 남아프리카공화국과 같이 흑인에 대한 인종차별이 극심한 나라였다. 많은 아프리카 국가들의 주장과 동유럽 국가들의 지지로 로디지아도 남아프리카공화국처럼 올림픽에서 축출되었다.

셋째, 수영에서 마크 스피츠가 7관왕에 오른 대회였다.

올림픽대회가 막을 올리자 열전이 벌어졌고, 바로 첫 주에 뮌헨 올림픽을

---

195 Mechikoff, op. cit., pp. 321~325.

지배한 영웅이 나타났다. 수영에 참가한 유태인 혈통의 미국 선수 마크 스피츠Mark Spitz였다. 그는 수영 개인 4종목과 계영 3종목에서 금메달을 획득하여 일약 7관왕에 올랐다.

8. 제21회 올림픽, 캐나다 몬트리올Montreal, 1976

개요

경제 논리와 무역 규모의 대소에 따라 국교 단절도 마다하지 않은 캐나다의 결정으로 올림픽에서 철수한 타이완의 문제, 남아프리카공화국을 고립시키려는 인종문제, 정치적 망명, 사회문제 등으로 몬트리올 올림픽은 혼란 속에서 개최되었다. 제20회 뮌헨 올림픽의 테러로 몬트리올 올림픽조직위원회는 안전보장에 각별한 조치를 취하였다. 이로써 역대 올림픽 중 테러로부터 가장 안전한 올림픽이 되었다. 하지만 삼엄한 경계로 선수들은 모두 교도소 생활과 같은 선수촌 생활을 해야만 하였다.

특징

첫째, 올림픽의 정치화가 가속된 대회였다. 제21회 캐나다 몬트리올 올림픽은 타이완 문제로 올림픽이 정치적·경제적 논리에 지배되어 요동친 대회였다. 타이완은 올림픽 중간에 선수단을 철수하고, 32개국 아프리카 선수단도 선수촌을 떠났다.

둘째, 동독이 미국을 앞지른 대회였다. 소련 및 동구 공산진영과 같이 동독은 소위 스포츠 엘리트 양성을 위한 국가주의 정책을 쓰면서 소련에 이어 메달 집계에서 미국을 앞서가기 시작하였다. 소련의 금메달 수는 49개, 동독 40개, 미국 34개로 서구 민주진영은 공산주의 국가에 밀리기 시작하였다.

셋째, 양정모가 한국 최초의 금메달을 딴 대회였다. 레슬링에서는 소련이 그레코로만형 7체급, 자유형 5체급을 석권하는 강세를 보이는 가운데 우리나라는 자유형 플라이급에서 전해섭 선수가 동메달을 따냈다. 이어 자유형 페더급에서 양정모 선수가 올림픽 참가 28년 만에 첫 금메달을 따내는 쾌거를 이룩하였다.

9. 제22회 올림픽, 소련 모스크바 Moscow, 1980

개요

소련의 아프가니스탄 침공으로 미국 정부는 대대적인 모스크바 올림픽 보이콧 운동을 펼쳤다. 미국 대통령 카터 Jimmy Carter 는 올림픽을 정치적·외교적 도구로 사용하여 가장 적은 정치적 부담과 비용으로 소련을 압박할 수 있었다. IOC의 반대에도 불구하고 보이콧 운동은 세계적으로 확대되었고, 결국 중국, 일본, 캐나다, 한국 등의 31개국이 참가를 거부하자 모스크바 올림픽은 반쪽의 잔치가 되었다.[196]

특징

첫째, 반쪽의 축제로 끝난 올림픽대회였다. 1980년 당시 IOC가 승인한 국가올림픽위원회 NOC는 145개였으나 입장식에 참가한 국가는 80개국에 불과하였다. 그 결과, 반쪽짜리 올림픽이 되고 말았다.

둘째, IOC의 권위가 급속히 추락한 대회였다. 킬라닌 위원장은 모스크바 올림픽대회 폐회식에서 올림픽이 정치적 목적에 이용되는 것을 강력히 비난하였지만 이미 IOC의 권위는 극도로 실추된 뒤였다.

---

196 USOC, *Legacy of Gold*, p. 108.

10. 제23회 올림픽, 미국 로스앤젤레스Los Angeles, 1984

개요

제22회 올림픽의 미국의 불참은 LA 올림픽에 소련과 동독, 쿠바 등이 불참하는 보복으로 나타났다. 올림픽은 냉전의 벽으로 활용되었고 정치적 선전 또한 수그러들지 않았다. 그러나 1932년 LA 올림픽 이후 52년 만에 다시 LA에서 열린 제23회 올림픽은 운영면에서 최첨단 기술과 스폰서, 자원봉사단 등 삼박자가 어우러져 상업적으로 대성공을 거둔 대회로 기록되었다.[197] 대다수의 공산국가의 불참 속에서 참가한 루마니아와 중국은 선전하였다. 한국 선수단 역시 금메달 6개, 은메달 6개, 동메달 7개를 획득하며 세계 스포츠 강국으로 부상하게 되었다.[198]

특징

첫째, 올림픽의 상업화가 급속히 진척된 대회였다. LA 올림픽 조직위원회는 ABC방송과 2억 8천 7백만 달러에 TV중계권료 계약을 체결하였다. 실로 25억의 시청자가 올림픽 방송을 시청하였다.[199] 결국 LA 올림픽은 민간자본의 도입이라는 상업주의적 발상으로 경제적인 측면에서 대성공을 거둔 대회였다.

둘째, 소련과 동구 공산진영이 올림픽 보이콧을 선언하였다. 1984년 5월 아테네로부터 뉴욕에 도착한 성화가 봉송 길에 오를 즈음 소련올림픽위원회는 "미국은 올림픽의 이상을 충분히 준수하지 않는다"라는 이유로 LA 올림픽 불참을 선언하였다.[200] 소련과 그 위성국가들은 미국이 주도한 모스

197　Ibid., p. 109.

198　정동구·하웅용,『체육사』, p. 150.

199　Stan Greenberg, The Guinness Olympics Fact Book, p. 83.

200　Betty Spears, Rechard A. Swanson, History of Sport and Physical Activity in United States, p. 382.

크바 올림픽 보이콧 운동에 대하여 앙갚음을 하였던 것이다.

셋째, 중국이 올림픽 무대에 복귀한 대회였다. 1979년 6월 IOC집행위원회는 중국 NOC를 중국올림픽위원회China Olympic Committee로 승인하고, 대만은 중국타이페이올림픽위원회China Taipei Olympic Committee로 승인하는 것으로 최종적인 결정을 내렸다.

넷째, 한국의 비약이 시작되었다. 비록 소련과 동구권 선수들이 불참한 대회였지만 한국은 284명의 선수단을 파견하여 레슬링G2, 유도G2, 복싱G1, 양궁G1 등과 같은 종목에서 금메달을 획득하여 올림픽 참가 사상 최고의 성적을 거두었다.

11. 제24회 올림픽, 대한민국 서울Seoul, 1988

개요

제24회 서울 올림픽은 대한항공 민간항공기 폭파사건, 북한의 미사일 전진 배치 등으로 테러의 위협을 완벽히 봉쇄하는 조치를 취한 상태에서 개최되었다. 또한 선수들의 약물 사용 여부를 철저히 규명한 대회였다. 모스크바 올림픽대회와 LA 올림픽대회의 올림픽 보이콧 사태로 빚어진 동서진영의 갈등을 극복한 완전한 올림픽이었다는 측면에서 역사적으로 매우 큰 의미를 갖는다. 12년 만에 동서양의 선수들이 한자리에 모여 23개 종목에서 열전을 벌였다.

특징

첫째, 12년만의 완전한 화합을 이룩한 올림픽이었다. 제22회 모스크바 올림픽대회와 제23회 로스앤젤레스 올림픽대회는 정치적인 이유로 소련, 동독, 미국 등이 올림픽 보이콧 운동을 벌여 반쪽 대회가 되었으나 1988년 서울 올림픽은 완전한 화합의 축제가 되었다.

둘째, 한국은 종합 4위라는 성적을 거두었다. 한국은 주최국으로서 23 개 전 종목에 출전하여 소련, 동독, 미국에 이어 종합 4위를 차지하였다. 특히 양궁에서 한국은 탁월한 성적을 거두었다. 여자 개인에서 1위, 2위, 3 위를 독차지하였으며, 남녀 단체전에서도 금메달을 획득하였다. 그리고 여 자 핸드볼팀은 올림픽 참가 사상, 구기 종목에서 첫 금메달을 획득하는 역사를 썼다.

셋째, 약물 복용 문제가 크게 부각된 대회였다. 남자 100m 경기 결승에 서 벤 존슨은 9초79라는 놀라운 기록을 수립하며 우승하였다. 그러나 이 틀 후인 9월 26일 도핑센터는 벤 존슨이 금지 약물 복용 사실을 발표하였 고, 다음 날 IOC는 벤 존슨의 금메달을 박탈하였다.

12. 제25회 올림픽, 스페인 바르셀로나Barcelona, 1992

개요

독일의 통일과 함께 세계는 탈이데올로기 무드가 움트기 시작하였고, 상 업주의적인 스포츠 문화가 급성장하고 있었다. 그러한 상황에서 제25회 바 르셀로나 올림픽은 IOC위원장이었던 사마란치Juan Antonio Samaranch의 고 향에서 열리게 되었다. 그의 영향력으로 개최권을 따내었다는 소문이 무성 하였다. 올림픽 유치에 성공한 스페인 올림픽조직위원회는 서울 올림픽대회 23개 종목에 배드민턴과 야구를 추가하여 25개 종목에 걸친 경기를 준비 하였으며, 대회는 성공적으로 끝났다.

특징

첫째, 프로 선수들이 등장한 대회였다. 아마추어리즘이 퇴색해가면서 상 업주의가 등장하더니 결국 프로 선수의 올림픽 출전이 허용되었다. 올림픽 의 수준을 상향 조정한다는 명분을 내세운 사마란치 위원장의 작품이었다.

둘째, 양궁의 경기 방식이 변경된 대회였다. 서울 올림픽대회까지는 양궁 경기는 그랜드피타Grand FITA 방식으로 진행되었으나 세계 양궁계를 지배하며 메달을 독식하는 한국을 견제하기 위해 관중의 흥미를 유발한다는 명목으로 올림픽라운드 방식을 도입하였다.

셋째, 한국이 배드민턴과 마라톤을 제패한 대회였다. 올림픽 사상 처음으로 도입된 배드민턴 종목에서 한국은 금메달 2개와 은메달 1개, 동메달 1개를 획득하였다. 마라톤에서는 황영조가 우승하며 '몬주익의 영웅'으로 불리게 되었다.

13. 제26회 올림픽100주년, 미국 애틀랜타Atlanta, 1996

개요

근대 올림픽 개최 100주년이 되는 상징적인 대회였다. 제26회 올림픽은 고도의 상업화 추세 속에 시작되었다. 방송사와 광고주들은 천문학적 방송중계료와 광고료를 지불해야만 하였다. 애틀랜타 올림픽대회는 고도의 상업적인 계산에 따라 시작되었고, 모든 행사는 그러한 맥락에서 추진되었다. 올림픽의 상업화commercialization가 극도에 달한 대회였다. 약물 복용 문제도 여전한 문제로 떠올랐다. 무명선수가 수영에서 여러 개의 메달을 획득한 후 약물 복용 사실이 드러나 큰 화제가 되었다. 약물 복용 등의 법률 분쟁을 대신할 12인의 스포츠중재재판소가 구성되었다. 그 위원회는 약물 복용 사건을 취급하게 되었다.

특징

첫째, 고도로 상업화된 올림픽이었다. 애틀랜타 올림픽대회는 197개국이 참가한 역사상 가장 규모가 큰 대회였으나 어느 대회보다 장삿속이 노골적으로 드러난 대회였다.

둘째, 프로 선수의 참가 폭이 넓어진 대회였다. 애틀랜타 올림픽대회에는 사이클링에 프로 선수의 출전이 허용되었고, 축구에서는 프로 선수 3명이 출전할 수 있되 23세 이하여야 한다는 나이 조항이 삭제되었다.

셋째, 미국의 칼 루이스가 올림픽 멀리뛰기 4연패를 달성한 대회였다. 로스앤젤레스 올림픽에서 혼자 4개의 금메달을 땄던 칼 루이스는 멀리뛰기에서 8.50m로 우승하며 멀리뛰기에서 네 번째 금메달을 획득하였다. 그로 인해 올림픽 사상 총 9개의 메달을 획득한 선수가 되었다.

14. 제27회 올림픽, 호주 시드니Sydney, 2000

개요

원주민의 시위, 오사마 빈라덴의 테러의 위협 속에서도 상업화, 컴퓨터 정보화 기술을 활용한 시드니 올림픽은 LA 올림픽을 벤치마킹하여 막대한 이익을 남겼다. 또한 급속도로 발달한 정보통신으로 인해 인터넷을 통하여 실시간으로 올림픽경기를 시청할 수 있었던 첨단 올림픽이었다. 시드니 올림픽에서는 약물 복용, 심판의 편파 판정이나 오심으로 인하여 부당하고 억울한 조치를 받은 선수들을 구제할 수 있는 중재재판기구를 설치하고 운용하였다.

특징

첫째, 약물 복용에 대한 경계가 강화된 대회였다. 시드니 올림픽대회에서는 선수 선서에 "약물의 힘을 빌리지 않겠다"라는 내용이 포함되었다. 올림픽에 출전하기 전 41명의 선수가 약물 복용 사실이 드러나면서 출전권을 박탈당하는 사태가 벌어졌다.

둘째, 태권도가 정식 종목으로 채택된 대회였다. 우리나라에서 조직화組織化된 태권도가 세계적으로 넓은 저변을 확보함으로써 올림픽 공식 종목으로 채택되었다. 우리 선수들은 금메달 3개를 획득하여 종주국으로서의 체면을 살렸다.

셋째, 최초로 남·북한 선수단이 동시에 입장한 대회였다. 2000년 9월 15일 남한과 북한의 대표 선수단은 KOREA라는 표지판, 백색 바탕에 하늘색 지도가 그려진 한반도기를 앞세우고 함께 입장하여 세계인의 박수갈채를 받았다.

15. 제28회 올림픽, 그리스 아테네Athens, 2004

개요

고대 올림픽의 발상지이자 1896년 제1회 근대 올림픽을 개최하였던 그리스 아테네는 2004년 8월 13일 두 번째로 제28회 하계 올림픽을 개최하였다. 그리스는 근대 올림픽 탄생 100주년을 기념해 1996년 올림픽 개최를 희망하였었지만 유일한 강대국으로 떠오른 미국의 상업 자본에 밀려 고배를 마셨다가 8년 후인 2004년 올림픽의 개최권을 따내게 되었다. 세기를 건너뛰어 열린 아테네 올림픽은 정치, 경제, 사회 모든 분야에 긍정적인 영향을 미친 스포츠 축제였다. 사상 처음으로 IOC 가맹국인 202개국이 모두 참가하여 역대 최대 규모를 기록하였다. 올림픽이 진정한 지구촌 축제로 자리잡은 모습이었다.[201]

특징

첫째, 육상 트랙 종목 최초의 동양인 금메달리스트가 출현한 대회였다. 아테네 올림픽 육상경기에서 남자 110m 허들에 출전한 중국의 류시앙劉翔 선수가 12초91로 올림픽 기록이자 세계 타이기록으로 우승하여 새로운 아시아의 역사를 썼다.

---

201 대한올림픽위원회, 2006, 국제부 자료 참조.

둘째, 수영계에 미국의 펠프스가 등장한 대회였다. 미국의 마이클 펠프스Michael Phelps는 남자 접영 100m, 200m, 개인혼영 200m, 400m, 계영 800m, 혼계영 400m에서 우승하여 총 6개의 금메달을 획득하였다. 그의 기록은 1972년 뮌헨 올림픽 수영 7관왕에 오른 마크 스피츠에 이은 놀라운 것이었다.

제4절

동계 올림픽

1908년 제4회 런던 하계 올림픽에 피겨 스케이팅이 채택되고, 1920년 제7회 앤트워프 올림픽대회 때 피겨 스케이팅과 아이스하키가 올림픽 공식 종목으로 채택되면서 동계와 하계 올림픽이 분리 개최되어야 한다는 의견이 나왔다. 쿠베르탱은 동계 스포츠가 세계적으로 보급되지 않은 점을 들어 반대하는 입장을 취하였다. 그러나 1922년 폴리냐크Marquis Melechior de Polignac IOC위원의 제안을 받아들여 동계 올림픽 종목에 관심을 갖는 관계자만 참석한 회의가 열렸다. 그 회의에서 동계 올림픽 개최 건이 표결 처리되었고, 1924년 제1회 대회가 개최되었다.

동계 올림픽대회

횟수	개최 연월일	국가명	개최 지역	1위국	참가국	참가인원 (여)
제 1 회	1924. 1. 25. ~ 2. 4.	프랑스	샤모니	노르웨이	16	294(13)
제 2 회	1928. 2. 11. ~ 2. 19.	스위스	산모리츠	노르웨이	25	495(27)
제 3 회	1928. 2. 4. ~ 2. 15.	미국	레이크플래시드	미국	17	306(32)
제 4 회	1936. 2. 6. ~ 2. 16.	독일	가르미쉬-파르텐키르헨	노르웨이	28	755(80)
제 5 회	1948. 1. 30. ~ 2. 8.	스위스	산모리츠	노르웨이	28	713(77)
제 6 회	1952. 2. 14. ~ 2. 25.	노르웨이	오슬로	노르웨이	30	732(109)
제 7 회	1956. 1. 26. ~ 2. 5.	이탈리아	코르티나담초페	소련	32	819(132)
제 8 회	1960. 2. 18. ~ 2. 28.	미국	스쿼벨리	소련	30	665(144)
제 9 회	1964. 1. 29. ~ 2. 9.	오스트리아	인스부르크	소련	36	1,186(200)
제10회	1968. 2. 6. ~ 2. 18.	프랑스	그레노블	노르웨이	37	1,293(212)
제11회	1972. 2. 3. ~ 2. 13.	일본	삿포로	소련	35	1,232(217)
제12회	1976. 2. 4. ~ 2. 15.	오스트리아	인스부르크	소련	37	1,128(228)
제13회	1980. 2. 13. ~ 2. 24.	미국	레이크플래시드	소련	37	1,067(234)
제14회	1984. 2. 8. ~ 2. 19.	유고슬라비아	사라예보	동독	49	1,278(276)
제15회	1988. 2. 13. ~ 2. 28.	캐나다	캘거리	소련	57	1,428(315)
제16회	1992. 2. 8. ~ 2. 23.	프랑스	알베르빌	독일	64	1,801(488)
제17회	1994. 2. 20. ~ 2. 6.	노르웨이	릴레함메르	러시아	67	1737(522)
제18회	1998. 2. 7. ~ 2. 22.	일본	나가노	독일	72	2,176(787)
제19회	2002. 2. 8. ~ 2. 24.	미국	솔트레이크시티	독일	77	2,399(886)
제20회	2006. 2. 10. ~ 2. 26.	이탈리아	토리노	독일	80	2,508(960)

자료출처 *The Guinness Olympics Fact Book*(1991), Official website of the Olympic Movement, www.olympic.org

1. 제1회 올림픽, 프랑스 샤모니Chamonix, 1924

개요

1924년 1월 25일부터 2월 5일까지 열린 제1회 동계 올림픽대회는 16개국에서 294명의 임원 및 선수가 참가한 가운데 예상외의 성공을 거두었다. 대회 종목은 남자 노르딕 스키15km, 50km, 점프, 복합, 스케이팅남자 스피드 4종, 피겨스케이팅남녀 싱글, 페어, 아이스하키, 봅슬레이4인승 등이었다.

특징

첫째, 동계 올림픽이 또 하나의 인류 축제가 될 수 있는 가능성을 보인 대회였다. 쿠베르탱은 자신의 올림픽에 대한 회상에서 동계 대회가 완벽한 승리를 안겨 주었다고 말하였다. 첫 대회의 성공으로 샤모니 동계 올림픽은 1926년 리스본에서 열린 IOC총회에서 제1회 대회로 승인되었다.

둘째, 북유럽 국가들의 잔치가 된 대회였다. 노르웨이, 핀란드, 오스트리아, 스위스 등 북유럽 국가들이 강세를 보였다.

2. 제2회 올림픽, 스위스 산모리츠St. Moritz, 1928

개요

동계 올림픽대회는 하계 대회를 개최한 국가가 유치하도록 되어 있었기 때문에 네덜란드에서 제2회 대회가 개최될 예정이었으나 네덜란드가 여건을 갖추지 못하여 산모리츠St. Moritz로 결정되었다. 경기 종목은 스키노르딕, 스케이팅스피드, 피겨, 아이스하키, 봅슬레이, 스켈레톤Skeleton 등이었다.

특징

첫째, 대회 운영 수준이 매우 낮은 대회였다. 스피드 스케이팅 500m 경기에서 5개의 메달이 수여되는 진풍경이 나타났다. 수동 계시의 문제점으로 인한 결과였다.

둘째, 소니아 헤니Sonja Henie라는 피겨의 요정이 등장한 대회였다. 소니아는 제1회 대회에서 꼴찌를 하였으나 이 대회에서는 15세의 나이로 금메달을 차지하였다. 그녀의 올림픽 최연소 금메달 기록은 74년간이나 유지되었다.

3. 제3회 올림픽, 미국 레이크플래시드Lake Placid, 1932

개요

초창기 동계 올림픽대회는 하계 대회를 개최한 국가가 유치하도록 되어 있었기 때문에 원칙대로 미국에서 동계 올림픽대회가 개최되어야 할 사정이었다. 그러나 미국은 대공황으로 인해 개최 여건이 좋지 않았고, 유럽에서 미국까지 거리상의 문제로 많은 선수들이 참가하지도 못하였다.

특징

첫째, 피겨 스케이팅 사상 처음으로 실내 링크가 등장한 대회였다. 레이크플래시드 올림픽은 이상 고온으로 인하여 스키 종목에는 문제가 많았으나 피겨 스케이팅의 경우 실내 링크에서 실시되어 한층 안정감을 주었다.

둘째, 하계와 동계 올림픽을 석권한 선수가 탄생한 대회였다.

봅슬레이는 6개 종목 중 4개 종목을 미국팀이 석권하였다. 미국의 이건 Eddie Egan은 대회 3주 전에 봅슬레이를 처음 탔지만 4인승경기에서 우승하였다. 그는 1920년 하계 올림픽 복싱 라이트헤비급 금메달리스트였다.

4. 제4회 올림픽, 독일 가르미쉬-파르텐키르헨 Garmisch-Par tenkirchen, 1936

개요

1931년 제11회 동계 올림픽대회 개최지가 베를린으로 확정되자 IOC 규정에 따라 독일은 자연히 동계 올림픽대회도 개최해야만 하였다. 독일은 오스트리아에 가까운 가르미쉬와 파르테키르헨 등 2개의 작은 마을을 개최지로 선정하였고, 1933년 히틀러 정권이 등장하여 동계 올림픽 시설을 완공하였다. 그러나 나치스가 범국민적인 노력을 기울여 대회를 준비하였지만 1월 이후 눈이 2~3차례밖에 내리지 않아 슬로프 상태가 진흙탕과 비슷한 정도였다.

특징

첫째, 알파인 종목이 처음으로 채택된 대회였다. 알파인 스키가 공식 종목으로 채택되었으나 오스트리아와 스위스의 스키 지도자들은 아마추어가 아니라 프로라고 판정하여 IOC가 그들의 참가를 불허하자 두 나라 전체 선수들이 보이콧을 선언하였다. 그러한 갈등으로 1940년 스키 종목은 다시 동계 올림픽에서 제외되었다.

둘째, 영국이 아이스하키에서 금메달을 따는 이변을 연출한 대회였다. 아이스하키는 캐나다와 미국이 강세였으나 뜻밖에 영국이 금메달을 차지하는 이변을 연출하였는데, 영국팀 13명 중 11명은 캐나다 출신들이었다.

5. 제5회 올림픽, 스위스 산모리츠 St. Moritz, 1948

개요

1936년 IOC는 1940년 제5회 동계 올림픽대회를 일본 삿포로 Sapporo에서 개최하기로 결정해 둔 상태였으나 중일전쟁으로 자동 반납되었고, 전쟁으로 1940년과 1944년 동계 올림픽은 열리지 못하였다. 1948년 산모리츠 동계 올림픽대회는 하계 올림픽대회 개최국에 동계 올림픽 개최권을 우선적으로 배정한다는 IOC 규정이 무너진 대회였다. 1939년 IOC는 그러한 규정에 무리가 따른다는 견해를 수용하고 전쟁 직후의 혼란으로부터 비교적 자유로운 산모리츠를 개최지로 결정하게 되었다.

특징

첫째, 두 개의 미국팀 논란이 벌어진 대회였다. 올림픽에는 각국의 올림픽위원회를 통해 참가 신청을 하게 되어 있었지만 미국에는 미국 올림픽위원회가 승인하지 않은 미국아마추어하키협회AHA에 속한 팀이 있었고, 그 팀이 국제하키협회IHF의 추천으로 올림픽에 참가함으로써 미국은 두 팀이 출전하게 되었다.

둘째, 한국이 최초로 참가한 올림픽대회였다. 일제강점기를 벗어나 정부를 수립한 대한민국은 최초로 올림픽에 태극기를 단 선수단을 파견하였다. 대한민국이 최초로 참가한 대회가 흔히 런던 올림픽으로 알려져 있지만 동계와 하계를 통틀어 보면 한국이 최초로 참가한 것은 제5회 산모리츠 동계 올림픽대회이다.

6. 제6회 올림픽, 노르웨이 오슬로Osolo, 1952

개요

1947년 6월 스웨덴에서 개최된 IOC 총회에서 압도적인 지지로 제6회 동계 대회 개최지로 오슬로Oslo가 결정되었다. 대회조직위원회는 스키알파인, 노르딕, 스케이팅스피드, 피겨, 아이스하키, 봅슬레이 등의 경기를 하기로 결정하였다.

특징

첫째, 최초의 성화 릴레이가 시작된 대회였다. 동계 대회 조직위원회는 오슬로 대회부터 성화 봉송 릴레이를 하기로 결정하고, 근대 스키의 아버지 노르트하임Sondre Nordheim이 태어난 곳에서 채화를 하였다.

둘째, 스키점핑ski jumping이 관중 스포츠로 자리를 잡은 대회였다. 오슬로 근처의 홀멘콜렌Holmenkollen에서 개최된 스키점프경기에 15만 명의 엄청난 관중이 몰려들어 동계 올림픽대회 관중 수에서 대기록을 세웠다.[202]

7. 제7회 올림픽, 이탈리아 코르티나담페초Cortina d'Ampezzo, 1956

개요

1949년 로마 IOC총회에서 제16회 동계 올림픽대회 개최지는 이탈리아의 코르티나담페초Cortina d'Ampezzo로 결정되었다. 코르티나담페초 올림픽에서는 소련이 동계 스포츠 강국으로 부상하였다. 일본도 최초의 메달을 손에 쥔 대회였다.

특징

첫째, 소련이 동계 올림픽 강자로 급부상한 대회였다. 1952년 제15회 헬싱키 하계 올림픽에 처녀 출전하였던 소련은 동계 올림픽에도 출전하여 총 7개의 금메달로 기존의 강자들을 제치고 최고의 성과를 거두었다.

둘째, 스포츠 과학의 성장이 엿보인 대회였다. 소련은 속도를 위해 얼음의 질을 측정할 수 있는 장비를 소지하고 참가하였다. 이를 본 임원들은

---

202 Stan Greenberg, *The Guinness Olympics Fact Book*, p. 45.

"소련의 스포츠 과학이 노르웨이의 전통을 깼다"라고 말하였다.[203] 스피드 스케이팅 2관왕이 된 소련의 그리신Yevgeni Grishin은 과학적인 훈련을 받고 출전한 것으로 알려졌다.

8. 제8회 올림픽, 미국 스쿼벨리 Squaw Valley, 1960

개요

1955년 프랑스 파리에서 개최된 IOC 총회에서 이름도 생소한 미국의 스쿼벨리가 오스트리아의 인스부르크Innsbruck를 누르고 1960년 제8회 동계 올림픽대회 개최지로 선정되었다. 1960년 2월 18일 화려한 개막식이 열렸고, 올림픽대회 사상 처음으로 TV중계가 이루어졌다.

특징

첫째, 바이애슬론이 경기 종목으로 등장한 대회였다. 스쿼벨리 올림픽대회 종목은 스키알파인, 노르딕, 스케이팅피겨, 스피드, 아이스하키, 바이애슬론 등 4종류였다. 대회조직위원회는 계속 공식 종목에 포함되어 왔던 봅슬레이를 제외하고 바이애슬론을 포함시켰다.

둘째, 미국이 아이스하키의 강자로 등장한 대회였다. 미국 전역에 중계된 아이스하키 시합에서는 소련, 캐나다, 체코팀이 접전을 벌일 것으로 예상하였으나 미국이 4전 전승으로 우승하며 새로운 강자로 떠올랐다.

9. 제9회 올림픽, 오스트리아 인스부르크Innsbruck, 1964

개요

1959년 5월 서독 뮌헨 IOC총회에서 제9회 동계 올림픽 개최지로 인스부

---

203 방광일, 앞의 책, p. 246.

르크가 선정되었다. 오스트리아 티롤 주州의 인스부르크는 동계 스포츠의 중심지였고, 거기서 열린 제9회 동계 올림픽은 가장 성공적인 대회로 기록되었다. 그러나 어려움과 불상사도 있었다. 눈이 내리지 않아 설질雪質이 나쁜 상태에서 영국 선수 1명과 호주 선수 1명이 경기 중에 숨지는 사고가 발생하였다. 모든 선수들은 올림픽대회 기간 중 검은 리본을 착용하고 시합에 임해야 하였다.

특징

첫째, 북한이 올림픽대회 무대에 처음으로 진출한 대회였다. 북한은 노스 코리아North Korea라는 국명으로 동계 올림픽에 참가하였다. 북한 NOC는 1963년 서독 바덴바덴 IOC 총회에서 인정을 받게 되었다.[204]

둘째, 북한의 한필화韓弼花가 아시아 최초의 메달리스트가 된 대회였다. 북한의 한필화는 남자 스피드 스케이팅 3,000m에서 소련선수들과 각축을 벌인 끝에 공동 2위를 하여 은메달을 획득하였다.

10. 제10회 올림픽, 프랑스 그르노블Grenoble, 1968

개요

프랑스는 1924년에 샤모니 동계 올림픽대회를 치른 후 44년 만에 다시 눈과 얼음의 축제를 주관하게 되었다. 프랑스의 드골Charles de Gaulle 대통령은 동계 올림픽대회를 위해 아낌없이 투자하였다. 그러나 개회식 전날 폭우가 쏟아졌고, 알프스엔 눈이 지나치게 많이 내려 연습을 할 수 없을 정도여서 대회조직위원회는 대회 진행에 큰 어려움을 겪었다.

---

204 상세한 것은 방광일, 앞의 책, p. 286 참조.

특징

첫째, 알파인 스키어의 대명사 킬리가 등장한 대회였다. 피겨 스케이팅에서는 미국의 여자선수 플레밍Peggy Fleming이 경쾌한 연기로 찬사를 받으며 금메달의 주인공이 되었다. 장클로드 킬리Jean-Claude Killy는 알파인 3관왕에 오르며, 일약 프랑스의 영웅이 되었다.

둘째, 아마추어 문제가 다시 급부상한 대회였다. 아마추어 선수들의 규정과 행동강령에 대한 문제가 제기되어 IOC와 국제스키연맹FIS은 스키 용품의 상표 표시 문제로 갈등을 겪다가 사진을 찍을 때 용품을 들지 않고 촬영하는 선에서 타협을 보아 갈등은 봉합되었다.

11. 제11회 올림픽, 일본 삿포로Sapporo, 1972

개요

일본은 1966년 이탈리아 로마 IOC 총회에서 삿포로 개최권을 따내었다. 1972년 2월 3일 약 50,000명의 관중이 지켜보는 가운데 개회식이 열렸고, 스키, 스케이팅, 아이스하키, 바이애슬론, 봅슬레이, 루지 등 6개 종목에 걸쳐 열전이 펼쳐졌다. 일본은 스키 점핑에서 1위, 2위, 3위를 독차지하는 성과를 거두었다.

특징

첫째, 아마추어와 샤마추어의 구분 논란이 격화된 대회였다. 삿포로 동계 올림픽대회는 아마추어리즘 문제가 다시 도마에 올라 논란이 많았던 대회였다. 오스트리아의 스키 선수 슈란츠Karl Schuranz가 대회 3일 전 참가 봉쇄조치를 당하였다. 유명선수였던 그가 스키 제조회사의 제품을 써 주는 대가로 연간 60,000달러의 수입을 챙기고 있었기 때문이었다. 브런디지 IOC위원장은 슈란츠를 '달리는 광고탑'이라고 비난하며 샤마추어리즘 Shamateurism과의 전쟁을 선포하였다.

둘째, 네덜란드의 센크Ard Schenk라는 스타가 등장한 대회였다. 삿포로 동계 올림픽대회에서 전 세계 언론과 관중의 시선이 집중된 종목은 스피드 스케이팅 1,500m, 5,000m, 10,000m 경기였다. '나는 더치맨Flying Dutchman'이라는 별명을 가졌던 센크는 이 3종목에서 우승함으로써 20년 만에 동계 올림픽 3관왕이 되는 영예를 차지하였다.

12. 제12회 올림픽, 오스트리아 인스부르크Innsbruck, 1976

개요

1970년 5월 네덜란드 암스테르담 IOC 총회에서 제12회 동계 올림픽대회 개최지는 미국의 덴버Denver로 확정되었으나 시민연합의 반대로 반납하게 되었는데 킬라닌 IOC위원장은 집행위원회를 소집하여 인스부르크를 개최지로 재선정하였다. 뮌헨 올림픽대회에서 테러가 발생한 이후 5,000명의 경찰이 투입되는 삼엄한 경비 속에서 올림픽대회가 개최되었다. 인스부르크 동계 올림픽은 갖가지 이변을 연출한 대회였다.

특징

첫째, 스키 종목에서 이변이 속출한 대회였다. 동계 올림픽대회는 언제나 북유럽 국가들의 축제로만 여겨져 왔다. 그러나 인스부르크 대회에서는 소련 선수Sergei Saveliev와 미국 선수Bill Koch가 1위, 2위를 차지하였고, 노르딕 복합경기에서는 동독의 베링Ulrich Wehling이 삿포로 대회에 이어 2연패連霸를 달성하였다. 알파인 여자 활강 대회전과 회전경기에서는 독일의 미터마이어 Rosi Mittermaier가 금메달을 획득하여 신데렐라가 되었다.

둘째, 피겨 스케이팅 채점 방식이 변경된 대회였다. 피겨 스케이팅은 규정

종목과 자유 종목에서 50%의 똑같은 점수를 주어 왔으나 이 대회부터 규정 40%, 쇼트 프로그램 20%, 자유종목 40%로 채점하는 새로운 방식이 도입되었다.

13. 제13회 올림픽, 미국 레이크플래시드Lake Placid, 1980

개요
1932년 제3회 동계 올림픽대회 개최지였던 레이크플래시드는 새로운 시설을 확보하고 48년 만에 다시 동계 올림픽대회를 개최하게 되었다. 가장 주목을 끄는 것은 점프대였다. 그 이전 대회까지는 70m, 90m 점프대가 따로 설치되었으나 동시에 설치하는 전례를 만들었다. 그 이후로 동계 올림픽에서는 단일 점프대에서 경기를 벌이게 되었다.

특징
첫째, 아마추어리즘의 쇠퇴와 프로 선수의 올림픽 출전 가능성이 엿보인 대회였다. 1974년 오스트리아 비엔나 IOC총회에서 아마추어 규정의 적용에 융통성을 발휘하자는 제안이 수용되었다. 선수들은 광고행위를 할 수 없게 되어 있었으나 NOC나 국제경기연맹, 국내경기연맹이 허용할 경우 상표가 부착된 복장을 착용하는 것을 허용하였다.

둘째, 에릭 하이든이 등장한 대회였다. 미국의 하이든Eric Heiden은 뛰어난 체력과 흔들리지 않는 냉철함으로 남자부 스피드 스케이팅 500m, 1,000m, 1,500m, 5,000m, 10,000m 등 5개 종목에서 금메달을 따내어 미국이 차지한 6개의 금메달 중 혼자서 5개를 확보하는 놀라운 성과를 거두었다.

14. 제14회 올림픽, 유고슬라비아 사라예보Sarajevo, 1984

개요

제14회 사라예보 동계 올림픽대회의 개최는 1978년 5월 아테네 IOC총회에서 결정되었다. 사라예보는 일본 삿포로와 경쟁한 끝에 결선에서 과반을 확보하여 개최권을 따내었다. 인구 약 50만의 사라예보는 1914년 오스트리아 황태자 페르디난드 부부가 세르비아 자객에 의해 암살되면서 제1차 세계대전의 도화선이 되었던 도시였다. 그러나 1978년에는 세계인의 눈과 얼음 축제장이 되었다.

특징

첫째, 동독의 전력이 급부상한 대회였다. 하계 올림픽대회에서 급성장을 보이던 동독은 동계 대회에서도 급속한 기량의 향상을 보여 주며 종합 메달 집계에서 1위에 올랐다.

둘째, 알파인 스키에서 미국의 활약이 두드러진 대회였다. 미국의 쌍둥이 선수 형 메어 필Mahre Pjil과 동생 스티브Mahre Steve가 남자 회전경기에서 1위와 2위를 차지하며 세계인의 관심을 끌었다.

15. 제15회 올림픽, 캐나다 캘거리Calgary, 1988

개요

제15회 캘거리 동계 올림픽대회의 개최는 1981년 9월 서독 바덴바덴 IOC총회에서 결정되었다. 캘거리는 1959년 제9회1968 대회 개최권 확보 경쟁에 돌입하였으나 실패하였다. 그 이후 제10회와 제11회 대회 유치 경쟁에도 나섰으나 매번 탈락의 고배를 마시다가 22년 만에 다시 유치 경쟁에 뛰어들어 성공을 거두었다.

특징

첫째, 대회 종목의 증가로 대회기간이 12일에서 16일간으로 연장된 대회였다. 동계 스키 종목에 알파인 슈퍼대회전과 복합이 추가되어 5종목으로 늘어나는 등 종목의 증가에 따라 대회기간이 연장되었다.

둘째, 스피드 스케이팅경기가 사상 최초로 실내에서 열린 대회였다. 동계 올림픽대회 사상 처음으로 올림픽 오벌Olympic Oval에서 개최되었다. 이 대회에서 한국의 배기태 선수가 5위로 입상하여 한국 빙상의 가능성을 열었다.

16. 제16회 올림픽, 프랑스 알베르빌Albertville, 1992

개요

제16회 알베르빌 동계 올림픽대회의 개최지는 1986년 10월 스위스 로잔 IOC총회에서 결정되었다. 대회 종목은 스키, 스케이팅, 아이스하키, 바이애슬론, 봅슬레이 등 6종목으로 전 대회와 큰 차이가 없었으나 세부 종목에서 스키의 크로스컨트리와 모글Mogul, 스케이팅에서 쇼트트랙 종목 등이 추가되어 전체적으로 세부 종목이 11개 더 늘어났다. 그리고 다음 동계 올림픽을 2년 후에 개최하기로 하고 4년마다 독자적인 주기를 갖게 되었다.

특징

첫째, 새로운 신생국들이 많이 출전한 대회였다. 소련이 붕괴되고, 동독과 서독이 통일되었으며, 유고슬라비아의 내전으로 크로아티아, 슬로베니아 등과 같은 신생국과 구소련에서 독립한 리투아니아, 라트비아, 에스토니아 등과 같은 새로운 나라들이 탄생하여 동계 올림픽대회에 참여하였다.

둘째, 쇼트트랙 종목을 통해 사상 최초로 한국이 금메달을 획득한 대회였다. 스피드 스케이팅에 참가한 김윤만金潤萬은 처음으로 은메달을 획득하여 한국 빙상경기 역사에 기념비적인 업적을 쌓았다. 1948년 산모리츠 올림픽에 처음 참가한 이래 48년 만의 숙원이 이루어진 것이었다. 그리고 새롭게 추가된 쇼트트랙에서 1,000m에 출전한 김기훈 선수가 금메달, 이준호 선수가 동메달을 차지하였고, 5,000m 릴레이에서 우승함으로써 금메달 2개와 동메달 1개를 추가하였다. 한국은 결국 사상 최초의 금메달 2개와 은메달 1개, 동메달 1개를 획득하여 일약 메달 순위 10위에 올랐다.

17. 제17회 올림픽, 노르웨이 릴레함메르Lillehammer, 1994

개요

제17회 동계 올림픽대회는 1986년 10월 스위스 로잔 IOC총회에서 동계 올림픽 개최 주기를 변경하게 되었다. 1984년 LA 하계 올림픽대회 이후 올림픽을 통해서 수익을 올릴 수 있다는 것을 확신하게 된 IOC는 올림픽을 사업화하려는 계획을 세우게 되었다. 그러한 배경에서 1992년 동계 대회 이후 2년 만인 1994년에 동계 올림픽대회를 개최하기로 하였으며, 1988년 서울 IOC총회에서 노르웨이의 릴레함메르가 제17회 동계 올림픽 개최지로 선정되었다.

특징

첫째, 친환경 올림픽을 지향한 대회였다. 1952년 오슬로 동계 올림픽대회를 개최하였던 노르웨이는 두 번째 축제를 준비하였다. 올림픽의 성격을 그린 앤드 화이트Green and White, 즉 깨끗한 올림픽으로 정하였다.

둘째, 한국이 쇼트트랙 종목 최강국으로 등장한 대회였다. 한국은 금메달 4개로 종합순위 6위를 기록하였다. 그것은 오직 쇼트트랙 종목에서만 획득한 것이었다. 남자 1,000m김기훈, 여자 3,000m 릴레이김소희, 전이경, 원혜경, 김윤미, 남자 500m채지훈, 여자 1,000m전이경 등 4종목에서 금메달을 획득하였다.

18. 제18회 올림픽, 일본 나가노Nagano, 1998

개요

일본은 1972년 삿포로에 이어 제18회 나가노 동계 올림픽 유치에 성공하였다. 나가노 대회에서는 컬링Curling, 여자 아이스하키, 스노보드Snowboard 등이 정식 종목으로 추가되었다. 그리고 아이하키에서 미국 내셔널 하키 리그 선수들의 출전이 허가되었으나 프로 피겨 선수들의 출전은 봉쇄되었다.

특징

첫째, 한국이 쇼트트랙 최강국의 위치를 유지한 대회였다. 한국은 쇼트트랙 스피드스케이팅에 출전해 여자 3,000m 계주, 남자 1,000m김동성, 여자 1,000m전이경에서 우승하여 3개의 금메달을 확보하였다.

둘째, 일본의 빙상이 큰 성장을 보인 대회였다. 일본은 아시아 국가로서 스피드스케이팅 400m에서 시즈미 히로야스가 일본 빙상 사상 최초의 금메달을 획득하였다. 그리고 쇼트트랙과 점프에서도 금메달을 추가하였다.

19. 제19회 올림픽, 미국 솔트레이크시티Salt Lake City, 2002

개요

제19회 솔트레이크시티가 동계 올림픽대회 개최지로 선정된 것은 1995년 6월 헝가리 부다페스트 IOC총회 때였다. 그러나 후에 불거진 뇌물 제공설이 사실로 밝혀졌다. 비리에 연루된 위원들은 수만 달러의 현금을 받은 것으로 드러났다. 그로 인해 IOC의 권위는 심각하게 실추되었다. 결국 4명의 위원이 위원직을 사임하였다.

특징

첫째, 스피드 스케이팅에 세계 신기록이 쏟아진 대회였다. 남자 스피드 스케이팅에서 네덜란드의 반벨데Gerald Van Velde가 세계 신기록을 수립하였으며, 5,000m에서도 네덜란드의 위드하시Jochem Uytdehage가 신기록을, 여자 1,000m에서는 미국의 위터Chris Witty, 여자 3,000m에서는 독일의 페흐슈타인Claudia Pechstein이 신기록을 세웠다.

둘째, 인종의 장벽이 무너졌다. 봅슬레이경기에서 미국의 육상선수 출신인 플라워스Vonetta Flowers·베큰Jill Bakken조는 여자 2인승에서 우승함으로써 동계 올림픽대회 사상 처음으로 흑인 금메달리스트가 되어 인종의 벽을 깨는 기록을 수립하였다.

셋째, 모호한 판정 시비가 매스컴을 달구었다. 쇼트트랙 스피드스케이팅은 불공정한 판정시비로 얼룩졌다. 남자 1,000m 결승에서 중국의 리지아준 선수가 왼손으로 김동성 선수의 무릎을 쳐 김동성 선수가 넘어져 실격을 당하였다. 1,500m에서 김동성 선수가 1위로 골인 하였으나 심판은 김동성이 고의로 오노 선수의 추월 진로를 방해하였다는 이유로 실격을 선언하였다. 오노의 할리우드 액션에 심판들이 속았던 것이다.

20. 제20회 올림픽, 이탈리아 토리노Torino, 2006

개요

제20회 이탈리아 토리노 동계 올림픽대회는 2006년 2월 10일부터 2월 26일까지 성대한 겨울 축제가 되었다. 토리노 올림픽대회에는 80개국 2,508명남자 1,548명, 여자 960명의 선수들이 참가하였다. 84개 세부 종목에서 치열한 경쟁을 펼쳤으며, 26개국의 선수들이 메달을 나누어 가졌다.

특징

첫째, 오스트리아 선수들은 알파인 종목을 휩쓴 대회였다. 오스트리아 선수들은 알파인 스키에서 30개 중 14개를 획득하여 알파인 스키 강국임을 확인시켰다.

둘째, 한국의 쇼트트랙 최강국임을 다시 입증한 대회였다. 한국 선수단은 대한민국의 명예를 걸고, 스포츠맨십과 페어플레이 정신을 발휘하여 스포츠선진국의 모범을 보이겠으며, 정정당당한 승리로서 국민 여러분의 성원에 보답해 드릴 것을 약속한다며 장도에 올랐다. 기대한 종목은 쇼트트랙이었다. 한국 선수들은 쇼트트랙 24개의 메달 중 10개를 휩쓸었다. 여자 종목에 출전한 진선유는 3개의 금메달을 따내었고, 남자부에서는 안현수가 3개의 금메달과 1개의 동메달을 조국에 바쳤다.

제5절
근대 올림픽 사상과 이데올로기

1. 올림피즘

근대 올림픽은 고대 올림픽의 전통을 기반으로 출발하였다. 따라서 근대 올림픽도 심신의 조화, 신체미의 숭배, 도시국가 간의 평화 등과 같은 고대 올림픽의 이념을 토대로 시작되었다. 그것은 쿠베르탱의 올림피즘이라는 사상으로 승화되어 나타났다.

불어로 올림피즘Olympisme은 올림픽의 운영, 조직, 규약을 뜻한다.[205] 올림피즘은 쿠베르탱이 처음 사용하였으며, 그의 현상철학적 이데올로기가 담겨 있다. 즉 올림피즘은 신체의 특성과 의지, 정신의 균형 잡힌 통합체를 조화시키고 강화하려는 삶의 철학이었다.[206]

올림피즘에는 휴머니즘과 미학 사상도 내포되어 있었다. 쿠베르탱은 미

205 清水重勇,『フランス近代體育史研究序説』, p. 212.

206 http://www.olympic.org/uk/organisation/missions/charter~uk.asp

학적 근거에서 '인간의 청춘'을 위한 평화 제전에 미美를 장식하여 축복하는
것으로 정신과 신체가 서로 결합하고 협력하는 예술적·문학적 창조가 완성
되어야 한다는 가치관을 갖고 올림픽을 제창하여 4반세기 동안 올림픽을
이끌었다. 올림픽 찬가, 올림픽 컵, 올림픽 기, 표어와 선서, 올림픽 메달, 성
화 릴레이 등은 휴머니즘과 미학 사상을 반영한 것이었다.

"인생에서 중요한 것은 성공하는 것이 아니라 노력하는 것에 있다. 본질
적인 것은 정복하는 것이 아니라 훌륭하게 싸우는 것이다"라는 올림픽 신
조 또한 국가주의나 승리지상주의를 배제하고 화합과 우호라는 휴머니즘
을 반영하고 있다. 실제로 건축, 회화, 조각, 음악, 문학 등 5개 분야의 예
술 경연을 포함시켜 운동경기처럼 금메달, 은메달, 동메달을 수여한 일은
종합적인 축제를 지향한 고대 올림픽의 이상을 실현하고자 한 노력을 보여
준 것이다. 올림피즘은 인간주의, 세계평화주의, 미학 사상 등을 내포한 올
림픽 사상이다.

2. 아마추어리즘과 프로페셔널리즘

근대 올림픽은 아마추어리즘을 기조로 출발되었다. 제5회 스톡홀름 올
림픽대회를 기점으로 아마추어 규정을 강화하고 엄격히 적용하였다. 예컨
대 오스트리아의 수영선수 보이레파이레Francis Beaurepaire는 인명구조원과
수영 지도자 생활을 하였다는 이유로 제5회 스톡홀름 올림픽에 참가할 수
없었다. 미국의 소프J. F. Thorpe는 5종과 10종 경기에서 2개의 금메달을 땄
으나 프로야구를 한 경력으로 금메달을 박탈당하였다. 동계 올림픽에서도
아마추어 규정은 철저히 적용되었다. 1968년 제10회 프랑스 그르노블 동
계 올림픽에서는 아마추어 문제가 부상하여 IOC와 국제스키연맹FIS 사이의
갈등이 재현되었다. 1972년 제11회 일본 삿포로 올림픽에서는 아마추어와
샤마추어의 구분 논란이 격화되었다. 그러나 아마추어리즘은 점차 올림픽

의 이상理想으로만 남게 되었다. 국가 관리하의 아마추어 선수는 사실상 프로와 다름없었고, 점차 올림픽에도 프로 선수들이 출현하였다. 1992년 제25회 스페인 바르셀로나 올림픽에서는 프로 선수들이 등장하여 올림피안이 되었다. 그리고 올림픽 100주년이 되던 제26회 미국 애틀랜타 올림픽에서는 프로 선수의 참가 폭이 넓어졌다. 사이클링에 프로 선수의 출전이 허용되었다. 결국 근대 올림픽에서 아마추어리즘은 이상이 되고, 프로페셔널리즘은 현실이 되었다.

3. 국가주의

올림픽은 정치로부터 독립되어야 한다는 기조를 바탕으로 출발되었다. 그러나 그것도 이상理想에 불과하였다. 세계열강들은 가장 비정치적인 올림픽을 가장 정치적으로 이용하였다. 공식적으로 메달 집계를 하지 않게 되어 있었지만 매스컴은 메달 집계를 통해 올림픽을 점차 국가 간의 경쟁 이벤트로 바꾸어 갔다. 올림픽과 국가주의의 결연은 피할 수 없는 것이었고, 국가대표들은 전사로 변하여 총성 없는 전쟁을 하였다.

동서 냉전은 올림픽의 정치화를 더욱 가속화시켰다. 1952년 제15회 헬싱키 올림픽 때부터 동서 이데올로기 대립이 점차 고조되면서 올림픽에서도 '스포츠 냉전Cold War of Sport'이라는 용어가 탄생하였다. 제16회 멜버른 올림픽부터 미소 간의 대결은 더욱 치열해졌다. 미국과 소련이 올림픽을 통해 벌인 체제 경쟁은 올림픽의 이상理想을 무색하게 하였다. 급기야 정치적인 문제로 22회 소련 모스크바 올림픽과 그다음 LA 올림픽을 반쪽의 축제로 만들었다. 1988년 대한민국 서울 올림픽은 새로운 변화의 조짐을 보인 대회였다. 그러나 한국도 예외는 아니었고, 그 어떤 나라도 국가주의 사상으로부터 벗어나지 못하였다.

올림피즘은 이상이며 그 이상을 실현하기 위한 올림피안들의 노력은 계속될 것이다. 그러나 가슴에 국기를 단 선수들, 국가가 연주되는 시상식, 국가의 지원을 받는 대표 선수, 이 모든 것은 올림픽에 강한 국가주의 사상이 내재될 수밖에 없음을 보여 주고 있다. 실제로 국가주의는 올림픽의 주된 사상이었다고 보아야 한다.

4. 상업주의

상업주의는 프로페셔널리즘과 무관하지 않은 용어이다. 올림피즘은 아름다운 이상이었고, 인간주의적인 측면이 강하게 내재되어 있다. 그러나 올림픽이 점차 비대해지면서 현실적으로 올림픽 개최를 위한 막대한 자금이 필요하였다. 초창기 올림픽은 올림피즘을 구현하고자 하였으나 경제적 어려움을 극복하기 위해 세계박람회의 부속 행사로 전락하였다. 그 이유를 재빠르게 인식한 주최국들은 경제적 이익을 남기고 국가나 도시를 홍보하기 위한 적절한 이벤트로 올림픽을 활용하게 되었다.

1984년 제23회 미국 로스앤젤레스 올림픽은 운영면에서 최첨단 기술과 스폰서, 자원봉사단 등 삼박자가 어우러져 상업적으로 대성공을 거둔 대회로 기록되었다.[207] LA 올림픽 조직위원회는 ABC방송과 2억 8천 7백만 달러에 TV중계권료 계약을 체결하였다. 실로 25억의 시청자가 올림픽 방송을 시청하였다.[208] 결국 LA 올림픽은 민간자본의 도입이라는 상업주의적 발상으로 경제적인 측면에서 대성공을 거두었던 것이다. 1988년 대한민국 서울 올림픽도 마찬가지였고, 올림픽 100주년이 되는 1996년 제26회 미국 애틀랜타 올림픽은 고도의 상업화 추세 속에 시작되었다. 방송사와 광고주들은 천문학적 방송중계료와 광고료를 지불해야만 하였다. 애틀랜타 올림

207 Ibid., p. 109.
208 Stan Greenberg, *The Guinness Olympics Fact Book*, p. 83.

픽은 처음부터 고도의 상업적인 계산 위에 시작되었다. 모든 행사는 그러한 맥락에서 추진되었다. 올림픽의 상업화commercialization가 극도에 달하였던 것이다.

올림픽은 회를 거듭할수록 고도로 상업화되었다. 애틀랜타 올림픽에서 장삿속이 노골적으로 드러난 데 이어 제27회 호주 시드니 올림픽도 LA 올림픽을 벤치마킹하여 막대한 이익을 남겼다. 앞으로도 올림픽의 상업화는 급속히 진전될 것으로 전망된다.

5. 기타

올림픽은 전 세계 거의 모든 나라들이 참여하는 인류의 중요한 문화 축제이다. 그러나 그 범위가 넓어 이질적인 문화와 이데올로기가 산재할 수밖에 없다. 또한 올림피즘, 아마추어리즘과 프로페셔널리즘, 국가주의 외에도 다양한 이데올로기가 내재될 수밖에 없었다. 인종주의, 성차별주의 등이 그 예이다.

제11회 베를린 올림픽은 인종우월주의가 내재되어 있었고, 유태인은 박해를 당하였다. 반대로 많은 아프리카 국가나 흑인들은 올림픽을 인종차별 문제를 해소하기 위한 저항 운동의 지렛대로 이용하였다. 성차별주의도 마찬가지였다. 제1회 올림픽에서는 여성의 참여가 금지되었다. 제2회 대회부터 여성의 참여가 점차 늘어났지만 오랫동안 많은 경기 종목은 남성 중심으로 편성되었다. 제7회 벨기에 앤트워프 대회부터 IOC가 훨씬 더 많은 여성들의 운동 참여 프로그램을 개발하려는 의지를 보였다. 여성이 스포츠에 참가할 수 있도록 하거나 기회를 확대하는 과정은 느렸지만 지속적으로 진행되었던 것은 사실이다. 이러한 과정은 곧 성차별이 계속되고 있었다는 것을 의미한다. 여자 육상이 공식 종목으로 채택된 것은 제9회 네덜란드 암스테르담 올림픽부터였다. 이러한 사실은 근대 올림픽에 성차별주의가 존재하고 있었음을 뜻하는 것이다.

제4편

한국의 체육과 스포츠

제1장

부족국가 및 고대의 체육과 스포츠 문화

● 학습 목표

1. 고대 사회와 교육제도를 이해한다.
2. 고대 체육의 발달 과정과 내용을 파악한다.
3. 고대 민속 스포츠 문화의 발달 배경과 유형을 이해한다.
4. 고대 체육과 민속 스포츠 사상을 이해한다.

무용총 〈수렵도〉.

부족국가 시대의 체육과 민속 스포츠

1. 부족국가 시대의 사회와 문화

석기 시대는 대략 기원전 3,000년에서 2,000년경부터 시작된 것으로 추측된다. 당시 빗살무늬토기櫛文土器를 만들어 썼고, 석창石槍을 이용하여 사냥을 하였으며, 석추石鎚와 같은 도구를 사용하여 고기잡이를 하였던 것으로 보고 있다.[209]

기원전 6세기, 7세기경 청동기 문화를 지닌 민무늬토기無文土器인들이 등장하여, 대동강 유역을 중심으로 부족국가가 발생하게 되었다. 고조선에는 기원전 3세기, 4세기경 청동기 문화와 함께 한족漢族으로부터 철기 문화가 전해졌다. 쇠로 된 가래, 낫과 같은 농기구가 등장하였으며, 쇠로 만든 마구, 화살, 창, 칼 등도 있었던 것으로 보인다. 고조선에는 8조 금법이라는 법률이 있었다고 하며, 『삼국유사三國遺事』에 수록된 단군신화의 내용으로 보아 자체적인 문화가 발달되었던 것으로 추정된다. 그리고 부여, 고구려, 옥저, 동예 등의 부족국가에서는 농경문화가 발달되었다.

---

209 이하 고대사 체육사 분야는 학회 사무국에서 집필하였으며 곽낙현(한국학연구원), 박은지 (경상대) 등이 보완·감수하였다.

2. 부족국가 시대의 신체 문화

신석기 시대의 활, 창, 도끼 등이 발견되는 것으로 보아 생존 활동과 연관된 궁술, 사냥 등이 있었을 것으로 추정된다. 유적을 통해 사냥, 어로, 춤 등과 연계된 신체 문화의 존재를 확인할 수 있다. 이러한 신체 활동의 유형은 크게 교육적인 활동과 민속적인 활동으로 나눌 수 있다.

첫째, 교육적 신체 활동으로 궁술과 기마술이 있다. 고분에서 출토된 벽화나 문헌에 의하면 부족국가 시대부터 궁술弓術은 생존과 전투에 있어서 중요한 기술이었다. 『삼국지』 고구려 조에 "말이 모두 작아 산을 잘 오른다. 사람들은 기력이 좋으며 전투 연습을 한다"는 기록이 있는 것으로 보아 기마술 훈련도 하였던 것으로 추정된다.

둘째, 제천행사와 민속놀이가 있다. 농경사회였던 부족국가 시대에는 각종 제천의식祭天儀式이 있었으며 대표적인 것은 고구려의 동맹, 부여의 영고, 동예의 무천, 신라의 가배嘉俳 등이다. 부족국가 시대의 우리 조상들은 파종기와 추수기에 제사를 지내고 여흥을 즐겼다. 제천의식과 관련된 놀이나 민속 스포츠로 기마, 덕견이, 수박, 격검, 사예궁술, 씰흠, 저포윷놀이 등이 있었다. 그중 가장 대표적인 민속놀이는 저포였다. 윷놀이는 대개 정월 초하루부터 대보름날까지 행하여졌다. 도, 개, 걸, 윷 모는 돈豚, 견犬, 양羊, 우牛, 마馬 등 동물의 크기와 속도에 연관되어 있다. 그리고 윷놀이의 명칭은 부족국가 시대 부여의 사출도四出道라는 관직에서 유래되었다.[210]

---

210 조명렬·노희덕·나영일, 『체육사』, p. 296 참조.

삼국 및 통일신라 시대의 체육과 민속 스포츠

1. 삼국 시대의 사회와 교육

삼국 시대의 사회

삼국 시대는 유교와 불교가 도입되어 전통적인 무속신앙과 낭가사상郎家思想이 조화를 이루면서 정치와 교육 문화 전반에 큰 영향을 주었다. 윤리 의식의 발달과 아울러 정치제도도 발달되었다.[211] 고구려는 중국의 문화를 수용하고 정리하여 백제와 신라에 전달하였고, 백제는 상업으로 경제적 번영을 누리면서 중국 귀족 문화를 수용하고 확산시켰다. 그리고 삼국 시대부터 한자와 유교가 문자 생활과 교육 활동의 주요 수단이 되어 왔던 것으로 보인다. 불교 또한 삼국 시대에 전래되어 사회, 문화, 교육에 큰 영향을 미쳤던 것으로 확인되고 있다.

삼국 시대의 교육

고구려는 두 종류의 교육기관이 있었다. 최초의 관학官學이며, 고등교육 기관의 효시라고 할 수 있는 태학太學과 사립 초등교육기관으로 볼 수 있는 경당扃堂이 있었다.

태학은 국가의 관리 양성을 목적으로 주로 귀족 자제의 교육을 담당하는 기관이었으며, 경당은 평민들의 교육기관이었다. 백제에는 모시毛詩박사, 의醫박사, 역易박사, 오경박사 등 일종의 교육 담당관 직책인 박사제도가 있었고, 신라에는 화랑도와 국학이 있었다.

---

211 박의수·강승규·정영수·강선보, 『교육의 역사와 철학』, p. 29.

화랑도의 성격과 기능에 관해서는 학자에 따라 주장하는 바가 다양하나 교육적 기능도 지니고 있었기 때문에 청소년 교육단체로 볼 수도 있다. 화랑제도는 청소년들에게 집단 활동을 통해서 도덕적 품성을 함양하고, 신체적 단련을 통해 수련을 하여 사물에 대한 판단력을 키우고 선악善惡에 대한 가치판단을 할 수 있는 인간을 양성하는 데 기여하였기 때문이다. 또한 국학國學과 같은 교육기관도 있었다. 국학은 신문왕 2년682 예부에 두었던 것으로 관리의 양성에 목적을 둔 귀족 자제의 교육기관이었다.

2. 삼국 시대의 체육

삼국 시대의 신체 활동을 통한 교육, 즉 오늘날 체육의 한 유형으로 볼 수 있는 것은 각종 무예교육이었다. 고구려 시대의 대표적인 무예로는 궁술, 기마술, 각저角抵, 수박手搏 등을 비롯하여 창술, 검술, 석전石戰 등을 들수 있다. 가장 대표적인 무예적 체육은 기마술과 궁술이었다. 고구려의 경당에서는 경서 암송과 활쏘기가 주된 교육 내용이었다. 그리고 고구려의 고분 벽화, 수렵도, 기마도, 각저도, 수박도, 무용도 등으로 보아 승마와 궁술은 주된 신체적 교육 활동이었던 것으로 평가된다.

삼국 시대 뚜렷한 체육 활동으로 취급할 수 있는 것은 신라 화랑도의 신체 활동과 교육이다. 신라 화랑도의 교육과정에서 체육의 성격을 지닌 것은 궁술弓術, 마술馬術, 기마騎馬, 검술劍術, 창술槍術, 사냥, 검무, 편력遍歷, 야외 활동 등으로 요약된다. 특히 궁술과 마술은 신라 귀족 교육의 핵심 교과목이었다. 신체 단련을 단순한 군사적인 훈련의 수단이 아니라 인격 함양의 과정으로 인식하였기 때문에 궁도와 기마술인 사射와 어御는 예禮, 악樂과 함께 교육과정의 중요한 부분을 차지하고 있었다.

기마술

삼국 시대는 삼국이 서로 대립하며 발전하는 과정에서 자연히 국방체육으로서 무술이 발달되었다. 『삼국사기』에는 마희馬戲와 기사騎射가 발달되었던 것으로 나타난다. 기사騎射는 말을 타고 달리며 활을 쏘는 것을 말한다. 훗날 조선 시대 무과 시험 과목이 된 이 활동은 삼국 시대부터 중요한 무예 교육의 한 영역이었던 것으로 보인다.

궁술

우리나라는 부족국가 시대부터 궁술이 발달되었다. 삼국 시대에 궁술은 매우 중요하게 취급되었으며, 교육 활동의 한 분야이었다. 고구려의 경당扃堂에서는 궁술을 가르쳤고, 신라에서는 '궁전법弓箭法'으로 인재를 등용하였다. 『삼국사기』에 따르면 신라에서는 원성왕元聖王 4년788 독서삼품과를 두어 인재를 등용하기 전까지는 궁전법弓箭法으로 인재를 가려 등용하였다고 한다. 백제에서도 기사騎射를 중요하게 취급하였으며, 궁술은 백성이나 임금이 갖추어야 할 중요한 자질의 하나로 취급되었다.

입산수행과 편력

신라에서 나타나는 입산수행과 편력遍歷은 체육사적으로 매우 큰 의미를 부여할 수 있는 교육의 한 방법이었던 것으로 보인다. 입산수행은 화랑도의 심신수련 활동으로 독특한 신체적 교육 방식의 하나였다. 편력은 산속에 들어가 신체적 고행을 통해서 신체와 정신의 강화는 물론 영적인 힘을 체득하고자 하였던 수련 활동이었던 것으로 보고 있다. 또한 편력遍歷은 화랑도의 교육과정에 편성되었던 일종의 야외 교육 활동이었다. 명산대천名山大川을 두루 돌아다니며, 야외 활동을 하는 과정에서 시詩와 음악을 비롯하여 각종 신체적 수련 활동에도 참여하였다. 화랑도들은 각지의 유명한 산과 큰 강을 수일간 순회하면서 신체적·정서적 수양을 시도하였다.

화랑도 체육

화랑도는 한국의 전통 사상과 '세속오계'를 바탕으로 보국충성保國忠誠할 수 있는 문무겸비文武兼備의 인재의 양성 기능도 지니고 있었다. 화랑은 풍류집단의 성격도 지녔으나 그중에서 우수한 인재는 선발되어 관직에 등용되거나 뛰어난 전사가 되기도 하였다. 따라서 화랑도는 교육청년단의 성격도 지니고 있었다. 화랑제도에서 나타나는 교육 목적은 크게 군사적 측면과 교육적 측면이 있다.

첫째, 군사적 측면이다. 화랑제도를 통해 신라는 용감한 병사의 육성은 물론 실천적 인간을 육성하고자 하였다. 화랑도는 반민반관半民半官의 성격을 띤 단체였으나 평소에 사회 지도적 인물이 될 청년들의 수양단체와 같은 성격을 띠고 있었으며, 유사시에는 전사로서 활동할 수 있는 청년의 육성기관 역할도 하였기 때문에 화랑도 체육의 목적에는 전사의 육성 개념도 내포되어 있었다.

둘째, 교육적 측면이다. 화랑도에서는 심신의 단련을 통하여 도덕적 인간을 육성하고자 하였다. 화랑도는 법률로서 제정된 정식 국가기관은 아니었고 촌락 공동체인 청소년 단체로서 반관반민半官半民의 성격을 띤 것이었다.[212] 화랑의 낭도들은 엄격한 규율을 지키며 자연을 벗 삼아 풍류를 즐기고 정신 수양을 하는 한편, 무예와 각종 신체적인 활동을 통하여 덕德을 쌓고 심신을 수련하였다. 세속오계世俗五戒는 화랑도 교육의 핵심 방향이었던 것으로 보고 있다. 사군이충事君以忠, 사친이효事親以孝, 교우이신交友以信, 임전무퇴臨戰無退, 살생유택殺生有擇 등 오계 중 사군이충, 사친이효, 교우이신은 유교적 덕목이었고, 임전무퇴와 살생유택은 불교적 덕목이었다. 거기에는 부처가 거처하는 땅이라는 불국토佛國土 사상도 내재되어 있었다. 이와

---

212 이기동, 「신라화랑도의 사회학적 고찰」, 『조선상고사연구 Ⅱ』, pp. 825~838.

같은 측면에서 볼 때 화랑도 체육은 심신의 조화적 발달을 추구한 교육적 활동이었던 것으로 추정된다.

화랑도 체육의 역사적 의미

화랑들은 신체에 직접적인 고통을 가하고, 신체고행身體苦行을 통해 신체적 강화는 물론 자신의 강인한 내면세계를 구축하고자 하였다. 이러한 체육 활동은 역사적으로 몇 가지 의미를 지닌다.

첫째, 고대 사회에서 체계적인 체육의 유형이 존재하였다는 점이다.

둘째, 심신일체론적 사상을 바탕으로 전인 교육을 지향한 체육의 체계가 있었다는 점이다.

셋째, 신라 화랑도는 체육 활동을 통해 역동적인 국민성 함양을 추구하였다. 그러한 문화는 계승되어 우리 민족의 정신적 양식이 되었다는 점이다.

3. 삼국 시대의 민속 스포츠와 오락

삼국 시대의 대표적인 민속적 스포츠는 각저씨름, 격구, 축국, 수박, 석전, 방응, 마상재 등이었다. 여가활동은 추천그네뛰기, 투호, 저포樗蒲, 위기圍棋, 쌍육雙六, 악삭握槊 등이었다.

수렵

수렵狩獵, 즉 사냥은 어느 대륙을 막론하고 고대 사회에서 공통적으로 나타나는 생존 활동이자 스포츠였다. 수렵은 정치적·군사적 시위의 성격을 지닌 왕王 선무행사宣武行事 수렵, 기사騎射 훈련의 성격을 지닌 군사적 수렵, 레저 스포츠로서의 수렵 등 다양하였다. 방응放鷹 또한 동서고금을 통해 보이는 사냥의 한 종류였다.

축국

축국蹴鞠은 가죽 주머니에 겨를 넣거나 공기를 불어넣어 만든 공을 발로 차고 노는 게임이었다. 신라에서는 농주弄珠라 불리기도 하였고, 기구氣球라는 이름으로도 나온다. 중국에서 발생하여 우리나라에 전래된 것으로 보이는데 그것이 다시 일본으로 전해졌다. 삼국 시대의 축국은 주로 상류층에서 즐기던 일종의 민속적 레저 스포츠였다.

석전

석전은 '돌싸움'이다. 삼국 시대와 관련된 사료에 석전이라는 용어가 등장하지는 않는다. 최초의 사료는 『수서』 동이전이며, 고구려에서 왕이 친히 보는 곳에서 석전을 하였다는 기록이 있다. 신라의 특수부대인 사설당 중 하나인 석투당이 있었다는 것은 석전의 존재를 보여 준다.[213] 『고려사』에 석전희石戰戲라는 용어가 등장하고 『조선왕조실록』에 척석희擲石戲라는 말이 등장한다.[214] 그러나 삼국 시대에도 돌싸움이 존재하였던 것은 분명하며, 집단 간에 돌팔매질을 하던 놀이 성격의 석전과 전투 훈련으로서의 석전이 있었던 것으로 보고 있다.

각저

씨름의 한 유형이었을 것으로 추정되는 각저角抵는 두 사람이 서로 맞잡고 힘과 기를 겨루는 경기로 서양에는 레슬링Wrestling이 있었으며, 동양 여러 나라에도 이와 유사한 신체 활동이 성행하였다. 삼국 시대에도 레슬링 유형의 신체 활동이 있었던 것으로 추정하고 있다.

---

213 노명렬, 노희덕, 나영일, 『체육사』, p. 313.

214 金在輝, 「朝鮮石戰에 관한 體育的 考察」, 『한국체육학회지』, 22(2), p. 9.

투호

투호投壺는 화살 같은 막대기를 일정한 거리에 있는 항아리 안에 던져 넣는 게임으로 여성들도 많이 참여하였다. 여가 시간에 행하여지던 단순한 놀이 성격도 있었으나 인격 수양이나 예절 교육과도 관련이 있었다. 투호는 오락적 성격이 짙은 유희의 일종이었지만 성인이 참여하여 예를 닦는 데 이용되기도 하였던 것이다.

4. 삼국 시대의 체육 사상

한국 교육사에서 삼국 시대의 교육은 가장 독특하다. 삼국 시대의 교육은 대체로 '문무의 균형', '심신의 조화', '지·덕·체의 병행'으로 표현할 수 있다. 특히 화랑의 교육체계 속의 신체 활동을 통해 그러한 교육적 특성을 찾을 수 있다. 고대 그리스나 로마 등에 체육의 체계가 확립되었던 것처럼 신라에서도 화랑도의 체육체계가 확립되어 있었으며, 체육 사상의 특징은 몇 가지로 압축된다.

신체미의 숭배 사상

고대 국가에서도 신체의 미美는 물론 신체적 탁월성을 매우 중시하였다.[215] 신라는 신체 그 자체에 높은 가치를 부여하였고, 신체의 미美도 매우 중시하였다. 그것은 화랑이 귀족의 자제로서 외모가 수려한 자들을 선발하였다는 사실에서도 드러난다.

심신일체론적 체육관

화랑 체육은 심신일체적 신체관身體觀을 바탕으로 하고 있었다. 신체 활

---

215 이진수, 『신라 화랑의 체육 사상 연구』, pp. 117~143 참조.

동을 통한 수련 자체를 덕德의 함양 수단으로 생각하였다. 이 분야 연구의 대표적인 학자 이진수 박사는 화랑도들이 신체적인 활동을 매개로 추구한 이상理想은 광명사상光明思想의 구현과 심신의 조화를 이룬 인간상人間像의 구현으로 파악하였다.[216]

화랑 체육은 심신일체적 신체관身體觀이 바탕을 이루고 있었다는 것은 궁술이나 편력을 통해서 잘 알 수 있다. 궁술의 훈련은 화랑의 교육에서 중시되었던 덕德, 예禮, 도道의 함양 수단이 되었다. 궁도의 실력을 평가하여 그 결과로 인재를 등용하던 '궁전법弓箭法'을 두었다. 궁술의 수준 자체를 인재의 역량을 평가하는 기준으로 삼았던 것이다.[217] 궁술은 유효성과 관련된 구체적인 덕德으로 받아들여졌을 뿐만 아니라 용기의 상징으로 높이 평가되었다.

국가주의적 체육 사상

서기 676년까지 신라는 고구려와 백제에 비하여 지리적으로 대단히 불리한 위치에 놓여 있었기 때문에 탁월한 전사가 필요하였다. 화랑도는 국가가 위기를 맞을 때 국가를 위해 자신을 던질 수 있는 지혜롭고 용감한 인재 육성의 산실이었다. 따라서 화랑들에게도 군사적 성격의 훈련이 요구될 수밖에 없었고, 화랑의 교육과 훈련에 국가주의 사상이 내재되지 않을 수 없었다. 군사적 성격을 띤 집단으로써 화랑도가 무사 정신을 십분 발휘하고 임전무퇴의 계율을 준수한 것은 화랑도 출신 장군들의 전사戰史를 통해서도 잘 드러난다.

216 위의 책, pp. 114~152.
217 손인수, 「신라 화랑도 교육의 연구」, 『한국교육학회지』 2, p. 29.

불국토 사상

화랑도는 다른 민족의 청소년집단이나 전사조직과 마찬가지로 가무조합歌舞組合의 일면도 지니고 있었다. 그것은 화랑도의 편력 활동을 통해서 잘 나타난다. 예컨대 편력은 국토를 신성하고 존엄하게 생각하며 목숨을 걸어서라도 국토를 지켜 내야 한다는 불국토佛國土 사상과도 연계되어 있었다.

제2장

고려 시대의 체육과 스포츠 문화

• 학습 목표

1. 고려 시대의 사회와 교육제도를 이해한다.
2. 고려 시대 무예 체육의 발달 과정과 내용을 파악한다.
3. 고려 시대 민속 스포츠 문화의 발달 배경과 유형을 이해한다.
4. 고려 시대의 체육과 스포츠 사상을 이해한다.

각저총의 벽화.

제1절

고려 시대의 사회와 교육

1. 고려 시대의 사회

서기 918년 왕건은 태봉을 세웠던 궁예를 몰아내고 고려를 건국한 뒤 신라935, 후백제936를 멸하여 통일국가를 세웠다. 고려918~1392는 호족들이 연합하여 구성한 사회였다. 사회 계급은 상류층인 호족, 군인계급인 중류층, 평민이었던 하류층, 천민과 노예 등으로 이루어져 있었다.[218]

고려 호족들은 중국의 관료 제도를 받아들였으며, 사상적인 측면에서 불교와 유교를 동시에 수용하였다. 불교는 수신修身의 도道였고, 유교는 치국의 도였다. 문화적으로는 금속활자의 발명, 상감청자의 발달, 역사서의 집필『삼국유사』 등 독창적인 유산을 남겼다.

2. 고려 시대의 교육

고려 초기의 교육제도는 신라의 교육제도를 계승하였으나 고려 시대 교육의 특징으로 유교적 정치 이념에 입각한 문치주의 교육의 표방과 사학私學의 발달 등을 들 수 있다. 고려는 유교를 정치 이념으로 택하고 불교의 공덕사상公德思想을 배격하며, 도덕적 합리주의에 입각한 중앙집권적 귀족정

---

218 이하 고려 시대 체육사 분야는 진윤수(충남대) 교수팀에서 감수하였다.

치의 실현에 초점을 맞추었다.[219] 주된 교육기관으로는 관학官學과 사학私學이 있었다.

관학

관학 중 국자감國子監에는 7재七齋라는 전문 강좌班를 두었으며, 6학 4계급으로 되어 있었다. 국자학, 태학, 사문학, 율학, 서학, 산학 등에는 문무관 8품의 자손과 서인庶人들이 입학하였다. 향교鄕校는 지방 학교로, 언제부터 교육이 실시되었는지는 명확하지 않으나 성종 이후 지방의 관립학교로 운영되었다. 학당學堂은 순수한 유학교육기관으로서 서민을 위한 교육기관이었다. 24대 원종 2년1261 3월에 "동서학당을 두고 별감을 보내어 교학을 교도하였다"라는 기록이 있다.[220]

사학

사학은 12도十二徒와 서당이 있었다. 해동공자海東孔子 최충崔冲은 72세1055로 관직을 은퇴한 이후 9재를 짓고 학당을 설립하였다. 후일 이 학원을 최공도崔公徒 또는 文憲公徒라고 하였다. 그 이후 유학자들이 많은 학원을 개설하였다. 당시 12개 유명학원을 12도라고 부르게 되었다. 고려의 서당書堂에 관한 상세한 기록은 없으나 목종 6년1003 왕의 교서에 천인의 자제들이 책보를 끼고 스승을 따라 배운다는 기록이 보인다. 인종 2년1124에 송나라 사신 서긍이 쓴 『고려도경高麗道經』에 민간 자제의 미혼자가 무리로 모여 스승에게 경을 배운다는 기록도 있다.

---

219 李基白, 『韓國史新論』, p. 181.

220 高麗史 券 74, 學校考, 박의수 앞의 책 p. 49.

과거제도

고려의 과거에는 제술업製述業, 進士科, 명경업明經業, 잡업雜業의 세 종류가 있었다. 제술업과 명경업은 문관의 등용시험이었고, 잡업은 기술관의 등용시험이었다. 제술업은 주로 시詩, 부賦, 송頌, 책策, 론論 등 문예문장를 시험하고, 명경업은 유교경전, 잡업은 해당 기술 기능에 관한 학문적 자질을 시험하였다. 그러나 유교를 치국의 도로 삼은 고려 시대 내내 무과는 설치되지 않다가 고려 말 공양왕 때 무과武科를 설치하였으나 실효를 거두지는 못하였다.

제2절
고려 시대의 무예 체육

1. 국학 및 향학의 무예 체육

고려 시대 국학의 7재 중 무학을 공부하는 강예재講藝齋가 있었다.[221] 그것이 무학武學이었다는 것 외에 자세한 운영 실태는 알 수 없으나 고려의 교육기관 성격으로 볼 때 무학을 통해 장수將帥를 육성한 것으로 보인다. 정종 5년 6월 조에 용감한 인재에게 궁술과 마술을 교습시켜야 한다는 내용이 나타난다. 향학에서도 궁사와 음악을 즐겼다. 그리고 무인의 선발에서 수박희手薄戲[222]의 능력은 인재 선발의 기준이 되기도 하였다.

---

221 정찬모, 「고려 시대 무예 체육의 발달 과정에 관한 연구」, 『한국체육사학회지』, 12, p. 126

222 수박은 한대(漢代)에 이미 이론적 체계가 서 있던 격투기로 한국의 문헌에는 『高麗史』에서 처음 보인다. 이진수, 「한국의 수박희」, 『한국체육사학회지』, 1996, 창간호, p. 24.

2. 무신정권과 무예의 발달

고려 시대의 문치주의文治主義에 입각한 귀족정치는 무신武臣의 사회적·경제적 열세를 초래하였다. 응당 무신이 맡아야 할 군 사령관직까지 문신文臣이 차지하고 있는 실정이었다. 따라서 고려 시대에는 문신들도 직책상 무예수련을 게을리하지 않았다. 무예는 문무관을 막론하고 수련하였던 것으로 보이며, 무인 집권기에는 무예가 더욱 발달되었다.

12세기 중엽, 무인들의 등장은 무예의 발달을 더욱 촉진하는 계기가 되었다. 그러나 무인들은 천시되었다. 고려 시대 의종毅宗, 1146~1170 재위은 많은 정자를 짓고 환락을 즐겼다. 문신들은 즐거움을 함께 나누었으나 무신이나 군인들의 신세는 비참하여 장군들조차 호위병 역할밖에 하지 못하였다. 고려 시대 무신정권이 들어선 것도 뿌리 깊은 숭문천무崇文賤武 사상 때문이었다. 그런 상황에서 무인들이 반란을 일으킨 직접적인 계기는 수박희 행사였다. 그 이후 무인들이 집권하여 약 100년 간 정치적 영향력을 행사하게 되었다. 무인들은 정권을 유지하기 위해 대규모의 사병 집단을 보유함으로써 무신정권하에서 무예는 더욱 발달되었다.

3. 무예 체육

고려 시대의 무예는 삼국 시대의 것들이 그대로 계승된 것들이 많다. 무예로 취급할 수 있는 대표적인 것으로는 수박手搏, 궁술弓術, 마술馬上才 등이 있으며, 격구擊毬, 방응放鷹, 석전石戰 등도 무예 훈련의 성격을 지닌 유희였다.

수박

수박희手搏戱는 고구려 시대부터 성행하였던 것으로 맨손과 발을 이용한 격투기로 보인다. 옛 문헌에 수박이라는 용어가 나타나는 것은 『고려사』이다.[223] 수박은 고려 시대 무인들에게 적극 권장되었다. 명종明宗, 1170~1197 재위 때에는 수박을 겨루게 하여 승자에게 벼슬을 주어, 수박이 출세를 위한 방법이 되기도 하였다.

궁술

궁술弓術은 삼국 시대부터 그 전통이 이어졌다. 고려 시대에도 궁술은 널리 권장되었으며, 국가에서도 병사나 관료들에게 궁술을 익히도록 하였다. 신라 시대 궁술에 의해 인재를 뽑던 전통도 고려 시대로 전승되었다. 왕이 행차하여 궁술대회를 관람하고 상을 내리던 관사觀射라는 용어는 고려 시대에 와서 열사閱射라는 말로 바뀌어 나타난다. 궁술의 장려와 인재 등용 정책은 문무를 겸비한 인재 양성과 무관하지 않았다.

마술

마술馬術은 다른 이름으로 무마無馬, 원기猿騎, 마상재馬上才라고도 한다. 마상재는 말을 타고 여러 가지 자세나 기예를 보여 주는 것이었다. 유교를 치국의 도로 삼았던 고려 시대에도 육예의 어御에 속하였던 승마 능력은 군자의 중요한 덕목 중 하나였다. 고려 시대의 마술은 중국의 영향을 받아 마상재, 격구 등과 연계되어 발달되었다. 예컨대 『무예도보통지武藝圖譜通志』에는 마상재의 여덟 가지 자세가 나타난다.[224]

---

223 高麗史, 弟 100卷 列傳, 13. 이진수, 『한국고대체육사연구』, p. 225.

224 김산·김주화, 「무예도보통지의 勢에 대한 연구」, 『한국체육사학회지』, 13, 2003, p. 1.

고려 시대의 민속 스포츠와 오락

1. 귀족 사회의 민속 스포츠와 오락

격구

우리나라에 격구가 전해진 것은 대략 8~9세기경으로 보이며, 중국-한국-일본 순으로 전래된 것으로 추측되고 있다. 최남선은 한반도 격구가 신라 시대에도 성행하였던 것으로 적고 있다. 고려 귀족 사회에도 격구가 성행하였다. 특히 의종1146~1170 재위의 격구에 대한 열정은 광적이라고 표현될 정도였다고 한다. 고려 시대 격구의 성행 배경은 두 가지로 요약된다.

첫째, 고려 시대 격구가 발달한 것은 군사 훈련의 수단이었기 때문이다. 격구는 주로 말 타기 능력 향상을 위한 수단이었으며, 그 외 기창, 기검, 기사 능력 향상을 위한 수단으로 채택되었기 때문에 성행할 수밖에 없었다.

둘째, 고려 시대 격구가 발달된 것은 귀족들의 오락 및 여가활동이었기 때문이다. 격구는 왕이나 귀족, 무인들의 오락이나 스포츠 활동의 성격을 띠고 발달되었다. 오락적 특성이 격구의 성행 배경이었던 것이다. 격구는 신기군의 군사 훈련을 위해 채택된 이후부터 고려 사회에 급속히 확산되었다. 예종 11년1116 시대의 기록에는 여성도 격구에 참여하였다는 기록도 있다.[225] 그러나 격구는 주로 왕이나 귀족계층의 활동이었다.

격구의 폐단도 만만찮았던 것으로 보인다. 『고려사』에 보이는 구정의 규모를 보면 3만 명이 식사를 할 수 있던 곳, 동서로 수백 보로 된 바둑판같은 곳, 4백 보 정도의 규모에, 둘레가 수 리에 달하던 곳이었다.[226] 이처럼

---

225 羅絢成, 『韓國體育史硏究』, p. 39.
226 조명렬·노희덕·나영일, 『체육사』, p. 325.

격구가 대중화 양상을 보이면서 점차 사치스러운 모습으로 변하였으며, 최씨 무인 집권 시대에는 격구의 사치성이 극에 달하였다.

방응

방응放鷹, 즉 매사냥은 삼국 시대부터 성행하던 것으로 사나운 매를 길러 꿩이나 기타 조류를 사냥하는 수렵 활동이었다. 고려 시대의 매사냥은 극성스러울 정도여서 금지령이 내려지기도 하였다. 충렬왕 즉위 1년1274에 응방鷹坊이 설치되었으며, 4년에는 각 지역의 응방심검별감鷹坊審檢別監이 임명되었다. 고려 시대의 응방은 사냥과 연계되어 궁술과 같은 무예의 훈련, 체력 및 용맹성을 기르기 위한 수단이기도 하였으나 주로 왕이나 귀족들의 유희이자 스포츠였다.

투호

투호投壺는 화살 같은 막대기를 일정한 거리에 있는 항아리 안에 던져 넣는 게임으로 삼국통일 이전에 이미 한반도에 소개된 것이며, 고려왕조를 통해서도 계속되었다. 고려 시대에도 투호는 왕실과 귀족 사회에도 매우 성행하였다.

2. 서민 사회의 민속 스포츠와 오락

씨름

고려 시대 서민 사회에는 각저角觝, 각력角力, 상박相撲, 각지角支, 각희角戲 등 씨름과 유사한 신체 활동이었을 것으로 추정되며, 다양한 명칭이 등장한다.『경기잡기』에는 씨름이 고려기, 요기라고 하여 우리나라 독특한 형태가 존재하였음을 짐작케 한다.『고려사』에는 씨름과 관련된 기록이 거의 보이지 않다가 충혜왕 시대에 이르러 활성화된 모습으로 나타난다.『고려사』

'충혜왕忠惠王 조'에 "충혜왕이 용사를 거느리고 각력희를 관람하였다"[227]라는 기록이 있는 것으로 보아 씨름도 유희나 무예의 일종으로 발달된 것으로 보고 있다.

추천

추천秋韆, 즉 그네뛰기는 고려 시대에도 계속되었다. 주로 단오절에 가장 많이 행하여졌다. 남자. 여자, 혹은 남녀 혼성으로 타기도 하였으나 특히 여성의 유희나 스포츠로서 각광을 받았던 것으로 보고 있다. 그네뛰기에 관한 최초의 기록은 『고려사』「열전」'최충헌 조'에 보인다. "단오일에 권신 최충헌이 백정동궁에서 그네뛰기를 베풀고, 문관 4품 이상의 선비를 초청하여 3일 동안 놀았다"[228]라는 내용이 있다. 이런 기록으로 미루어 보아 귀족들도 즐겼으며, 서민들의 민속 유희로도 널리 성행하였던 것으로 보인다.

석전

석전石戰은 고대의 것이 전승되었을 것으로 보이나 고려 시대의 기록 중 석전에 대한 것은 매우 빈약하다. 하지만 석전이 성행하였던 것은 명확해 보인다. 고려 석전의 성격은 세 가지로 해석하고 있다.

첫째, 국속國俗으로서의 석전이다. 단옷날이나 명절에 행하던 민속놀이의 성격을 지닌 활동이었다.

둘째, 무武로서의 석전이다. 군사 훈련의 성격을 지녔다는 것이다.

셋째, 관중 스포츠로서의 석전이다. 왕이나 양반들에게 구경거리를 제공하는 성격을 지녔다는 것이다.

---

227 위의 책, p. 325.
228 위의 책, p. 329.

연날리기

조선 후기의 기록인 『동국세시기東國歲時記』에 의하면 연날리기는 "최영崔瑩 장군이 탐라耽羅를 토벌하려 할 때 비로소 생겨 나라의 풍속으로 지금에 이르기까지 행하여지고 있는 것이다"[229]라고 되어 있다. 『삼국사기』에는 김유신이 연을 사용한 기록이 담겨 있다.[230] 이를 미루어 고려 말부터 전승되어 온 것처럼 보인다. 삼국 시대부터 있었던 연날리기도 군사적 목적이나 놀이의 성격을 띠고 고려 시대로 전승되었던 것으로 보인다.

229 위의 책, p. 330.
230 위의 책, p. 314~15.

제3장

조선 시대의 체육과 스포츠 문화

• 학습 목표

1. 조선 시대의 사회와 교육제도를 이해한다.
2. 조선 시대 체육의 발달 과정을 파악한다.
3. 조선 시대 민속 스포츠와 오락의 발달 과정을 이해한다.
4. 조선 시대 체육 및 신체 문화의 사상적 바탕을 확인한다.

조선 시대의 씨름을 보여 주는 김홍도의 〈씨름〉.

제1절

조선 시대의 사회와 교육

1. 조선 시대의 사회

조선 시대朝鮮時代는 유교적 관료국가 시대였다. 조선은 정치, 경제, 사회, 문화, 교육 등 모든 분야에 있어서 유교를 근간으로 하는 체제를 구축하였다. 주자가례朱子家禮는 국민생활의 기본적인 규범의식이 되었고, 삼강오륜三綱五倫은 지고한 도덕률이 되었다. 신분제도는 사농공상이라는 엄격한 틀로 분화되어 이루어졌다. 신분은 대체로 왕족, 양반, 중인, 양인, 천민으로 구성되어 있었다. 유학성리학이 발달되었으며, 퇴계, 율곡 등 학식과 덕망을 갖춘 걸출한 인재들도 배출되었다.[231]

양반 사대부가 집권층으로 자리 잡아 감에 따라 신분적 계급사회가 유지되고 사림의 성장으로 성리학의 발전을 가져왔다. 한편으로는 소모적인 당쟁을 겪으면서 많은 사회적 모순점도 나타났다. 조선은 이러한 모순 속에 두 차례의 왜란임진, 정유과 두 차례의 호란정묘, 병자으로 침략과 파괴를 당하면서 밀려오는 외세를 막지 못하였다. 임진왜란 이후 청나라 고증학考證學의 영향, 서양문물의 전래, 일부 지식인들의 반성으로 실학운동實學運動이 일어났고, 그것은 개화사상으로 연계되어 교육 근대화의 초석이 되었다.

---

231 이하 조선 시대의 체육사 분야는 나영일(서울대) 교수에 의해 재집필·감수되었다.

그러나 청, 러, 일 등의 세력 속에 표류하면서 근대적인 사회로의 전환이 늦어졌고, 체육 및 스포츠 문화의 발달이 지연되는 결과를 낳아 민족의 역동성도 약화되었다.

2. 조선 시대의 교육

관학官學

조선 시대 교육기관과 학제의 기본 틀은 고려와 비슷하였다. 정부에서 관장한 교육기관은 성균관, 4학, 향교 및 기술교육기관 등이 있었다. 성균관은 고려 말 국자감의 명칭을 조선 시대에도 사용하게 되었다. 4학은 고려 말의 5부학당이 이어진 것으로 세종 20년1438 북부학당이 폐지됨에 따라 4학으로 정착되었다. 향교는 고려 시대 지방에 설립된 중등 정도의 교육기관이었으나 조선 시대 들어 크게 발전하였으며, 양반이나 향리 자제들이 주로 입학하였다.

기술교육기관은 잡학과 무학 교육을 담당하였다. 기술교육기관은 실용적인 기예技藝와 생산기술을 가르쳤다. 잡학 교육의 내용은 역학譯學, 율학律學, 의학醫學, 천문학天文學, 명과학命課學, 陰陽學, 산학算學 등이었다. 그리고 무학은 병조에서 담당하며, 훈련원에서 주관하였다. 무예 연습과 강습이 주된 내용이었으며, 무인관료를 양성한다는 측면에서 일반 잡학과는 성격이 달랐다.

사학私學

조선 시대의 교육은 삶을 위한 교육이었다기보다는 앎을 위한 교육이었다. 양반계급의 교육 수요 증가로 관학과 더불어 사학도 번창하였으며, 그 대표적인 것이 서원과 서당이었다. 서원書院은 조선 초에 등장한 것으로 선조 치세까지 전국에 100곳이 넘었다. 교육의 목적은 선현존숭先賢尊崇이었으며, 선현을 제사하고 학통을 따라 학문을 연마하였으나 현실적으로는 과거를 준비하였다. 고려 시대부터 발전한 서당書堂은 다양하였다. 교육 내용은 천자문과 사서오경의 강독講讀, 문장 공부인 제술製述, 실용적인 글쓰기 연습인 습자習字 등이었다.

과거제도

과거제도는 공개경쟁이라는 시험절차를 거치게 하는 합리적인 인재 등용문이었다. 조선 시대의 과거는 신분상승을 원하였던 가문의 학자들에게 있어서는 놓칠 수 없는 절체절명의 기회였다. 과거는 3년에 1회씩 정기적으로 실시되는 시험과 부정기적으로 실시되는 시험이 있었다.

과거의 응시 영역은 문반 채용을 위한 문과文科, 생진과와 대과와 무반 채용을 위한 무과武科, 그리고 기술관 채용을 위한 잡과雜科가 있었다. 양반 사회였던 조선 시대는 문과와 무과가 가장 중시되었다. 과거제도와 관련하여 문과는 성균관과 향교라는 교육기관과 연계되어 있었으나 무과는 그렇지 않았다. 무반이 문반에 비해 상대적으로 열등한 취급을 받는 경향이 없지 않았으나 조선사회는 양반兩班, 문반과 무반 사회였다는 점에서 무반의 사회적 위치와 대우도 결코 낮은 것이 아니었다.

• 문관 채용시험

초급 문관시험인 소과생진과와 대과문과의 두 단계로 나뉘었다. 생진과에는 사서·오경으로 시험하는 생원과生員科와 시詩·부賦·표表무·책策 등 문장으로 시험하는 진사과進士科가 있었다. 생원과의 진사가 되면 성균관成均館에 진학하였다. 성균관의 유생들은 공부를 마친 뒤 다시 문과文科, 즉 대과大科에 응시하였다.

• 무관 채용시험

무과武科는 소과, 대과의 구분이 없는 단일과로서 초시230명, 복시28명, 전시28명 갑 3명, 을 5명, 병 20명의 세 단계 시험이 있었다. 무과 급제를 위해서는 각종 유형의 궁술과 기사騎射, 기창騎槍, 격구擊毬, 조총鳥銃 등과 같은 무예 익히기와 경서經書, 병서兵書 등과 같은 강서講書 탐독이 요구되었다. 초시의 경우 중앙은 훈련원에서 치르고, 지방은 각도의 병사兵使에서 치렀다. 그리고 복시와 전시는 병조와 훈련원에서 관장하였으며, 합격자를 선달이라고 하였다.

조선 후기에 들어서면서 군대 육성이 시급해짐에 따라 문과와 함께 실시되던 무과 과거가 독립적으로 시행되는 경우도 많았다. 한꺼번에 1만여 명의 합격자를 내는 일도 있었다. 이처럼 많은 합격자를 낸 무과를 만과萬科라 하였다.

무과를 관장하는 주체는 국가였고, 그 관리 책임은 훈련관이나 병조에 있었다. 무관채용 시험은 엄격한 절차에 따라 실시되었다. 전시의 예를 보면 감독관 중에는 궁술의 표적에 맞았는지 여부를 감독하는 감적관監的官, 화살의 무게를 재는 칭전관稱箭官, 말의 출발을 담당하는 출마관出馬官, 흐르는 물로 시간을 재는 누수관漏水官, 책을 나누어 주는 급책관給冊官, 합격자를 발표하는 출방관出榜官 등 열아홉 가지의 직책으로 세분화되어 있었다.[232]

• 기술관 채용시험

기술관技術官 채용을 위한 잡과에는 역과譯科, 의과醫科, 음양과陰陽科, 율과律科 등 4과가 있었다. 잡과는 사역원司譯院, 전의감典醫監, 형조刑曹 등 관서의 기술관을 채용하기 위한 것으로 기술학 교육은 위의 해당 관부에서 제각기 맡았다. 그러나 기술 교육은 잡학이라 하여 천시되었으며, 중인中人의 자제들이 이를 세습적으로 배워 응시하는 것이 보통이었다.

---

232 나영일, 『무과총요연구』, p18.

조선 시대의 무예와 체육

1. 무예 교육

훈련원과 사정射亭의 교육

조선 왕조의 무인 양성과 관련된 공식적인 교육기관은 훈련원訓練院이었고, 전국적인 무사 양성 기능을 대신한 곳은 각 지역의 사정射亭이었다. 훈련원은 군사의 무재武才를 시험하고 무예를 연습하였으며, 병서兵書 강습을 하기도 하였다. 훈련원에서는 병요, 무경칠서, 통감, 박의진법博議陣法, 병장설兵將設 등을 습득시키고, 활쏘기, 승마 등을 연습시켰다. 전국 각지에 산재한 사정射亭은 무사들이 평상시에 무과 준비를 하고 훈련을 하는 교육기관의 역할을 대신하였다.

무예 교육

조선 시대의 무예 교육은 학교기관과 같은 곳에서 체계적으로 실시되지 못하고 개인적으로 실시되었다. 당시의 무사 교육은 궁마나 병서를 익히기 쉬운 환경에서 성장한 사람들에게 유리하였다. 무예 수련이나 병서 공부는 주로 부자지간의 전수로 이루어지는 일이 많았다. 체계적이라기보다는 비체계적인 경향이 강하였고, 즉흥적인 성격을 띠고 있었다. 김육金育의 『해동명신전海東名臣傳』에는 최윤덕崔潤德, 곽재우郭再祐, 이순신李舜臣 등 3인의 무사 교육에 관한 단편적인 모습이 보인다. 특히 충무공 이순신1545~1598은 젊은 시절 무예를 열심히 수련하였으며, 아들이 무과 초시에 합격하도록 기사騎射 훈련을 직접 시켰다. 그러나 이러한 기록들만으로 유명한 무인들이 어떻게 무예를 습득하였는지 구체적으로 파악하기는 어렵다.[233]

---

233 한국 무예의 도입 과정에 관한 상세한 것은 나영일, 「무예도보통지에 나오는 무예의 도입 과정」, 『한국체육사학회지』, 7, pp. 144~154 참조.

무예 서적

대표적인 무예서로서는 『무예도보통지』가 있다. 『무예도보통지』는 정조의 명에 의해 규장각의 이덕무, 박제가가 장용영의 초관이었던 백동수가 장용영의 무사들과 함께 무예의 내용을 일일이 검토하여 만든 것이다. 『무예도보통지』라는 이름에서 '무예武藝'는 무武에 관한 기예를 뜻하고, '도보圖譜'는 어떠한 사물을 실물 그림을 통하여 설명하고 계통에 따라 분류한 것을 의미하며, '통지通志'는 모든 것을 망라한 종합서를 뜻한다.

스물네 가지의 무예가 실려 있는 『무예도보통지』라는 무예서는 하루아침에 집필된 것이 아니었다. 『무예도보통지』는 선조 31년1598에 한교韓嶠가 편찬한 여섯 가지 무예로 구성된 『무예제보武藝諸譜』와 영조 35년1759에 사도세자가 주도하여 편찬한 열여덟 가지 무예로 구성된 『무예신보武藝新譜』를 모체로, 한·중·일 삼국의 서적 145종을 참고하여 1790년에 완성된 종합무예서이다. 그 외 서적에도 무예에 관한 내용이 실려 있다. 예를 들어, 서유구徐有求의 『임원경제지林園經濟誌』에는 과학적인 활쏘기 방법이 상세히 소개되어 있다.

2. 체육 성격의 무예와 건강법

조선 시대의 주된 무예로서 체육의 성격을 지닌 것은 활쏘기, 기창騎槍, 격구擊毬, 검술, 주走, 역力 등과 기타 용검, 쌍검, 검술, 권법 등을 들 수 있다. 가장 대표적인 것은 궁술과 격구였다. 그리고 건강법과 관련하여 일종의 체조 체계인 도인導引이 있었다.

궁술

조선 시대의 궁술은 중요한 무예의 하나였으나 체육과 스포츠의 성격도 지니고 있었다. 조선 시대의 궁술은 체육 및 무예 교육으로서의 궁술과 스포츠로서의 궁술로 분류할 수 있다. 궁술은 그 화살의 종류와 실시 방법에 따라 목전, 철전, 유엽전, 편전, 관혁, 기사 등으로 나뉜다. 이 중 유엽전이 제일 많이 실시되었다.

- 체육 및 무예 교육적 궁술

궁술은 교육 활동의 한 영역으로 가치를 인정받아 왔다. 궁술은 육예六藝의 하나로 활쏘기를 통한 인간 형성을 지향하는 유교적 교육의 한 방식으로 인식되었다. 세종 때 성균관의 대사례大射禮가 있었으며, 성종 때에도 대사례大射禮를 행하였다. 또한 성균관의 육일각六一閣에서도 궁술 교육이 실시되었으며, 향교에서도 일종의 과외활동으로 궁술 훈련을 하였다.

- 스포츠 성격의 궁술, 편사便射

무술로서 발달하여 온 궁술은 조선조에 들어와 스포츠로 변화하는 모습도 보여 준다. 전쟁 기술로서가 아닌 일종의 게임으로 승부를 겨루는 모습이었다. 그 대표적인 모습이 편사便射, 혹은 변사邊射로 불린 궁도경기였다. 편사는 편싸움 즉, 팀을 구성하여 실시하던 궁술대회였다. 조선 시대의 궁술 훈련은 주로 각 지역의 사정射亭에서 이루어졌다. 5인 이상으로 구성된 각 단체의 궁수들이 소속된 사정이나 마을을 대표하여 출전하는 경기였다. 대표적인 것으로 사정편사射亭便射, 동편사洞便射, 장안편사長安便射 등이 있었다.

격구

격구는 고려 시대부터 전해져 내려온 것으로 그 성격을 볼 때 귀족 스포츠에 속한다. 그러나 그 자체가 능숙한 승마 기술과 기타 무예적 기량을 요구하였다. 좌우 약 200보쯤 되는 곳에 구문毬門을 세우고, 말을 탄 두 팀이 서로 공을 다투며 승부를 가리는 경기였다. 격구의 방법에 대해서는 『무예도보통지』에 자세히 나온다.

조선 시대의 격구는 승마하여 채를 가지고 승부를 가리는 경기였는데 크게 마상타구馬上打毬와 보타구步打毬 두 가지로 나뉘었다. 격구에서는 구장毬場과 격구 공, 격구 채, 말馬 등이 필요하였다. 주로 관중 앞에서 행하여졌으며, 격구 경기장은 음악과 여흥이 곁들여진 축제 같은 분위기였다. 그러나 단순한 오락이 아니었으며, 국방력 강화 차원에서 하나의 무예로서 장려된 활동이었다. 체육의 성격을 지닌 무예 활동 중 하나였던 것이다.

체력시험

무과 시험보다 한 단계 아래인 일반 무사 선발 과목에는 활쏘기와 주走, 역力 등이 있었다. 주와 역은 현재의 체력장제도와 유사한 종목으로서 체력과 체능의 측정방법도 비교적 과학적이었다. 주는 일정한 시간 동안 멀리 달리는 능력을 시험하는 과목이었다. 휴대용 물시계인 동호銅壺를 사용하여 물이 흘러나와 없어질 때까지 달린 거리가 270보步이면 1주, 260보이면 2주, 250보이면 3주로 정해져 있었다. 역은 무거운 물건을 들고 멀리 달리는 능력을 시험하는 과목으로 양손에 각각 50근斤씩 들고 160보를 가면 1력, 130보를 가면 2력, 100보를 가면 3력이라 하였다.

도인체조와 이황의 『활인심방』

도인導引이라는 용어는 『고려사』제132권 「신돈辛旽 전」에 잘 나타난다. 그리고 조선 시대 허준의 『동의보감』에도 도인법에 대한 기록이 담겨 있다. 도인은 정신통일, 목 돌리기, 마찰, 침 삼키기, 다리의 굴신 동작으로 구성된 치료보다는 예방을 위한 보건체조의 기능을 지닌 움직임 체계였다.

조선의 유학자들은 질병에 대한 치료의 문제와 건강에 관하여 큰 관심을 가졌다. 조선의 대 유학자인 퇴계 이황李滉은 도가道家 계열의 의서인 『활인심방活人心方』을 구하여 도인導引을 실시하였다. 중국의 주권1378~1448이 저술한 『활인심방』이 언제 조선으로 전해졌는지 확실하지는 않다. 퇴계 선생이 건강 상태가 좋지 않았던 장년기에 한학자나 제자였던 의생으로부터 『활인심방』을 입수하고, 직접 모사하여 후세에 전하였을 것으로 추정하고 있다. 그리고 당시 영남과 호남의 문인이나 학자들 사이도 널리 활용되었을 것으로 추측되고 있다.

조선 시대의 민속 스포츠와 오락

1. 귀족 사회의 민속 스포츠

활쏘기

조선 시대 상류층 양반들은 활쏘기를 즐겼다. 조선 시대의 사정射亭은 일종의 궁도클럽archery club과 같은 기능을 지니고 있었다. 사정에서는 편사와 같은 경연대회가 열렸다. 그것은 활쏘기가 민속적인 무예, 스포츠, 오락의 성격을 동시에 지니고 있었다는 것을 보여 주는 것이다. 궁술은 무예로서도 중요하였지만 양반 사회에서 돈이나 음식을 걸고 내기를 하는 등 우열을 가리는 게임의 단계로 발전된 민속 스포츠였다.

봉희

봉희棒戲는 조선 시대에 성행하던 유희의 한 종류로 골프와 유사하였다. 궁중에서 공을 쳐서 구멍에 넣던 놀이였다. 격구擊毬와 다른 점은 말을 타지 않고 그냥 평지에서 공을 치는 것이었다. 기록상으로 보아 세조 시대에 아주 성행한 것으로 추정된다. 주로 왕족인 종친宗親과 부마 그리고 재추宰樞 등 고위관료들이 오락으로 실시하였다. 그러나 그 유래는 명확하게 드러나지 않는다. 자생적으로 발달된 것인지 대륙에서 전래된 것인지는 알 수 없다.

방응

조선 시대의 방응은 고려 시대의 것과 비슷하다. 매를 훈련시켜서 꿩이
나 토끼 종류의 사냥감을 잡는 것이었다. 매와 함께 산과 들판을 뛰어다니
다 보면 운동도 되고 호연지기浩然之氣도 자연히 길러진다. 고려와 조선 시
대에는 매의 사육과 사냥을 담당하는 '응방鷹坊'이라는 전문부서가 있었다.
응방은 몽골에서 들어왔다. 세종 때에는 어응방御鷹坊, 또는 내응방이 설치되어
있었다. 어응방은 내시부內侍部에서 주관하였다. 응패는 매사냥을 허가하는
증명서 역할을 하였다. 일반 양반들에게는 목패木牌가 교부되었고, 대군이
나 종친들은 목패에 칠漆을 한 녹패綠牌가, 내응방에 해당하는 사람들에게
는 붉은 주패朱牌가 교부되었다.

투호

고려 왕조를 거쳐 조선 왕조에 들어 투호는 궁중 오락으로 매우 성행하
였다. 또한 교육적 성격도 지니고 있었다. 성종은 "투호가 단순한 놀이가
아니라 치심治心에 중요한 것이다"[234]라고 하였다. 퇴계 선생은 투호를 부드
러움과 엄함, 오만하지 않음, 승부의 초연함, 남자로서의 태도, 군자 등 모
든 덕목이 갖추어진 경쟁의 요소를 지닌 것으로 인식하였다. 이진수 박사
는 퇴계의 투호에 대한 인식을 탐구한 뒤 다음과 같이 밝혔다.[235]

• 덕德으로서의 스포츠

투호는 각종 행사에서 손님들을 즐겁게 해 주기 위하여 실시된 사교적
목적을 지닌 민속 스포츠였다. 또한 덕성 교육의 수단이 되기도 하였다. 예
컨대 퇴계는 투호의 본질적 가치를 덕성의 함양으로 보고 제자들에게 투호
를 하게 하여 도덕교육을 실시하고자 하였다.

---

234 羅絢成, 『韓國遊戲史研究』, p. 97.
235 이진수, 『한국고대스포츠연구』, p. 433, 435, 444.

• 경敬으로서의 스포츠

투호는 화和와 엄嚴, 격식과 규범, 주인과 손님이 오만하지 않고 승부에 승복하는 마음이 고루 교차되는 경기였다. 퇴계는 투호를 통해 경敬을 수련하고자 하였다.

2. 민중 사회의 유희와 스포츠

장치기

장치기는 조선 후기까지 전국적으로 행하여지던 장정들의 집단경기였다. 오늘날의 필드하키와 비슷한 유형의 경기로 보이며, 편을 갈라 공, 나무토막 등을 긴 막대기로 쳐서 상대편 문 안에 넣은 경기였던 것으로 보고 있다.

석전

석전의 기원에 대해서는 여러 가지 설이 있다. 대표적인 것이 자연발생설, 모의전쟁설, 농경의례설이다. 그리고 석전의 성격 또한 국속國俗으로서의 석전, 무武로서의 석전, 관중 스포츠로서의 석전, 운동경기로서의 석전 등 다양하였다. 석전은 매년 정월 보름에 행하여졌다. 석전은 변전邊戰 혹은 편싸움이라고도 하는데 돌이나 몽둥이를 들고 싸우는 집단적 민속놀이다. 석전은 일제강점기 전까지 계승되어져 왔다.

씨름

각저角觝, 각력角力, 상박相撲, 각지角支, 각희角戲 등으로 불렸다. 삼국 시대부터 지금까지 행하여지고 있는 대표적인 민속 스포츠이다. 고려 시대를 거치며 유흥과 오락의 일면을 보이던 씨름이 조선 시대에는 점차 마을 대항전이나 풍년을 기원하는 행사, 단오절 씨름놀이 등 연례적인 대규모 축제의 주된 민속 스포츠로 자리를 잡았다. 『조선왕조실록』을 비롯한 『완당집』,

『경도잡지』,『동국세시기』 등의 조선 시대 문헌과 김홍도의 〈씨름〉 그림이나 유숙의 〈대쾌도〉 그리고 기산의 〈풍속도〉 등에서 씨름의 모습을 찾아볼 수 있다.

추천

추천鞦韆은 그네뛰기를 말하는 것으로, 단오절에 가장 많이 행하여졌다. 고려 말기부터 전해져 왔으며 큰 기둥을 두 개 세우거나 큰 자연목을 이용하여 두 가닥의 줄을 매고 줄의 맨 아래 끝에 발판을 만들어 그 위에 올라서거나 앉아서 줄을 잡고 몸을 앞뒤로 왔다 갔다 하는 형식의 놀이였다. 조선 시대 양반층에서는 그네를 멀리하였으나 민간에서는 여전히 성행하여 단오절만 아니라 평상시에도 그네를 즐겼다. 『열양세시기洌陽歲時記』에 의하면 단옷날에 남녀가 그네를 뛰는 것은 서울이나 시골이나 마찬가지였다고 한다. 추천대회는 1970년대까지 농촌에 남아 있었다. 추천대회의 등위는 높이 올라가는 것으로 승부를 결정하기도 하였다. 혹은 그네 앞에 높이를 재는 장대를 세우고 장대 위에 방울을 매달아 놓고 뛰는 사람의 발이 방울을 차서 울리도록 하여 방울 소리의 도수로서 승부나 등수를 결정하기도 하였다.

기타

이상에서 언급한 종목 외에도 조선 시대 민중의 생활 속에는 제기차기蹴鞠, 蹴毬毬, 연날리기, 팽이치기, 썰매雪, 널뛰기초판희, 超, 줄넘기도색희, 跳索戲, 줄다리기인색희, 引索戲 등 다양한 신체 문화가 있었다.

조선 시대의 체육 사상

1. 숭문천무와 문무겸전의 대립

조선 시대 과거는 무과武科도 있었으며, 훈련원에서 무관을 양성하기도 하였다. 그러나 성리학의 발달과 유교적 특성으로 문존무비文尊武卑의 숭문천무崇文賤武 사상이 만연하였다. 과거제도와 관련하여 문과는 성균관, 사학, 향교, 서재 등이 있었으나 무과와 관련된 교육기관은 훈련원訓練院과 사정射亭 정도가 있었을 뿐 무인 교육에 소홀하였다.

사림士林들은 중앙정계에 등장하여 붕당朋黨 정치만 일삼다가 두 차례의 왜란임진, 정유과 두 차례의 호란정묘, 병자과 같은 외란을 겪게 되었다. 고려 시대부터 조선 시대로 계승된 유교적 전통은 많은 장점을 지녔으며, 유교의 육예六藝 속에 승마나 궁술도 포함되어 있었다. 그러나 조선의 성리학은 음양사상과 결합되어 변질됨으로써 숭문천무사상崇文淺武思想이 만연하였다. 그러한 결과로 무예나 활동적인 신체 문화가 활성화되지 못함으로써 민족의 기질과 역동성을 약화시키는 결과를 낳았다.

예외적으로 문무겸비를 강조한 조선 시대의 위대한 왕들도 있었다. 예를 들면, 정조대왕은 문과 무를 양립시키는 것이 국가를 부강하게 하는 계책이라고 생각하고, 규장각과 장용영壯勇營을 설립하여 무예를 장려한 왕으로 평가되고 있다. 정조는 규장각의 각신閣臣인 이덕무·박제가와 장용영의 초관인 백동수를 통해『무예도보통지藝圖譜通志』를 편찬하게 함으로써 무예를 진정으로 거듭나게 하는 계기를 만들었다. 그는 무예를 무척 사랑하였고 일반 무사들보다도 더 뛰어난 신기에 가까운 활쏘기 실력을 갖추었다. 문신들에게도 무예의 가치를 직접 주지시키기도 하였다.

2. 심신수련으로서의 활쏘기

동양에서는 궁술이 심신수련의 중요한 교육 수단으로 취급되어 왔다. 공자孔子는 활쏘기를 인간 형성에 목적을 둔 수련행위로 보았다. 유교 국가였던 조선에서도 활쏘기는 강조되었다. 『예기禮記』나 『논어』와 같은 유교 교리教理에서 활쏘기는 사람의 덕행을 관찰할 수 있는 바탕이 되기 때문에 인재 선발의 한 근거가 된다고 취급하였다. 궁술 훈련은 덕을 닦는 교육의 수단으로 취급되었던 것이다. 공자는 "활 쏘는 자는 무엇으로써 쏘며, 무엇으로써 듣는가, 소리를 따라서 쏘고, 쏘아서 정곡正鵠을 잃지 않는 자는 오직 현자賢者일 것이다. 만약 불초不肖한 사람이라면 그가 어찌 능히 (과녁을) 맞힐 수 있겠는가"[236]라고 하였다.

국왕이 치른 대사례는 그러한 활쏘기가 중요하게 취급되었다는 것을 보여 주는 전형이었다. 세종 때 중요한 의례의 하나로서 성균관에서 대사례大射禮가 거행되었으며, 성종 치세 때부터 사례射禮는 의식과 연계되어 교육적 성격을 띠고 시행되었다. 성균관의 육일각六一閣에서도 궁술 교육이 실시될 정도였다. 대사례에서는 우수한 궁술 실력자를 나라의 제사에 참여시킬 인물로 뽑았다. 성균관의 유생들도 궁술 수련을 하였다. 태조가 즉위한 이후 전국의 주, 부, 군, 현에 향교가 설립되어 경서를 가르쳤고, 해마다 춘추로 향사례를 실시하였다.

활쏘기는 조선 시대의 왕으로부터 일반 무사들에 이르기까지, 무관에서 문관과 일반 양민에 이르기까지 가장 기본적인 신체 활동으로서 예의 작법이었고, 놀이였으며, 심신 단련의 수단이었다. 정조는 활쏘기를 일찍부터 힘쓴 이유에 대해서 "활쏘기는 육예의 하나이니 자신을 바르게 하는 공부로서 증험할 수 있는 것이다. 자신을 바르게 하는 공부는 반드시 마음을 바

---

236 『禮記』「射義」, 射若何以射 何以聽循聲而發 發以不失正鵠者 其唯賢者乎 若夫不肖之人卽 彼將安能以中.

로 하는 것으로부터 시작하니 만사와 만물이 어찌 마음을 한가지로 하는 일심—心이라는 글자를 실행하여 나가지 않을 수 있겠는가? 나는 일찍이 이 것으로써 스스로 힘썼다"라고 하였다.[237]

조선 시대에 있어서는 무과를 비롯한 여러 시험제도에서 활쏘기의 능력이 인재 선발의 절대적 기준이 되었다. 활쏘기가 인재 선발의 준거가 된다는 믿음은 어떤 이가 쏜 화살이 과녁에 맞을 수 있는 것은 그 사람이 이미 높은 수양이 되어 있다고 생각하였기 때문이다.

유교 국가였던 조선 시대에 활쏘기는 단순한 무술이나 무예의 차원을 넘어 분명한 철학을 바탕으로 성장한 교육적 신체 활동이었다. 500여 년간 실시된 과거시험에서 활쏘기는 인재 선발의 필수과목이었다.[238]

---

237 『弘濟全書』卷 174,「日得錄」,「訓語」, 射者六藝之一也 亦可以驗正己之工 而正己之工 必自 正心始 萬事萬物 何莫非一心字做去耶 予嘗以此自勉.

238 정해은,「조선후기 무과급제자연구」,『정신문화연구원 박사학위논문』, 2002, pp. 18~23.

제4장

개화기의 체육과 스포츠 문화

- 학습 목표

1. 개화기 사회와 교육제도를 이해한다.
2. 개화기 체육의 발달 과정을 파악한다.
3. 개화기 스포츠 문화의 발달 과정을 이해한다.
4. 개화기 체육이 장려된 사상적 배경을 확인한다.

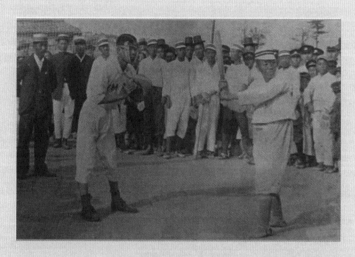

개화기 이후에 등장한 YMCA 야구단.

제1절

개화기의 사회와 교육

1. 개화기의 사회

조선은 서세동점西勢東漸의 세계사적 조류와 일본의 제국주의적 팽창 정책으로 1876년 문호를 개방하게 되었다. 1876년 일본과 강화도 조약을 체결한 이후 미국, 영국, 독일, 이탈리아, 러시아, 프랑스, 오스트리아 등과 통상수호조약을 체결하게 되면서 한반도는 열강들의 각축장으로 변하였다. 그러한 상황에서 조선 말기 사회에는 반봉건적 근대화 정서와 반제국주의적 민족주의 정서가 동시에 분출하였다. 그 결과 위정척사爲政斥邪운동, 동학운동東學運動, 갑오개혁甲午改革, 을미사변, 의병운동 등과 같은 정치적·사회적 격변이 숨 가쁘게 전개되었으나 결국 1910년 일본의 식민지로 전락하게 되었다. 그러나 우리 민족은 개화기1876~1910의 수많은 시련과 격동 속에서도 교육입국敎育立國의 의지를 갖고 근대화를 위한 노력을 경주하였으며, 그 결과 교육에서도 큰 변화가 있었다.[239]

2. 개화기의 교육

쇄국 정책의 한계를 인식하고 문호를 개방한 이후 정부는 외국의 문물

---

239 이하 개화기 체육사 분야는 곽형기·이현정(동덕여대) 교수팀에 의해 보완·수정·감수되었다.

을 배우기 위하여 해외 시찰단을 파견하고 국가기구를 개편하는 등 발 빠른 행보를 보이게 되었다. 개혁을 향한 조선의 의지는 1894년 갑오개혁으로 이어지게 되었다. 근대 교육의 체계는 이러한 근대화 과정과 궤를 같이하여 형성되었다. 그것은 다음과 같은 세 종류의 교육기관 설립과 교육개혁을 위한 시도로 나타났다.

첫째, 근대 관립 교육기관이 설립되었다. 조선이 서구 열강 및 일본과 통상조약을 체결한 이후 가장 시급한 것은 통역관의 양성이었다. 그러한 배경으로 세워진 학교가 동문학同文學, 통변학교通辯學校, 육영공원育英公院 등이었다.

둘째, 근대 민간 교육기관이 설립되었다. 일본의 제국주의적 팽창으로 위기의식을 가졌던 국민들은 교육의 중요성을 인식하게 되었고, 많은 지식인들은 각종 민간 사립학교를 설립하였다. 1883년 최초의 근대적 학교 원산학사元山學舍가 설립되었다. 기타 흥화학교1895, 낙영의숙1895, 중교의숙1896 등과 같은 학교들도 설립되었다.

셋째, 선교단체 교육기관이 설립되었다. 개항 이후 기독교의 복음을 전하기 위해 입국한 선교단체들은 기독교의 확장 수단으로 교육과 의료 활동을 선택하였다. 광혜원, 배재학당, 이화학당, 경신학당, 정신학교 등 1910년 2월까지 전국에 796개의 의료 및 교육기관이 설립되었다.

넷째, 교육개혁이 단행되었다. 개항 이후 새로운 학제의 도입과 학교의 설립에 관한 법령이 공포되었다. 고종은 1895년 2월 근대적 국가를 세움에 있어서 교육을 국가 중흥의 기본적인 수단으로 생각하고 『교육입국조서敎育立國詔書』를 하달하였다. 종래 유교 중심의 교육을 지양하고 덕양德養, 체양體養, 지양智養, 즉 삼양三養에 힘쓰고 허명과 실용을 분별하여 실용적인 교육을 강화하였다.

개화기의 체육

1. 개화기 체육의 발전 단계

1876년에 개항과 더불어 서구 문화가 도입되면서 체육과 스포츠 분야에서도 큰 변화가 이루어졌다. 전통적인 무예 및 민속적 유희 중심의 체육 활동 내용이 체조, 유희, 스포츠 등으로 확대되었고, 서구식 체육이 정식으로 교육과정에 도입되었다. 그 과정은 세 단계로 분류할 수 있다.

제1기1876~1884 근대 체육의 태동기. 무예학교와 원산학사의 정규 교육과정에 무예 체육이 포함되었다.

제2기1885~1904 근대 체육의 수용기. 기독교계 사립학교와 관립학교의 정규 교과과정에 체조 과목이 편성되고 과외활동으로 서구 스포츠가 도입되었다. 운동회 및 체육 구락부俱樂部의 활동이 활성화되었다.

제3기1905~1910 근대 체육의 정립기. 기독교계 사립학교를 비롯하여 일반 학교체계에 학교체조, 병식체조, 유희 등이 필수교과로 지정되었다. 일본이 학교 체육을 병식체조 중심으로 전환하려는 노력을 기울인 반면, 우리나라 지도자들은 연합운동회와 같은 활동의 활성화를 통하여 애국심을 고취하려는 민족주의적 노력을 하였다.

2. 개화기의 체육

근대 체육의 태동

근대 체육의 도입은 근대적인 학교를 통해 본격화되었다. 최초의 근대 학교인 원산학사에서는 설립 초기 문사 양성을 위한 문예반50명과 무사 양성을 위한 무예반200명을 두었다. 무예반에서는 병서兵書와 사격射擊 과목이 편성되어 있었다. 별군관도시절목別軍官都試節目에는 유엽전柳葉箭, 편전片箭, 기추騎芻 등이 시험 과목으로 선정되어 있었다.[240]

근대 체육의 수용

1880년대부터 개신교 선교사들에 의해 배재학당1885, 이화학당1886, 경신 학당1886[241] 등과 같은 미션 스쿨이 설립되었다. 1895년에는 관립 외국어학 교가 설립되었다. 1903년에는 황성 YMCA가 조직됨으로써 서구 스포츠가 본격적으로 유입되기 시작하였다.

미션 스쿨은 한국의 교육 전반에 큰 영향을 미쳤다. 미션 스쿨에 서구 스포츠가 도입된 것은 1890년경이었다. 1889년 배재학당의 학칙에 체육이 정규 교과목으로 명시되지는 않았으나 과외활동을 통해 야구, 축구, 정구 테니스, 농구와 같은 서구 스포츠가 실시되었다.[242] 언드우드학당경신에서는 '오락'이라는 명칭하에 30분간의 체조시간이 배정되었으며, 1891년부터 체 조가 정식 교과목에 편성되어 매일 첫째 시간에 30분씩 지도하였다. 이화학 당에 체조가 교과목으로 편성된 것은 1890년이었으며, 1892년부터 정기 교 과목으로 실시되었다. 1896년의 학과목은 영어, 성경, 언문읽기, 쓰기, 작문, 편 지 쓰기, 생리학, 성학, 오르간, 반절反切, 한문, 수학, 지리, 역사, 과학, 체조, 가사 등이었다.

관립·공립학교에서도 근대적인 교육과 체육이 실시되기 시작하였다. 1895년 공포된 〈교육조서敎育詔書〉에는 체육의 중요성을 강조한 내용이 담 겼다. 그 이후 체육은 (체조라는 명칭으로) 소학교 및 고등과에 정식 교과 목으로 채택되었다.

---

240 이학래, 『한국체육백년사』, p. 57.

241 L. George Paik, *The History of Protestant Missions in Korea 1832~1910*, pp. 308~319.

242 배재중고등학교, 『배재 80년사』, pp. 218~299.

1896년 소학교의 〈소학교규칙대강小學校規則大綱〉이 발표되었다. 소학교령 제1조에서는 "아동의 신체 발달을 감監하여 기초생활에 필요한 지식과 기능을 가르친다"고 규정하였다. 중학교 편제는 심상과 4년, 고등과 3년으로 심상과와 고등과 교과목에 체조가 편성되어 있었다.[243] 한성사범학교 교칙1985은 "신체의 건강은 성업成業의 기본이므로 평소에 위생에 유의하고 체조에 힘써 건강을 증진시킴을 요한다"라고 규정하고 체조를 편성하였다. 그 내용은 보통체조와 병식체조였다.

외국어학교에서도 스포츠를 도입하였다. 관립 외국어학교의 경우 체조가 정식 과목으로 채택되지는 않았으나 병식체조와 기계체조를 통해 신체단련 활동을 하였다. 영국의 허치슨Hutchison과 핼리팩스Halifax, 터너Turner, 미국의 질레트Gillet, 프랑스 마텔Martel 등에 의해서 각종 서구 스포츠가 소개되었다.[244] 최초의 운동회가 실시된 곳도 외국어학교였다. 1897년 6월 24일 『독립신문』의 기사에는 외국어학교 학생들이 병식체조와 기계체조를 하였다는 내용이 담겨 있다. 그리고 당시 운동회에서 다양한 육상 종목도 소개되었다.

근대 체육의 정립

1905년 을사조약이 체결되었다. 1906년 2월 일제는 통감부를 통해 식민지 교육정책을 입안하면서 대한제국의 교육제도를 대대적으로 개편하였다. 보통학교의 수업 연한은 6년이었으며, 1906년 8월에 발효된 보통학교교육시행령 1조, 소학교령 교육 목적에는 신체 발달, 도덕 교육, 생활에 필요한 지식과 기예 교육이 강조되어 있다. 그리고 6조에는 국어, 한문, 일어

---

243 곽형기, 「개화기의 신문화와 체육」, 이학래 외, 『한국체육사』, p. 156.

244 곽형기, 「近代學校體育의 展開樣相과 體育史的 意味」, 서울대학교대학원 박사학위논문, p. 143.

를 비롯하여 '체조'가 정식 교과목으로 명시되어 있다. 그리고 10항에 체조의 성격과 목적을 규정하였다. 1906년과 1909년에 공포된 52조를 통해 중학교가 고등학교로 명칭이 변경되었다. 이때 '체조'가 교과목으로 규정되었다. "체조體操는 신체를 강건히 하며, 정신을 쾌활케 하고 겸하여 규율을 수守하며 협동을 상尚하는 관습을 양養하기를 위주로 하여 보통학교 체조와 병식체조를 적당히 교수함을 요함"이라는 체육 목표를 제시하였다.[245]

체육 수업은 본과 4년간 주당 3시간 보통체조와 병식체조로 편성되었다. 예과 및 보습과 과정도 매주 3시간 보통체조와 병식체조를 편성하였다. 그리고 병식체조 대신 학교체조스웨덴 체조를 하는 것도 가능하다고 정하고 있다. 그 외 고등여학교에서는 1908년 4월 칙령 22호 발표 이후 본과와 예과 교육과정에 체조가 편성되었다. 1906년에 사범학교령이 공포된 이후 관립 한성사범학교의 교육과정 속에는 예과와 본과에 모두 체조가 편성되어 있었다. 그리고 1905년 한일합병 이후 생겨난 많은 사립학교에서도 교육은 국권회복운동의 수단으로 인식되면서 민족정신의 고취와 체력 단련을 위해 체육을 실시하였다. 그러나 시대적 상황으로 학교 체육은 교련의 성격을 띠고 발달하였다. 대성학교에서는 체조가 군대식으로 실시되었으며, 운동회는 애국계몽운동의 성격을 띠었다. 오산학교에서도 체육은 매우 강조되었으나 군사 훈련의 성격을 띠고 발달하였다. 체육이 중요한 교과목으로서 자리를 잡은 것은 사실이었으나 민족주의적이고 국방체육의 성격을 띠고 발달되었던 것이다.

245 『구한말법령자료집』, p. 16. 곽형기, 「개화기 한국체육의 발달 맥락과 배경」, 『한국체육사학회 하계학술발표대회 발표논집』, 경상대학교, 2006. 6, p. 33.

제3절
개화기의 스포츠

1. 학교 스포츠의 발달

근대화 과정에서 다양한 스포츠가 체계적으로 발달된 것은 아니지만 과외활동의 일환으로 운동회가 확산되었다. 최초의 운동회는 1896년 5월 5일 영어학교에서 개최한 화류회였다.[246] 그 이후부터 다른 학교에서도 많은 운동회가 열렸다. 운동회에서 실시된 종목은 주로 육상이었으나 점차 축구, 씨름 등도 포함되었다. 개화기 학교 운동회의 특색은 크게 세 가지 정도로 요약된다.

첫째, 운동회는 주민과 향촌의 축제 성격을 갖고 공동체 의식을 강화시키는 역할을 하였다.

둘째, 운동회는 민족주의 운동의 성격을 갖고 애국심을 고취시키는 역할을 하였다.

셋째, 스포츠 사회화 운동의 성격을 갖고 사회체육의 발달을 촉진하는 역할을 하였다.

2. 근대 스포츠의 도입과 보급

체조

1895년 4월 한성사범학교 설치령에 체조 교과가 정식으로 채택되었다. 체조 교과목은 도수체조, 병식체조, 기계체조 등으로 구성되었다. 1897년 헐버트는 배재학당에서 도수체조와 철봉 등을 지도하였다. 그리고 이화학

---

246 羅絢成, 『韓國體育史』, p. 100.

당은 여학교 최초로 체조를 실시하였으며 1890년에는 정식 교과목으로 채택하였다.

육상

육상은 1896년 영어학교에서 허치슨, 핼리팩스, 터너 등의 지도로 개최된 운동회花柳會에서 처음 시작되었다. 1897년 6월 훈련원現 서울운동장에서 개최된 영어학교의 대운동회에서는 정부의 고관들이 참관한 가운데 300보內賓초대경기, 600보, 1,350보, 공 던지기, 대포알 던지기投砲丸, 높이뛰기走高跳, 멀리뛰기走輻跳, 당나귀 달리기 경주, 이인삼각二人三脚 등과 같은 종목의 경기가 열렸다.

수영

우리나라에 수영이 도입된 기록은 1898년 5월 〈무관학교칙령〉에서 볼 수 있다. 이 칙령에는 여름 방학 때 학생들에게 휴가를 주되 수영 연습을 실시할 것을 규정하였다. 그리고 1909년 무관학교 장교와 학생들이 한강에서 수영 연습을 하였다. 1916년 7월 원산에서 매일신보사 주최 송도원 수영강습회, 1929년 8월 조선체육회 및 동아일보사 공동 주최의 원산 송도원 수영강습회 등이 있었다. 최초의 수영대회는 1929년 9월 1일 동서일보사 주최 제1회 조선수영대회였다.[247]

구기

• 축구

축구가 언제 도입되었는가에 대해서는 여러 가지 설이 있지만 관립 외국어학교 외국인 교사들이 첫선을 보였다는 설이 지배적이다. 1882년高宗 19년 인천항에 상륙한 영국 군함 플라잉호스의 승무원들에 의해 전해졌다는 설

---

247 곽형기, 「개화기의 신문화와 체육」, 이학래 외, 『한국체육사』, p. 198.

도 있다. 축구는 1890년 구기 종목 중 우리나라에 가장 먼저 소개된 것으로 보인다. 1896년경 외국어학교에서 운동회 경기 종목으로 채택되었으며, 1897년 외국어학교 출신 통역관들이 주축이 된 최초의 축구팀 대한축구구락부大韓擲球俱樂部가 조직되었다. 그리고 최초의 축구경기로 기록된 것은 1899년 5월 동소문 밖 삼선평에서 황성기독교청년회와 오성학교五星學校팀 사이의 경기였다.[248]

• 야구

1905년 미국 질레트P. Gillet, 吉禮泰가 황성기독교청년회 회원들에게 야구를 가르쳤다. 당시에는 타구打毬로 불렸다. 최초의 야구경기는 1906년 훈련원 마동산馬東山에서 황성기독교청년회팀과 덕어德語, 독어학교 간의 시합이었다.

• 농구

농구는 1907년 황성기독교청년회 초대 총무 질레트에 의해 한국에 소개되었다. 최초의 경기는 1909년 7월 황성기독교청년회서양인 연합팀와 도쿄 유학생팀 간에 개최되었다. 농구의 실질적인 보급과 확산은 1916년 미국인 반하트Barnhart가 YMCA 간사로 취임하고, 1920년 YMCA 회관이 완공된 이후 이루어졌다.

• 정구테니스

테니스는 연식정구軟式庭球로 소개되었다. 테니스는 미국 공사 푸트L.M. Foote가 최초로 소개하였다. 1884년 갑신정변 이전에 미국공사관과 개화파 인사들이 테니스를 즐겼다. 오늘날과 같은 테니스는 1919년 조선철도국에서 도입한 것이 처음이었다.[249]

---

248 위의 책, p. 191.

249 손환, 「일제강점기 한국 근대 스포츠의 전개과정」, 『2006 한국체육사학회 하계학술발표대회 발표논집』, 2006, p. 47.

투기

•검도

1896년 경무청에서 검도를 경찰 교습 과목으로 채택하였다. 최초의 공개적인 경기는 1908년 경시청의 한일 경찰 간 격검 시합이었다.

•유도

일본은 16세기부터 유술柔術이라는 이름으로 전해오던 유도를 19세기 후반에 이론과 체계를 다시 정리하였다. 우리나라에는 1906년 일본인 우치다 료헤이內田良平에 의하여 소개되었다.[250] 국내에 도입된 유도는 1908년 무관학교 훈련 내용에 포함되었다. 최초의 경기는 1908년 3월 28일 비원에서 경시청의 한일 양국 순경 사이의 경기로 알려지고 있다. 1912년 단성사 주인 박승필의 발기로 유각권구락부柔角拳俱樂部가 조직되면서 유도가 더욱 널리 확산되었다. 대표적인 유도 단체로는 1916년에 조직된 오성학교 유도부와 YMCA 유도부가 있었다.

•씨름

씨름은 우리 민족 고유의 민속경기로 계속 맥이 이어져 왔으나 체계적인 시합은 개화기에 이루어졌다. 1898년 4월 학부 주최 관립·사립학교 운동회에서 경기 종목으로 선택되었다.

기타

•빙상스케이팅

스케이팅은 1890년대 후반 미국인 알렌 부부가 고종과 명성황후를 위해 처음 소개한 것으로 전해지고 있다. 그리고 1905년 현동순玄東淳이 삼청동 구주溝州에서 얼음을 지쳤다는 『동아일보』의 기사가 있다.[251] 1910년 2월 조선일출신문사 주최로 한강에서 빙상대회가 개최되었다.

250　李學來,『韓國柔道發達史』, pp. 41~47.

251　『동아일보』, 1929. 1. 1(제3003).

- 사격

사격이 도입된 것은 총포가 도입된 16세기 이후였을 것이다. 현종 7년1666
년 각 군영軍營에 대총을 시험하도록 하였다고 한다. 그러나 최초의 사격경
기는 조선 말기에 설립된 육군연성학교에서 개최되었다. 1904년 9월 육군연
성학교에서 사격이 정규 교과목으로 선정되었으며, 소총경기를 하였다.

- 사이클

1906년 4월 육군 참위參尉였던 권원식權元植과 일본인 요시카와吉川가 훈
련원에서 경기를 하였다. 1907년 6월 20일 한일인자전차상회韓日人自轉車商會
주최로 훈련원에서 자전거대회가 열렸고, 외국인들도 참가하였다. 1913년
경성일보, 매일신보사 공동 주최의 전조선자전거경기대회가 인천 등 여러
곳에서 거행되었다. 이 경기에서 엄복동의 승리는 민족적인 쾌거로 기록되고
있다.

- 승마

1909년 6월 13일 근위 기병대 군사들이 훈련원에서 기병 경마회를 개최
하였다.

- 조정

조정에 대한 기록은 찾기 어려우나 1916년 6월 26일자 『매일신보』에 보
트에 대한 기록이 보인다. 1920년 휘문고 학생들의 동맹 휴교 시 운동기구
와 시설의 요구 사항에 보트도 포함되어 있다.

3. 체육단체의 결성

각급 학교의 운동회 및 연합운동회가 정기적으로 개최되고 운동경기 종
목도 다양화되면서 스포츠 동호인들이 결성한 체육단체나 스포츠클럽도
늘어났다. 최초의 체육단체는 1906년에 결성된 대한체육구락부이다. 그 이
후 황성기독청년회운동부1906년, 대한국민체육회1907년 등이 결성되었다.

대한체육구락부

대한체육구락부大韓體育俱樂部는 1906년 김기정金基正 등이 결성한 우리나라 최초의 근대적인 체육단체이다. 현양운을 비롯한 발기인들은 1898년 3월부터 매주 수요일과 토요일 오후 훈련원, 장충단, 마동산, 삼선평 등에서 축구蹴毬, 높이뛰기高跳, 멀리뛰기廣跳, 달리기競走, 씨름脚戱 등 근대 스포츠를 즐기고, 보급하였다.

황성기독교청년회운동부

황성기독교청년회는 1903년 10월에 발족되었으며 1906년 4월 11일 황성기독교청년회운동부皇城基督敎靑年會運動部를 결성하였다. 이 클럽은 개화기에 결성된 체육단체 중 가장 왕성한 활동을 펼친 단체였다. 1906년 6월 9일 훈천사에서 운동회를 개최하였으며, 1909년에는 훈련원에서 시내 대운동회를 개최하였다. 회장 터너와 총무 질레트 등의 노력으로 우리나라 근대 스포츠의 발달에 큰 역할을 하였다. 특히 농구, 배구, 야구, 유도, 철봉, 역도, 권투, 무용, 덤블링, 곤봉indian club 등의 보급에 지대한 영향을 미쳤다.

대한국민체육회

대한국민체육회大韓國民體育會는 1907년 10월 병식체조의 개척자로서 우리나라 근대 체육의 선구자였던 노백린 등이 창립하였다. 노백린은 덕육 및 지육에 치우친 교육의 문제점과 병식체조 중심의 학교 체육을 비판하였다. 체육의 올바른 이념 정립과 체육 관련 정책의 개혁을 목표로 체육단체를 이끌었다.

대동체육구락부

대동체육구락부大同體育俱樂部는 1908년 권서연, 조상호 등이 결성한 사회 체육단체였다. 그들은 사회진화론적 자강론에 입각하여 체육의 가치를 국가의 부강과 존폐의 근간이 되는 것으로 인식하였다. 체육학의 연구와 강건한 체력의 육성을 부르짖으며, 체육 계몽 운동을 통해 강력한 국가 건설을 지향하였다.

4. 개화기 체육의 역사적 의미

숭문천무, 문존무비 등과 같은 인식 때문에 개화기 이전까지는 신체 문화가 발달되지 못하였다. 체육의 목적과 가치에 대한 인식의 폭도 매우 좁았다. 그러한 상황에서 개화기의 변화는 체육사적으로 하나의 혁신이었으며, 다음과 같은 의미를 지닌다.

첫째, 체육의 개념 및 가치에 대한 근대적 각성이 이루어진 점이다. 체육의 목적과 개념이 정립되었고, 체육 활동의 가치에 대한 근대적인 각성이 일어났기 때문이다. 이러한 변화는 개화기가 한국체육사의 전환기였음을 뜻하며, 역사적으로 큰 의미를 지닌다.

둘째, 교육체계 속에서 체육의 위상이 정립되었다는 점이다. 주로 기독교계 학교를 통하여 각종 서구 스포츠가 도입되었고 체조가 교과목으로 채택되었다. 고종은 〈교육조서〉를 통해 덕육, 지육과 함께 체육을 중요한 교육의 영역으로 공인하였다. 이러한 점에서 개화기는 체육이 하나의 교과목으로서 교육체계 속에 위상을 확고히 한 시기였다.

셋째, 근대적인 체육과 스포츠 문화가 창출되었다는 점이다. 개화기 학교 체육은 사회체육으로 연결되었으며, 각종 사회스포츠단체의 설립과 함께 국민들이 각종 스포츠에 사회화되었다.

제4절

개화기의 체육 사상

1. 유교주의와 체육

19세기 말까지 조선의 유교적인 전통은 지속되었다. 숭문천무崇文賤武
와 문존무비文尊武卑 등 유교주의 시대의 편향적인 사고체계는 조선조 500
년 동안 우리 민족의 역동적인 기질을 약화시키는 결과를 낳았다. 서구식
운동경기나 스포츠 활동이 소개될 당시의 일화들은 유교주의 사고가 신
체 문화의 발달을 저해한 초국경적인 이데올로기였음을 보여 준다. 구한말
테니스가 처음 도입되었을 때 순종은 "저렇게 힘든 일을 손수하다니 참으
로 딱하오, 하인에게나 시킬 일이지……"라며 혀를 찼다고 한다.[252] 유교 사
상에 젖은 왕이나 양반들은 체육과 스포츠를 평민들이나 할 육체적인 놀
이 정도로 인식하고 있었음을 알 수 있다. 특히 여성들의 체육 활동 참여는
당시 유교주의자들에게는 하나의 충격이었던 것으로 보인다. 이화학당에
체조가 실시되었을 무렵, 양반들이 이화학당 여학생들을 며느릿감에서 소
외시킨 것은 체조 과목이 육체를 부덕不德하게 만든다고 간주하였기 때문
이었다고 한다. 유교는 많은 장점을 지닌 깊은 철학이었음에도 불구하고,
부분적으로 왜곡되어 개화기 체육과 스포츠의 도입과 확산에 역기능적인
역할을 한 이데올로기였다.

2. 사회진화론적 민족주의

개화기 한국 사회에서 일종의 체육진흥운동이 일어난 것은 큰 변화였고,

---

252 이규태, 『개화백경』, pp. 378~379.

그 변화의 바탕에는 사회진화론Social Darwinism, 즉 다원주의적인 민족주의 사상이 깔려 있었다. 이는 민족주의 운동과 결부되어 있었다.

일본과 서구 열강의 제국주의적 팽창으로 국권 상실의 위기를 맞자 근대적 교육의 중요성과 강건한 청년의 육성에 있어서 체육이 필수적이라는 인식을 갖게 되었다. 사회적 진화론에 의하면 자본가가 지배적 지위를 확보하는 것이나 강대국이 약소국을 침략하여 식민지를 만드는 일은 적자생존의 결과로 당연시된다. 이 사회진화론은 구한말의 애국계몽운동이나 일본 제국주의하의 실력양성운동에 큰 영향을 미쳤다. 한국 근대 체육과 스포츠의 발달도 진화론적 인식의 확산과 무관하지 않았다.

국권 상실의 위기감을 느끼는 상황에서 강자만이 살아남을 수 있다는 인식은 강건한 청소년의 육성이 필요하다는 자각을 낳았다. 그러한 맥락에서 체육은 적절한 선택이 되었던 것이다. 1906년에 설립된 대한체육구락부는 국가 위기 극복을 위한 체육의 강화를 취지로 설립되었다. 1906년 12월 『태극학보太極學報』에 게재된 최창열의 「체육을 권고함」이라는 글에서는 20세기는 우승열패優勝劣敗하는 경쟁 시대라 완력腕力을 유지하지 못하면 개인은 물론 국가적으로도 도태를 면치 못할 것이라고 적고 있다. 또한 세계의 문명화된 여러 나라는 삼육三育, 德·智·體 중 체육도 도입하여 활발活潑한 기력氣力을 양육養育하였으나 우리는 100여 년 이래로 교육의 대大 방침이 문예에 치우쳐 허약한 신체와 기력의 쇠진으로 국권 상실의 위기 상황에 놓였으니 우리 독립의 기초는 국민에게 체육을 권고함에 있다고 적고 있다.[253]

19세기 말과 20세기 초에 확산되기 시작한 체육과 스포츠는 국권 상실이라는 민족의 위기를 맞음으로써 진화론적 인식을 바탕으로 민족주의적 이데올로기를 잉태하게 되었던 것이다. 따라서 한국 근대 체육 발달의 이데올로기는 사회진화론적 민족주의였다고 규정할 수 있다.

---

253 『태극학보』 5. 1906. 12. 李學來, 『韓國近代體育史研究』, p. 39의 내용을 풀어서 요약함.

3. 체육 사상가

서구 문명을 받아들여 민족 도약의 발판을 마련하기도 전에 일본 제국
주의의 팽창 정책으로 국권 상실의 위기를 맞게 되자 많은 민족 지도자들
은 늦게나마 체육과 스포츠의 필요성을 인식하고 체육의 강화를 주장하게
되었다.

이기

이기李沂, 1864~1906는 한성사범학교의 교관이 되어 후진 양성에 주력하였
다. '대한자강회'를 조직하여 민중 계몽에 헌신하였던 그는 지육, 덕육, 체
육 중에서 체육이 가장 중요하다고 강조하였다. 그는 하루 한 시간 정도
수족에 힘을 주어 근육과 뼈를 튼튼하게 해서 그 기지氣志를 펴고 피가 잘
흐르게 하는 체조 방법을 제시하고, 이 체조야말로 신체를 건전하게 하는
공부라고 역설하였다. [254]

박은식

박은식朴殷植, 1859~1925은 문文 위주로 되어 있는 우리나라 전통 교육의
폐단을 지적하고, 그 대안으로 선진 외국의 체조 교육을 제시하였다. 그는
우리나라 교육은 앉아서 글만 읽고 쓰게 하는 것이기에 어린이들이 감히
동작을 마음대로 하지 못하여 언제나 감정이 우울해져 활달하지 못한 폐
단이 있음을 지적하였다. 미주美洲에서는 체조를 통해 어린이를 양육한다는
사실을 소개하기도 하였다. [255]

문일평

문일평文一平, 1888~1939은 체육을 국가의 운명을 결정하는 중요한 교육

---

254 이학래, 『한국체육백년사』, p. 44.

255 위의 책, p. 44.

영역으로 인식하였다. 1908년 5월 『태극학보』 제2호에 실린 「체육론」은 그의 체육 사상을 잘 보여 주고 있다. 그는 체육 발전을 위해 다음과 같은 다섯 가지 제언을 남겼다. 첫째, 체육학교를 특설하고 체육교사를 양성할 사事, 둘째, 과목에 체조, 승마 등을 置치할 사事, 셋째, 평단보필評壇報筆이 此차에 대하여 특히 주의할 사事, 넷째, 학교나 가정에서 특히 주의할 사事, 다섯째, 체육에 관한 학술을 정구精究키 위하여 품행 단정하고 신체 강장한 청년을 해외에 파견할 사事.

이기동

이기동李基東은 1885년 서울 출생으로 육군 무관학교를 졸업하고 휘문의숙徽文義塾의 체육교사를 역임하였다. 그는 특히 체조의 이론과 학교 체육 운영에 대하여 많은 관심을 가졌다. 당시 일본의 학자들과 교류하면서 체조의 이론적 발전과 보급에 많은 활약을 하였다. 1909년 7월 보통학교 체조과 교원용으로 『신체조교수서新體操教授書』를 출판하고, 체조 연구회를 조직하였다.[256]

이종만

이종만李種滿은 체육이 국가의 운명을 좌우하는 중요한 교육·문화 영역이라 인식하고 "체육의 국가에 대한 효력"을 세 가지로 밝히고 있다.[257]

첫째, 국민의 완전한 정신은 반드시 건강한 신체의 작용으로부터 나오는 것이므로 체육을 통해 용맹스러운 국민을 육성할 수 있다勇壯한 種族 作成.

둘째, 체육은 국민의 단결력을 형성시켜 주므로 체육을 통해 국민의 내부적인 단합을 이끌어 낼 수 있다.

---

256 곽형기, 『근대 학교체육의 전개양상과 체육사적 의미』, p. 61.

257 아래 요약한 내용은 李種滿, 「體育이 國歌에 대한 效力」, 『西北學會報』 第6號 융희 2년 (1908), 11月호 또는 곽형기, 『근대학교체육의 발달양상과 체육사적 의미』, p. 55 참조.

셋째, 체육은 20세기 국제 경쟁 시대에 국가자강國家自强, 즉 강력한 국가 건설의 기초가 된다.

이종태

이종태李鍾泰는 우리나라 근대 교육기관이었던 관립 외국어학교 교장이었으며, 한국 근대 교육의 선구자였다. 그는 체육과體育科 교육의 중요성을 일찍이 인식한 인물이었다. 그가 1905년 5월 24일 각 분교의 교관들에게 내린 체육에 대한 교육 지침을 보면 실로 근대적·선구적 체육 지도자였다는 것을 알 수 있다. 당시 그가 『황성신문』에 게재한 체육 교육에 대한 글에는 "(……) 체육 교과목을 소홀히 하여 교칙에 따르지 않는 사람이 생기면 퇴학 처분을 하리라"라는 내용이 들어 있다. 이러한 내용으로 미루어 보아 그는 학교 교육과정에서 체육을 매우 중요하게 생각하였던 인물이었음을 확인할 수 있다.[258]

노백린

노백린盧伯麟은 1898년 11월 외국 유학생으로 선발되어 일본 육사에 관비생官費生으로 입교하였다. 그는 강한 혈기와 씩씩한 기질로 일본인 동료들을 압도하였다고 한다. 조국 국방의 선도자가 되겠다는 의식을 갖고 1899년에 귀국하여 24세의 청년 장교로서 무관학교 교관이 되었다. 그는 체육은 덕德, 지知, 이교二敎와 병행하여 국민 교육에 불가결한 요소라는 주장을 펼쳤다. 구한말의 체육회 발기를 추진하기도 한 근대 체육의 선각자였다.

---

258 상세한 것은 곽형기, 앞의 글, p. 57 참조.

일제강점기의 체육과 스포츠 문화

베를린 올림픽 마라톤 우승자 손기정.

제1절

일제강점기의 사회와 교육

1. 일제강점기의 사회

일본은 러시아, 영국, 미국 등으로부터 한국에서의 특수 이익을 인정받은 뒤 을사조약乙巳條約, 1905을 통해 조선을 보호령으로 만들었고, 1910년 8월 29일 조선을 강제 병합하여 식민 통치하게 되었다. 우리 민족은 주권을 상실하게 되었고, 2,000만의 겨레가 노예 상태로 전락하여 35년간 일제의 탄압 속에 신음하였다. 따라서 일제강점기는 우리 민족이 주권을 잃고 국가 활동이 단절되어 버린 비극의 시대요, 독립을 쟁취하기 위해 싸운 투쟁의 시대라 할 수 있다.[259]

2. 일제강점기의 교육

한일합방 이후 일제日帝의 식민지 교육정책은 4차에 걸친 '조선교육령'에 의해 시행되었다. 일제는 1911년 제1차 조선교육령을 통해 조선의 우민화 교육에 착수하였다.

1920년 일제는 제2차 교육령을 공포하였다. 제2차 교육령에는 우리 민족의 불만을 다스리기 위해서 각급 학교의 편제와 수업 연한을 일본과 유사하게 조정하고, 대학 교육의 기회를 제공하는 방침이 명시되어 있었다.

---

259 이하 일제강점기 체육사 분야는 손환(중앙대) 교수에 의해 보완·감수되었다.

1938년 공포된 제3차 조선교육령의 골자는 종래의 보통학교, 고등보통학교, 여자고등보통학교를 각각 소학교, 중학교, 고등여학교로 개칭한다는 것과 황국신민화를 위해 일본어, 일본사, 수신도덕, 체육 등과 같은 교과목의 비중을 높인다는 것이었다.

제4차 조선교육령은 학교의 수업 연한을 1년 단축하고 교육 목적을 '황국신민의 양성'에서 '국가 유용인물의 양성'으로 바꾼다는 것이었다. 그러나 모든 것은 학교 교육을 통해 전쟁 인력을 확보하려는 술책에 불과하였다.

제2절

일제강점기의 체육

1. 조선교육령 공포기의 체육

1911년 10월 20일 총독부령 제110호로 공포된 보통학교 규칙은 체육의 목표를 "신체의 각 부분을 고르게 하여 자세를 단정히 하고 정신을 쾌활케 하며, 겸하여 규율을 지키고 절제를 숭상하는 습관을 기름을 요지로 한다"고 규정하였다.[260] 학교체조가 없어지는 대신에 보통체조가 등장하였고 호외유희戶外遊戲, 수영, 스케이팅 등이 새롭게 추가되었다.

1911년 조선교육령 공포로부터 1914년 교수요목 반포 조치까지 체육의 내용은 보다 다양해졌다. 구한말舊韓末 병식체조를 통해 무력을 기르며, 민족주의 사상을 고취하고 국권을 회복하고자 실시하였던 학교 체육 내용은

---

260 李學來, 『韓國體育百年史』, p. 135.

총독부 학무국의 주관에 따라 병식체조가 서전체조瑞典體操, 스웨덴 체조로 대치되었다. 각종 유희도 도입되었다. 이러한 변화는 체육 내용의 다양성이라는 측면에서 볼 때 일보 진전된 것이라 할 수 있다. 그러나 총독부가 체조교원을 일본 군인으로 충당한 것으로 보아 본래의 의도는 우리의 민족주의적 체육 활동을 규제하기 위한 조치였던 것으로 보인다.

2. 체조교수요목의 제정과 개정기의 체육

우리나라의 체육은 학교체조교수요목의 제정과 개정 시기1914~1927에 근대화되었다. 1914년 6월 10일 조선총독부령 제27호로 반포된 학교체조교수요목學校體育敎授要目에는 각 학교의 체조 교육을 통일시키기 위한 몇 가지 조치가 내려졌다. 구체적인 변화는 다음과 같다.

첫째, 유희, 병식체조, 보통체조의 구분이 체조, 교련, 유희로 변경되었다.

둘째, 유희는 경쟁적 유희, 발표적 동작을 주로 한 유희 등으로 구분되었다.

셋째, 과외활동 시간이나 일상생활 속에서 실시할 종목으로 야구, 수영, 테니스 등이 소개되었다.

넷째, 체조 교육의 교수 방법, 목적 개념 등을 구체적으로 제시하였다.

다섯째, 학교 교육체계에서 체육이 필수화되었다.

그러나 이러한 변화 또한 총독부의 식민지주의 교육정책을 토대로 한 것이었다는 측면에서 일본이 우리나라 체육의 근대화를 주도하였다는 정당화 논리를 믿기는 어렵다.

3. 학교체육교수요목기의 체육

체조교수요목 개편기1927~1941의 체육은 유희 및 스포츠 중심 체육으로 볼 수 있다. 1927년 4월 1일 총독부훈령 제8호로 학교체조교수요목이 개편되었다. 그 내용은 요목의 성격, 체조과 교재, 체조과 교재의 배당, 체조 교수 시간 외 권장할 여러 가지 운동 종목 등을 담고 있다.

학교 체육시설의 부족으로 육상경기 중심의 스포츠밖에 실시할 수 없는 여건이었으나 그 내용상 체조 중심에서 유희 및 스포츠 중심으로 변화된 것이었다.

학생들의 체육 활동에 대한 요구가 증가하고 학교대항 각종 운동경기대회가 성행하였다. 우리 선수들이 국제무대에 진출하기도 하였던 시기였다.

4. 체육 통제기의 체육

1941~1945년까지는 체육의 통제기였다. 일본은 1937년 중일전쟁을 일으켜 한반도를 대륙 침략의 기지로 삼았으며, 1941년 태평양전쟁을 일으키면서 조선에서 노골적인 민족문화 말살 정책을 폈다. 이러한 정책은 교육에서도 잘 나타났다. 1941년 3월 31일 국민학교령國民學校令을 반포하여 전시 동원 체제에 맞는 학제로 개편하였다. 체조과는 체련과體鍊科로 변경되어 체육은 점차 교련화되었다.

일제강점기의 스포츠

1. 근대 스포츠의 도입과 발달

서구의 근대 스포츠는 기독교 선교사들에 의해 소개되었다. 주로 체조, 육상, 검도, 축구, 수영, 씨름, 사격, 야구, 사이클, 유도, 농구, 빙상스케이팅, 정구, 승마, 조정 등과 같은 스포츠는 개화기에 도입되었다. 그리고 YMCA나 일본인을 통해 일제강점기에도 각종 스포츠가 소개되었다. 일제강점기에 도입된 대표적인 스포츠는 권투, 탁구, 배구, 연식정구, 테니스, 스키, 럭비, 역도 등이었다.[261]

권투

권투는 광무대 단성사團成社 주인이었던 박승필 등이 유곽권구락부柔角拳俱樂部를 조직하여 회원들 간에 행한 것이 처음이었다.[262] 권투는 1925년 1월 30일 YMCA 체육부의 실내 운동회에 정식 종목으로 등장하였다.

탁구

탁구가 처음으로 도입된 경로는 정확히 알 수 없지만 처음 행하여진 것은 1914년경 조선교육회와 경성구락부 원유회의 탁구 시합이었다. 그리고 YMCA 체육부 주최의 소년 탁구경기가 열렸다. 1924년 일본인 소유의 경성일일신문사京城日日新聞社 주최 제1회 핑퐁경기대회가 개최되었다.

배구

배구는 기독교청년회에서 도입하여 보급하였다. 기록상으로는 1916년 기독교청년회의 미국인 반하트B. P. Barnhart가 배구를 지도하였다는 이야기와 김영구가 도입하였다는 설이 있다.[263]

최초의 배구경기는 1917년 3월 30일 YMCA 회원과 서울에 거주하던 서

---

261 손환, 「일제강점기 한국 근대 스포츠의 전개과정」, 2006 한국체육사학회 하계학술발표대회 발표논문집, 2006, pp. 50~61.

262 羅絢成, 『韓國運動競技史』, p. 163.

263 전택부, 『남기고 싶은 이야기들』, pp. 110~111, 손환, 앞의 글 p. 47.

양인들 사이의 친선경기였다. 1927년 3월 16일부터 4일간 일본 YMCA 체육부 간사였던 브라운 씨를 초청하여 배구 강습회를 개최함으로써 배구의 발전은 시작되었다. 1932년 조선배구협회가 창립되었다. 당시 철도국 소속으로 활약한 유명한 인물은 박계조와 안종호 등이다.

스키

우리나라에도 옛날부터 설마雪馬가 있었다. 그러나 오늘날과 같은 스키는 1921년 일본인 나카무라中村丘三에 의해 소개되었다. 나가노현長野県의 체육교사였던 그가 원산중학교를 오면서 오스트리아식 스키를 가져와 지도하였다.[264]

럭비

럭비는 1924년 가을 만주에서 럭비를 배운 조선철도국 사카구치坂口正清에 의해 소개되었다. 1927년 조선철도국이 중심이 되어 설립된 경성럭비연맹의 시합을 통해 보급되었다. 1929년 보성전문학교 럭비팀이 조직되었다.

역도

역도는 1926년 일본체육회 체조학교현 일본체육대학를 졸업한 서상천에 의해 국내에 소개되었다. 그는 조선체력증진법연구회1926의 설립을 통해 학교와 일반 사회에 역도를 보급하였다. 1928년 YMCA 주최 역도대회가 열렸으며, 1930년 중앙체육연구소와 조선체육회 공동 주최의 전조선역도대회가 열렸다.

골프

19세기 말이나 20세기 초 외국인에 의해 원산에 6홀 코스가 만들어졌다

---

264 손환, 앞의 글, p. 48.

고 한다. 그러나 이것은 구전으로 전해질 뿐 사실 여부가 확인되지 않는다. 한국에서 골프가 본격적으로 행하여지게 된 것은 1921년 영국인 던트H. E. Dannt에 의해 효창원 골프코스가 만들어지면서부터였다. 이후 효창원 골프코스의 공원화, 코스의 협소함, 교통의 불편 등으로 청량리 골프코스1924, 군자리 골프코스1929로 두 차례 이전하였다. 또한 골프를 총괄하는 조선골프연맹1937이 창립되어 각종 경기대회의 개최와 기관지의 발행 등을 통해 한국의 골프는 서서히 체계를 갖추며 발전하게 되었다. 한편 경성 이외의 지방에서도 골프코스가 만들어져 골프 애호가들이 골프를 즐겼다. 1924년 대구 골프코스를 비롯해 평양 골프코스1928, 원산 골프코스1929, 부산 골프코스1932가 차례로 들어섰다.[265]

연식정구와 테니스

1908년 일본 탁지부재무부 관리들이 회동구락부를 조직하여 마창동에 코트를 마련하고 일본에서 조직화한 연식정구를 하였다. 오늘날의 경식정구, 즉 론 테니스대회는 1927년 9월 용산 철도국 테니스코트에서 열린 제1회 경식정구선수권대회가 시초였다. 1928년 10월 경성운동장에서 개최된 조선신궁경기대회에 테니스가 도입되었다. 1930년대 세브란스의원과 체신국 직원들이 서울 경구구락부硬球俱樂部를 조직하였다.

2. 민족주의적 체육 활동

근대적인 스포츠가 일본인 주도로 보급되는 과정에서도 민족주의적인 체육 활동이 전개되었다. 그것은 크게 몇 가지로 나타났다. 첫째, 근대 스포츠의 수입과 발달을 위해 노력한 YMCA 스포츠 운동, 둘째, 청년회의

---

265 손환, 「광복이전 한국골프코스의 발전과정에 관한 연구」, 『한국체육학회지』 45(4)

체육 활동, 셋째, 전통 스포츠의 보존 운동, 넷째, 운동경기를 통한 저항 등이었다.

YMCA의 스포츠 운동

구한말 대한체육구락부, 황성기독교청년회운동부, 대한국민체육회 등과 같은 각종 체육 및 스포츠 단체가 결성되었다.[266] 이러한 단체들의 공통된 특징은 강한 민족주의적인 정서를 바탕으로 스포츠 활성화를 위한 사회 운동을 하였다는 것이다. 1900년 전후 민족주의 운동의 일환으로 스포츠 활동을 주도한 세력은 크게 세 그룹이었다.

첫째, 노백린, 안창호, 이상재, 이동휘 등 독립운동단체를 이끌던 민족운동가 그룹, 둘째, 구한말 군대의 장교 출신들로서 일선학교의 교사로 부임한 체육교사 그룹, 셋째, 기독교 계통의 인물들과 근대적 학문을 배워 신교육을 담당하였던 지식인 그룹이다.

당시 독립운동 그룹에는 기독교인이거나 친기독교적인 인물들이 많았다. 이들은 독립협회가 해산된 이후 대거 YMCA에 합류하였기 때문에 YMCA는 우리나라에서 스포츠를 통한 대중적 민족 운동의 지휘부 역할을 하였다.

오늘날 한국에서 대중적인 인기를 누리고 있는 서구 스포츠–축구, 농구, 야구, 배구, 테니스 등–는 주로 선교사들에 의해서 도입되었다. 미션 스쿨과 외국어학교에서 교사를 지냈던 선교사와 외국인들이 큰 역할을 하였다. YMCA 또한 한국의 스포츠 역사에 지대한 영향을 미쳤는데, YMCA가 한국 체육에 미친 영향은 다음과 같이 요약된다.

첫째, 1908년부터 일제에 의해 한국인이 주도하는 운동경기대회가 탄압받기 시작한 이래 한국 스포츠가 매우 위축된 상황에서, 19세기 말부터 일어나기 시작한 한국 스포츠 붐boom의 맥을 이어 주었다.

---

266 대한체육회, 『대한체육회사』, pp. 30~34.

둘째, 야구, 농구, 배구 등과 같은 서구 스포츠를 한국에 도입하였다.

셋째, YMCA의 조직망을 통해 스포츠를 전국으로 확산시키는 데 기여하였다.

넷째, 한국에 많은 스포츠 지도자를 배출하였다.

다섯째, 체육과 스포츠에 대한 올바른 인식을 심어 주었다.

이상과 같이 YMCA의 체육과 스포츠 사업은 한국의 근대 체육사에 지대한 영향을 미쳤다. 그러나 이 시기의 급속한 스포츠의 확산은 몇몇 선교사들의 노력만으로 이루어진 결과는 아니었다. 그 바탕에는 민족주의가 내재되어 있었다. 민족주의는 YMCA의 복음주의와 연계되어 스포츠 문화 발달의 촉진제 역할을 한 이데올로기였다.

스포츠 운동Sports Movement에 민족주의라는 약제를 처방한 의사 역할을 한 인물 그룹은 독립 운동가들이었다. 질레트, 반하트 등과 같은 선교사들이 전개한 스포츠 사업은 YMCA의 창립 목적에 입각한 것임은 물론 그 궁극적인 목적이 복음의 전파에 있었다. 반면 YMCA의 스포츠 사업에 관여한 우리나라 회원들은 민족의 독립을 염두에 두고 있었던 것이다. 이러한 사실은 19세기 말과 20세기 초 한국의 기독교와 민족주의 운동의 독립운동과 YMCA와의 인과성因果性을 잘 설명해 주고 있다. 여기에 스포츠가 매개체 역할을 한 것이다. 스포츠는 민족 운동과 기독교YMCA의 이중결합에 또 하나의 고리로 결합되어 있었다.

체육단체의 결성과 청년회 활동

• 조선체육회

1920년 7월 13일 현 대한체육회의 전신인 조선체육회가 창립되었다. 창립 이래 한국 현대 올림픽 운동과 체육과 스포츠 발전을 주도하였던 조선체육회는 민족주의 사상을 토대로 일본인들이 조직하였던 '조선체육협회'에 대응할 수 있는 단체가 필요하다는 생각에서 창립된 단체였다.

조선체육회는 1920년 11월 첫 사업으로 제1회 전조선야구대회를 개최하였다. 그 대회가 오늘날 전국체전 통산 횟수의 출발점이 되었다. 그 외에도 전조선축구대회1921, 전조선정구대회1921, 전조선육상경기대회1924, 전조선종합경기대회1934 등과 같은 많은 대회를 개최하며 민족주의적 체육 활동을 주도하였다. 그러나 1938년 조선체육회는 일제에 의해 해산되어 조선체육협회로 통합되고 말았다.

• 관서체육회

관서체육회는 1925년 2월 평양기독교청년회관에서 결성되었다. 1934년 이래 전조선빙상대회1월를 비롯하여 전조선 씨름6월, 수상7월, 야구8월, 탁구대회11월를 개최하였고, 관서체육회체육대회, 전평양농구연맹전 등을 개최하며 체육의 발전에 지대한 역할을 하였다. 관서체육회는 전국적인 체육단체의 성격을 지녔으며, 민족주의적 체육단체였다.

• 청년회의 체육 활동

1920년대 전국적으로 조직된 수많은 청년단체들은 운동부를 두고 있었다. 이들은 반일민족운동단체의 성격을 띠고 있었다. 1920년에 조직된 한용단韓勇團, 인천은 1923년 전인천유년야구대회를 개최하였는데 일본팀과의 경기를 하며 저항하다 경찰과 충돌하기도 하였다. 경기도 개성군에서 결성된 고려청년회는 개성군민 운동회를 주관하였다. 이처럼 전국에 생겨난 청년회는 운동부를 두고 지역 체육 발전을 주도하면서 체육의 발전과 민족의식의 고양에 힘썼다.

민족 전통경기의 부활과 보전 운동

우리 고유의 민속 스포츠는 궁술, 씨름 등이었다. 일제강점기에 의식 있는 민족 지도자들은 활쏘기, 씨름 등과 같은 스포츠 활동을 부활시켰다. 그러한 스포츠 활동을 통해 민족적 자존심을 지키며, 우리의 전통적 스포츠 정신을 보전하려고 하였다. 그중 궁술국궁과 씨름의 활성화를 위한 노력은 전통경기의 부활과 보전 운동의 대표적인 예이다.

운동경기를 통한 저항과 제압

1920년대부터 우리 선수들은 일본인들이 주최하는 대회에도 참가하여 우리 민족의 우월성을 입증하고 일본을 제압하고자 하였다. 예컨대 조선일보사 주최의 경평축구대회1929, 휘문보고운동장는 수많은 관중을 끌어들였다.

스포츠 활동의 민족주의적 성격은 각종 국제경기대회를 통해서도 드러났다. 1936년 제11회 베를린 올림픽대회에서 손기정과 남승룡 선수는 각각 금메달과 동메달을 차지하며 민족적 긍지를 한껏 드높였다. 이와 같은 일제하 스포츠 활동은 다분히 민족주의 운동의 성격을 지니고 있었다. 운동장은 우리 국민의 울분을 해소하는 장場이기도 하였다.

3. 체육과 스포츠의 탄압

체육의 교련화와 연합운동회의 탄압

일제는 1930년대를 전후로 학교 체육을 군사적 팽창에 필요한 인력 양성 교육의 수단으로 이용하였다. 1938년 총독부령 25호 중학교 교육 시행 규정 23조에는 "검도, 유도를 필수로 하고 일본의 전통적인 무도정신을 체득하는 것에 유의해서 황국신민이 된 기백의 함양에 기여하도록 한다"라고 적혀 있다. 이 모든 것에는 체육을 통해 군사적 능력을 강화시키려는 의도가 담겨 있었다. 한편 일제는 순수한 학교 체육 활동에 탄압을 가하기도 하였다. 1910년부터 민족주의적 정서가 강하게 내재된 연합운동회가 활발히 열렸다. 당시 연합운동회는 학교 체육과 사회체육을 연계해 주는 성격을 지닌 것이었다. 일제는 연합운동회를 금지하는 탄압을 가하였다.

체육단체의 해산과 통합

일제는 '조선체육협회'와 그 산하단체를 조직하여 우리의 체육을 장악하였으며, 우리의 체육 활동을 탄압하였다. '진남포체육회'의 시민운동회 탄압을 비롯하여 각종 지방 체육단체의 활동을 감시하고 규제하였다. 특히 1936년 손기정의 베를린 마라톤 제패 이후 스포츠를 통하여 민족의식이 고양된다는 사실을 직시하게 된 이후 탄압은 더욱 노골화되었다. 가장 대표적인 예가 '조선체육회의 해산과 통합', '무도계의 일인단체 흡수·통합', '조선학생체육총연맹의 흡수·통합' 등과 같은 일이었다.

일장기 말소 사건과 일제의 탄압

• 손기정의 우승

손기정과 남승룡은 베를린 올림픽에 참가하기까지 일본인들로부터 많은 차별을 받으면서도 운동을 계속하였다. 우여곡절 끝에 베를린 대회에 참가한 손기정은 2시간 29분 19초2의 기록으로 30분의 벽을 깨고 1위에 올랐으며, 남승룡은 2시간 31분 42초의 기록으로 3위를 차지하였다.

• 일장기 말소 의거

베를린 올림픽 마라톤에서 우승한 손기정 선수가 시상대에서 월계관을 쓴 모습이 일본 『아사히신문』을 통해 일본에 보도되었다. 기자 이길용은 이 사진을 입수하여 『동아일보』 전속 화가畫家 이상범에게 부탁하여 일장기를 지워 버린 채 1936년 8월 25일자 『동아일보』에 실었다.[267] 그로 인해 사진 수정을 제안한 이길용, 미술 담당 기자 이상범 등 8명은 경기도 경찰부에 연행되었다. 사장단은 배후로 지목되어 혹독한 고문을 받았다. 결국 관련자들은 사직 처리되고 『동아일보』는 다음 날인 29일부터 무기정간처분을 받았다가 1937년 6월 2일 복간되었다.

---

267 이길용에 관한 상세한 것은 손환, 「파하 이길용의 생애와 체육 사상」, 『한국체육학회지』 17, 2006, pp. 13~24 참조.

일제강점기의 체육 사상

1. 민족주의 체육

3·1운동이 일어난 이래 일본이 소위 문화정치로 제국주의 정책의 전환을 꾀함으로써 각종 사회단체의 설립이 한층 자유로워졌다. 체육단체가 주도하는 스포츠 활동도 보다 활성화되었다. 1920년 '조선체육회'를 비롯한 각종 체육단체가 결성되고 다양한 운동경기대회가 개최되었다. 이러한 변화 속에 한국 체육인들은 체육과 스포츠 활동을 통해 민족정신의 고취와 민족 문화의 창달, 나아가 독립을 위한 기반을 구축하려고 하였다. 당시 민족주의적 체육과 스포츠 운동의 특성은 몇 가지로 압축된다.

첫째, 전국적으로 조직된 청년회가 중심이 되어 일제의 탄압_{조선체육회 해산}등에 대한 저항 문화 운동의 성격을 띠고 있었다.

둘째, 일제가 학교 체육을 군사 훈련화하려는 움직임에 대응하여 YMCA 등과 같은 단체를 중심으로 순수 체육을 지향하려는 움직임으로 나타났다.

셋째, 민족의 전통경기를 부활하고 보급하려는 움직임으로 나타났다.

2. 민족주의적 체육 운동의 결실

일제강점기의 민족주의적 체육과 스포츠 운동은 한 민족의 정체성을 지키고 민족의식의 회복에 큰 영향을 미쳤으며, 한국 체육과 스포츠의 발달에도 큰 영향을 미쳤다.

첫째, 근대 스포츠의 보급과 확산이다. YMCA와 같은 청년단체에 의해

야구, 축구, 배구, 농구, 육상, 체조, 권투, 유도 등과 같은 근대 스포츠가 널리 보급되었다.

둘째, 민속 스포츠의 계승과 발달이다. 민족주의 의식을 토대로 활쏘기, 씨름 등을 부활시키고 보급함으로써 우리의 전통 스포츠가 널리 확산되었다.

셋째, 민중 스포츠의 발달이다. 일제강점기까지만 해도 스포츠 활동은 소수계층에 국한되었다. 그러나 1930년대부터 민족주의 체육 활동은 보건 체육의 민중화 운동으로 이어졌다.

넷째, 한국 체육의 민족주의적 경향의 강화이다. 체육이 일제의 탄압에 저항하는 수단으로 이용됨으로써 한국 체육은 일제 이후 강한 민족주의적 경향을 띠고 발달하게 되었다.

제6장

광복 이후의 체육과 스포츠 문화

• 학습 목표

1. 우리나라 현대 사회와 교육의 발달 과정을 이해한다.
2. 우리나라 현대 체육의 발달 과정을 이해한다.
3. 우리나라 현대 스포츠 문화의 발달 과정을 이해한다.
4. 우리나라 현대 체육과 스포츠의 사상적 바탕을 이해한다.

1988년 서울 올림픽 개막식 전경.

광복 이후의 사회와 교육

1. 광복 이후의 사회

8·15 광복과 6·25 동란, 미군정기를 거치며 1948년 대한민국 정부가 수립되었다. 정부는 서구식 자유민주주의를 표방하며 선진 민주국가를 건설하는 데 박차를 가해 왔다. 그러나 6·25 동란의 폐허 속에서 경제적 궁핍 상황, 정치적 후진성을 극복하지 못하고 정치적·경제적 혼란이 거듭되었다.[268]

1960년 4·19 의거와 1961년 5·16 군사정변을 거쳐 제3공화국이 수립되었다. 군사정변으로 등장한 박정희 정권은 1960년대부터 1970년대까지 국가 주도의 경제 개발에 성공함으로써 경제적 자립의 터전을 닦았으며, 조국 근대화 운동의 성공으로 민족의 웅비를 위한 터전을 마련하였다. 그리고 1970년대 후반부터 본격화된 민주화 운동은 많은 굴절 속에 1990년 문민정부의 출현을 가져왔다. 그 이후 민주화가 급속히 진척되고 정치, 경제, 사회, 교육, 문화 등 여러 영역에서 발전을 거듭하여 2010년대에는 선진국 진입을 바라보게 되었다.

---

268 이하 현대 체육사 분야는 하남길·김세기(경상대)·이은한(경북대) 등에 의해 집필되었으며, 손수범(용인대) 교수에 의해 보완·감수되었다.

2. 광복 이후의 교육

미군정기의 교육

광복 후 미군정 시대1945. 9. 7.~1948. 8. 15.를 맞아 듀이John Dewey를 비롯한 서양 교육학자들의 새로운 학설들이 소개되었다. 모든 국민이 신앙, 성별, 사회적 신분, 경제적 지위에 상관없이 각자의 능력에 따라 교육을 받을 수 있는 '교육 기회 균등'을 위한 제도적 개편이 단행되었다. 또한 홍익인간이 교육 이념으로 채택되었으며, 6-3-3-4제의 단선형 학제와 의무교육제도가 채택되었다.

대한민국의 교육

1948년 7월 17일에 공포된 헌법 16조는 "모든 국민은 균등하게 교육을 받을 권리가 있으며, 적어도 초등교육은 의무적이며, 무상으로 실시한다"고 규정하고 있다. 그리고 1949년 교육법이 통과되어 홍익인간을 교육이념으로 정하는 등 변화가 시작되었다. 6·25 동란으로 마비 상태를 맞았다가 1953년 휴전 이후 반공 민주 교육이 추진되었다. 1961년 5·16 군사정변 이후부터 유신정부, 제5공화국에 이르기까지 수많은 교육정책의 입안을 통해 교육의 혁신을 꾀하였다. 핵심 정책은 대학입학예비고사제 시행1969학년도, 국민교육헌장 선포1968. 12. 5, 주체적 민족사관 정립을 위한 국사 및 국민 윤리 교육 강화1973, 방송통신고 설치1974, 통신대학 설치1972, 한국교육개발원 설립1972, 대학본고사 폐지1981학년도 시행, 교육 정상화 및 과열 과외 해소 방안 마련 등이었다.

제2절

광복 이후의 체육

1. 미군정기와 교수요목 시대의 체육

미군정기와 교수요목 시대1945~1954는 혼란과 전쟁, 격동의 시대였다. 체육 지도자들은 '새교육운동'[269]과 같은 맥락에서 미국 신체육New Physical education의 영향을 받아 새로운 체육 이념의 설정을 위하여 노력하였다. 체육은 교수요목이 제정된 이후부터 점차 체계적인 모습을 갖추게 되었다.

체육의 편제 및 목적

미군정기인 1945년 미군정 학무국은 중등학교 교과목 편제와 시수를 발표하였다. 체육은 주당 2~3시간 배당되었다. 1946년 8월 이후 체육 교과목의 명칭은 '체육·보건'이었다. 초급중학교는 주당 5시간, 고급중학교는 주당 3~5시간의 체육시간을 교육과정에 편성하였다. 1945년 교수요목에 나타난 체육의 목적은 "신체를 단련하고 정신을 연마하여 강건불요의 심신을 육성하며, 조국애와 근로정신을 강조하여 국방력의 증강에 기여함"이라고 되어 있다. 정부 수립 이후인 1949년 1월 23일 학도호국단이 결성되었다. 많은 체육교사들은 육군사관학교에서 훈련을 받은 뒤 학교에 교관으로 배속받기도 하였다.

---

269 '조선교육연구회'를 중심으로 일어난 현장교사들의 교육 활동. 1946년 4월 25일 민주교육 연구회에서 '조선교육연구회'라는 이름으로 개칭한 뒤 교육 강습회를 개최하고, 교육 관련 서적을 출간하는 등 교육 발전을 위한 활동을 하였다. 김달우, 「해방 이후 학교 체육의 재편 및 정착 과정에 관한 연구: 1945~1955년을 중심으로」, 서울대학교 박사학위논문, 1992, p. 96 참조.

체육교원의 충원과 양성

광복 당시 체육교사 자격증을 소지한 사람은 일본 체육대학 출신 168명과 동경사범 출신 몇 명에 지나지 않았다. 1948년까지 체육교사들은 교과서도 없이 체육 수업을 진행하였다. 그러한 상황에서 문교부는 이화여자대학교1945와 서울대학교1946를 비롯한 각 대학에 체육학과를 인가하고, 조선대학교와 신흥대학에 2년제 체육학과를 설치하여 체육 지도자를 양성하도록 하였다.

2. 교육과정 시대의 체육

학교 체육의 발달

제1차1954부터 제6차1992까지 우리나라 교육과정은 교육과정의 기본 방향, 사조, 교육과정 구성체계, 내용 등 여러 가지 측면에서 변천되었다. 1954년 문교부령 제235호로 공포된 교과과정 시간 배당은 초등학교 보건 주당 110~170분, 중등학교 체육 2시간, 고등학교 필수 1시간, 선택 0~6시간으로 규정하여 체육 시간이 증가되었다. 그리고 1955년 신체검사 규정을, 1958년에는 체력검사 규정을 마련함으로써 학교 체육 진흥을 위한 기초가 마련되었다. 특히 5·16 군사혁명정변 이후 박정희 정권이 들어서면서 구호로만 외치던 그 이전과는 달리 건강과 체력을 중요시하고 국민초등학교부터 대학에 이르기까지 체육을 필수교과로 지정하는 등 학교 체육은 체계적으로 발달되었다.

체육 목표의 변천

• 제1차 교육과정1954~1965

제1차 교육과정 시대 체육의 명칭은 초등학교는 '보건', 중·고등학교는 '체육'이었다. 핵심 내용 및 사조는 교과 중심 교육과정으로 교육체계를 확립하고 진보주의 교육 사상이 도입됨으로써 경험과 생활 중심 교육을 강조하게 되었다.

- 제2차 교육과정1963~1973

제2차 교육과정부터 교과목 명칭은 '체육·보건'에서 '체육'으로 통일되어 제7차 교육과정까지 불변하였다. 제2차 교육과정의 핵심 내용 및 사조는 경험 중심 교육과정으로 생활 경험을 중시하는 교육을 지향하되 여가활동을 중시하는 목표 개념이 내재되었다.

- 제3차 교육과정1973~1981

제3차 교육과정에서는 교육의 핵심 내용 및 사조는 학문 중심 교육과정으로 학문적 체계가 강조되고 국민교육헌장의 이념 실현을 추구하는 내용이었다. 초등학교에서는 '운동'이라는 용어를 사용하여 제1차, 제2차 교육과정에 제시되었던 놀이의 형태를 벗어나 '순환 운동'과 '질서 운동'이 체육의 내용으로 새롭게 채택되었다.

- 제4차 교육과정1981~1987

제4차 교육과정에서 교육의 핵심 내용 및 사조는 인간 중심 교육과정이었다. 통합교육과정 교과서를 개발하였다.

- 제5차 교육과정1987~1992

제5차 교육과정의 핵심 내용 및 사조는 교육과정 적합성 제고였다. 통합교육과정을 개발하고 운영의 자율성을 중시하게 되었다.

- 제6차 교육과정1992~1997

교육의 핵심 내용 및 사조는 교육과정의 분권화 실시를 통한 통합교육과정, 탐구 중심, 자유, 자주성을 중시한 것이었다.

- 제7차 교육과정1997~

1997년에 발표된 제7차 교육과정에서는 체육의 목적을 제시하고, 체육과의 성격을 1~10학년초등1~고1까지의 국민공통 교육과정과 11~12학년고

2~고3까지의 심화 과정으로 편성하였다. 그리고 체육의 성격을 "체육은 움직임 욕구의 실현 및 체육 문화의 계승·발전이라는 내재적 가치와 체력 및 건강의 유지·증진, 정서 순화, 사회성의 함양이라는 외재적 가치를 동시에 추구함으로써 '삶의 질'을 높이는 데 공헌한다"라고 규정하였다.[270]

학교 체육 제도

• 학교 체육의 기반 조성

박정희 정권의 등장 이래 각종 체육 제도와 규정이 정비되었다. 청소년들의 건강과 체력 강화를 위해 도입된 대표적인 제도는 학교보건법, 학교신체검사법, 체력장제도, 학교체육시설설비기준령 등이었다.

• 입시제도의 개선과 체력검사

체력장제도는 1970년과 1971년에 걸쳐 전국 중·고등학생을 대상으로 실시되었다.[271] 등급별 점수는 고등학교 입학전형1972과 대학교 입학전형1973에 점수로 반영되었다. 그리고 1973년도부터 대입내신을 위한 체력장제도를 전격적으로 도입하였다. 1979년부터는 오래달리기를 제외한 5종목100m 달리기, 제자리멀리뛰기, 턱걸이(매달리기-여자), 윗몸일으키기, 던지기의 체력장을 실시하여 그 결과를 6개 등급100점 만점 특급~5급으로 구분하여 등급별 점수를 입시에 반영하였다. 그러나 이 제도는 1980학년도 입시부터 상대평가에서 절대평가로 개선되었다.

체육의 학문적 발전

• 한국체육학회의 창립

1927년 11월에 조직된 '중앙체육연구소', 1931년 학교 체육 지도자들이

270 교육부, 「고등학교 교육과정(I)」, 『교육부 고시 제 1997~15호』, 별책 4, p. 445.

271 이학래·김종희, 「박정희 정권의 정치이념과 스포츠 내셔널리즘」, 『한국체육학회지』 38(1), p. 31.

조직한 '조선체육연구회' 등이 있었을 뿐 전문적인 학술연구단체가 없었다. 그러나 1953년 10월 19일 전 세계 자유민주국가의 체육 사조를 수용하여 체육의 학문적 발전을 위해 한국체육학회를 창립하게 되었다. 창립총회는 1953년 10월 25일 서울대학교 사범대학에서 개최되었으며, 회장으로 이병위 서울대 교수가 추대되었다.

1955년 학회지『체육Physical Education』지誌를 발간하였으며, 1963년 12월 7일 제1회 학술발표대회를 개최하였다. 1968년 제2대 회장으로 나현성 교수가 취임한 이후『체육』이라는 학회지 명칭을『한국체육학회지』(1969. 12.)로 바꾸어 2호 이후 중단되었던 3호 학회지를 발간하였다.

1970년대에 접어들어 더욱 활발한 학술 활동이 시작되었다. 1980년대 들어 1986년 아시안게임과 1988년 서울 올림픽 학술대회를 성공적으로 개최한 이후 한국체육학회는 학술단체로서 더욱 안정적인 기반을 확보하였고, 학문적인 진보도 이룩하게 되었다.

제3절

광복 이후의 스포츠

1. 체육 및 스포츠 진흥운동의 전개 양상

1945년 광복을 맞았으나 한국전쟁6·25 동란의 결과로 국토는 폐허가 되었다. 정치적 혼란, 사회적 불안정, 경제적 궁핍 상황이 계속됨으로써 스포츠 문화가 성장할 수 있는 사회적 토양이 마련되지 못하였다. 그러나 1960년대부터 시작된 한국의 국민체육진흥운동은 큰 성과를 거두게 되면서 1980년대 후반부터 세계적으로 주목을 끌게 되었다.

세계 각국의 스포츠 운동sports movement 역사를 보면 다양한 발달 유형이 있으나 크게는 두 가지 유형으로 분류할 수 있다. 하나는 정치적·경제적으로 안정된 사회를 기반으로 대중 스포츠가 발달되고, 대중 스포츠를 토대로 엘리트 스포츠elite sport나 프로 스포츠professional sport가 발달된 경우이다. 다른 하나는 정치적·사회적 이데올로기ideology를 바탕으로 특정한 단체나 정권이 스포츠 운동을 주도함으로써 엘리트 스포츠elite sport를 중심으로 스포츠 문화가 확산된 이후에 대중 사회에도 스포츠가 확산되는 경우이다. 이 두 가지 측면에서 보면 20세기 후반 한국 스포츠 운동의 발달 유형은 후자의 경우에 해당한다. 그것은 엘리트 스포츠를 지향한 것이었으며, 강한 국가주의적 경향을 띤 스포츠 내셔널리즘 정책의 결과였다.

2. 학교 스포츠의 발달

1961년 '5·16 군사정변'[272] 이후 박정희 정권1961. 5.~1979. 10.의 등장과 함께 한국 스포츠의 대변혁이 시작되었다. 특히 1970년대부터 본격적인 학교 체육 진흥 정책이 펼쳐졌다. 학교 체육 정책의 기조는 크게 두 가지 방향이었다. 하나는 일반 청소년들의 체력 강화를 위한 '체육 정책'이었고, 다른 하나는 우수 선수를 육성하기 위한 '엘리트 스포츠 정책'이었다. 엘리트 스포츠 정책으로 도입된 대표적인 제도는 '교기육성제도'의 시행과 '전국소년체육대회'의 신설이었다. 이 두 가지 제도적 장치는 많은 문제점을 야기하였으나 20세기 후반 한국 엘리트 스포츠 발달과 성장의 초석이 되었다.

교기육성제도

'교기육성제도'는 전 초·중·고등학교에서 지리적 환경이나 사회적 상황에

---

272 5·16 군사정변(軍事政變)은 기술 내용의 성격에 따라 '쿠데타(coup d'État)'와 '혁명(revolution)'으로 혼용하기도 한다.

적합한 하나의 스포츠 종목을 채택하고, 그 분야의 우수 선수를 발굴·육성하도록 한 국가 스포츠 정책이었다. 우수한 선수는 학교와 지역사회의 후원을 받았다. 그러나 이 제도는 학교 스포츠 진흥운동에 지대한 역할을 하였으나 과열 경쟁으로 선수들의 학습권을 앗아 가는 등 파행적인 운영으로 많은 문제점을 야기하기도 하였다.

소년체전

대한체육회는 제52회 전국체육대회전국체전부터 대회의 규모가 너무 커지자 이를 줄이기 위해 1972년부터 제1회 전국소년체육대회소년체전을 개최하게 되었다. 1986년 15회 대회부터 전국으로 분산 개최되다가 1988년 제17회 대회를 끝으로 전국 규모 종합대회로서는 막을 내리고, 1989년부터 각 시·도 대회로 축소·분산 개최되는 등 변화를 주었다.

소년체전은 우리나라 대표 선수들의 경기력 향상에 큰 영향을 미쳤다. 예컨대 1988년 서울 올림픽 28개 종목 477명 중 204명53%이 소년체전 출신의 선수였으며, 1990년 북경 아시안게임 금메달 획득자 72%가 소년체전 출신의 선수였다.[273] 소년체전의 목적은 스포츠를 통해 강인하고 건전한 청소년을 육성함은 물론 우수 선수를 조기 발굴하고 육성하는 데 있었다. 슬로건은 "몸도 튼튼, 마음도 튼튼, 나라도 튼튼"이었다.

3. 사회 스포츠의 발달

광복 이후 미군정기부터 시작된 민족체육의 재건 운동은 박정희 정권1961~1979이 등장한 이후부터 정부의 지원을 바탕으로 본격적으로 펼쳐졌다. 학교 스포츠 진흥운동을 토대로 시작된 체육진흥운동은 제4공화국

---

273 『월간체육』 1993. 4·5월호 p. 14.

1972. 10.~1979. 10. 시대에 절정에 달하였다. 박정희 정권이 펼쳤던 각종 스포츠 진흥운동 정책은 제5공화국1981. 3.~1988. 2.의 전두환 정권과 제6공화국 1988. 2.~1993. 2. 노태우 정권으로 계승되었다. 전두환 정권은 1981년 9월 30일 제24회 서울 올림픽의 유치에 성공하였고, 제10회 아시안게임Asian Games을 성공적으로 개최하였다. 노태우 정권은 1988년 서울 올림픽을 성공적으로 개최한 이후 국민생활체육의 시대를 열었다.

미군정기의 스포츠

우리나라는 1945~1960년까지 대중 스포츠 운동이 조직적으로 전개될 수 있는 정치적·사회적 토대가 형성되지 못하였다. 미군정 당국은 교육부의 행정조직에 체육과를 두고 학교 및 사회 스포츠 정책을 담당하도록 하였으며, 민간단체들은 민족체육 재건의 길을 모색하였다. 1938년 일본에 의해 강제 해산되었던 조선체육회가 재건되었다. 각종 체육단체가 설립되고, 전국체육대회가 열리는 등 민족체육의 재건을 위한 움직임이 시작되었다.

• 조선체육회의 부활

1945년 9월 5일 조선체육동지회위원장. 이상백가 결성되었다. 조선체육동지회는 11월 26일 YMCA에서 제1차 평의원회의를 열고 대한체육회KSC의 전신身身인 조선체육회를 재건하고, 제11대 회장으로 여운형을 선출하였다.

• 경기단체의 설립

1945년 조선체육회의 재건과 함께 각종 경기단체들이 설립되었다. 1945년 조선육상경기연맹과 조선축구협회가 창립되었다. 그 외 조선농구협회, 조선정구협회, 조선연식정구협회, 조선탁구협회, 조선아마추어권투연맹, 조선유도연맹, 조선승마협회, 조선송구협회 등이 잇따라 창립되었다. 1946년 조선배구협회, 조선씨름협회, 조선스키협회, 조선궁도협회, 조선수영경기연맹, 조선연식야구연맹, 조선아마추어레슬링연맹, 조선자전거경기연맹 등이 창립되었다. 1947년 이후부터 1948년 대한민국 정부 수립 이전까지 조선아이스하키협회, 조선필드하키협회, 조선검도회, 조선펜싱연맹 등이 설립되었다.

• 전국체전

1947년 10월 27일 조선체육동지회 주최의 종합경기대회가 경성운동장에서 개최되었다. 이 대회는 일제의 탄압으로 중단되었던 제18회 전조선종합경기대회를 부활시킨 것으로 육상, 축구 등 10개 종목에 걸쳐 경기대회를 개최하게 되었다. 후일 이 대회를 제26회 전국체육대회로 추인하게 되었다. 따라서 1920년 경성대회를 자연히 제1회 전국체전으로 취급하여 오늘날까지 통산 횟수가 이어지게 되었다.

• 국제 활동

1947년 6월 20일 대한올림픽위원회KOC가 IOC에 가입되었다. 같은 해 10월 13일 런던 올림픽14회을 앞두고 제28회 전국체육대회가 서울운동장에서 열렸다. 그리고 1947년 9월 18일 제1회 세계역도선수권대회필라델피아에 참가하는 등 국제 대회에도 참가하기 시작하였다.

이승만 정권기의 스포츠

제1공화국 시대인 1948년 최초로 제14회 런던 하계 올림픽에 출전하였으며, 조선체육회가 '대한체육회'로 명칭이 변경되었다. 제30회 전국체육대회는 21개 종목에 걸쳐 4,000여 명의 선수들이 참가하였다. 1950년 제54회 보스턴 마라톤대회에서 함기용, 송길윤, 최윤칠 선수가 각기 1위, 2위, 3위를 차지하는 쾌거를 이룩하였다. 그러나 곧 한국전쟁의 발발로 스포츠 문화의 존립 기반이 붕괴되었다. 대한체육회의 스포츠에 관한 많은 기록이 소실되었다. 청년들은 전쟁에 동원되었고, 1951년 제1회 아시안게임에도 불참하였다. 1950년 제31회 전국체육대회도 무산되었다.

6·25 동란 이후 불안정한 정치적·사회적 상황에도 불구하고 대한체육회를 중심으로 스포츠 운동은 계속되었다. 1952년 헬싱키 올림픽에서 37위의 성적을 거두었으며, 마라톤, 탁구, 축구, 복싱, 역도, 유도 등과 같은 종목의 국제대회에 참가하기도 하였다. 민간체육단체의 노력은 계속 이어졌다. 그러나 정부가 뚜렷한 체육 진흥 정책을 수립하지도 못하였고, 후원 또한 부족하였다. 한국의 사회적 상황은 체육과 스포츠 문화가 대중화될 수 있을 정도로 안정되어 있지 못한 상태였다. 스포츠는 학교를 중심으로 발달되어 극소수의 선수들이 국제대회에 참가하는 수준에 머물러 있었다.

박정희 정권기의 스포츠

남북한의 사정은 달랐지만 한국 스포츠 문화가 급속히 발달된 것은 제2·제3·제4 공화국 시대였다.[274] 한국 스포츠 역사에서 '스포츠 혁명'으로 불러도 좋을 정도의 혁신적인 변화는 박정희 정권의 출범과 동시에 일어났다.

1960년대부터 정부는 스포츠 단체를 강력히 지원하여 학교 및 사회체육의 발전을 위한 기반을 조성하였다. '체력은 국력'이라는 슬로건 채택1961, '국민재건체조' 제정1961. 7. 10., 국민체육진흥법공포법률1146호, 1962. 9. 17., 10월 15일 체육의 날 제정1962, '체육주간' 제정 등이 대표적인 예이다.

박정희 정권기의 스포츠 진흥 정책은 크게 두 가지 목적을 두고 시행되었다. 하나는 우수 선수의 육성을 통해 국위를 선양한다는 것이었으며, 다른 하나는 스포츠의 대중화를 통해 전 국민이 건전한 정신과 강인한 체력을 길러 국가 발전에 기여할 수 있도록 한다는 것이었다.[275] 박정희 정권은 이 두 가지 목적을 달성하기 위하여 각종 변화를 추구하였다. 우수 선수 육성을 위하여 각 시청·도청 소재지에 체육관 건립, 1966년 태릉선수촌 완

---

274 남북한 민속놀이의 이질성과 동질성에 관한 상세한 것은 최영란, 「남북한 민속놀이 비교연구」, 『한국체육사학회지』, 7, 2001, pp. 182~192 참조.

275 鄭在景, 『朴正熙 實記 - 行蹟抄錄 -』, p. 208, 241, 365, 393, 497, 613.

공6월 15일, 대한체육회회관 개관면적 2,110평, 1968년 정부의 체육 조직 일원화 방침 공포, 대한체육회, 대한올림픽위원회KOC, 대한학교체육회 등 3개 단체를 사단법인 대한체육회로 통합3월, 1974년 메달리스트 종신연금계획 확정, 우수 선수 병역면제 제도 도입, 1977년 국립 한국체육대학의 설립 등이 이루어졌다. 이러한 노력의 결과로 1976년 몬트리올 올림픽에서 양정모 선수가 레슬링에서 사상 최초의 금메달을 획득하는 등 1960년대 이후 추진해 온 우수 선수 양성을 위한 투자의 성과가 서서히 나타나기 시작하였다.

1970년대부터 한국 스포츠의 발전 기반이 조성되어 갔다. 가장 두드러진 변화를 보인 것은 직장 체육의 활성화였다. 1970년 국민체육심의위원회가 구성되었다. 대한체육회 산하에 사회체육위원회가 설치되었으며, 1976년 사회체육진흥 5개년 계획이 발표된 이래 지역사회와 직장 체육의 진흥이 이루어졌다. 1970년 직장 스포츠 선수단은 191개였으나 1976년 252개, 1985년에는 4,000개 팀에 이르게 되었다. 그리고 시·도체육회, 한국레크리에이션협회, YMCA, 어린이 회관, 보이스카우트, 걸스카우트, 한국산악회 등을 중심으로 지역 사회체육 활동이 점차 활성화되었다.

전두환 정권과 노태우 정권의 스포츠

1960년대와 1970년대 박정희 정권은 제5공화국의 전두환 정권1981. 3.~1988. 2.과 제6공화국의 노태우 정권1988. 2.~1993. 2.으로 이어졌다. 1979년 10·26 사태로 유신정권이 붕괴되자 민주화를 열망하던 국민들의 외침은 물거품이 되고 다시 전두환의 군부독재 정권이 등장하였다. 그다음으로 김영삼, 김대중 등 민주화 세력의 분열에 힘입어 노태우 정권이 탄생하였다.

전두환 정권은 정치, 경제, 사회, 스포츠 등 제 분야에서 박정희 정권의 정책 기조를 계승하였다. 노태우 정권도 앞 정권에서 체육부장관을 역임하며 체육과 스포츠 정책에 깊은 관심을 기울였다. 그러한 결과 1980년대부터 한국 스포츠 운동은 새로운 도약과 변화를 맞게 되었다. 그 도약은 엘리트 스포츠의 수준이 올림픽게임의 유치와 함께 비약적으로 향상되었다는 것을 의미한다. 사회 스포츠 진흥운동이 '엘리트 스포츠' 중심에서 '대중 스포츠' 중심으로 전환되는 큰 변화가 있었다.

아시안게임과 올림픽게임의 유치는 한국 엘리트 스포츠 운동 발달의 촉진제 역할을 하였다. 전두환 정권은 1982년 체육부를 신설하고, 노태우를 초대 장관으로 임명한 뒤 아시안게임과 올림픽의 준비, 우수 선수 육성 및 지도자 양성 등 스포츠 진흥 정책에 총력을 기울였다. 그 대표적인 예가 '우수 선수의 조기 발굴', '스포츠과학연구원현 체육과학원'의 기능 강화, 대학 부설 스포츠과학연구소의 설치, 국군체육부대의 창설, 각종 국제대회의 유치 등이었다. 그 결과는 1988년 제24회 서울 올림픽게임에서 나타났다. 한국은 메달 집계에서 160개 참가국 중 4위라는 성적을 거두게 되었다.

전두환 정권과 노태우 정권은 대중 스포츠 운동에도 깊은 관심을 쏟으며, 대중 스포츠 운동Sport for All Movement이라고 할 수 있는 생활 체육의 확산에도 관심을 가졌다. 대중 스포츠 운동은 박정희 시대부터 추진되어 왔으나 스포츠 시설이나 국민의 인식 부족 등으로 큰 성과를 거두지 못하였다. 그러나 1980년대 후반부터 경제 성장과 함께 스포츠 인구가 점차 증가함으로써 정부는 대중 스포츠에도 적극적인 관심을 쏟았다.

1980년 이전까지 프로 스포츠는 복싱과 골프뿐이었으나 프로야구1982·프로축구1983·프로씨름1983 시대가 열렸다. 그리고 제6공화국 시대부터 대중 스포츠 운동에 더욱 많은 관심을 기울였다. 그 실례가 일명 "호돌이 계획"으로 불리는 "국민생활체육진흥 3개년 종합계획1990"이었다. 이러한 정부의 계획을 추진하기 위하여 전국적인 조직을 갖춘 사단법인 "국민생활체육협의회"가 창설되었다. 정부의 적극적인 지원을 받은 대중 스포츠 운동은 급속한 경제 발전을 배경으로 성공을 거두게 되었다.

4. 각종 스포츠의 발달

광복 이후 우리나라의 스포츠는 엘리트 중심이었다. 1960년대와 1970년대 우리나라의 경제적 수준은 대중 스포츠 활성화를 뒷받침하지 못하였다. 학교 스포츠를 토대로 일부 엘리트 선수들이 양성되어 국제대회에 참가하는 정도였다. 1960년대부터 1970년대까지 인기를 누렸던 종목은 프로복싱과 프로레슬링 정도였고, 일부 계층만이 골프, 테니스, 스키 등과 같은 스포츠에 사회화되어 있었다. 그중 생활 체육으로 확산된 종목은 축구, 배구 등이었다. 그러나 1980년대부터 프로야구, 프로축구, 프로씨름이 출현하였으며, 국민들도 다양한 스포츠 활동에 참가하게 되었다.

육상

1945년 9월 대한육상경기연맹의 전신인 조선육상경기연맹회장 김승식이 창립되었다. 1946년 제1회 육상선수권대회가 개최되는 등 육상경기를 장려해 왔으나 세계 정상급의 선수가 육성되지는 못하였다. 다만 마라톤에서만 세계 정상을 차지한 기록들이 있다. 1947년 제51회 보스턴 마라톤대회 서윤복우승, 제54회 보스턴 마라톤 함기용1위, 송길윤2위, 최윤칠3위, 1992년 제25회 바르셀로나 올림픽의 황영조를 비롯하여 이봉주와 같은 세계적인 선수들이 출현하였다.

체조

1945년 9월 체조연맹과 기계체조연맹을 통합하여 체조협회가 창립되었다. 1946년 국민보건체조를 제정·보급함과 동시에 제1회 종합선수권대회를 개최하였다. 1949년 10월 전국체육대회 정식 종목으로 채택되었다. 1959년 국제체조연맹FIG에 가입하였으나 1960년까지 한국 체조의 발전 속도는 느렸다.

1964년 도쿄 올림픽에서 남자 단체 종합 13위에 오르며 가능성을 확인하였다. 1988년 서울 올림픽에서 박종훈이 도마에서 3위를 차지한 이래 바르셀로나 올림픽의 유옥렬도마 3위, 애틀랜타 올림픽의 여홍철도마 2위, 시드니 올림픽의 이주형평행봉 2위 철봉 3위, 아테네 올림픽 김대은개인종합 2위 등과 같은 세계적인 선수들이 출현하였다.

민속 스포츠

• 태권도

태권도는 우리나라에서 조직화된 스포츠organized sport 중에서 유일하게 세계화된 종목이다. 현재의 태권도는 1961년 9월 대한태수도협회의 창립과 함께 변화와 발전이 시작되었다.[276] 1963년 2월 대한체육회 가맹단체가 되었고, 1963년 10월 제44회 전국체육대회 경기 종목으로 채택되면서 본격적인 대인경기 종목으로 성장하였다. 1965년 8월 협회 명칭을 대한태권도협회로 변경하였다. 1972년 국내최초의 태권도상설체육관인 중앙국기원11. 30. 강남구 역삼동이 건립되었다. 1973년 1월 9일 대한태권도협회 세계대회요강을 확정하고 5월 25일 제1회 세계태권도 선수권대회서울, 17개국 참가를 개최함으로서 본격적으로 세계화의 길을 닦았다. 태권도는 1970년대 후반부터 김운용 회장을 비롯한 태권도인들의 노력으로 점차 세계화되었으며, 2000년 시드니 올림픽 정식 종목으로 채택되었다.

• 씨름

씨름은 우리 고유의 민속 스포츠이다. 1946년 조선씨름협회가 대한씨름협회로 명칭이 변경되었고, 1947년 전국씨름선수권대회를 개최하였다.[277] 1953년 단일체급을 중량급과 경량급으로 나누고 경기 규칙과 심판 규칙을

---

276 태권도의 정체성에 관한 다양한 견해가 있다. 상세한 것은 허인욱, 「형성과정으로 본 태권도의 정체성에 관하여」, 『한국체육사학회지』, 14, 2004, pp. 79~87 참조.
277 이 대회는 1947년 대회를 7회로 인정하여 현재까지 이르고 있다. 신호주, 『체육사』, p. 358.

개정하였다. 1959년 6월 제1회 전국장사씨름대회부터 규칙의 통일을 시도하였다. 그 이후 약 3년간의 과도기를 거쳐 1962년 12월 왼씨름으로 통일되었으며, 1967년에는 체급을 청장급, 소장급, 용사급, 역사급, 장사급으로 나누었다.

1972년 제1회 KBS배 전국장사씨름대회1위 김성률, 2위 박범조가 열린 이후 씨름은 관중 스포츠로서 각광을 받게 되었다. 1982년 씨름협회가 주최한 천하장사씨름대회를 계기로 침체되었던 씨름의 인기가 다시 살아났다. 1983년 3월 민속씨름위원회가 출범하여 천하장사씨름대회 겸 체급별 씨름대회4. 13.가 개최되면서 프로씨름 시대가 개막되었다.

대중 팀 스포츠

• 축구

국제적인 규칙에 따라 경기가 시작된 것은 1920년대부터였다. 1921년 제1회 전조선축구대회가 개최되었다. 1933년 9월 19일 조선축구협회초대 회장 박승빈가 창립된 이래 축구는 민중 스포츠로 발달되었다. 일제강점기에는 경평京平축구대회를 기폭제로 민족주의적 성격을 지닌 대중 스포츠로 자리 잡게 되었다.

1948년 조선축구협회가 대한축구협회로 개칭되었고, FIFA국제축구연맹에 가입하였다. 1954년에는 AFC아시아축구연맹 정식 회원국이 되었다. 1948년 런던 올림픽과 1954년 스위스 월드컵 본선 진출, 1956년 제1회, 1960년 제2회 아시안컵에서 연속으로 우승한 이래 한국 축구는 아시아 최강으로 군림하였다. 1980년대부터는 프로축구가 시작되었다. 1980년 할렐루야팀이 창단되었다. 프로축구는 1983년 5개 팀이 '슈퍼리그'로 출범하여 2006년까지 K-리그 14개 팀으로 성장하였다. 한국 축구는 1986년 멕시코 월드컵부터 2006년 독일 월드컵까지 6회 연속으로 본선에 진출하였으며, 아시아 국가로는 월드컵 본선 최다통산 7회 진출국이 되었다.

한국 축구 역사에서 가장 감동적인 순간은 1983년 멕시코에서 열린 세계청소년20세 이하 축구대회에서 4강에 진출하였을 때와 2002년 한일월드컵에서 4강 신화를 이룩한 때였다. 2002년 거스 히딩크 감독이 이끈 한국 대표팀이 폴란드를 상대로 월드컵 참가 사상 첫 승리를 거둔 데 이어 포르투갈, 이탈리아, 스페인을 차례로 침몰시키고 기적의 4강 신화를 이루었다.

• 야구

1946년 조선야구협회가 창설된 이래 1954년 대한야구협회가 발족되면서 아시아야구연맹BFA에 가입하고, 1958년 서울운동장 야구장을 개장하는 등 야구의 발전은 본격화되었다. 한국 아마추어야구는 1960년대와 1970년대 고교야구를 중심으로 발전하기 시작하였는데 1963년 아시아야구선수권대회서울에서 최초로 우승한 이래 1982년 세계야구선수권대회 우승, 1998년 아시안게임 우승, 2000년 시드니 올림픽 3위 등 세계적인 수준으로 도약하였다. 1981년 12월 한국프로야구위원회KPBC가 구성되었으며, 1982년 한국야구위원회KBO로 개칭되어 본격적인 프로야구 시대가 열렸다. 1982년 6개 팀 144명의 선수로 시작된 프로야구는 2002년까지 8개 팀 565명으로 늘어났다.[278]

• 농구

1945년 말 조선농구협회가 창립된 이래 제1회 농구선수권대회1946. 3. 20.와 전국남녀종합선수권대회가 창설되었다. 1956년 아시아여자농구선수권대회에서 우승하였으며, 1967년 세계여자농구선수권대회에서 준우승을 차지하는 쾌거를 이룩하였다. 남자 농구 또한 ABC남자농구선수권1969. 11. 18. 방콕에서 우승하는 등 1960년대부터 꾸준히 발전하여 1990년대부터 프로농구 시대가 열렸다. 1996년 KBL이 창립되었고, 1996~1997년 시즌 FILA배

---

278 손수범, 「광복 이후 한국 체육·스포츠의 발달맥락과 배경」, 『2006 한국체육사학회 하계학술대회논집』, p. 82.

프로농구가 시작되었다. 최근 한국여자농구연맹WKBL이 출범하여 여자 프로농구 시대도 열렸다.

- 배구

우리나라의 배구는 1930년대부터 점차 확산되었다. 광복 이후인 1946년 4월 최초의 전국배구춘계리그가 개최되었으며, 5월 전국종별리그가 개최되었다. 배구는 1967년 제5회 세계여자배구선수권대회에서 3위를 차지하며 점차 국민의 관심을 끌었다. 1973년 10월 월드컵여자배구대회몬테비오에서 3위에 입상하였고, 1976년 몬트리올 올림픽에서 여자 대표팀이 동메달을 획득하는 쾌거를 이룩하였다. 2005년 아시아남자배구최강전 3연속 우승 등 아시아 최강의 수준에 도달해 있다. 2004년부터 프로배구가 출범하여 대중의 사랑을 받아 오고 있다.

- 핸드볼

1945년 11월 조선송구협회가 창설되었다. 이듬해 제1회 전국남녀송구선수권대회가 열렸다. 1957년 조선송구협회는 대한핸드볼협회로 개칭되었고, 1960년 우리나라도 국제핸드볼연맹IHF의 가맹국이 되었다. 1980년 여자 핸드볼 사상 첫 올림픽 출전권을 획득하였고, 1984년 LA 올림픽 여자 2위, 1988년 서울 올림픽 남자 2위, 여자 1위, 1992년 바르셀로나 올림픽 여자 1위, 1996년 애틀랜타 올림픽과 2004년 아테네 올림픽 여자 2위 등 우리나라 남녀 국가대표팀은 화려한 핸드볼의 역사를 써 오고 있다.

- 필드하키

1947년 6월 이화여대 체육과에서 50여 명이 참여하여 조선하키협회를 창립하였으나 큰 발전을 보지 못하였다. 1957년 제1회 하키종합선수권대회서울운동장를 개최하게 되면서 주로 고등학교와 대학팀을 중심으로 발전하였다. 그러나 1970년대까지는 세계적인 수준에 근접하지 못하다가 1980년대부터 세계적인 수준으로 도약하였다. 1986년 서울 아시안게임에서 남녀 동

반 우승하였으며, 여자부가 1988년 서울 올림픽에서 은메달, 1996년 애틀
랜타 올림픽에서 은메달을 획득하였고, 2000년 시드니 올림픽에서는 남자
부가 은메달을 획득하는 등 우리나라 하키는 세계적인 수준에 도달하게
되었다.

대중 레저 스포츠

• 배드민턴

1957년 대한배드민턴협회가 창립되었다. 제43회 전국체육대회부터 정식
종목으로 채택되었다. 1970년대까지 한국의 배드민턴은 세계적인 수준에 이
르지 못하였다. 그러나 1980년대부터 한국 배드민턴의 중흥은 시작되었다.

1981년 황선애가 전영오픈 단식에서 우승한 이래 배드민턴은 국민들의
관심을 끌게 되었다. 올림픽 정식 종목이 되자 1992년 바르셀로나 올림픽
에서 남자 복식 금메달박주봉, 김문수과 여자 복식 금메달황혜영, 정소영, 동메달
심은정, 길영아, 여자 단식 은메달방수현을 획득함으로써 일대 전환기를 맞았
다. 그리고 1980년대부터 배드민턴은 생활 체육 종목으로 급속히 확산되
었다. 제5공화국 시절 새마을운동중앙회에서 배드민턴을 새마을운동의 핵
심 스포츠로 채택하면서부터 배드민턴은 대중적인 생활 체육 활동으로 광
범위하게 확산되었다.

• 골프

1954년 12월 서울 컨트리클럽이 개장되었다. 그로부터 10년 후인 1965년
한국골프협회KGA가 창립되었다. 1966년 국제골프연맹IGA가입, 1968년 5월
한국프로골프협회 창립, 6월 골프 규칙집 발간 등과 같은 변화가 있었으
며, 10월 제1회 한국골프협회장배 골프대회가 열렸다. 1978년 한국 최초의
여자 골퍼 4명강춘자, 한명현, 구옥희, 안종현이 탄생하였다.

골프의 대중화와 세계 수준의 도약은 1990년대부터 시작되었다. 1998년
박세리가 'US오픈골프'에서 우승한 이래 김미현, 박지은, 최경주 등과 같은

골프 스타들이 미국 PGA와 LPGA에서 우승하며 국민적 스타로 부상하면서 국민들의 골프에 대한 관심은 급증하였다. 골프 인구 또한 지속적으로 증가하고 있다.

• 테니스

1945년 11월 조선정구협회를 창립하고 대한체육회에 가입하였으며, 1946년 제1회 정구선수권대회가 개최되었다. 1953년 대한테니스협회로 협회의 명칭이 변경되었으며, 1960년 4월 데이비스컵테니스대회 극동지구 예선에 참가하게 되었다. 1968년에는 한국실업테니스연맹과 한국대학테니스연맹, 한국중고테니스연맹이 창설되었다. 1971년 장충테니스코트가 완공되었다. 1970년대 후반부터 수준이 향상되고 중산계급의 대중 스포츠로서 각광을 받았다.

1982년 뉴델리New Delhi 아시안게임에서 여자 단체전, 혼합 복식, 여자 복식, 남자 복식에서 금메달 4개를 획득하였다. 1984년 아시아테니스선수권 대회일본 전 종목 석권, 1986년 제10회 서울 아시아경기대회 남자 단식 우승과 같은 좋은 성적을 거두었다. 2000년대에 들어 이형택이 한국 테니스 사상 최초로 ATP 랭킹 36위2007까지 오르는 쾌거를 이룩하였다.

• 탁구

1945년 조선탁구협회가 창립되었다. 1947년 대한탁구협회로 그 명칭이 변경되었으며, 제1회 전국종합탁구선수권대회가 개최되었다. 세계무대의 첫 진출은 1956년 제23회 세계탁구선수권대회동경였다. 그 이후부터 우리나라는 세계 탁구 강국으로 부상하였다.

1950년대 말부터 우리 탁구의 진보가 본격화되었다. 1959년 제25회 세계탁구선수권도르트문트 여자 단체전에서 준우승을 하였다. 1973년 우리 선수들은 32회 세계탁구선수권대회유고, 사라예보 여자 단체전에서 우승을 차지하며 수준의 향상을 보였다. 이에리사, 정현숙, 박미라 트리오는 구기 종목 사상 처음으로 세계대회 제패라는 쾌거를 이룩하였던 것이다. 그리고 1980

년대에는 양영자·현정화·유남규 등과 같은 스타의 출현으로 1986년 서울 아시안게임, 1988년 서울 올림픽에서 금메달을 땄다.

• 스키

1946년 4월 15일 조선스키협회가 창립되었다. 1947년 전라남도 지리산 노고단에서 제1회 전국 스키대회가 개최되었다. 1948년 대한스키협회로 통괄단체 명칭이 변경되었다. 1953년 대한체육회에 가입하였고, 1957년 국제스키연맹FIS의 정식 회원국이 되었다.

우리나라 선수가 국제경기에 출전한 것은 1960년 미국에서 개최된 제8회 동계 올림픽캘리포니아 스쿼벨리이었다. 스키는 1970년대까지 일부 부유층 스포츠로 발달되었다. 스키장의 부족과 경제적 부담으로 대중화되지는 못하였으나 1980년대부터 많은 스키장이 개장되면서 대중적인 동계 스포츠로 성장하였다. 1988년 용평스키장이 국제대회 스키경기장으로 승인되었다. 1997년에는 무주·전주 동계유니버시아드대회48개국, 1,406명 참가를 개최하였다.

• 등산

1945년 조선산악회의 발족과 함께 전문 스포츠로 등장하였다. 1948년 한국산악회로 개칭되었다가 1962년 대한산악연맹으로 다시 태어났다. 1966년 문교부로부터 사단법인으로 인가를 받았으며, 1970년 국제산악연맹UIAA 가맹단체가 되었다.

1971년 한국 등산 역사상 최초의 히말라야 원정로체샬, 8,400m을 시작한 이래 1977년 9월 15일 고상돈이 최초로 에베레스트 등정개인 56번째, 국가별 8번째에 성공하였다. 1981년 허영호가 남극 대륙 최고봉 빈슨 매시프5,140m 등정에 성공하는 등 한국 산악인들은 등산의 새로운 역사를 써 왔다. 산악연맹은 1999년 대한체육회 정식 가맹단체가 되었다.

• 수영

수영은 1929년 조선수영구락부가 결성되면서 경영競泳이 시작된 것으로 보고 있다. 현재의 대한수영연맹은 1946년 조선수상경기연맹, 1948년 대한 수상경기연맹에서 1960년에 명칭이 변경된 것이다. 한국 수영은 1970년대부터 조오련을 비롯한 아시아 정상급의 선수들이 많이 배출되었다. 2006년 박태환이 세계선수권대회에서 금메달을 획득하는 역사를 썼다. 1980년대부터 실내 수영장이 늘어나면서 수영은 국민의 생활 체육 활동으로 많은 동호인을 확보하게 되었다.

격투 스포츠 및 기타

• 레슬링

레슬링은 1946년 3월 조선아마추어레슬링연맹의 창설과 함께 반세기의 역사를 걸어 왔다. 1946년 제1회 전국레슬링선수권대회를 개최하였고, 1948년 국제레슬링연맹FILA에 가입하였다. 1964년 장창선 선수가 도쿄 올림픽에서 은메달자유형, 52kg과 세계선수권대회 금메달을 획득한 이후부터 한국 레슬링은 급속히 성장하였다. 1976년 몬트리올 올림픽에서 양정모 선수가 자유형 페더급에서 광복 이후 첫 금메달을 획득하였다. 그 외 한명우, 김영남, 박장순, 안한봉, 심권호, 정지현 등과 같은 올림픽 금메달리스트이 지속적으로 배출되었다.

• 복싱

1945년 광복과 함께 대한아마추어권투연맹이 재건되었으며, 1947년 국제아마추어복싱연맹AIBA에 가입하였다. 한수안이 1948년 런던 올림픽에서 메달을 획득한 이래 강준호, 송순천 등과 같은 선수가 배출되었다. 김광선이 1983년 세계복싱선수권대회에서 세계대회 첫 금메달을 획득하였다. 그 이후 신준섭, 문성길, 이승배 등과 같은 선수들이 배출되었다.

한국권투위원회가 설립된 것은 1961년이었다. 1965년 WBA 정회원에 가입하였다. 1966년 김기수주니어미들급가 벤베누티를 누르고 한국 최초의 프로복싱 세계챔피언이 되었다. 그 이후 홍수환, 유제두, 염동균, 김득구, 장정구, 유명우 등과 같은 수많은 프로복싱 스타들이 배출되었다.[279]

• 유도

1945년 조선유도연맹1948년 대한유도연맹이 결성되어 유도 보급에 힘썼다. 김의태 선수가 1964년 도쿄 올림픽에서 유도 사상 처음으로 올림픽 동메달을 땄다. 하형주와 안병근이 1984년 LA 올림픽에서 금메달을 목에 걸었으며, 김재엽이 1984년 제1회 월드컵유도선수권대회에서 우승하는 등 한국 유도는 세계 정상급으로 성장하였다.

• 펜싱

1946년 고려펜싱클럽이 결성되었고, 1947년 조선펜싱협회의 창립을 보게 되었다. 그러나 동호인들 간의 파벌 형성으로 갈등을 겪다가 1959년 대한펜싱협회가 창립되었다. 1960년에 겨우 협회의 통합을 이루어 제1회 전국남녀개인펜싱선수권대회를 개최하게 되었다.

• 빙상

1945년 조선빙상경기협회가 부활되었다. 1946년 빙속, 피겨, 아이스하키 협회로 분리되는 등 분리와 통합이 반복되다가 1948년 대한빙상경기연맹이 출범하였다. 1964년 최초의 실내 스케이트장창신동이 개장되었고, 1971년 태릉국제스케이트장, 1984년 태릉선수촌 실내 아이스링 등이 개장되었다.

이영하 선수가 1976년 세계주니어 스피드 스케이팅 선수권대회에서 우승을 차지하는 등 빙상 종목의 발전은 계속되었다. 배기태 선수가 1987년 세계선수권 스피드 스케이팅 500m에서 사상 최초로 우승하였다. 한국의 쇼트트랙 선수들은 1992금메달2, 1994금메달4, 1998금메달3, 2002금메달2 등 세계를 제패하며 한국 동계 스포츠의 위상을 높여 왔다.

• 양궁

1946년 조선궁도협회1948년 대한궁도협회가 창설되었으나 궁도의 발전은

---

279 현대 복싱의 변천에 관한 상세한 것은 나영일·손수범, 「경제 성장에 따른 한국 복싱의 발전 과정에 관한 고찰」, 『한국체육사학회지』 3, 1998, pp. 21~30 참조.

5·16 군사혁명 이후에 시작되었다. 1962년 궁도협회에서 양궁도 포함시켰으며, 1963년 국제양궁협회에 정식회원국이 되었다. 1963년 10월 성동중학교 운동장에서 최초의 양궁대회가 열렸다. 1966년 6월 최초의 단일종목 양궁대회와 전국남녀종별선수권대회가 열렸으며, 1972년 제53회 전국체전 정식 종목으로 채택되면서 양궁의 확산은 가속화되었다.

우리 양궁이 세계적인 명성을 떨치기 시작한 것은 1980년대부터였다. 1983년 대한체육회에서 국궁과 양궁협회가 분리되었다. 1983년 세계양궁선수권대회미국 롱비치에서 여자부 종합 우승은 물론 김진호가 여자부 5관왕에 등극한 이래 한국은 세계 양궁의 역사를 지배해 오고 있다.

• 역도

1948년부터 대한역도연맹은 역도 보급에 힘을 기울였다. 김성집 선수전태릉선수촌장가 1948년 런던 올림픽에서 한국 체육사 최초로 올림픽 동메달을 획득한 종목이기도하다.

김창희는 1956년 16회 멜버른 올림픽대회에서 동메달을 획득하였으며, '작은 거인' 전병관 선수는 1992년 바르셀로나 올림픽에서는 한국 역도 사상 처음으로 올림픽 금메달을 획득하였다. 그리고 장미란은 2007년까지 세계 신기록 수립은 물론 세계역도선수권대회 3연패라는 쾌거를 이룩하였다.

역도는 일반인들과는 거리가 있는 듯하지만 1960년대에는 집집마다 바벨이 있었으며, 지금도 헬스클럽에 가면 가장 먼저 발견하는 것이 역도일 정도로 오늘날에도 필수적인 운동으로 남아 있다.

• 사이클

사이클은 대중의 교통수단 및 여가활동으로 각광을 받아 왔다. 1945년 조선자전차경기연맹이 창설된 이래 꾸준히 발전하여 아시안게임에서는 수많은 메달을 획득하였으나 세계적인 수준에 이르지는 못하였다. 1999년 조호성 선수가 한국 선수로는 처음으로 세계사이클선수권대회에서 동메달을 획득하였다.

5. 스포츠 발달의 배경과 특성

스포츠 문화의 정치적·사회적 배경

1960년대부터 1980년대까지 약 30년 동안 현대 한국 스포츠는 급속히 발전하였다. 정권의 의지를 바탕으로 엘리트 스포츠의 수준이 향상되었을 뿐만 아니라 각종 스포츠가 국민의 생활 속에 널리 확산되었기 때문이다. 1980년대 한국 스포츠 운동이 성공을 거두게 된 배경은 크게 세 가지로 볼 수 있다.

첫째, 1960년대와 1970년대에 걸쳐 추진된 정부의 체육과 스포츠 진흥 정책이었다. 1961년 6월 박정희 정권은 건강한 신체와 강인한 정신력을 갖춘 국민 교육정책을 의미하는 '건민 정책健民政策'을 펴기 시작하였다. '체력은 국력'이라는 슬로건slogan을 채택하고 전 국민에게 '국민체조'를 보급하였으며, 1962년 '국민체육진흥법'을 공포하는 등 다양한 체육과 스포츠 보급 운동을 전개하였다. 한국 스포츠 문화의 발달을 촉진하는 대부분의 법안들은 박정희의 집권 기간 18년 동안에 집중되어 있다. 1988년 서울 올림픽게임의 유치 계획을 확정한 것도 박정희 정권이었다.[280] 따라서 광복 후 한국 스포츠 문화는 정부가 체육 진흥 정책을 추진한 산물이었다.

둘째, 경제적 성장과 사회적 변화였다. 1960년대부터 약 30년 동안 고도의 경제 성장을 이룩하여 1997년에는 국민총생산량GDP을 기준으로 경제 규모 세계 11위로 부상하였다.[281] 사회구조 또한 급변하였다. 농업국가에서 공업국가로 탈바꿈하는 과정에서 도시 인구의 비율이 급증하였다. 경제 발전으로 스포츠 문화가 확산될 수 있는 기반이 조성되었다. 사회구조의 변화로 레저leasure와 건강health에 대한 국민의 관심이 급증함으로써 스포츠의

---

280 박정희 정권은 1979년 9월 21일 제24회 서울 올림픽 유치 계획을 확정하였다. 조명렬·노희덕·나영일, 『체육사』, p. 386.

281 http://www.koreascope.org/sub/1inex3~a.htm

대중화 시대도 열리게 되었다.

셋째, 정치권력의 영향이었다. 1980년대 정권 핵심 세력들은 정치적 입지를 넓히기 위해 스포츠 운동을 적극적으로 권장하고 지원하였다. 1980년대 전두환 정권과 노태우 정권은 스포츠 내셔널리즘을 통해 국민에게 국가주의 의식을 고양함으로써 국민의 일체감을 조성하여 정권의 지지 기반을 확보하려고 하였다.[282] 예컨대 1980년대 올림픽의 유치나 프로 스포츠 구단의 발족 등은 탈정치화의 수단이라는 견해가 지배적이었다. 넓은 시각에서 보면 1980년대 한국 스포츠 운동의 성공에 영향을 미친 요인은 다양하지만 정권의 스포츠 문화 진흥 정책도 그중 하나였다.

스포츠 문화 발달의 특징

서구에서 조직화된 스포츠가 아시아 제국에 도입되어 확산된 배경은 매우 다양하다. 20세기 후반 한국의 체육과 스포츠 운동 전개 양상을 정치적·사회적인 맥락에서 조명해 볼 때 그 특징은 크게 두 가지로 요약된다.

첫째, 스포츠 문화의 급속한 발달이다. 현대 한국 스포츠 문화는 1960년대 초부터 1980년대 말까지 약 40년 동안 급속히 성장하였다. 한국 스포츠가 급속히 발전한 것은 1960년대부터였으며, 스포츠 문화가 대중적으로 확산된 것은 1980년대 후반이었다. 20세기 후반 스포츠 진흥운동은 대중화를 추구한 측면도 있다. 그러나 우수 선수의 육성을 통한 국위선양國威宣揚이 더 강조되면서 엘리트 스포츠를 중심으로 운동이 전개되어 그 결실을 맺게 되었다. 예컨대 양정모가 올림픽에서 금메달을 획득한 것은 1976년이었으며, 한국은 1980년대 말부터 메달 순위에서 세계 10위권 이내로 진입하였다. 이러한 결과는 한국 스포츠가 1960년대부터 1980년대까지 약 30년 동안 급속한 발전을 이룩하였다는 것을 반영하는 것이다.

---

282 김인걸 외, 『韓國現代史講義』, p. 386.

둘째, 엘리트 스포츠의 발전을 토대로 한 대중 스포츠의 발달이다. 광복 이후부터 1980년대까지 한국의 스포츠 운동은 정부와 민간 스포츠단체가 공동으로 추진하였으나 사회적 여건으로 스포츠 문화의 대중화는 큰 진전을 보이지 못하였다. 정부나 대한체육회는 엘리트 스포츠 육성을 지향하였다. 엘리트 스포츠가 발달된 이후 1990년대부터 스포츠의 대중화가 시작되었다. 정부는 '학교 체육·스포츠 진흥운동'과 '사회 체육·스포츠 진흥운동'을 병행적으로 추진하였다. 그러나 1980년대 중반까지 스포츠에 대한 정부의 관심과 투자는 '엘리트 스포츠'에 편중되었다. 그 결과 한국 현대 스포츠는 대중 스포츠를 기반으로 엘리트 스포츠가 발달되는 양상이었다기보다 엘리트 스포츠가 발달된 뒤 대중 스포츠가 발달되는 양상을 보였다.

제4절
광복 이후의 체육 사상

1. 건민주의

1960년 한국의 1인당 국민소득GNP은 78달러였으며, 1980년까지도 1,597달러에 불과하였다. 경제적으로 궁핍한 상황에서 민간 스포츠단체가 주도하는 대중 스포츠 운동이 성공을 거두기 어려운 실정이었다. 그러한 상황에서 정부는 스포츠 단체를 강력히 지원하였다. 그 중심에는 박정희 정권이 있었다. 박정희 정권에서 추진한 체육과 스포츠 진흥운동의 바탕에는 건민 사상健民思想이 담겨 있었다.

박정희는 집권 기간 동안 강인한 정신력과 굳센 체력을 지닌 강건한 국민성의 함양을 강조하였다.[283] 박정희 정권이 주도한 체육과 스포츠 진흥운동은 범국민적인 체육과 스포츠 진흥운동을 통해 건전하고 강인한 국민성을 함양하려는 '건민주의健民主義' 사상에 토대를 둔 것이었다. '건민健民'은 사전적으로 '건전한 국민'을 뜻한다. 박정희의 '건민 사상'은 부강한 국가를 건설하기 위해서는 우선적으로 건전한 국민성을 길러야 한다는 신념체계를 의미하는 것이었다. 건민 정책은 강인한 정신력과 튼튼한 신체를 지닌 강건한 한국인의 육성 정책을 뜻하는 것이었다. 강인하고 역동적인 신체의 육성과 정신의 함양 수단으로서 체육과 스포츠 활동을 적절한 선택으로 보았던 것이다.

박정희의 건민 사상은 그의 언행을 통해서 잘 드러난다. 박정희는 1966년 5월 23일 제1회 전국학도체육대회에서 한 국가의 흥망성쇠興亡盛衰나 국력의 증감은 국민의 체력에 달려 있으며, 국민의 체력은 젊은 청년들의 체력과 정신을 기준으로 평가되고 있다고 말하였다. 그리고 체육 활동을 통해서 함양되는 단결과 인내의 정신, 그리고 명랑明朗하고 생기生氣 있는 사회기풍社會氣風의 형성을 위해 체육이 필요함을 강력히 역설하였다.[284] 1968년 9월 12일 전국체전 개회식에서 체력은 국력의 토대土臺이며, 강건한 국민 체력을 배양하고 국민들이 스포츠를 생활화하는 것이 조국 근대화 과업에 활력소가 된다고 강조하였다.[285]

박정희는 "국가와 민족 발전의 열쇠는 국민성이다"라는 신념체계를 지니고 있었다. 그의 신념은 "건전하고 진취적이며 역동적인 국민성을 함양하기 위해서는 범국민적인 체육과 스포츠 진흥운동이 필수적이다"라는 신념체계로 발전되었다. 그러한 신념체계가 '건민 사상'의 기반이었다. 따라서 20세

---

283 이한혁, 『체육사』, p. 326.

284 대통령 공보 비서실, 『박정희 대통령 연설문집 1』, p. 193.

285 대통령비서실(秘書室), 『박정희 대통령 연설문집(演說文集) 5』, pp. 263~264.

기 후반 한국의 체육과 스포츠 진흥운동의 사상적 토대가 된 것은 건민 사상으로 볼 수 있다.

2. 국가주의와 엘리트주의

개화기부터 우리나라의 체육과 스포츠 문화는 국가주의Nationalism'[286] 또는 민족주의라는 이데올로기를 잉태하고 있었다. 20세기 후반 한국의 체육과 스포츠 진흥운동도 마찬가지였다. 그러한 운동의 결과는 엘리트주의Elitism 스포츠 정책으로 이어졌다.

박정희 정권은 한반도가 세계 강대국의 각축장이 된 점을 극명하게 제시하며, 한민족이 자주적 또는 독자적 위상을 확보해야 한다는 문제의식을 토대로 국가주의적인 특성을 보여 준다.[287] 모든 정권에는 국가의 생존권 확보라는 의미에서 안보security, 사회질서의 유지라는 의미에서 안정stability, 국민의 물질적 요구를 충족시킨다는 의미에서 번영prosperity 등과 같은 과제가 있다.[288] 이런 맥락에서 박정희 정권의 정책적 과제는 안보, 자주, 통일, 민주주의, 근대화 등으로 압축된다. 박정희 정권하에서 추진된 한국의 체육과 스포츠 진흥운동은 이러한 정책적 과제나 전략과 연계되면서 국가주의적 이데올로기와 결속되었다. 그 결과로 엘리트 스포츠가 성장하였으며, 그러한 흐름은 1980년대까지 계속되었다.

박정희 정권의 체육과 스포츠 진흥 정책이 국가주의적 이데올로기를 토

---

286 민족주의, 즉 내셔널리즘은 국민적 일체감을 형성하여 민족사회의 단결을 강화하고 에너지(energy)를 결집시켜 외부로부터의 침입과 지배를 타파하고 내부의 갈등을 해소하여 통일 국가를 형성하려는 근대적인 민족 운동이다. 김종희, 「박정희 정권의 정치이념과 체육 정책에 관한 연구」, 한양대학교 박사학위 논문, 1999, p. 142.

287 김세중, 「박정희의 통치이념(統治理念)과 민족주의」, 유병용 외(外), 『韓國 現代史와 民族主義』, pp. 129~130.

288 James N. Danziger, *Understanding the Political World*, p. 309.

대로 하고 있었다는 것은 박정희의 연설문을 통해 잘 드러난다. 그는 1965 년 학도체육대회 개회식에서 고대 그리스나 독일, 통일신라의 예를 들면서 한 국가가 부흥하고 한 민족이 중흥을 이룩할 때, 거기에는 언제나 전진前進을 부르짖는 청소년 운동青少年運動의 함성이 있었고, 갱생更生을 다짐하는 민족 운동의 몸부림이 있었다고 말하였다.[289] 그는 체육진흥운동을 하나의 민족주의 운동으로 생각하였다. 또한 엘리트 선수들을 마치 민족의 자존심과 탁월성, 기상을 상징하는 전사로 생각하였다.

박정희 정권의 국가주의적·민족주의적 체육진흥운동은 엘리트 스포츠의 육성으로 이어졌다. 그리고 국가주의에 바탕을 둔 엘리트 체육 정책은 체육과 스포츠의 대중화와 우수 선수 육성을 위한 다양한 조치와 법안의 입안으로 이어졌다. 태릉선수촌의 건립, 국제경기 메달리스트들에 대한 종신 연금제도, 우수 선수 병역 혜택 등이 그 예이다. 박정희의 스포츠에 대한 인식도 당시 스포츠 내셔널리즘을 잘 반영하고 있다. "체력은 국력"이라는 슬로건slogan을 외치며 우수 선수를 육성하여 국위 선양을 해야 한다는 입장, 체육의 발전은 국민생활의 건전한 향상向上을 도모하고 나아가서는 우리 민족의 역량과 국위를 해외에 선양할 수 있는 매우 중요한 국가적 사업이라는 진술[290] 등이 국가주의 실상을 반영한다. 박정희 정권의 체육과 스포츠 진흥운동은 일종의 민족주의 운동과도 유사한 것이었다.

박정희 정권에서 비롯된 체육과 스포츠 진흥 정책의 기조나 사상적 흐름은 제5, 6공화국으로도 계속 이어졌다. 엘리트 선수의 육성을 위한 정책은 더욱 뚜렷하게 시행되었다. '체육진흥법1962. 9. 17. 공포'의 목적은 "국민의 체력을 증진하고, 건전한 정신을 함양하여, 명랑한 국민생활을 영위할 수 있

---

289 대통령비서실, 『박정희 대통령 연설문집 1』, p. 194.
290 1964년 4. 27일 제2회 체육상(體育賞) 시상식. 대통령비서실, 『박정희대통령 연설문집 2』, p. 88.

게 한다"[291]라고 되어 있다. 그러나 1982년 12월 31일에 개정·공포된 "체육진흥법"의 목적에는 "스포츠를 통한 국위선양"이라는 목표 개념이 추가되었다. 이러한 법안의 내용은 정부가 엘리트 스포츠를 육성하려는 의도를 공식적으로 표출한 것이다. 결국 광복 후 체육과 스포츠 진흥운동은 강한 국가주의 사상을 토대로 진행되었다. 그 과정에서 엘리트주의 체육 사상이 형성되었던 것이다.

291 國民體育振興法 및 施行令(1962. 6. 17), 第1章, 第1條(目的), 羅絢成, 學敎體育管理, p. 19.

종합 학습 평가 문항

기억력과 이해력이 좋지 않고 글재주가 없다 하여 실망하지 마라. 공부를 빛나게 하는 건 근면이다. 공부하는 자들이 갖고 있는 세 가지 병통을 너는 하나도 갖고 있지 않다.

첫째, 기억력이 뛰어난 병통은 공부를 소홀히 하는 폐단을 낳고, 둘째, 글 짓는 재주가 좋은 변통은 허황한 데 흐르는 폐단을 낳으며, 셋째, 이해력이 빠른 병통은 거친 데 흐르는 폐단을 낳는다.

파고드는 방법은 무엇이냐? 근면함이다. 뚫는 방법은 무엇이냐? 근면함이다. 그렇다면 근면함을 어떻게 지속하느냐? 마음가짐을 확고히 하는 데 있다.

다산 정약용이 제자 황상에 이른 말

『조선일보』 2005. 7. 30. 안대회 교수의 글 중에서.

제1편
학습 평가 문항

제1절 객관식 평가 문항

1. 동서양을 막론하고 고대부터 인류는 다양한 신체 문화를 계승·발달시켜 왔다. 고대 신체 문화의 생성과 진화 과정에 대한 다음 설명 중 적절하지 않는 것은? (   )

① 고대의 신체 문화는 생존과 놀이에 기반을 둔 것들이 많다.

② 고대의 신체 문화는 전투와 연관된 것들이 많다.

③ 어느 대륙을 막론하고 고대 사회에서는 유사한 신체 문화가 발달되어 왔다.

④ 고대에 발달되었던 신체 문화는 사회구조의 변화로 현재는 거의 소멸되었다.

2. 고대 사회에서 발달된 신체 문화의 종류는 매우 많다. 다음 중 정신 수양과 심신 단련의 한 수단으로 정좌호흡법正坐呼吸法에서 유래된 신체 문화는 어느 것인가? (   )

① 쿵푸   ② 요가   ③ 폴로   ④ 검술   ⑤ 우슈

3. 근대 이전의 스포츠와 근대 스포츠는 여러 가지 측면에서 차이가 있다. 다음 설명 중 근대 스포츠와 비교할 때 근대 이전에 발달된 놀이나 스포츠의 특성에 대한 설명으로 맞는 것을 고르시오. (   )

① 성문화된 규칙이 전국적으로 확산되어 있었다.

② 대륙별, 국가별, 지역별로 유사한 유형의 신체 문화가 존재하였다.

③ 전국적인 경쟁성을 갖는 문화로 정착되었다.

④ 참가자와 관람자의 역할이 뚜렷하였다.

⑤ 기록과 통계에 의존한 활동으로 등장하였다.

4. 인류학자 K. 블랑차드와 A.T. 체스카는 스포츠 문화의 진화 모델로 5단계를 제시하였다. 다음 중 스포츠 문화의 진화 제3단계에 속하는 것은? (　　)

① 밴드 스포츠　　　　　② 치프담 스포츠
③ 미개 국가 스포츠　　　④ 고대 문명 스포츠

5. 다음에 열거한 것은 그리스 체육과 관련된 용어나 명칭이다. 이 중에서 스파르타의 체육 지도자를 뜻하는 명칭은 무엇인가? (　　)

① 테르마에　② 파이도노무스　③ 보아이　④ 에페비

6. 그리스의 스파르타 체육은 내용과 제도적인 면에서 아테네와 다른 점이 있었다. 다음 내용 중 스파르타 체육사의 내용과 일치되지 않는 것은 어느 것인가? (　　)

① 아라이, 보아이 등 군대식체계 속에 체육이 실시되었다.
② 스파르타 체육의 사상적 토대는 전체(국가)주의였다.
③ 스파르타 교육과 체육은 에페비(Ephebi, Ephebos)의 양성에 목적을 두었다.
④ 스파르타에서 짐내스틱스(gymnastics)는 신체적 단련과 군사 훈련의 주된 수단이었다.
⑤ 아테네와는 달리 스파르타에서는 무용이 발달되지 못하였다.

7. 다음은 그리스와 로마 시대의 체육 활동과 관련된 장소이다. 서로 관계가 있는 것끼리 연결된 것은? (　　)

① 콜로세움 – 전차경주　　　② 김나지움 – 아카데미
③ 테르마에 – 신전　　　　　④ 팔라에스트라 – 원형경기장

8. 고대 그리스의 도시국가 아테네에서는 체육 활동을 장려하였다. 다음 중 아테네 교육 및 체육의 역사와 무관한 용어를 하나만 고르시오. (   )

① 페다고거   ② 김나지움   ③ 다디스칼레움
④ 판크라티온   ⑤ 카라칼라

9. 그리스·로마 신화에 등장하는 신들은 매우 많다. 아래에 열거한 신들 중 그리스 4대 제전경기 중 하나였던 이스트미아제의 주신으로 알려져 있는 신을 고르시오. (   )

① 제우스(Zeus)   ② 아폴론(Apollon)
③ 나이키(Nike)   ④ 포세이돈(Poseidon)

10. 그리스에는 만능운동선수를 가리던 5종경기가 있었다. 다음 중 고대 그리스 5종경기에 들지 않는 것은? (   )

① 원반던지기   ② 멀리뛰기
③ 창던지기   ④ 달리기   ⑤ 권투

11. 다음은 고대 로마 전기前期 체육의 목적 개념을 요약한 것이다. 역사적 사실을 바르게 설명한 것을 고르시오. (   )

① 강군 육성을 위한 국가주의적·군사주의적 체육
② 심신의 조화적 발달이 강조된 자유주의적 체육
③ 격투 스포츠를 중심으로 한 오락적 체육
④ 건강의 유지와 신체미의 육성을 지향한 체육

12. 다음 중 고대 로마 체육, 스포츠, 레저의 역사에서 목욕 문화와 관련이 있는 것을 고르시오. (   )

① 검노(劍奴)   ② 원형경기장
③ 콜로세움   ④ 카라칼라

13. 고대 중국의 대사례Great Archery는 여러 가지 의미를 지니고 있었다. 다음 설명 중 대사례의 의미로 받아들일 수 없는 것은? (   )

① 왕이 제후나 군신을 시험하는 것
② 왕이 제후가 추천한 선비를 시험하는 것
③ 군신 상호 간의 예와 악(樂)을 배우는 것
④ 왕의 궁술과 예를 신하에게 알리는 것

제2절 단답형 평가 문항

※ 다음 내용을 읽고 (   )에 맞는 말을 기입하시오.

1. 고대 중국의 신체 문화는 다양하다. 공자의 『예기禮記』에는 13세에 음악을 배우고 시가詩歌를 외웠으며, 15세에는 사射와 승마를 배운다고 기록되어 있다. 소위 육예 교육을 중시하였는데, 육예 중 승마에 해당되는 것은 (   )이었다.

2. 원시 사회에서 게임과 스포츠, 무용 등은 종교적인 측면에서도 중요한 의미를 지닌 요소였다. 이처럼 신체 문화는 다양한 요인으로 인해 문화적으로 진화되어 왔다. 인류학자 K. 블랑차드와 A.T. 체스카 등은 스포츠 문화의 진화는 세 가지 변수의 산물로 보았다. 그중 인구, 지형 등과 같은 요인은 (   ) 변수로 파악하였다.

3. 호머호메로스 시대의 체육 목표는 행동의 인간, 실천적 인간의 육성이었던 것으로 추정된다. 당시 체육 활동은 전차경주, 권투, 레슬링, 경주foot race, 도약, 투원반, 투창, 궁술, 중량거重量擧 등 다양하였다. 경쟁적 요소를 지닌 전차경주, 원반던지기, 궁술 등과 같은 운동경기의 유래는 제전이나 동료 전사의 영혼을 달래기 위한 (   )에서 찾을 수 있다.

4. 아테네 체육의 목적은 진선미를 추구하며, 심신의 조화로운 발달을 꾀하기 위한 것이었다. 7세가 되면 (　　　)나 다디스칼레움에서 교육을 받았다. 파이도트리베, 짐내스트 등과 같이 아동의 교육을 돌보는 노복이나 교복이 있었다.

5. 후기 로마 사회의 각종 게임들은 주로 곡마장hippodrome, 즉 '원형경기장Circus'에서 열렸다. '키르쿠스Circus'는 원래 링ring이라는 의미를 지닌 용어였으며, 대표적인 원형경기장은 (　　　)가 있었다.

6. 로마 원형연무장amphitheater은 오락적이고 비천한 성격을 지닌 유혈 스포츠를 즐기던 원형극장 모형의 투기장鬪技場이었다. 원형연무장의 가장 대표적인 쇼shows는 야수사냥venationes과 검투사경기이었다. 가장 대표적인 원형연무장으로 (　　　)이 있으며, 이 장소는 오늘날까지 보존되고 있다.

7. (　　　)는 풍자시를 통해 향락과 사치에 물든 로마 사회를 비판하였으며, "건강한 신체에 건전한 정신"이 있기를 기원해야 한다고 말하였다. 이 말은 존 로크에 의해 인용되면서 세상에 널리 알려지게 되었으나 그가 체육과 직접 연계시켜 사용하였던 말은 아니었다.

8. 로마 시대의 의사였던 (　　　)은 건강한 시민의 육성을 강조하고 직업적인 운동선수를 비판하며, 「작은 공 운동Exercise with Small Ball」이라는 글을 통해 운동이 신체뿐만 아니라 유쾌한 정신 상태를 유지할 수 있게 해 준다고 강조하였다.

9. 고대 중국의 (　　　)는 원래 군인들의 신체 단련을 목적으로 시작되었다. 이것은 초기 무용武舞 또는 무지武技라고도 하였으며, 군사 훈련인 활쏘기, 투석, 달리기, 멀리뛰기, 수영, 각저, 창술, 도술, 기사騎射 등의 훈련 과정을 통괄하여 부르던 명칭이었다. 이러한 종목은 춘추전국 시대 이후로 더욱 발달되었다.

10. 중국 주나라 시대의 사례射禮에는 여러 종류가 있었다. 대사례는 종묘에 제사를 주관할 자와 참관할 자를 결정하기 위한 궁술경기였고, (   )는 제후들이 천자에게 입조하였을 때 예의 절차로 실시한 것이었다. 그리고 향사례는 주연酒宴에 앞서 노소가 차례를 정하고 실시하던 일종의 친선경기였다.

제3절 기술형 평가 문항

1. 고대 문명사회에 존재하였던 신체 문화 중 현대인이 참여하고 있는 게임과 스포츠의 유형은 어떤 것이 있는지 열거하고, 그러한 신체 문화와 현대 체육 및 스포츠 문화와는 어떤 관련이 있는지 간략히 논술하시오. (500자 내외)

2. 고대 문명사회에서 인간의 생존과 경쟁적인 스포츠의 성장과는 어떤 관계가 있는지 서술하시오. (500자 내외)

3. 고대의 신체 문화가 근대 스포츠 문화로 진화되는 데 결정적인 영향을 미친 주된 에너지 원천을 들고, 아델만M. Adelman이 제시한 근대 이전의 스포츠와 근·현대 스포츠의 차이를 네 가지 이상 제시하시오.

   1) 근대 스포츠 발달의 에너지 원천

   2) 아델만(M. Adelman)이 제시한 근대 이전의 스포츠와 근·현대 스포츠의 차이

4. 고대 그리스의 체육은 역사적으로 매우 큰 의의를 지니며, 특히 아테네 체육은 현대적 의의가 크다. 아테네 체육의 사상(목적)·제도·내용(종목)을 500자 이내로 기술하시오.

5. 고대 범그리스경기대회Panhellenic Games, 즉 그리스 4대 제전경기의 명칭과 주신을 열거하고, 고대 그리스 4대 제전경기의 정치적 기능과 현대 스포츠 역사에 미친 영향을 밝히시오.

  1) 4대 제전경기의 명칭과 주신

  2) 4대 제전경기의 정치적 기능

  3) 현대 스포츠에 미친 영향

6. 로마의 체육은 그 성격상 전기와 후기로 나눌 수 있으며, 후기의 로마 체육과 스포츠 문화는 중세 체육에도 큰 영향을 미쳤다. 로마 체육과 스포츠에 관한 다음 물음에 답하시오.

  1) 전기 로마 체육의 목적과 특성은 무엇인가?

  2) 후기 체육의 특성은 무엇이며, 스포츠사적 유산으로 남은 것은 무엇인가?

  3) 로마 체육이 중세 체육에 미친 영향은 무엇인가?

7. 고대 중국에서는 유가儒家, 묵가墨家, 도가道家, 법가法家 등 소위 제자백가諸子百家 사상이 출현하였다. 다음 물음에 답하시오.

  1) 유가에서 교육의 내용으로 삼은 소위 육예는 무엇이며, 그중 체육 활동과 직결되는 두 가지는 무엇인가?

  2) 법가(法家) 사상의 핵심 개념을 100자 이내로 설명하고, 체육의 발달에 영향을 미친 점은 무엇인지 100자 이내로 답하시오.

제4절 추가 연구 문제

1. 소크라테스와 플라톤은 정신의 발달과 관련하여 신체를 어떤 위치에 두었는가?

2. 고대 그리스 문화에서 체육과 군사적 훈련은 어떤 관계를 맺고 발달되었는가?

3. 고대 그리스 스포츠에서 종교의 역할은 무엇이었는가?

4. 고대 올림픽의 훈련, 조직, 규칙, 종목 등에 대하여 밝히시오.

5. 고대 올림픽의 선수들과 현대 선수들의 훈련 방법으로 거의 같은 점은 어떤 점들이 있는가?

6. 로마는 사회 통제의 수단으로 스포츠를 어떻게 이용하였는가?

7. 고대 로마 후기 스포츠와 현대 상업주의적 스포츠의 유사한 점에는 어떤 점들이 있는가?

8. 고대 중국의 신체 문화와 한국 고대 사회의 신체 문화는 어떤 유사성이 있는가?

제2편

학습 평가 문항

제1절 객관식 평가 문항

1. 서양 중세中世 사회에서는 놀이나 스포츠 활동 등 신체적 오락 활동과 운동 경기를 금지반대하는 경향이 매우 강하였다. 다음 중 그러한 분위기가 조성되는 데 영향을 미친 직접적인 이유로 볼 수 없는 것을 고르시오. (　　)

　① 그리스 후기 올림픽경기의 상업화 경향에 대한 비판 의식

　② 로마 시대 비천한 유혈 스포츠에 대한 도덕적 비판 의식 발동

　③ 고대 그레코로만 운동경기의 이교도적 전통에 대한 거부감

　④ 신체보다는 영혼을 중시하는 금욕주의적 사상의 확산

2. 서양 중세 기사의 교육의 내용에 대한 설명으로 올바르게 설명된 것은? (　　)

　① 신(God)과 군주(Lord)보다는 숙녀와 약한 자의 보호가 기사의 주된 임무에 속한다고 배웠다.

　② 기사(knight)는 교회를 수호하고 순종(順從), 정절(貞節), 신념(信念), 겸허(謙虛) 등과 같은 덕목을 지녀야 하였다.

　③ 중세의 기사는 지배계급에 속하지는 않았으며, 특정 군인집단과 유사하였다.

　④ 조직적인 기사 교육은 7~26세까지 지속적으로 이루어졌으며, 종사기를 거쳐 시동기의 교육을 받았다.

　⑤ 종사 교육에서는 무예, 춤, 노래를 비롯하여 소위 육예(六藝)가 교육 내용의 중핵을 이루고 있었다.

3. 다음 중 중세 기사의 핵심적인 교육 내용 중 칠예에 속하지 않는 것은? (　　)

① 승마　② 수영　③ 수렵　④ 레슬링　⑤ 검술

4. 중세 시대 유럽과 중국에서 성행하였던 체육 활동과 스포츠 종목 중 신체적 접촉이 일어나는 소위 접촉성contact, 격투기성combative 스포츠sport가 아닌 것으로 특정한 라켓 구기球技의 기원이 된 것으로 보고 있다. 그렇게 추정되는 종목은 다음 중 어느 것인가? (　　)

① 주스트　　　　　② 주 드 폼(Jeu de Paume)　　　③ 토너먼트
④ 주크 델 칼초　　⑤ 상박(相撲)

5. 금욕주의 사상이 지배적이었던 중세의 성직자 중에서도 신체의 가치를 깊이 인식한 학자들도 있었다. 다음 내용과 직결되는 인물을 보기에서 고르시오. (　　)

① 토마스 아퀴나스(Thomas Aquinas)　　② 데오도시우스(Theodosius)
③ 아우구스티누스(St. Augustine)　　　　④ 안셀름(St. Anselm)

6. 다음은 서양에서 르네상스 운동이 확산되던 중국 원나라 시대의 체육과 스포츠 역사에 관한 내용이다. 역사적 사실과 다른 것은? (　　)

① 원나라 시대에는 승마, 상박, 추환, 권법 등과 같은 체육 활동이 활성화되어 있었다.
② 무학(武學)이 장려되었으나 무예의 수준을 평가하여 인재를 등용하는 제도는 확립되지 않았다.
③ 원나라 시대의 상박은 레슬링이나 씨름과 같이 신체 접촉성이 있는 신체 활동이었다.
④ 원나라 시대의 추환은 일종의 골프형 놀이로 보고 있다.

7. 다음은 르네상스 시대의 학자들이다. 학자와 저서, 또는 활동 내용이 서로 무관하게 연결된 것은? (   )

① 베르게리오(베르게리우스) – 문무 겸비의 교육 강조
② 비토리노 다 펠트레 – 학교, 라 지오코사 설립
③ 피콜로미니 – 『정신론(廷臣論)』 저술
④ 카스티글리오네 – 만토바 후작의 외교관

8. 종교개혁 이후 부흥한 칼뱅 계통의 신교 교파 중 놀이나 스포츠 문화에 대하여 가장 적대적이고, 엄격한 태도를 취한 대표적인 영국의 개신교 종파는 다음 중 어느 것인가? (   )

① 위그노(Huguenots)　　　　　② 장로파(Presbyterian),
③ 네덜란드 개혁파(Dutch Reformed)　④ 청교도(Puritan)

9. 다음 중 서로 깊은 관계가 있는 것끼리 바르게 연결된 것은? (   )

① 아스캄(Roger Ascham) – 『정신론(廷臣論)』
② 프랑스 위그노 – 잉글리시 선데이
④ 엘리엇(Thomas Elyot) – 단련주의
③ 영국 국교회 – 스포츠 활동 금지령 체육론
⑤ 영국 국왕 제임스 1세 – 스코틀랜드 골프의 잉글랜드 확산

10. 다음 중 체육 사조와 인물 간의 연결이 잘못된 것은? (   )

① 루소 – 자연주의　　　　　② 범애주의 – 잘츠만
③ 존 로크 – 단련주의　　　　④ 구츠무츠 – 국가주의

11. 다음 내용은 근세 초기 유명한 한 학자에 관한 내용이다. 관련이 있는 인물을 보기에서 고르시오. (　)

『인간오성론』을 저술한 이 학자는 "비록 인간의 마음은 감각으로부터 온 관념에 의해 사고가 나타나게 되지만 신체를 떠나서 독립적으로 기능할 수 없다"고 보고 교육의 주된 영역을 덕德, 지혜智慧, 품위品位, 교양, 학식學識 등으로 보았다. 그는 자신의 저술을 통해 "건강한 신체에 건전한 정신"이라는 유베날리스의 말을 확산시키는 결과를 낳았다. 신사 교육을 위해 수영, 무용, 승마, 검술펜싱 등을 권장하였다. 특히 춤은 우아한 동작graceful motion과 남성다움, 자신감을 기르기 위해 중요한 것으로 취급하였다.

① 밀턴(John Milton)
② 몽테뉴(Michel de Montaigne)
③ 베이컨(Francis Bacon)
④ 로크(John Locke)

12. 범애주의 교육 및 체육 사상은 체육사적으로 큰 의미를 지닌다. 다음 내용 중 범애주의 체육에 관한 역사적 사실을 올바르게 설명한 것을 고르시오. (　)

① 바세도우의 범애주의 사상은 존 로크의 단련주의 사상에 직접적인 영향을 받아 형성되었다.
② 바세도우의 범애학교는 르네상스 시대 인문주의자나 합리주의자 또는 경험주의자들에 의해 진척된 이론을 실행에 옮긴 최초의 학교였지만 실제로 체육을 실시한 것은 아니었다.
③ 데사우의 범애학교에서 시몬(Johann Friedrich Simon)은 당시 교육 프로그램에 각종 '기사 체육 활동'을 편성하였다.
④ 잘츠만(C. Salzmann)이 슈네펜탈(Schnepfenthal)에 세운 범애학교를 통해 체육사적으로 유명한 구츠무츠가 등장하였으며, 그는 훗날 독일에서 튜른베베궁을 전개하였다.

13. 다음에 열거한 스포츠 종목 중 19세기 이전 북미에서 출현한 것으로, 인디언 게임이었으나 근대에 와서 재조직화된 운동경기는 어느 것인가? (　　)

① 라크로스　② 경마　③ 골프　④ 크리켓　⑤ 컬링

14. 식민지 시대 초기 미국 북부에서는 놀이나 스포츠 활동의 참여와 금지 문제로 갈등 상황이 노출되었다. 다음 중 근세 초기 미국 스포츠의 발달 과정에서 전개된 갈등 상황에 영향을 미친 요인나 배경과 무관한 것은 무엇인가? (　　)

① 청교도주의(Puritanism)　　　　② 블루로(Blue law)
③ 잉글리시 선데이(English Sunday)　④ 왕령 식민지

제2절 단답형 평가 문항

※ 다음 내용을 읽고 (　　)에 맞는 말을 기입하시오.

1. 중세 기사 교육騎士敎育의 목적은 봉건 사회의 도덕적·사회적 관례를 엄수하도록 가르치는 것이었다. 그것은 곧 기사도騎士道 교육이었으며, 조직적인 기사 교육은 7~21세 사이의 청년들을 대상으로 실시되었다. 기사 교육과정에는 (　　), 수영, 사격弓術, 검술, 수렵, 서양장기chess, 작시作詩 등 소위 칠예를 비롯하여 창던지기, 달리기, 도약 운동, 레슬링, 로프 오르기, 줄사다리 타기, 곤봉, 목검 훈련, 장거리 달리기 등 다양한 내용이 포함되어 있었다.

2. 금욕주의 사상이 지배적이었던 중세 시대에도 건강한 신체의 중요성을 강조한 성직자들이 있었다. 그러한 주장을 한 대표적인 신학자는 (　　)였다. 이탈리아 출신이었던 그는 파리대학에서 신학을 강의하였으며, 이성과 신앙을 조화시키려 하였던 대표적인 신학자로 평가받고 있다. 그는 저서 『신학대전Summa Theologist』에서 행복을 얻는 데 영혼과 육체의 완전함이 요구되며 (……) 완전한 행복을 얻기 위해서 건강한 신체wellbeing body가 요구된다고 하였다.

3. 르네상스 시대 대표적인 인문주의자였던 (   )는 파도바대학에서 논리학을 가르쳤으며, 파도바 군주의 아들을 위하여 『신사의 처신과 자유교육 De Ingenius Moribus et Liberalibus』이라는 교육론교육서을 저술하였다. 그는 "왕자의 교육에 있어서 문文과 마찬가지로 무武에 대한 훈련도 중요하다"라고 하였다. 그리고 "우리들은 현실적으로 전쟁의 위협으로부터 벗어날 수 없다 (……) 그러나 훈련과 연습을 통해 사정이 허락하는 최소한의 준비는 할 수 있다"라고 적어 군사적 목적과 연계된 체육 가치관을 내비쳤다.

4. 종교개혁 이후 유럽의 개신교 종파 가운데에서도 놀이나 오락, 스포츠에 가장 극단적인 태도를 취한 종파는 잉글랜드의 청교도들Puritans로서 체육과 스포츠의 역사에 성일聖日의 오락이나 스포츠 활동을 금지하는 소위 (   ) 라는 유산을 남기게 되었다. 그러한 전통은 식민지 시대의 미국으로도 계승되어졌다.

5. 중세 시대부터 종교적인 신념으로 신체와 놀이에 대한 부정적인 인식이 있었으나 종교개혁과 더불어 약간의 변화가 왔다. 그러나 가톨릭과 신교 등 종파에 따라 체육과 스포츠에 대한 인식과 태도에는 차이가 있었다. 신교 중에서도 칼뱅교파인 프랑스의 위그노Huguenots, 스코틀랜드의 장로파 Presbyterian, 네덜란드개혁파Dutch Reformed, 잉글랜드의 청교도Puritan 등과 가톨릭 교의에 더 가까운 잉글랜드 국교회the Church of England 등 각 교파에 따라 입장에 차이가 있었다. 특히 청교도들은 쾌락적인 놀이와 스포츠에 대한 적대감을 가장 강하게 드러내었으며, (   )는 체육 활동이나 신체적 레크리에이션에 대하여 가장 온건한 태도를 보이며, 합법적인 스포츠 종목을 제시하기도 하였다.

6. 16세기 들어 영국에서는 왕실과 귀족 사회를 중심으로 각종 스포츠가 확산되었다. 특히 튜더 잉글랜드Tudor England의 왕실 스포츠 전통은 헨리 8세 치세부터 본격화되었으며, 헨리 8세는 스포츠를 즐긴 대표적인 왕이었다. 튜더 시대 프랑스로부터 도입되어 문화적 진화 과정을 거친 뒤 오늘날 세계적으로 확산된 종목으로 테니스가 있다. 당시의 테니스는 실내에서 하는 왕실과 귀족의 게임이었기 때문에 코트 테니스court tennis, 또는 불어식으로 발음하여 (   )로 불렸다.

7. (　　　)는 체육을 도덕적·신체적·지적으로 완전한 인간을 육성하는 수단으로 보았다. 그는 유베날리스가 썼던 "건강한 신체에 건전한 정신"라는 말을 확산시킨 인물로 유명하다. 교육 및 체육의 역사에 큰 영향을 미친 그의 저서는 귀족 자제의 교육에 관하여 기술한『교육론』이었다. 그는 심신 이원론적 견해를 가졌지만 신체 활동의 의미와 가치를 부정하지 않았으며, 몸을 '진흙의 집'이라고 표현하였다. "건강한 신체에 건전한 정신"이라는 말과 함께 몸이 마음의 명령에 복종하고 그것을 실행토록 몸을 튼튼하고 힘차게 하는 데 필요한 조치에 대해 장황한 처방을 내렸다.

8. (　　　)는 바세도우Johann Basedow, 1724~1790가 자연주의 사상을 실천으로 옮기는 데 사상적 토대가 된 하나의 교육 사조였다. 따라서 이 사조에 바탕을 둔 체육은 자연주의 체육과 사상적·이념적 동질성을 갖고 있다. 이 교육 사조는 종교는 물론 민족을 초월하여 전 인류의 사랑과 행복을 증진시킨다는 목적 개념을 내포하고 있었다. 이 사조의 영향으로 구츠무츠에 의해 근대 체육의 체계가 확립되었다.

9. "(　　　)는 스코틀랜드가 세계에 준 선물Scotland's gift to the world이었다" 15세기부터 스코틀랜드 동쪽 해안의 링크links로 알려진 모래 언덕에서부터 발달되었다는 이 스포츠는 네덜란드 기원설도 있지만 컬링과 함께 스코틀랜드에 기원을 둔 대표적인 스포츠로 취급되고 있다. 스코틀랜드의 왕실 스포츠로 인기가 있었던 이 게임은 스코틀랜드의 제임스 6세가 잉글랜드와 스코틀랜드의 통합왕 제임스 1세로 등극하는 과정에서 잉글랜드로 전해졌고, 훗날 전 세계로 확산되었다.

10. 종교는 스포츠 문화의 발달에 영향을 미치기도 하였다. 영국의 경우 국교회와 청교회의 갈등은 스포츠를 통해서도 나타났으며, 국교회가 스포츠에 대하여 더 우호적인 입장을 갖고 있었다. 1618년 영국 국왕 (　　　)는 일요일이나 그 외 종교상의 축제일Holyday에 정당한 운동과 합법적인 레크리에이션 활동을 금지하는 청교도들의 입장을 비난하고, 1618년『합법적인 스포츠에 관한 포고령』을 내렸다.『스포츠 서(書)the King's Book of Sport』라는 이 포고령은 책으로 발간되었다. 청교도의 안식일 전통을 무시하고 국민들이 일요일이나 기타 성일에도 건전한 스포츠 활동에 참여해도 좋다는 뜻을 밝힌 것이다.

제3절 기술형 평가 문항

1. 중세를 체육의 암흑시대라고 한다. 중세 초기 기독교계에서 체육이나 스포츠 활동을 금기시한 이유를 밝히고, 그 문제점을 비판하시오.

   1) 초기 기독교계에서 체육 활동을 금기시한 이유

   2) 현대적 체육관(體育觀)에 입각한 문제점 비판

2. 중세 기사 체육에 대하여 간략히 기술하되 현대 학교 체육의 정의적 목표 개념을 조명하여 500자 이내로 설명해보시오.

3. 중세 토너먼트와 주스트는 기사 체육의 전형적인 종목이었다. 다음 물음에 답하시오.

   1) 토너먼트와 주스트의 유형에 관하여 각 100자 이내로 설명하시오

   2) 중세 기사 체육의 체육사적 의미를 200자 이내로 밝히시오.

4. 다음 내용을 읽고 물음에 답하시오.

> 유럽은 4세기 말엽부터 10세기 말까지 약 600여 년 동안 혼란과 무질서 상태가 계속되었고, 무력武力을 가진 ① 강자들이 약자들을 지배하는 무사武士 지배체제가 등장하였다. 사상적으로는 기독교주의라는 이념의 틀 속에 갇혀 있었다. 금욕주의 사상으로 수도원의 교육의 체계 속에 체육은 편성되지 않았으며, 각종 놀이나 오락에 대한 태도도 부정적이었기 때문에 중세를 ② 체육의 암흑시대라고도 한다. 그러나 중세 사회에도 체육 활동은 존재하였고, 서민의 생활 속에 각종 놀이나 신체적 오락도 있었다. 그 대표적인 예가 ③ 기사 교육체계 속의 체육 활동과 중세 영국의 스포츠이다.

1) 중세를 상징하는 세 가지 제도는 영주제도, 기사제도, (　　)이다. 이것은 ① 의 지배체제를 상징하는 말이기도 하다. 그 명칭은 무엇인가?

2) 밑줄 친 ② 와 같은 암흑시대가 된 것은 고대의 체육과 스포츠를 금기시하였기 때문이다. 중세 초기 체육 활동이나 고대 올림픽, 고대 로마의 관중 스포츠 등을 금지한 이유를 세 가지 이상 간략하게 밝히시오.

3) 밑줄 친 ③ 의 기사 교육체계는 단계별로 어떻게 나누어지며, 기사 교육에 포함된 칠예가 무엇인지 밝히시오.

5. 문예부흥기의 절대주의 시대 북유럽의 사회적 인문주의 운동은 체육의 필요성에 대한 세인들의 인식을 새롭게 하는 데 큰 영향을 미쳤다. 영국의 대표적인 학자 2명을 들고 그들이 주장하였던 체육의 성격을 500자 내외로 약술하시오.

6. 종교개혁 시대 신교는 크게 루터파와 칼뱅파로 분류할 수 있다. 교리가 엄격한 것으로 알려진 칼뱅주의 교파들이 놀이나 스포츠 활동에 대하여 적대적인 태도를 취한 교리의 핵심은 무엇인가? 200자 이내로 약술하시오.

7. 다음 내용을 읽고 물음에 답하시오.

> 르네상스 및 종교개혁 시대의 영국에서는 일찍이 스포츠 문화가 성장하고 있었다. ①튜더 시대의 왕들은 각종 스포츠를 장려하고 애호하는 사회적 분위기를 조성하였으며, 당시 성장하였던 놀이 문화는 ② 계급적 성격이 강한 근대 영국 스포츠로 조직화되었다. 그러나 종교개혁 이후 종파에 따라 스포츠에 대한 입장과 태도는 판이하게 달랐다. ③영국 국교회에서는 스포츠 권장령을 공포하였는가 하면, ④ 칼뱅 계통의 잉글랜드 신교 교파들은 쾌락적인 유희나 신체적 놀이에 대하여 극단적으로 반대하는 태도를 취하기도 하였다. 그러한 전통은 식민지 시대의 미국에도 영향을 미치게 되었다.

1) 밑줄 친 ① 에서 튜더 시대의 왕들 중 스포츠에 열렬한 관심을 보였던 대표적인 왕으로서 국교회를 설립한 왕은 누구인가?

2) 밑줄 친 ② 의 성격을 지닌 것으로 프랑스의 '주 드 폼'이라는 경기가 발전하여 오늘에 이르게 된 종목은 무엇인가?

3) 밑줄 친 ③ 에서 영국 국교회 측에 섰던 국왕 제임스 1세가 스포츠 권장령을 공포하게 된 배경과 밑줄 친 ④에 관한 청교도의 유산에 관하여 각각 200자 이내로 약술하시오.

8. 근세 실학주의자들의 사상은 체육의 교육적 의미와 기능을 새롭게 인식하게 되는 계기를 마련해 주었다. 사회적 실학주의의 특성과 대표적인 학자 몽테뉴의 체육 가치관 및 체육 내용을 300자 내외로 약술하시오.

9. 근세 감각적 실학주의의 특성을 설명하고, 대표적인 학자를 2명 이상 들어 그들의 체육에 대한 견해를 적되, 그들의 주장이 갖는 체육사적 의미가 무엇인지 간략히 기술하시오.

10. 자연주의의 교육과 체육의 목적을 밝히고, 루소의 자연주의 사상과 그가 근대 체육의 발달에 미친 영향에 관하여 약술하시오.

1) 자연주의 교육의 목적

2) 체육의 목적

3) 루소의 자연주의 체육에 대한 견해와 루소의 영향

제4절 추가 연구 문제

1. 기독교의 종파에 따라 신체적 단련과 오락에 대한 견해는 달랐다. 가장 우호적인 태도를 취한 종파는 무엇이며, 그러한 태도를 취한 종교적 배경은 무엇인가?

2. 중세의 기사 체육의 특성은 무엇이며, 그 목적은 어디에 두었는가?

3. 중세 사회의 문화와 르네상스 사회의 문화는 어떤 차이가 있으며, 르네상스 시대의 사회와 문화는 체육과 스포츠 문화의 발달에 어떤 영향을 미쳤는가?

4. 절대주의 시대 계몽사상의 출현은 근대 체육의 발달에 어떠한 영향을 미쳤는가?

5. 루소의 『에밀』은 계몽주의 시대의 어떤 사고를 반영하고 있으며, 그 속에 내재된 사상이 체육의 발달에 어떤 영향을 미쳤는가?

제3편

학습 평가 문항

제1절 객관식 평가 문항

1. 근대 체육과 스포츠 문화의 발달 배경이나 요인은 매우 다양하다. 다음은 근대 체육과 스포츠 문화의 발달 배경을 열거한 것이다. 다음에 열거한 것들 중 유럽 대륙에서 체조 체계가 발달되는 데 가장 직접적인 영향을 미친 것은? (   )

   ① 중산계급의 확대와 같은 사회구조의 변화
   ② 국가주의와 민족주의 정서의 확산
   ③ 건강을 중시하는 생물(리)학적 사고의 확산
   ④ 자유주의 사상의 확산
   ⑤ 교통·통신과 대중문화의 발달

2. 1900년을 전후로 미국 체육은 급속히 발달되었으며, 그것은 세계 체육의 발달에 지대한 영향을 미쳤다. 다음 중 현대 미국 체육이 체계화되는 과정에 스포츠가 체육 활동의 주된 수단으로 받아들여지는 데 결정적인 영향을 미친 사상이나 이론으로 보기 어려운 것은? (   )

   ① 강건한 기독교주의   ② 놀이 이론
   ③ 진보주의   ④ 문화국가주의

3. 다음은 19세기 독일 교육과 체육_{체조}의 발달 과정에 대한 설명이다. 역사적 사실을 바르게 설명한 것은? (   )

① 독일 교육은 페스탈로치(H. Pestalozzi)의 영향이 컸으며, 대학 교육체계인 김나지움(Gymnasium)을 통해 체육이 확산되었다.

② 피히테(J.G. Fichte)와 같은 인물들의 영향으로 국가주의(민족주의) 교육이 실시되었다.

③ 독일의 범국민적인 체조 운동은 루소의 자연주의 사상을 바탕으로 한 것이었다.

④ 독일의 튜른베베궁은 각종 스포츠를 범국민적으로 확산시킨 일종의 사회 운동이었다.

⑤ 메테르니히 통치 시대에는 체조 운동가들이 예찬의 대상이 되었다.

4. 다음은 근대 독일 체조 운동과 관련이 있는 인물, 단체, 저서, 특성 등에 관한 것이다. 서로 무관한 것끼리 연결된 것을 고르시오. (   )

① 얀(F.L. Jahn) – 『청년을 위한 체조』

② 스피스(Adolf Spiess) – 자유 운동(Free Exercise)

③ 가울호퍼(K. Gaulhofer) – 자연 체조 운동

④ 칼 피셔(Karl Fischer) – 독일 스포츠 운동

5. 스웨덴 체조 지도자로서 『링 체조의 일반원리_{Ling's Principles of Gymnastics}』를 편찬하고, 스웨덴 체조체계를 독일, 프랑스, 영국 등에 소개하여 스웨덴 체조의 세계화에 큰 공헌을 한 인물은 다음 중 누구인가? (   )

① 브란팅(Lars Gabriel Branting)   ② 할마 링(Hjalma Ling)

③ 린드스콕(Gustafva Lindskog)   ④ 니블래우스(Gustav Nyblaeus)

⑤ 게오르기(Carl August Georgii)

6. 다음은 근대 유럽 여러 나라의 체육 및 스포츠 문화의 발달에 공헌한 인물과 업적, 활동 등을 연결한 것이다. 서로 관련이 없는 것끼리 연결되어 있는 것을 고르시오. (   )

① 오리엔티어링의 창안 - 킬란더(Ernst Killander)
② 덴마크 라스무센(N. H. Rassmusen) - 스웨덴의 링(Ling) 체조 도입
③ 닐스 북(Neils Bukh) - 올레러프(Ollerup) 민중체조학교
④ 클리아스(P.H. Clias) - 투르 드 프랑스

7. 근대 프랑스 체육과 스포츠 문화의 발달 과정에 관한 설명이다. 역사적 사실 에 부합되지 않는 것은? (   )

① 프랑스에 체조를 소개한 인물은 스페인 출신의 아모로스였다.
② 클리아스는 프랑스 체육의 발달에 공헌한 인물이다.
③ 프랑스 학교 체육의 강화는 국가주의적인 사고의 확산과 관련이 있다.
④ 프랑스 사회 스포츠 운동의 확산에 영향을 미친 대표적인 스포츠통괄단체는 펜싱클럽이었다.
⑤ 프랑스에서 가장 일찍 상업주의적 성격을 띠고 활성화된 스포츠는 사이클링 이었다.

8. 다음 내용은 쿠베르탱의 생애, 업적, 사상 등에 관련된 것이다. 쿠베르탱과 무 관한 것 하나를 고르시오. (   )

① 귀족 가문 출신   ② 보수주의 교육자
③ 근대 올림픽 제창   ④ 실용주의 스포츠 교육

9. 근대 영국 교육체계 속에서는 독일 및 스웨덴 체조의 도입을 통한 신체 단련 활동 중심의 체육 활동과 팀 스포츠 중심의 체육 활동이 공존하였다. 다음 중 근대 영국 체조의 도입 및 보급에 있어서 직접적인 배경이 된 것은 무엇인가? (　　)

① 상류계급의 후원
② 애슬레티시즘(Athleticism)의 생성과 확산
③ 학생 생활 지도의 방안 마련
④ 군대의 훈련
⑤ 국교회의 강건한 기독교인 육성 방안

10. 1900년까지 영국에서는 17개 종목에 걸쳐 전국적인 스포츠 통괄단체가 결성 될 정도로 각종 스포츠가 조직화되어 널리 확산되었다. 다음 중 19세기 영국 스포츠의 조직화와 확산에 관한 설명으로 올바른 것은? (　　)

① 19세기 영국 스포츠의 발달 과정에는 독일, 스웨덴, 덴마크 등 유럽 대륙 국 가의 영향이 컸다.
② 잉글랜드 북부 공장 근로자들이 19세기 영국 축구의 조직화를 주도하였다.
③ 19세기 영국 스포츠의 세계화 토대가 된 이데올로기는 애슬레티시즘 (Athleticism)이었다.
④ 19세기 영국 스포츠의 조직화와 확산에 큰 역할을 한 것은 퍼블릭 스쿨과 옥 스브리지였다.
⑤ 19세기 영국 스포츠 조직화의 사회적 배경이 된 것은 노동계급 인구의 증가 였다.

11. 19세기 영국 중상류계층의 자제들이 재학하였던 퍼블릭 스쿨Public School에서 는 스포츠 활동을 장려하고, 주로 팀 게임team games을 통해 영국적인 청소년 을 육성하고자 하였다. 넓은 시각에서 볼 때 애슬레티시즘에 내재된 교육의 목적 개념과 비교적 거리가 먼 것은? (　　)

① 강건한 기독교인의 육성　　　　② 신사도의 함양
③ 제국에 대한 충성심의 배양　　　④ 국교도적인 남성상

12. 다음은 영국에서 조직화되어 세계화된 스포츠 종목들이다. 다음 보기에서 기술된 내용과 관련된 종목을 고르시오. (   )

기원이 명확하지는 않으나 중세 후기부터 행하여진 집단적 유희로서 영국 역사에서 계속 금지령이 내려졌던 종목이다. 이 종목이 근대적인 모습으로 등장한 것은 19세기 후반이었으며, 현재의 규칙은 케임브리지 룰cambridge rule을 토대로 제정된 것이다.

① 크리켓(Cricket)   ② 축구(Soccer)
③ 럭비풋볼(Rugby Football)   ④ 조정(Rowing)
⑤ 하키(Hockey)

13. 다음 내용은 영미 체육과 스포츠의 발달에 지대한 영향을 미친 강건한 기독교주의Muscular Christianity 사조의 생성과 확산, 영향 등에 관한 내용이다. 아래 보기의 (   )속에 들어갈 적절한 인명이나 용어로 묶여진 항목을 고르시오. (   )

강건한 기독교주의라는 말은 (①   )(이)라는 인물이 만든 조어였다. 그가 생각한 '강건한 기독교인'의 개념은 여성처럼 나약하지 않은 남성다움 manliness이었고, 남성다움을 뜻하는 자질은 (②   )이었다. '남성다운 manly'이라는 형용사는 일반적 낱말이었으나 튼튼한 신체, 강인한 정신력, 지고한 도덕성 등 다양한 자질을 함축하는 개념으로 사용되었다. (③   )의 소설 『톰 브라운의 학창시절Tom Brown's Schooldays』은 강건한 기독교주의 사조가 영국과 미국에 확산되는 데 있어서 매개체 역할을 하였다.

(1) ① Charles Kingsley － ② team spirit － ③ Thomas Hughes
(2) ① Thomas Hughes － ② gentlemanship － ③ Charles Kingsley
(3) ① Noel Annan － ② sportsmanship － ③ Charles Kingsley
(4) ① Frederick Maurice － ② play up, play game － ③ Charles Kingsley
(5) ① Leslie Stephen － ② fair play － ③ Charles Kingsley

14. 근대 미국의 체육 발달에 공헌한 인물들은 매우 많다. 다음 인물 중 근대 미국 체육진흥운동협회 창립에 핵심적인 역할을 한 인물 한 명을 고르시오. ( )

① 칼 베크(Karl Beck)　　　② 칼 폴렌(Karl Follen)
③ 포세(Nile Posse)　　　④ 헤멘웨이(Mary Hemenway)
⑤ 앤더슨(William G. Anderson)

15. 독립 후, 미국 사회에서 스포츠 활동은 그다지 호의적으로 받아들이지 않았다. 그러나 1830년대부터 남북전쟁1861~1865년 발발까지 약 30여 년 동안 스포츠에 관한 정보가 비로소 사회적 주목을 끌기 시작하였으며, 남북전쟁 이후부터 제1차 세계대전까지 급속한 변화가 일어났다. 다음 중 1910년대까지 미국 체육의 발달에 부정적인 영향을 미친 요인으로 볼 수 있는 것은? ( )

① 초절주의(선험론)　　　② 청교도주의
③ 강건한 기독교주의　　　④ 산업화와 교통·통신의 발달

16. 미국의 체육과 스포츠 문화의 발달에 영향을 미친 인물들은 매우 많지만 체육이 하나의 교과목으로서 자리매김할 수 있는 계기를 마련하는 데 결정적인 영향을 미친 것은 1885년 체육진흥운동The Movement for the Advancement of Physical Education이었다. 초기 체육진흥운동에 참여한 대표적인 인물들은 히치콕E. Hitchcock, 서전트D. A. Sargent, 하트웰E. M. Hartwell, 앤더슨W. G. Anderson, 귤릭L. H. Gulick 등 49명이었다. 다음 내용은 누구의 역할과 업적에 관한 것인가? ( )

선교사의 아들로 태어난 그는 1885년 '서전트 스쿨Sargent School'에서 체육 지도자 교육을 받았다. 그 이후 뉴욕대학교 의대를 졸업하였으나 53세의 일기로 세상을 떠나기까지 미국 YMCA를 통해 기독교 운동과 체육과 스포츠 분야의 발전에 헌신하는 삶을 살았다. 그의 체육 사상의 기저는 몸, 마음, 영의 일체론적 사고와 놀이 이론을 바탕으로 한 강건한 기독교주의였다. 그는 정

신mind과 신체body에 의해 지지되는 영spirit을 상징하는 역삼각형의 YMCA 휘장emblem을 고안하였으며, '공립학교경기리그PSAL, Public School Athletic League'를 창설하기도 하였다.

① 히치콕 ② 서전트 ③ 하트웰 ④ 굴릭 ⑤ 앤더슨

17. 근대 중국 체육의 발달 배경을 열거한 것이다. 다음 중 근대 중국 체육과 스포츠 문화의 발달사에 영향을 미친 요인으로 보기 어려운 것은? (   )

　① 서구식 체육의 도입　　　　② 민족주의 사상의 고조
　③ 전통 체육에 대한 애착　　　④ 스위스계 선교사들이 영향

18. 근대 일본에서 조직화된 전통 스포츠로서 고도칸講道館에서 체계화된 종목은 어느 것인가? (   )

　① 스모(相撲)　　② 번교(藩校)　　③ 검도　　④ 유도

19. 미국 YMCA는 미국 스포츠의 조직화와 확산에 지대한 영향을 미쳤으며, 그 중심에는 굴릭L. H. Gulick이 있었다. 굴릭은 강건한 기독교주의 사상을 수용하고, 균형적인 철학을 바탕으로 스포츠를 교육 및 복음 전파의 중요한 수단으로 삼았다. 역삼각형 모양의 YMCA 휘장에는 굴릭의 균형적인 사상이 압축되어 있다. 다음 중 그 속에 담겨 있는 세 가지 개념과 거리가 먼 것을 고르시오. (   )

　① 신체　　　② 영혼　　　③ 정신　　　④ 용기

20. 다음 내용은 여러 가지 스포츠 종목과 관련이 있는 내용기원, 창시자, 조직화된 기관, 초기 명칭 등을 연결한 것이다. 서로 올바르게 연결된 것을 하나 고르시오. ( )

① 야구 – 더블데이(A. Doubleday)　　② 농구 – 굴릭(L. Gulick)
③ 배구 – 미노네트(Minonette)　　④ 배드민턴 – 덴마크

21. 다음 내용은 각종 스포츠 종목의 조직화와 발달 과정에 관련이 있는 것을 연결한 것이다. 무관한 것끼리 연결된 것을 고르시오. ( )

① 론 테니스 - 주 드 폼　　② 배드민턴 – 뷰포트 공작
③ 럭비 – 톰 브라운　　④ 크리켓 – MCC

22. 다음 내용은 각종 스포츠 종목의 조직화와 발달 과정에 관련이 있는 것을 연결한 것이다. 무관한 것끼리 연결된 것을 고르시오. ( )

① 골프 – 세인트 앤드루스　　② 축구(soccer) – 케임브리지 룰
③ 론 테니스 – 존 윙필드　　④ 배구 – 미국 YWCA

23. 다음에 열거한 내용 중 근대 올림픽의 부활에 직접적인 영향을 미친 것끼리 묶어 놓은 것은 어느 것인가? ( )

① 페니 브룩스P. Brooks　　② 톰 브라운의 학창시절
③ 자파스 올림픽　　④ 비켈라스D. Vikelas

(1) ① ③　　(2) ① ②
(3) ① ④　　(4) ② ④

24. 다음 보기의 내용은 제1회 아테네 하계 올림픽의 특성에 관한 것이다. 역사적으로 올바른 것만 묶여진 항목을 고르시오. (   )

① 당시의 세계적인 선수들이 모두 출전하였다.

② 소수지만 여성의 참여도 허락되었다.

③ 트랙선수들은 우회전 주로를 달렸다.

④ 1위에게는 은메달과 올리브 관, 상장이 수여되었다.

⑤ 3위에게는 월계관과 상장이 수여되었다.

(1) ① ②   (2) ③ ④

(3) ② ④   (4) ① ⑤

25. 다음 보기의 인용문에 관한 설명으로 옳은 것만 묶어 둔 것을 고르시오. (   )

"인생에서 가장 중요한 것은 성공이 아니라 투쟁이듯이 올림픽에서 가장 중요한 것은 승리가 아니라 참가하는 것이다. 본질적인 것은 정복하는 것이 아니라 훌륭하게 싸우는 것이다."

① 올림픽 신조이다.

② 제10회 올림픽, 미국 로스앤젤레스 올림픽1932에서 공식적으로 채택되었다.

③ '세퍼즈 부시 전투The Battle of Shepherd's Bush'에서 유래된 것이다.

④ 미국의 탈봇Ethelbert Talbot 주교와 쿠베르탱의 말에서 기인된 것이다.

(1) ① ② ③ ④   (2) ① ②

(3) ② ③   (4) ① ② ④

26. 보기의 내용은 역사적으로 명성을 날린 올림픽 영웅들에 관한 내용이다. 역사적 사실이 바르게 기술된 것으로만 묶어 둔 것을 고르시오. (   )

① 파키스탄은 제9회 암스테르담 올림픽부터 제16회 멜버른 올림픽까지 하키에서 6연패를 달성하였다.
② 제9회 암스테르담 대회에서 일본의 삼단뛰기 선수 오다 미키오는 아시아인으로서 최초의 개인 종목 금메달리스트가 되었다.
③ 자토펙Emil Zatopek은 제15회 핀란드 헬싱키 육상 단거리에서 3종목을 석권하였다.
④ 제17회 로마 올림픽1960은 마라톤의 아베베와 복싱의 클레이가 출현한 대회였다.
⑤ 제20회 뮌헨 올림픽1972에서 마크 스피츠가 다이빙 7관왕에 올랐다.

(1) ② ④ ⑤   (2) ① ②

(3) ② ③   (4) ① ④

27. 올림픽의 역사적 변천과 기록에 관한 것이다. 보기의 내용 중 올바르게 기술된 번호만 선택된 항목을 고르시오. (   )

① 제24회 바르셀로나 올림픽1992에서 처음으로 프로 선수도 참가하였다.
② 루이스는 제26회 애틀랜타 올림픽1996에서 멀리뛰기 4연패를 달성하였다.
③ 2004년 아테네 올림픽에서 중국의 류시앙은 동양인 최초의 육상 트랙 종목110m 허들 금메달리스트가 되었다.

(1) ② ③   (2) ①

(3) ① ②   (4) ③

28. 하계 올림픽과 관련된 한국의 역사에 관한 다음 내용 중 바르게 기술된 내용으로 묶어 둔 것을 고르시오. (   )

> ① 제11회 베를린 올림픽에서 손기정은 1위 남승용은 4위를 차지하였다.
>
> ② 한국이 최초로 참여한 하계 올림픽은 제14회 런던 올림픽이었다.
>
> ③ 우리 민족이 일장기를 달고 최초로 참가한 하계 올림픽은 제11회 베를린 올림픽이었다.
>
> ④ 대한민국이 하계 올림픽에서 최초로 금메달을 획득한 것은 제21회 몬트리올 올림픽이었다.

(1) ① ② ③   (2) ② ③ ④

(3) ② ④   (4) ① ③ ④

29. 다음은 동계 올림픽의 역사에 관한 내용이다. 역사적 사실이 올바르게 설명된 하나를 고르시오. (   )

① 1936년 제4회 독일 가르미쉬–파르텐키르헨(Garmisch-Partenkirchen) 대회에서 노르딕 종목이 처음으로 도입되었다.

② 제2회 산모리츠(St. Moritz, 1928) 동계 올림픽에는 헤니(Sonja Henie)라는 15세 소녀가 최연소로 스피드 스케이팅 금메달을 차지하였다.

③ 제5회 스위스 산모리츠(1948) 동계 올림픽은 한국이 역사상 최초로 참가한 올림픽이었다.

④ 제13회 미국 레이크플래시드(1980) 대회에 쇼트트랙 종목이 도입되어 한국은 동계 대회 첫 금메달을 획득하였다.

제2절 단답형 평가 문항

※ 다음 내용을 읽고 (   ) 속에 맞는 말을 기입하시오.

1. 근대 이후부터 세계 정치·사회사에는 다양한 이데올로기가 등장하였다. 예
   컨대 국가주의, 민족주의, 제국주의, 상업주의, 민주주의, 공산주의, 전체주
   의 등이 그 예이다. 이러한 이데올로기들은 스포츠 문화의 발달에도 영향
   을 미쳤다. 강대국들은 정치적·군사적인 지배가 끝나면 자국自國과 피지배
   국과의 문화적 동질성을 확보하기 위하여 자국의 문화를 의도적으로 보급
   하는 소위 (   ) 정책을 펼쳤고, 그 과정에서 특정 국가에서 조직화된
   스포츠가 세계화되었다.

2. 19세기 초 독일의 얀F.L. Jahn은 체조 운동을 시작하고 체조협회 회원들에
   게는 배지badge를 착용하도록 하였다. 그 배지에는 체조술Turnkunst이라는
   글과 9, 919, 1515, 1811 등과 같은 연도가 새겨져 있었다. 이러한 연도는
   독일 체조 운동이 (   ) 사상에 바탕을 둔 것이었음을 확인시켜 주는
   것이다.

3. 근대 독일의 학교 체육이 발달되는 과정에서 어떤 유형의 체조체계를 수
   용할 것인가를 두고 심한 갈등이 일어나기도 하였다. 그것은 스웨덴 링 체
   조와 기계체조를 포함하는 독일 체조 지지자들 사이에 일어난 논쟁이었다.
   소위 (   ) 논쟁은 특정 기구를 이용한 체조체계의 수용파와 반대파
   사이의 갈등이었다. 그 논쟁에서 스웨덴 체조를 지지하던 파들이 패함으로
   써 독일의 학교 체육 프로그램에는 스피스가 체계화한 체조가 각광을 받
   게 되었다.

4. 19세기 말이 가까워지면서 유럽 각국에서는 야외 활동을 통한 청소년 교육
   활동이 활성화되었다. 그중 가장 대표적인 것이 독일의 (   ) 운동이었
   다. 1897년에 칼 피셔Karl Fischer라는 학생에 의해 시작된 이 운동은 독일
   전역으로 확산되었으며, 젊은이들은 베를린의 빌닝 숲을 떠나 교외의 시골
   로 나가 자연 속에서 캠프파이어campfire를 하는 등 자아발견을 위한 유익
   한 시간을 갖게 되었다. '철새방랑하는 새'라는 뜻을 가진 이 도보 여행 운동

은 급속히 확산되었다. 1911년까지 프러시아 의회는 이 운동의 시행을 법령으로 제정하고 3,000명이 사용할 수 있는 83채의 유스 호스텔을 건립하게 되었다. 칼 피셔로부터 시작된 이 운동은 계속 발전하여 유스 호스텔 운동의 기반이 되었다.

5. 오늘날 세계화된 많은 스포츠는 19세기 영미 사회에서 조직화된 것들이 많다. 이를테면 축구, 배드민턴, 배구, 야구 등은 영국과 미국에서 조직화된 것들이다. 그러나 다른 나라에서 조직화된 스포츠도 많다. 예컨대 (   )의 경우 독일과 덴마크에서 조직화되었다. 애국적 정서가 강하였던 독일의 체육교사들은 축구는 무산계급_{노동자계급} 스포츠라는 이유로 배제하고 축구를 대신할 수 있는 독일식 구기 운동으로 이 게임을 여학생들에게 시켰다. 당시 이 게임은 축구경기장과 축구 규칙을 이용하여 발 대신 손으로 하는 게임이었다. 그것이 점차 발달되어 독일의 게임으로 자리 잡게 되었다.

6. 스포츠는 특정한 국가의 기후, 환경, 지형 등의 영향으로 생겨난 경우가 많다. 스키, 요트, 코트 테니스_{court tennis} 등이 그 예이다. 1918년 스웨덴의 킬란더_{Ernst Killander}가 육상경기의 참가 인원이 날로 줄어드는 것을 보고 스웨덴의 자연환경에 알맞은 신체 활동 프로그램을 고안한다는 취지에서 체계화한 (   ) 또한 그러한 예 중 하나이다. 1935년 이와 관련된 스웨덴 협회가 창립되었고, 1961년 세계 23개국 대표들이 참가하여 국제연맹이 창설되었다.

7. 20세기 초 구소련은 사회주의 체제의 우월성을 홍보하기 위해 엘리트 선수를 국가적인 차원에서 육성하였다. 소련의 선수들은 비록 국내에서는 아마추어 선수로 인정되었지만 국제적으로는 국가에서 지원하기 때문에 프로 선수라는 비난을 받았다. 그러나 그들은 자기들의 우수 선수 지원이 미국이 대학선수들에게 수업료, 숙소, 식사, 교과서 등을 무상으로 제공하는 것과 다를 바 없다고 주장하며, 국가적 지원을 계속함으로써 국가 관리하의 아마추어 스포츠 시스템인 소위 (   ) 정책을 고수하였다. 이러한 정책으로 구소련은 사회주의 체제가 붕괴되기 전까지는 올림픽에서 서방 진영 국가들의 기록을 앞지르는 성과를 올렸다.

8. 1870년대 유럽 대륙이나 미국 등지에 영국의 스포츠를 통한 교육이 도입되는 과정에 영향을 미친 요인은 다양하지만 그중에서도 가장 광범위한 영향을 미친 것은 휴즈Thomas Hughes의 자서전적 소설 (   )이었다. 이 작품 속에는 1930년대 럭비 스쿨의 생활과 스포츠 활동의 모습, 스포츠 교육의 의미 등이 담겨 있었다. 이 책이 프랑스, 미국, 독일 등으로 소개되면서 학교 교육체계 속에 스포츠가 도입되는 데 큰 영향을 미치게 되었다. 그래서 이 소설은 체육의 역사 속에 길이 남게 되었다.

9. 19세기 후반 영국 퍼블릭 스쿨Public School의 교육체계 속에서 주로 기숙사 대항경기house match로 시작된 학교 스포츠 운동은 19세기 말 영국 전국적으로 확산되었다. 퍼블릭 스쿨의 졸업생이 옥스브리지Oxbridge로 진학하고 옥스브리지의 졸업생들이 퍼블릭 스쿨의 교사로 부임하는 인적 자원의 순환적 인과성으로 영국 학교 스포츠는 체계적으로 발달되었다. 당시 운동경기의 교육적 가치를 인정하고 스포츠를 애호·예찬하던 풍조 또는 이데올로기를 20세기 영국 학자들은 (   )이라고 부르게 되었다.

10. 영국에서는 매우 다양한 스포츠가 조직화되었다. 그중에서도 (   )은 영국 국기國技가 되었다. 이 게임의 문화적 진화가 시작된 것이 언제부터였는지 명확히 알려져 있지는 않다. 공식적인 기록은 1706년 골드윈W. Goldwin의 작품에서 나타난다. 1760년대 햄프셔 주 햄블던Hambldon에 클럽이 생겨났고, 그 이후 켄트, 서섹스, 햄프셔, 런던 등지로 확산되었다. 1788년 런던 로즈Lord's Cricket Ground에 MCC가 조직되었으며, MCC는 훗날 테니스의 조직화, 영국 스포츠의 세계화 등에도 큰 역할을 하게 되었다.

11. 배드민턴 게임의 정확한 기원에 대해서는 여러 가지 추측이 있지만 고대의 배틀도어battledore와 셔틀콕shuttlecock 게임에서 발전한 것으로 보고 있다. 배드민턴이라는 명칭은 현재의 이븐셔Avonshire 주에 있는 뷰포트 공작Duke of Beaufort의 거주지 명칭에서 비롯된 것이다. 1893년 햄프셔 주의 사우스시Southsea에서 14개 클럽의 대표자들이 잉글랜드 배드민턴 협회Badminton Association of England를 창설하였다. 1934년 국제 배드민턴 연맹IBF이 창설되었으며, 1948년 남자 국가대항전인 (   )대회가 창설되었다.

12. 20세기 초반 아메리카 무용과 유럽의 현대 무용이 눈길을 끌었다. 미국에서는 이사도라 던컨Isadora Duncan, 데니스Ruth St. Denis 등이 고전 무용을 근대적인 표현 방식으로 재창조한 이후 영국에서는 무용의 교육적 가치를 인정하고 학교 교육체계에 도입하려는 움직임이 일어났다. 이 움직임은 곧 '움직임 교육'이라는 용어의 출현을 뜻하였다. 움직임 교육이라는 개념은 체육이 신체 단련이라는 좁은 범주를 넘어 '움직임에 대한 이해와 학습'이라는 체육의 개념 확대로 이어졌다. 이러한 개념을 확산시킨 인물은 영국의 (   )과 울먼Miss Ullman이었다. 이들이 자유 무용의 갱생, 창작적 측면의 가치를 지지하게 되자 교육부에서도 학교에 모던 댄스, 즉 교육무용을 장려하게 되었다. 움직임이 체육을 평가하는 열쇠로 등장하였다. 그 결과로 '움직임의 예술art of movement', '움직임의 트레이닝movement training', '움직임의 교육movement education'이라는 용어가 등장하게 되었다.

13. 미국의 많은 범애주의자들이 도시의 가난한 청소년들에 대한 관심의 표출에서 시작된 (   )운동은 1885년 보스턴에서 어린이들을 위해 모래사장sand garden을 만든 것에서 유래되었다. 1887년 아이들을 위한 모래사장은 10개로 늘어나게 되었으며, 1901년 보스턴학교위원회Boston School Committee가 구체적인 프로그램을 구상하게 되었다. 이처럼 이 운동이 확산되자 지역 시민단체나 지역 명사들의 후원이 잇따랐다. 1906년 귤릭L.H. Gulick 박사와 커티스Henry Curtis 박사가 미국협회를 창설한 이후 이 운동은 미국은 물론 전 세계로 확산되면서 청소년의 건전한 여가 생활을 유도하는 데 큰 기능을 하게 되었다.

14. 19세기 미국의 스포츠는 상류계층을 중심으로 급속히 대중화되기 시작하였다. 1900년을 전후로 미국 상류층 스포츠에서 가장 현저한 모습은 엘리트주의를 토대로 한 (   )클럽의 등장이었다. 산업화 이전 미국 사회의 엘리트들은 주로 도시의 사교클럽을 드나들었다. 그러나 산업화, 도시화가 가속화되면서 그러한 인구는 다양한 클럽으로 분산되었으며, 그 분산 집단의 하나가 이 클럽이었다. 미국 최초의 이 클럽은 1882년 브루클린의 보스턴 외곽에 건설되었으며, 클럽하우스에는 수상 스포츠를 비롯하여

극장, 구기장ball room, 승마, 당구장, 식당 등 다양한 시설이 마련되었으며, 1889년에는 골프코스도 마련되었다.

15. (   )는 더블데이Abner Doubleday가 창안한 것으로 알려져 왔으나 용품 회사를 운영하였던 스팔딩A.G. Spalding이 지어낸 이야기로 밝혀졌다. 영국의 라운더스rounders와 같은 스포츠에서 유래한 것이며, 1840년대부터 뉴욕의 '니커보커클럽Knickerbocker Club'에서 비공식적인 사회인경기를 시작하였다.

16. 다음은 현대 미국 체육의 발달 과정에 대한 내용으로 체육의 개념이 신체 단련physical training에서 체육physical education으로 전환되는 과정을 설명한 것이다. (   )속에 맞는 용어나 기관 인물을 밝히시오.

1900년 이전 미국의 교육체계 속에 신체 단련 프로그램은 운영되었으나 운동경기, 즉 스포츠 활동은 교육과정에 포함된 체육 활동이라기보다는 과외 활동의 일부로 취급하는 경향이 강하였다. 예컨대 1906~1917년 사이 '운동경기Athletics는 교육적일 수 있는가?'라는 비판도 많았다. 그러나 1900~1930년 사이 체육의 목적 개념이 확대되는 변화가 왔다. 그러한 변화에 가장 큰 영향을 미친 것은 심리학의 발달로 생성된 (   )이론과 실용주의 철학의 영향을 받은 (   ) 교육 사상이었다. 클락대학Clark University의 교수였던 홀G. Stanley Hall은 이러한 이론을 발전시켰고, 그러한 결과는 게임games과 스포츠sport가 교육의 중요한 수단이 될 수 있다는 인식의 확산으로 이어졌다. 그리고 귤릭Luther H. Gulick, 1865~1918, 우드Thomas Denison Wood, 1865~1951, 헤더링턴Clark W. Htherington, 1870~1942 등과 같은 인물들은 실용주의적인 교육 이론의 영향을 받아 신체 단련physical training이라는 종래 체육의 개념을 신체 활동을 통한 교육이라는 개념으로 전환시켰다.

17. 중국의 체력장제도였던 (   )는 소련의 BGTO노동과 방위준비와 GTO 종
    합 체력장제도를 모방한 것이었다. 중공 공산정권은 건국 초기부터 체육에
    큰 관심을 보이면서 이 제도를 도입하였다. 이 제도는 노동위국체육제도조
    례勞動衛國體育制度條例의 약어로 1958년 중화인민공화국 체육운동위원회가
    공포하였다. 16세 미만의 학생들을 위한 표준 종목은 60m 달리기, 400m
    달리기, 멀리뛰기, 높이뛰기, 수류탄 던지기, 소프트볼 던지기, 줄 오르기 등
    이었다.

제3절 서술형 평가 문항

1. 19세기 독일 국가주의 체육의 발달 과정을 300자 이내로 약술한 뒤, 구츠무
   츠와 얀의 역할을 500자 내외로 밝히시오.

   1) 독일 국가주의 체육의 발달

   2) 구츠무츠와 얀의 영향

2. 19세기 독일 체조 운동이 일어난 사회적 배경을 300자 이내로 적고, 19세기
   독일 체조가 세계 체육사에 미친 영향을 50자 이내로 쓰시오.

   1) 독일 체조 운동이 일어난 사회적 배경

   2) 독일 체조가 세계 체육사에 미친 영향

3. 근대 스웨덴 링 체조의 목적에 따른 종류 네 가지를 들고, 스웨덴 체조가 체
   육사에 미친 역사적 의미를 논하시오.

   1) 링 체조의 목적에 따른 네 가지 분류

   2) 스웨덴 체조가 세계 체육사에 미친 영향 (60자 이내)

4. 쿠베르탱은 그의 인생을 프랑스의 사회개혁, 교육개혁, 스포츠 보급운동에 바쳤으며, 올림픽의 제창으로 세계 체육과 스포츠 역사에 영원히 남게 되었다. 쿠베르탱의 업적과 사상에 대하여 논하되 다음 지문에 따르시오.

1) 쿠베르탱이 프랑스와 세계 체육계에 남긴 3대 업적을 300자 내외로 기술하시오.

2) 쿠베르탱이 프랑스의 스포츠 교육을 주창하고, 올림픽을 제창한 사상적 기반은 무엇인가? 250자 내외로 답하시오.

5. 19세기부터 엘리트 교육기관에 확산되기 시작한 스포츠 애호주의, 즉 애슬레티시즘Athleticism의 이념적 구조를 논하시오.

1) 애슬레티시즘에 내재된 체육의 목적 개념 세 가지를 드시오.

2) 애슬레티시즘의 체육사적 의미를 200자 이내로 약술하시오.

6. 오늘날 전 세계적으로 행하여지는 많은 스포츠는 19세기 영국에서 조직화되었다. 영국 스포츠가 ① 국내 상류계층과 ② 민중계급 그리고 ③ 세계 여러 나라로 확산된 배경을 각각 이데올로기를 중심으로 약술하시오. (300자 이내)

7. 19세기 영국 체육과 스포츠 문화의 발달 배경에는 '강건한 기독교주의Muscular Christianity'라는 계몽주의 사조가 있었다. 다음 물음에 답하시오.

1) 주창자는 누구인가?

2) 핵심적 개념은 무엇인가? 100자 이내로 밝히시오.

3) 확산 배경을 600자 내외로 밝히시오.

4) 강건한 기독교주의가 스포츠와 결속된 이유를 밝히시오.

5) 강건한 기독교주의 사조의 체육사적 의의를 밝히시오.

8. 미국 학교 체육의 발달 과정에 대한 다음 글을 읽고 물음에 답하시오.

하버드의학교Harvard Medical School의 존 워런 박사Dr. J.C. Warren는 1830년대 '체육Physical Education'이라는 용어를 처음으로 사용하였다. 그러나 19세기 후반까지 미국의 체육은 건강을 생각하며, 신체 단련에 목적을 둔 것이었다. 근대 신체 단련physical Training을 강조하던 건강 중시 체육 사조가 약화되고, 소위 ① 신체육new_physical_education이 등장하게 된 과정에는 ② 놀이 이론, ③ YMCA, ④ 실용주의 사상의 영향이 컸다.

1) 밑줄 친 ① 신체육의 핵심 개념을 100자 이내로 쓰시오.

2) 밑줄 친 ② 놀이 이론이 '신체육'이라는 체육의 새로운 개념 정립에 영향을 미친 논리적 근거를 100자 이내로 답하시오.

3) 밑줄 친 ③ YMCA가 미국 체육의 발달에 미친 영향은 대단하다. 굴릭을 중심으로 미국 YMCA가 미국 체육의 발달에 공헌한 바를 ① 학교 스포츠의 발달, ② 스포츠의 조직화, ③ 청소년의 건전한 레저 활동 등 각 분야에 따라 한 가지씩 제시하시오.

9. 교육적 의미의 현대 체육체계는 미국에서 확립된 것으로 볼 수 있다. 19세기부터 20세기 초반까지 미국 체육의 성립과 현대 체육 개념의 체계화 과정을 밝히시오. (800자 내외)

10. 미국에서는 진보주의 교육 사조의 출현과 함께 신체육 시대가 개막되었다. 그 이후 신체육은 움직임 교육 철학, 인간주의 체육, 스포츠 교육 등이 출현하게 되었다. 다음 지시에 따라 답하시오.

1) 신체육의 개념을 500자 이내로 기술하시오.

2) 신체육의 선구자를 2인 이상 드시오.

3) 움직임 철학에서 움직임 교육의 핵심적인 개념과 전통적인 체육과의 차이, 움직임 교육과정과 방법 등에 관하여 500자 이내로 밝히시오.

(1) 차이

(2) 교육과정

(3) 교육방법

11. 20세기를 전후로 미국의 스포츠는 대학 중심으로 발달되었으며, 그 과정에 심각한 논란이 야기되었다. 당시 미국 대학 스포츠의 폐지와 장려론의 배경을 밝히고, 장려된 주된 이유를 설명하시오.

12. 영국에서 출현한 강건한 기독교주의 사조는 미국으로 확산되어 미국 체육의 발달에 큰 영향을 미쳤다. 다음 물음에 답하시오.

1) 강건한 기독교주의 사조의 미국 수용을 주도한 미국 기독교 교파는?

2) 강건한 기독교주의 운동(Muscular Christianity Movement)을 주도한 미국 YMCA의 구체적인 역할을 300자 이내로 밝히시오.

13. 영미 스포츠 역사에는 잉글리시 선데이English Sunday라는 종교적 스포츠 전통이 있었으나 점차 쇠퇴하고 미국에서는 애슬레틱 선데이Athletic Sunday라는 새로운 전통이 확립되었다. 다음 물음에 답하시오.

1) 애슬레틱 선데이라는 신조어를 만들어 낸 인물은?

2) 애슬레틱 선데이의 의미는? (10자 이내)

3) 이 신조어를 창안한 인물의 사상적 토대는 YMCA의 역삼각형 휘장에 잘 나타난다. 세 가지 개념은 무엇인가?

14. 현대 중국의 양토체육사상¥土體育思想 논쟁에 관한 다음 물음에 답하시오.

 1) 양토체육사상 논쟁은 무엇인가? (300자 내외)

 2) 양토체육사상 논쟁의 과정과 결과를 밝히시오. (200자 내외)

제4절 추가 연구 문제

1. 독일의 얀은 독일의 국가주의 정서를 확대하기 위하여 체조 프로그램을 어떻게 활용하였는가?

2. 링의 스웨덴 체조와 얀의 독일 체조를 비교·대조하고, 체육의 발달에 미친 영향을 평가해 보시오.

3. 남성다움이라는 강건한 기독교주의 사상이 영미 사회의 스포츠 발전에 미친 영향을 논하시오.

4. 미국 스포츠 발전에 잉글랜드 스포츠 전통이 어떤 영향을 미쳤는지 밝히시오.

5. 19세기 스포츠와 21세기 스포츠는 어떻게 다른가?

6. 쿠베르탱이 근대 올림픽을 창안하게 된 배경을 논하시오.

7. 구소련의 GTO 배지제도의 구성체계를 밝히시오.

8. 19세기 체육과 스포츠 문화의 발달 상황을 구미와 아시아 제국을 비교·설명해 보시오.

9. 근대 중국, 일본 체육의 발달 과정과 우리나라 체육의 발달 과정을 비교하고, 어떤 유사성과 차이가 있는지 밝히시오.

제4편

학습 평가 문항

제1절 객관식 평가 문항

1. 다음은 원시 및 부족국가 시대 우리나라 놀이 및 신체 문화의 역사에 관한 추정과 해석이다. 역사적 사실로 보기 어려운 것은? (　　)

   ① 신석기 시대부터 사냥, 낚시 등 생존과 관련된 신체 문화가 존재하였을 것이다.
   ② 샤머니즘과 관련된 춤의 문화가 존재하였을 것이다.
   ③ 부족국가 시대부터 제천의식을 통해 각종 민속적 오락이 행하여졌다.
   ④ 부족국가 시대의 놀이 문화도 일정의 규칙을 담고 있었을 것이다.
   ⑤ 고구려의 영고(迎鼓)는 부족국가 시대 대표적인 제천의식이었다.

2. 다음은 화랑의 교육체계 속에 포함되었던 중요한 신체 활동의 유형을 열거한 것이다. 일종의 야외 교육 활동으로 볼 수 있는 것은 어느 것인가? (　　)

   ① 편력　② 기마술　③ 궁술　④ 창술　⑤ 검무

3. 다음은 신라 화랑도 및 화랑도 체육에 대한 것이다. 역사적 사실과 다르게 기술된 것은? (　　)

   ① 화랑의 체육은 효(孝)와 신(信) 등 국민적 윤리를 강조하는 도의체육(道義體育)이었다.
   ② 화랑의 체육은 심신일체론적 신체관을 바탕으로 신체의 덕(德)을 함양하는 데 목적을 두고 있었다.
   ③ 화랑의 수련 활동 수단은 검술, 기창술(騎槍術), 궁술, 기마술 등도 포함되어 있었다.

④ 화랑의 체육 정신은 한국 현대 사회로도 이어졌다.

⑤ 화랑은 신라 시대 청소년 관립 교육단체로 풍류도(風流徒), 국선도(國仙徒) 등과 같은 명칭도 있었다.

4. 다음 중 고려 시대 성행한 석전의 성격이나 특성과 무관한 것은?

① 풍속놀이 ② 군사 훈련 ③ 귀족의 여가활동 ④ 대중의 구경거리

5. 다음 중 석전의 기원에 대한 설에 해당되지 않는 것 하나를 고르시오

① 자연발생설 ② 모의전쟁설 ③ 농경의례설 ④ 제례활동설

6. 다음에 열거한 것 중 체육 활동으로서 조선 시대의 무예 훈련과 무관한 것은? ( )

① 훈련원 ② 사정 ③ 도인 ④ 편사 ⑤ 격구

7. 다음에 열거한 것 중 조선 시대의 학사 사상과 깊은 관계를 지닌 것은? ( )

① 활인심방 ② 궁술 ③ 봉희 ④ 방응 ⑤ 격구

8. 다음 한국 전통적인 신체 문화 중 일종의 건강 체조에 해당되는 것은? ( )

① 편력 ② 편사 ③ 선달 ④ 도인 ⑤ 격구

9. 다음은 개화기 우리나라 체육의 발달 과정에 대한 내용이다. 역사적 사실을 올바르게 설명한 것으로 보기 어려운 것은? ( )

① 개화기 우리나라 체육은 전통 무예 및 민속적 유희 중심의 체육에서 체조, 유희, 스포츠 등으로 확대되었다.

② 근대 체육의 태동기에 무예 학교와 원산학사의 교육과정에 무예 체육이 포함되었다.

③ 1895년의 〈교육입국조서(教育立國詔書)〉는 덕(德), 지(智), 체(體) 교육이 강조되었다.

④ 기독교 선교사들의 영향으로 근대 체육의 내용은 주로 영국적 특성을 띠게 되었다.

⑤ 1890년대 근대 서구식 체육 활동이 가장 활발하게 전개되었던 곳은 외국어 학교였다.

10. 다음은 우리나라 근대 스포츠의 도입 과정에 관련된 기관, 단체, 인물, 행사 명칭 등을 연결해 둔 것이다. 서로 바르게 연결된 것은? (   )

① 육상 – 화류회   ② 검도 – 일본 총독부
③ 축구 – 원산학사   ④ 야구 – 경무청

11. 서구 문명을 받아들여 민족 도약의 발판을 마련하기도 전에 일제의 팽창 앞에 국권을 상실할 위기에 놓이자 많은 민족의 지도자들은 늦게나마 체육과 스포츠의 필요성을 인식하고 체육의 강화를 주장하게 되었다. 그중 조선일보사 편집고문을 맡았으며, 국사 연구에도 업적을 남겼던 그는 체육을 국가의 운명을 결정하는 중요한 교육 영역으로 인식하였다. 1908년 5월 『태극학보』 제2호에 「체육론」을 실었으며, 다음과 같은 제언을 하였다. 해당되는 인물은 누구인가? (   )

· 체육학교를 특설하고 체육교사를 양성할 사(事)
· 과목에 체조, 승마 등을 置(치)할 사(事)
· 평단보필(評壇報筆)이 此(차)에 대하여 특히 주의할 사(事)
· 학교, 가정에서 특히 주의할 사(事)
· 체육에 관한 학술을 정구(精究)키 위하여 품행 단정하고 신체 강장한 청년을 해외에 파견할 사(事)

① 문일평   ② 이기동   ③ 이종만   ④ 노배린   ⑤ 이준태

12. YMCA는 일제하에서 스포츠를 통한 대중적 민족 운동의 지휘부 역할을 하였으며, 한국 체육의 발달에 지대한 영향을 미쳤다. 다음 중 YMCA가 한국 체육의 발달에 미친 영향에 대한 적절한 역사적 평가로 보기 어려운 것은? ( )

① YMCA는 일제의 탄압 속에 스포츠가 매우 위축된 상황에서 우리나라에 서구 스포츠 붐(boom)을 일으키는 역할을 하였다.

② 야구, 농구, 배구 등과 같은 서구 스포츠를 우리나라에 소개하는 역할을 하였다.

③ 한국에 많은 스포츠 지도자를 배출하였다.

④ YMCA에서 스포츠를 보급한 주된 목적은 한국 스포츠 문화의 선진화를 위한 조치였다.

13. 광복 이후 우리나라의 체육은 새로운 국면을 맞고 변화와 발전을 거듭해 왔다. 제1차1954부터 제7차1997까지 체육 교육과정은 기본 방향, 사조, 교육과정 구성체계, 내용 등 여러 가지 측면에서 변천되어 왔다. 처음으로 체육의 성격을 내재적 가치와 외재적 가치로 분류하고, 삶의 질 향상이라는 포괄적인 목적 개념을 제시한 것은 다음 중 몇 차 교육과정인가? ( )

① 제1차 교육과정(1954~1965) ② 제3차 교육과정(1973~1981)
③ 제4차 교육과정(1981~1987) ④ 제6차 교육과정(1992~1997)
⑤ 제7차 교육과정(1997~)

14. 광복 이후 한국 현대 교육 및 체육에 관한 설명으로 거리가 먼 것은? ( )

① 광복 이후 대한민국 교육 이념은 홍익인간으로 설정되었다.

② 미군정의 실시로 미국의 교육 및 체육제도가 한국 사회에 이식되었다.

③ 광복 이후 체육 발달의 분수령이 된 것은 박정희 정권의 등장이었다.

④ 광복 이후 한국 체육은 민주적인 이념과 훈련 방법을 토대로 발달되었다.

제2절 단답형 평가 문항

※ 다음 내용을 읽고 (   )속에 맞는 말을 기입하시오.

1. 우리나라는 부족국가 시대부터 궁술이 발달되었다. 그것은 우선 신화를 통해서도 잘 드러난다. 고구려 건국신화에 등장하는 동명성왕의 성은 고高씨였고, 이름은 주몽朱蒙이었다. 그런데 주몽이라는 명칭은 부여 말로 (   )라는 뜻이었다. 『삼국사기』에는 주몽이 7세에 손수 활을 만들고, 활을 쏠 때마다 명중하였다는 기록이 등장한다.

2. 신라 화랑들은 행군, 승마, 궁도, 무예 등 다양한 신체 활동을 통하여 심신을 단련하였으며, 가무歌舞. 축국蹴鞠. 수렵 등을 비롯하여 명산대천名山大川을 두루 돌아다며 하였던 (   )이라는 일종의 야외 수련 활동에도 참여하였던 것으로 알려져 있다.

3. 고려 시대 귀족 사회에는 다양한 신체 활동적 오락이 있었다. 그중 (   )는 군사적 훈련, 즉 승마 능력의 향상뿐만 아니라 왕, 귀족, 무인들의 여가 활동으로 각광을 받았기 때문에 매우 성행하였다. 특히 무인 집권기에는 더욱 장려되어 일반 서민층에까지 확산될 정도였다.

4. 조선 시대의 과거제도는 크게 문관 채용을 위한 생진과와 문과, 무관 채용을 위한 무과 그리고 기술관 채용을 위한 잡과雜科로 대별된다. 무과武科는 원래 고려 말기에 실시되어 조선 시대로 계승되었다. 무과는 궁술弓術, 기창騎槍, 격구擊毬 등의 무예와 경서經書, 병서兵書 등의 시험을 부과하였다. 여기서도 초시, 복시, 전시殿試. 都試의 세 단계 시험을 보았으며, 합격자를 (   )이라고 불렀다.

5. 조선 시대는 조직적인 무사 양성 체계가 없었던 것으로 보이나 몇몇 무예 서적의 존재로 보아 무예에 대한 연구는 있었던 것으로 보인다. 병서에 대한 연구 서적으로서는 『고병서해제古兵書解題』가 있으며, 대표적인 무예서로서는 (   )가 있다. 이 책은 『무예제보武藝諸譜』의 6기技와 『무예신보武藝新譜』의 18기를 근간으로 더욱 발전시켜 24기의 각종 기예에 대하여 종합적인 내용을 수록한 서적이다.

6. 양생養生은 동양적인 건강의 개념으로 도교에서는 "늙지 않고 장수한다"는 개념도 포함되어 있다. 조선 시대의 대유학자인 퇴계1501~1570 선생은 양생에 깊은 관심을 지닌 학자였다. 그는 1973년 (   )을 썼다. 이 책은 명나라 주권朱權, 1378~1448의 책을 다시 옮겨 쓴 것으로 1541년 조선에서 정판된 이후 널리 사용되었다. 그 속에는 기의 조절, 욕망 절제, 질병 치료, 건강 습관 등 광범위한 내용이 수록되어 있다.

7. 다음은 일제강점기 체육단체에 관한 내용이다. (   )에 해당되는 단체명은 무엇인가?

> 1920년 7월 13일 현 대한체육회의 전신인 조선체육회가 창립되었다. 창립 이래 한국 현대 올림픽 운동과 체육과 스포츠 발전을 주도하였던 조선체육회는 민족주의 사상을 토대로 일본인들이 조직하였던 (   )에 대응할 수 있는 단체가 필요하다는 생각에서 창립한 단체였다. 조선체육회는 첫 사업으로 제1회 전조선야구대회를 개최하였다. 그 대회가 오늘날 전국체전 통산 횟수의 기점이 되었다. 그러나 1938년 조선체육회는 일제에 의해 해산되어 일본이 설립한 단체에 통합되고 말았다.

8. 광복 이후 체육 교육과정은 1954년부터 1997년까지 7차에 걸쳐 개정되어 왔다. 제1차 교육과정1954~1965 시대의 교과목 명칭은 초등학교는 보건, 중·고등학교는 체육이었으며, 진보주의 교육 개념이 내포되어 있었다. 제2차 교육과정1963~1973부터 교과목 명칭은 '보건·체육'에서 '체육'으로 통일되었다. 제3차 교육과정에서 교육의 핵심 내용 및 사조는 학문 중심 교육과정으로 학문적 체계가 강조되었고, 1997년에 발표된 제7차 교육과정에서는 체육의 목적을 제시하고, 체육과 교육과정을 1~10학년초등1~고1까지의 국민 공통 교육과정과 11~12학년고2~고3까지는 심화 과정으로 편성하였다. 그리고 체육의 성격을 "체육은 움직임 욕구의 실현 및 체육 문화의 계승·발전이라는 내재적 가치와 체력 및 건강의 유지·증진, 정서 순화, 사회성의 함양이라는 외재적 가치를 동시에 추구함으로써 (   )을 높이는 데 공헌한다"고 규정하여 체육의 내재적 가치 개념이 강조되어 있다.

9. 박정희는 집권 기간 동안 강인한 정신력과 굳센 체력을 지닌 강건한 국민성의 함양을 강조하였다. 그는 "국가와 민족 발전의 열쇠는 국민성이다"라는 신념체계를 지니고 있었다. 그리고 그 신념체계는 "건전하고 진취적이며 역동적인 국민성을 함양하기 위해서는 범국민적인 체육과 스포츠 진흥운동이 필수적이다"라고 하는 신념체계로 발전되었다. 그러한 신념체계는 (   ) 사상으로 평가되고 있다. 이 사상은 20세기 후반 한국의 체육과 스포츠 진흥운동의 사상적 토대가 되었던 것으로 본다.

제3절 서술형 평가 문항

1. 신라 화랑도는 한국 체육사적으로 큰 의의를 지니는 체육 문화사적인 유산이다. 화랑도의 체육 활동과 무인 정신에 대하여 기술하시오.

   1) 화랑도의 체육 활동

   2) 화랑도의 무인 정신

2. 화랑도 체육의 체육사적 의의를 두 가지 이상 밝히시오.

3. 고려 시대 격구가 성행한 배경을 두 가지 이상 적되 100자 이내로 답하시오.

4. 한국 사회에 뿌리를 내리게 된 기독교는 여러 영역에 있어서 큰 영향을 미치게 되었다. 19세기 종반과 20세기 초반 기독교가 한국 교육 및 체육과 스포츠 발전에 미친 영향을 밝히시오.

   1) 교육에 미친 영향

   2) 체육과 스포츠에 미친 영향

5. 개화기 운동회의 성격과 기능에 대하여 논하시오.

6. 일제강점기 조선총독부는 조선의 체육 및 스포츠 활동을 탄압하였다. 일제가 체육을 탄압한 주된 내용을 세 가지 이상 열거하고, 그에 대응한 우리의 민족주의 체육 운동의 종류를 세 가지 이상 밝히시오.

1) 체육 탄압의 주된 내용

2) 일제강점기 민족주의적 체육 운동의 종류

7. 광복 이후 한국 체육과 스포츠 운동의 전개 양상을 두 가지 정도 밝히시오.

제4절 추가 연구 문제

1. 사상사적인 측면에서 한국 근대 체육의 발달 과정을 논하시오.

2. 한국 근대 체육사에서 YMCA가 미친 영향과 그 결과로 현존하는 한국 체육과 스포츠의 특징이 무엇인지 설명하시오.

3. 일제 말기 우리나라 민족주의 체육 운동의 성격과 성과를 밝히시오.

4. 일제의 식민지 통치가 한국 현대 체육의 발달에 미친 영향을 논하시오.

5. 한국 현대사에서 박정희 정권이 체육과 스포츠 문화의 발달에 미친 영향을 부정적인 측면과 긍정적인 측면으로 분류하여 기술해 보시오.

6. 일장기 말소 사건의 과정과 역사적 의미를 밝히시오.

7. 20세기 후반 박정희, 전두환 정권이 스포츠를 탈정치화 수단으로 삼았다는 비판을 받기도 하였다. 그러한 비판은 정당한가? 논리적 근거를 명확히 제시하고 자신의 견해를 논술하시오.

8. 역사 인식을 토대로 미래 한국 스포츠의 나아갈 방향에 대하여 논하시오.

종합 학습 평가 문항

1. 다음은 시대별 특정 국가나 대륙의 체육 목적이나 가치관을 반영한 내용이다. 올바르게 설명된 것을 하나만 고르시오. (   )

   ① 고대 로마의 체육은 군사적인 성격도 지니고 있었으나 심신의 조화로운 발달을 추구한 것으로 현대 체육의 기반이 되었다.

   ② 중세의 기사 체육은 기사 교육을 담당한 학교를 통해 체계적으로 이루어졌으며, 기사의 칠예 중에서 가장 중요시된 체육 활동은 토너먼트였다.

   ③ 근대 독일, 덴마크, 스웨덴 등의 체조 시스템은 고대 사회부터 계승되어져 온 신체 문화이다.

   ④ 근대 미국의 신체육은 미국의 국가주의 사상을 기반으로 성립된 것이다.

2. 근대 및 현대 서양 체육의 발달 과정에서 아래 〈보기〉와 같은 특징을 보인 국가는? (   )

   > 〈보기〉
   > ① 독일과 스웨덴 체조체계의 수용
   > ② 건강 중시 사조의 발흥과 생리학적 사고의 발달
   > ③ YMCA의 강건한 기독교주의 사상 수용
   > ④ 실용주의 교육 사상의 등장

   ① 미국   ② 스웨덴   ③ 중국   ④ 영국   ⑤ 독일

3. 다음에 열거한 것들 중 역사적으로 체육과 스포츠 문화의 발달에 영향을 미친 것으로 제국주의 사상의 토대가 된 것은? (   )

   ① 실용주의   ② 사회진화론   ③ 초절주의
   ④ 자연주의   ⑤ 단련주의

4. 다음은 체육 및 스포츠 사상사와 관련된 인물을 열거한 것이다. 서로 무관한 것끼리 연결된 것을 하나만 고르시오. (   )

① 움직임 교육 – 라반   ② 강건한 기독교주의 – 토마스 휴즈
③ 잉글리시 선데이 – 청교도   ④ 애슬레틱 선데이 – 굴릭
⑤ 단련주의 체육 – 토마스 엘리엇

5. 근대 체육 발전에 공헌한 사람들의 업적이나 특성 등을 올바르게 연결해 놓은 것은? (   )

① 구츠무츠 – 튜른베베궁의 전개
② 얀 – 근대 체육의 아버지
③ 닐스 북 – 덴마크 민중(농민)체조
④ 맥클라렌 – 영국 퍼블릭 스쿨의 스포츠 보급
⑤ 서전트 – 미국 YMCA 스포츠 운동

6. 다음은 체육사적으로 유명한 인물과 관련이 있는 것들을 묶어 둔 것이다. 서로 무관하게 연결된 것은? (   )

① 김나지움 아카데미 – 플라톤Plato
② 데오도시우스 황제 – 고대 올림픽 종말
③ 비토리노 다 펠트레Vittorino da Feltre – 라 지오코사
④ 애스컴R. Ascham –『톡소필러스』
⑤ 밀턴J. Milton –『인간오성론』
⑥ 잘츠만C. Salzmann –『청년을 위한 체육』

(1) ① ②   (2) ⑤ ⑥   (3) ② ⑥   (4) ③ ④   (5) ① ⑤

7. 다음 내용은 세계 체육의 발달 과정에 등장하는 인물이나 관련 단체, 기관, 체육의 목적, 의미 등에 관한 것이다. 서로 무관한 것끼리 연결된 것은? (　　)

① 아테네의 김나지움 – 아카데미　　　② 스파르타 무용 – 비바시스

③ 피티아제 – 아폴로　　　　　　　　④ 고대 그리스 5종경기 – 권투

8. 다음 중 고대 올림픽과 근대 올림픽의 공통점으로 볼 수 없는 것은? (　　)

① 문화 예술행사의 추가　　　　　　② 4년 주기 개최

③ 참가 선수 자격　　　　　　　　　④ 국가 간의 평화

9. 다음은 체육사 중 제도사에 관한 설명이다. 역사적 사실을 바르게 설명한 것은? (　　)

① 고대 그리스의 에페비(Ephebi)는 일종의 사관생도였다.

② 고대 아테네의 아동들은 7세가 되면 다디스칼레움에서 체육 활동을 시작하였다.

③ 근대 영국 퍼블릭 스쿨(Public School)의 초기 스포츠 도입은 대교경기에서 시작되었다.

④ 근대 미국의 애슬레틱 선데이(Athletic Sunday) 전통은 유럽 체조 운동가들이 주창하였다.

⑤ 현대 미국의 '신체육 운동'의 토대가 된 것은 진화론과 생물학적 연구 성과이다.

10. 다음은 각종 스포츠 문화의 조직화와 문화적 진화 과정에 대한 설명이다. 틀린 설명은? (　　)

① 중세 토너먼트(tournament)는 기사들이 양편에 마주 서서 긴 창과 방패를 가지고 펼치던 집단 전투 형태의 경기였다.

② 미국 야구는 더블데이(A. Doubleday)가 창안하였으며, 미식축구는 럭비를 미국 버전으로 조직화한 것이다.

③ 테니스는 '주 드 폼'이라는 놀이에서 유래한 것으로 추정하고 있다.

④ 배드민턴이라는 명칭은 영국 이븐셔 주에 있는 뷰포트(Beaufort) 공작의 영지 이름을 딴 것이다.

⑤ 축구는 주로 민중의 유희로 중세부터 계속 금지를 당해 왔던 스포츠이다.

11. 다음은 스포츠 문화의 진화 과정에 대한 설명이다. 올바른 설명으로 보기 어려운 것은? (   )

① 근대 이전의 스포츠는 지역별로 다양한 규칙에 따라 실시되었다.

② 동서고금을 막론하고 사냥은 주로 귀족 스포츠로 전승되어져 왔다.

③ 근대 영미 스포츠 문화의 대중화는 중산계급의 확대와 깊은 관계가 있다.

④ 근대 영국 교육체계 속의 스포츠 확산 배경은 강건한 기독교주의였다.

⑤ 미국의 농구와 배구가 창안된 것은 가톨릭교파의 복음주의 운동과 연계되어 있었다.

12. 다음은 각종 근대 스포츠의 기원이나 조직화에 관련된 인물이나 내용으로 연결한 것이다. 서로 깊은 연관성이 있는 것끼리 연결된 것은? (   )

① 조정 – 예일·하버드대학 교환경기   ② 배드민턴 – 윙필드
③ 농구 – 모건   ④ 배구 – YWCA
⑤ 축구(soccer) – 케임브리지 룰(rule)

13. 다음에 열거한 스포츠 중 조직화 과정에서 귤릭L.H. Gulick의 영향이 가장 컸던 종목은? (   )

① 농구   ② 배구   ③ 미식축구
④ 라크로스   ⑤ 아이스하키   ⑥ 소프트볼

14. 다음은 동서양을 막론한 민속놀이를 그 유형상 유사성이 있는 것끼리 연결한 것이다. 서로 유사한 성격을 지닌 것끼리 연결된 것은? (　　)

① 상박(相撲) – 역도　　　　② 셔틀콕 – 라 폼므
③ 칼초 – 배구　　　　　　　④ 반더포겔 – 편력

15. 다음은 한국 체육사에 관한 내용이다. 역사적 사실을 바르게 설명한 것은? (　　)

① 신라 화랑도는 관립 교육기관이었으며, 체계적인 체육 교육을 실시하였다.
② 고려 시대에는 격구가 지나치게 성행하여 응방도감을 두어 관리하였다.
③ 조선 시대 퇴계의 『활인심방』은 학자가 저술한 조선 유일의 무예서적이었다.
④ 조선 시대 무과 합격자를 선달이라고 하였다.

16. 우리나라가 대한민국이라는 국호를 사용하여 처음 출전하였던 올림픽대회는? (　　)

① 제14회 런던 올림픽대회　　② 제15회 헬싱키 올림픽대회
③ 제16회 멜버른 올림픽대회　　④ 제17회 로마 올림픽대회

17. 고려와 조선 시대 체육의 공통적인 특징으로 볼 수 있는 것은? (　　)

① 야외 훈련을 통한 무예 중심적 체육
② 문존무비 사상의 팽배로 인한 신체 문화의 쇠퇴
③ 전사 육성을 위한 군사 체육
④ 귀족 편중적 놀이와 스포츠 문화의 발달

18. 다음 내용을 읽고 물음에 답하시오.

고대 그리스의 도시국가였던 ① 아테네와 스파르타에서는 체계적인 체육체조이 실시되었으며, 로마 시대에도 군사적 체육이 실시되었다. 그러나 중세 시대는 ② 기사의 체육을 제외하면 전반적으로 체육이 쇠퇴하였다. 그러나 르네상스 시대부터 절대주의 시대까지 많은 학자들이 체육의 필요성을 강조하게 되었으며, 18세기 말 ③ 구츠무츠가 근대 체육체조의 체계를 확립한 이래 19세기 초반부터 독일, 덴마크, 스웨덴, 영국, 미국 등 세계 여러 나라에서는 체조 운동이 일어났다.

한편 영국에서는 퍼블릭 스쿨이라는 특수한 교육체계를 통해 교육체계 속에 스포츠가 도입되었다. 그것은 ④ 애슬레티시즘Athleticism으로 불리게 된 스포츠 교육 이데올로기의 확산을 의미하였다. 이러한 스포츠 교육 시스템은 세계 여러 나라로 파급되었다. 미국에서도 변화가 나타났다. 19세기 후반 주로 의학이나 자연과학을 전공하였던 학자들이 ⑤ 체육진흥운동을 펼쳤으며, 진보주의 교육 사상의 확산과 함께 ⑥ 신체육 이론이 등장하였다. 그것은 전 세계로 확산되었다.

1) 밑줄 친 ① 에서 기술된 바와 같이 아테네와 스파르타에서는 체계적인 체육이 실시되었다. 고대 아테네와 스파르타 체육의 제도를 비교·약술하시오. (500자 내외)

2) 밑줄 친 ② 의 기사 체육에서 마상시합의의 유형과 사회적 성격을 200자 내외로 밝히시오.

3) 밑줄 친 ③ 구츠무츠가 교사로 근무하며, 체육의 체계를 창안하게 되었으나 그가 근무한 학교가 설립된 사상적 배경이 있다. 그 교육 사상을 밝히고, 훗날 독일 체조 운동의 기초가 된 구츠무츠의 대표적인 저서를 밝히시오.

4) 밑줄 친 ④ 애슬레티시즘(Athleticism)이라는 교육 이데올로기의 개념을 150자 이내로 요약하시오.

5) 밑줄 친 ⑤ 체육진흥운동을 주도하였던 미국 체육진흥협회는 미국 체육의 발달에 지대한 영향을 미쳤다. 체육진흥협회 초대 회장으로서 체육측정평가 분야의 개척자로 평가받고 있는 인물은 누구인가?

6) 밑줄 친 ⑥ '신체육'의 개념을 현대 체육의 영역별 목표 개념을 토대로 설명하시오. (300자 내외)

19. 다음 글을 읽고 물음에 답하시오.

중세에 체육이 쇠퇴한 이래 근대 체육이 출현하기까지는 변화에 영향을 미친 많은 사상이 있었다. 예컨대 바세도우나 잘츠만이 세운 범애학교에서 근대적인 체육이 싹튼 배경에는 ①루소의 자연주의 교육 사상이 있다. 또한 ②유럽 대륙의 근대 체조 운동은 국가주의나 민족주의 사상을 토대로 시작되었으며, 영국 학교 스포츠의 발달에는 ③강건한 기독교주의 사조가 영향을 미쳤다. 그리고 미국에서 새로운 버전의 스포츠가 발달된 과정에는 ④미국문화국가주의라는 사상이 영향을 미쳤다. 아시아 국가에도 마찬가지였다. 근대 중국 체육은 민족주의 체육 사상과 ⑤양토체육사상의 영향을 받았고, ⑥우리나라 근대 체육은 진화론적 민족주의 사상을 바탕으로 발달되었다.

1) 밑줄 친 ① 루소의 자연주의 교육 사상은 범애주의 체육의 성립에 큰 영향을 미쳤다. 루소의 자연주의 교육 사상이 반영된 대표적인 작품은 무엇인가?

2) 밑줄 친 ② 유럽 대륙의 근대 체조 운동이 국가주의나 민족주의 사상을 토대로 성장하게 된 직접적인 배경은 무엇인가? (10자 이내)

3) 밑줄 친 ③ 강건한 기독교주의 사상의 핵심 개념 두 가지를 밝히시오.

4) 밑줄 친 ④ 미국문화국가주의를 무엇이라고 하는가? 한 단어로 답하시오.

5) 밑줄 친 중국 ⑤양토체육사상의 개념을 약술하시오.

6) 밑줄 친 ⑥을 읽고 우리나라 근대 체육의 발달 과정에서 진화론적 민족주의라는 이데올로기를 잉태하게 된 배경은 무엇인지 100자 내외로 밝히시오.

20. 다음 내용을 읽고 물음에 답하시오.

근대 사회에 들어 체육의 발달은 급속하게 이루어졌다. 독일, 스웨덴, 덴마크 등에서 일어난 체조 운동이 그 대표적인 예이다. 독일은 얀이 체조 운동을 일으킨 이래 (①)와 그의 제자들이 중심이 되어 학교 체육을 개척하였다. ② 스웨덴의 링 체조는 전 세계로 보급되었고, 덴마크에서는 ③ 토탈 무브먼트Total Movement의 원리를 적용한 생활 체조체계가 창안되었다. 이러한 체조 체계는 영국, 프랑스, 미국 등 세계 전역으로 보급되었다. 건전한 청소년의 육성을 위한 야외 교육체계도 발달되었다. 독일에서는 ④ 철새 운동이라 불리는 청소년 야외 교육이 활성화되었고, 영국에서는 ⑤ 보이스카우트 운동이 생겨났으며, 미국에서는 플레이 그라운드 운동이 전개되었다.

1) 근대 독일 학교 체육의 발전에 공헌한 (①) 속에 들어갈 인물은 누구인가?

2) 스웨덴 링 체조의 4대 유형은 무엇인가?

3) 밑줄 친 ③과 같은 체조체계를 창안한 인물은?

4) 밑줄 친 ④ 철새 운동은 반더포겔 운동으로 독일 청소년의 야외 교육 활동으로 볼 수 있다. 우리나라 역사에서 신라 화랑도의 수양 활동으로 이와 유사한 활동이 있었다. 그 명칭은 무엇인가?

21. 다음 내용을 읽고 물음에 답하시오.

어느 국가에서나 마찬가지로 우리나라에도 고대사회부터 각종 전통적인 신체 문화가 발달되어 왔다. 삼국, 고려, 조선 시대를 통하여 축국, 각저, 석전, 방응, 투호, ① 격구, ② 궁술, 추천 등과 같은 신체 문화가 발달되었으며, 각종 ③ 건강·의료 체조도 발달되었다. 우리 체육의 역사에 큰 변화가 시작된 것은 개화기였다. 1880년대부터 개신교 선교사들에 의한 근대적 학교의 설립, 1895년 관립 외국어학교의 설립, 1903년 YMCA의 조직 등은 한국 근대 체육 및 스포츠의 발달에 큰 영향을 미쳤다. 1895년 고종은 ④ (_____)를 반포하고 그 속에 덕德, 체體, 지智의 교육을 강조하였다. 그 이후 체육은 소학교 및 고등과에 정식 교과목으로 채택되었다.

1) 고려 시대에 ① 격구가 성행하게 된 배경 두 가지를 각각 20자 이내로 답하시오.

2) 조선 시대 ② 궁술은 무예로서 중요하게 취급되었다. 조선 시대 무인의 양성을 위한 공식적인 교육기관은 훈련원(訓練院)이었으나 지방에서도 무사 양성 교육기관의 역할을 한 곳이 있었다. 활터에 세운 정자(亭子)라는 뜻이 있는 이곳은 궁술 훈련 장소이기도 하였다. 이곳의 명칭은 무엇인가?

3) 조선 시대의 대표적인 ③ 건강·의료체조는 무엇이며, 이황 선생이 중국 의서를 참고로 옮겨서 적은 대표적인 의료체조 서적은 무엇인가?

4) 고종이 반포한 것으로 덕육, 지육과 함께 체육도 강조한 내용이 담긴 ④ (_____) 속에 들어갈 일종의 포고령은 무엇인가?

22. 다음 글을 읽고 지시에 따라 답하시오.

광복 이후 우리나라 체육은 박정희 정권이 집권한 1960년대부터 급속히 발달되었다. 박정희는 "국가와 민족 발전의 열쇠는 국민성이다"라는 신념체계를 지니고 있었다. 그리고 건전하고 진취적이며 역동적인 국민성을 함양하기 위해서는 범국민적인 체육과 스포츠 진흥운동이 필수적이라고 보았다. 그러한 신념의 바탕에는 박정희의 ①(   )사상이 깔려 있었다. 박정희 정권부터 전두환·노태우 정권에 이르기까지 학교 및 사회 스포츠가 급속히 발달되었다. 많은 ②<u>부정적인 측면</u>도 있었으나 국가 주도의 체육 정책으로 학교 체육의 강화, 학교 및 사회 스포츠 육성 등 성공을 거두어 1980년대 한국 스포츠는 세계적인 위상을 확보하게 되었다. 그러한 체육 정책은 국민의 체력 함양과 역동성, 자신감 등의 함양에 지대한 영향을 미쳐 국가 발전의 초석이 되었으나 스포츠를 탈정치화의 수단으로 삼았다는 비판도 받았다.

1) ①(   )에 들어갈 사상은 무엇인가?

2) 박정희 정권과 전두환 정권은 한국 체육과 스포츠 발전을 위해 다양한 진흥 정책을 펼쳤으나 그 과정에는 많은 문제점도 발생하였다. 밑줄 친 ②의 부정적 측면은 구체적으로 어떤 측면을 말하는가? (300자 내외로 약술하시오)

종합 학습 평가 문항
객관식 및 단답형 답안

제1편 학습 평가 문항

제1절 객관식 평가 문항
1. ④ 2. ② 3. ② 4. ② 5. ②
6. ⑤ 7. ② 8. ⑤ 9. ④ 10. ⑤
11. ① 12. ④ 13. ④

제2절 단답형 평가 문항
1. 어(御)
2. 지리·생태학적
3. 장례경기
4. 팔라에스트라
5. 키르쿠스 막시무스(치르코 막시모)
6. 콜로세움(콜롯세오)
7. 유베날리스
8. 갈렌
9. 우슈
10. 빈사례

제3절 기술형 평가 문항
본문 참고

제4절 추가 연구 문제
본문 참고

제2편 학습 평가 문항

제1절 객관식 평가 문항
1. ① 2. ② 3. ④ 4. ② 5. ①
6. ② 7. ③ 8. ④ 9. ⑤ 10. ④
11. ④ 12. ③ 13. ① 14. ④

제2절 단답형 평가 문항
1. 승마
2. 토마스 아퀴나스
3. 베르게리오(베르게리우스)
4. 잉글리시 선데이
5. 잉글랜드 국교회, 성공회
6. 레알 테니스
7. 존 로크
8. 범애주의
9. 골프
10. 제임스 1세

제3절 기술형 평가 문항
본문 참고

제4절 추가 연구 문제
본문 참고

제3편 학습 평가 문항

제1절 객관식 평가 문항
1. ② 2. ④ 3. ② 4. ④ 5. ⑤ 6. ④
7. ④ 8. ② 9. ④ 10. ④ 11. ④ 12. ②
13. ① 14. ⑤ 15. ② 16. ④ 17. ④ 18. ④
19. ④ 20. ③ 21. ③ 22. ④ 23. ① 24. ②
25. ① 26. ① 27. ① 28. ③ 29. ②

제2절 단답형 평가 문항
1. 문화제국주의
2. 국가주의 또는 민족주의
3. 평행봉
4. 반더포겔(Wandervogel)
5. 핸드볼
6. 오리엔티어링
7. 스테이트 아마추어리즘(State Amateurism)
8. 톰 브라운의 학창시절

참고문헌

- 郭亨基, 「近代學校體育의 展開樣相과 體育史的 意味」, 서울大學校大學院 博士學位論文, 1990.
- 곽형기, 「개화기의 신문화와 체육」, 이학래 외, 『한국체육사』, 1994.
- 곽형기, 「개화기 한국체육의 발달 맥락과 배경」, 『2006 한국체육사학회 하 계학술발표대회 발표논집』, 2006.
- 교육부, 「고등학교 교육과정(I)」, 『교육부 고시 제 1997~15호』, 별책 4.
- 「國民體育振興法 및 施行令(1962. 6. 17)」, 第1章, 第1條(目的), 1997.
- 金在輝, 「朝鮮石戰에 관한 體育的 考察」, 『한국체육학회지』, 22(2), 1983.
- 김달우, 「해방이후 학교체육의 재편 및 정착과정에 관한 연구: 1945~1955년 을 중심으로」, 서울대학교 박사학위논문, 1992.
- 김동규, 『세계체육사』, 1988.
- 김복희·오동섭, 「고대 올림피아 제전경기의 종교적 특징」, 『한국체육사학회 지』, 15, 2005.
- 김산·김주화, 「무예도보통지의 勢에 대한 연구」, 『한국체육사학회지』, 13, 2003.
- 김상순 『스포츠 사상사』, 1992.
- 김인걸 외, 『韓國現代史講義』, 1998.
- 김재우, 「광복 전 한국 YMCA의 스포츠 도입에 관한 연구」, 『한국체육사학 회지』, 19, 2007.
- 김종회, 「박정희 정권의 정치이념과 체육정책에 관한 연구」, 한양대학교 박사 학위 논문, 1999.
- 김주화, 「고대 그리스 문화의 '신체적 선의 존중'에 대한 연구」, 『한국체육사 학회지』, 10, 2002.

- 김주화, 「베를린 마라톤 승자를 찬양한 두 頌詩 연구」, 『한국체육사학회지』, 11, 2003.
- 나영일, 「무예도보통지에 나오는 무예의 도입과정」, 『한국체육사학회지』, 7, 2001.
- 나영일, 『무과총요연구』, 2005.
- 나영일·손수범, 「경제 성장에 따른 한국복싱의 발전과정에 관한 고찰」, 『한국체육사학회지』, 3, 1998.
- 羅絢成, 『韓國運動競技史』, 1958.
- 羅絢成, 『韓國體育史』, 1972.
- 羅絢成, 『學敎體育管理』, 1975.
- 羅絢成, 『韓國遊戱史研究』, 1997.
- 남덕현, 「조선시대 甲士의 手搏에 관한 연구」, 『한국체육사학회지』, 15, 2005.
- 盧熙憲·吳東燮, 『近代 體育思想史』, 1988.
- 다이지타오 지음, 박종현 옮김, 『일본론』, 2006.
- 대통령비서실, 『박정희 대통령 연설문집 1』, 1967.
- 대통령비서실, 『박정희대통령 연설문집 2』, 1973.
- 대한올림픽위원회, 『국제부 자료』, 2006.
- 대한체육회, 『대한체육회사』, 1965.
- 동아출판사백과사전부, 『동아원색세계백과사전』, 1987.
- 매킨토시 P. 지음, 하남길·권판근 옮김, 『페어플레이(Fair Play)』, 1996.
- 閔錫泓, 『西洋史槪論』, 1996.
- 박귀순, 「중국, 한국, 일본 '기효신서'에 관한 연구」, 『한국체육사학회지』, 17, 2006.
- 박의수·강승규·정영수·강선보, 『교육의 역사와 철학』, 2002.

- 方光一, 『아테네에서 아테네까지』, 2005.
- 배재중고등학교, 『배재 80년사』, 1965.
- 블랑차드 K.·체스카 A.T. 지음, 박기동 외 옮김, 『스포츠 인류학』, 1985.
- 笹島恒輔 지음, 林榮茂 옮김, 『中國體育史』, 1994.
- 小石原美保, 『ク.ベルタンとモンテルラン－20世紀初頭におけるフランスポ.ツ思想－』, 1994.
- 小田切毅一 지음, 金隆吉 옮김, 『미국스포츠문화사』, 2001.
- 손수범, 「광복 이후 한국 체육·스포츠의 발달맥락과 배경」, 『2006 한국체육사학회 하계학술대회논집』, 2006
- 손인수, 「신라 화랑도 교육의 연구」, 『한국교육학회지』, 2, 1964.
- 손환, 「광복이전 한국골프코스의 발전과정에 관한 연구」, 『한국체육학회지』, 45(4), 2006.
- 손환, 「일제강점기 한국 근대 스포츠의 전개과정」, 『2006 한국체육사학회 하계학술발표대회 발표논집』, 2006
- 손환, 「파하 이길용의 생애와 체육사상」, 『한국체육학회지』, 17, 2006.
- 송일훈·이동헌·손수범, 「민속 씨름과 일본 스모의 유래 및 경기방식과 대회 운영에 관한 비교연구」, 『한국체육학회지』, 17, 2006.
- 신승하, 『중국사』, 1998.
- 신호주, 『체육사』, 1998.
- 오동섭 외 2, 『체육세계사』, 2002.
- 오동섭, 『近代體育史』, 1992.
- 오동섭·김복희·정경숙, 「화랑도의 신체 수련에 나타난 儒, 佛, 仙 사상」, 『한국체육사학회지』, 10, 2002.
- 옥광 외, 『배드민턴의 기원』, 2003.
- 월간체육편집부, 『월간체육』, 4·5월호, 1993.

- 윌리엄 보이드 지음, 李洪雨 외 2 옮김, 『西洋敎育史』, 1996.
- 유병용 외, 『韓國 現代史와 民族主義』, 1996.
- 이규태, 『개화백경』, 1969.
- 이기동, 「신라화랑도의 사회학적 고찰」, 『조선상고사연구 Ⅱ』, 1985.
- 李基白, 『韓國史新論』, 1993.
- 李敏鎬, 『西洋文化史』, 2000.
- 이승수, 「한국전통태견보존회의 설립과 그 활동에 관한 연구」, 『한국체육사학회지』, 19, 2007.
- 이은한·하남길, 「美國 스포츠 社會史: 人種主義와 스포츠」, 『한국체육사학회지』, 19, 2007.
- 이진수, 『신라 화랑의 체육사상 연구』, 1990.
- 이진수, 『한국고대스포츠연구』, 1996.
- 이진수, 「한국의 수박희」, 『한국체육사학회지』, 창간호, 1996.
- 李學來, 『韓國近代體育史硏究』, 1990.
- 李學來, 『韓國柔道發達史』, 1990.
- 李學來, 『韓國體育百年史』, 2000.
- 이학래·김종희, 「박정희 정권의 정치이념과 스포츠 내셔널리즘」, 『한국체육학회지』, 38(1), 1999.
- 이한혁, 『체육사』, 1999.
- 이현정·주미현, 「체코의 근대 국민국가형성과 체조운동」, 『한국체육사학회지』, 19, 2007.
- 이효원, 「쿠베르탱의 사상과 스포츠교육사적 공헌」, 경상대학교 교육대학원 석사학위 논문, 2003.
- 임영무, 「金剛力士像과 跆拳道」, 『한국체육사학회지』, 18, 2006.
- 임창재, 『敎育史哲學』, 2000.

- 전택부, 『남기고 싶은 이야기들』, 1993.
- 정동구·하웅용, 『체육사』, 2006.
- 鄭在景, 『朴正熙 實記 - 行蹟抄錄 -』, 1994.
- 정찬모, 「씨름의 유래와 고대 씨름의 발달과정」, 『한국체육사학회지』, 5, 2000.
- 정찬모, 「서울 올림픽과 한국의 국가발전」, 『한국체육사학회지』, 7, 2001.
- 정찬모, 「고려시대 무예 체육의 발달과정에 관한 연구」, 『한국체육사학회지』, 12, 2003. p. 126
- 정찬모·이신영, 「조선시대의 수박희에 관한 연구」, 『한국체육사학회지』, 8, 2001.
- 정해은, 「조선후기 무과급제자연구」, 정신문화연구원 박사학위논문, 2002.
- 조명렬·노희덕·나영일, 『체육사』, 1997.
- 진윤수 외 2, 「이순신의 난중일기에 나타난 활쏘기 연구」, 『한국체육사학회지』, 18, 2006.
- 진윤수, 「茶山의 牧民心書에 나타난 체육사상」, 『한국체육사학회지』, 17, 2006.
- 清水重勇, 『フランス近代體育史研究序說』, 1986.
- 최영란, 「남북한 민속놀이의 비교연구」, 『한국체육사학회지』, 7, 2001.
- 최종삼, 『체육사』, 1995.
- 하남길, 『영국 신사 스포츠와 제국주의』, 1995.
- 하남길, 『영국 엘리트 교육과 애슬레티시즘』, 1995.
- 하남길, 「英國 스튜어트 시대의 스포츠史: 合法的인 스포츠 宣言의 背景」, 『한국체육학회지』, 38(3), 1999.
- 하남길, 「美國 스포츠 敎育의 촉진 맬가(Ⅱ): YMCA 스포츠교육운동과 강건한 기독교주의」, 『한국체육사학회지』, 16, 2005.

- 하남길, 「美國 스포츠 社會史: 청교도주의와 스포츠」, 『한국체육사학회지』, 19, 2007.
- 하남길·이상두, 「D.A. 서전트의 體育觀과 體育史的 업적 探索」, 『한국체육사학회지』, 10, 2002.
- 하웅용, 「남북한 스포츠회담사」, 『한국체육사학회지』, 5, 2000.
- 하웅용, 「민속 줄다리기의 체육·문화사적 해석」, 『한국체육사학회지』, 8, 2001.
- 하웅용, 「민속 줄다리기의 체육·문화사적 해석」, 『한국체육사학회지』, 8, 2006.
- 許義雄 등 지음, 황호숙 옮김, 『中國近代體育思想』, 2000.
- 허인욱, 「허인욱, 형성과정으로 본 태권도의 정체성에 관하여」, 『한국체육사학회지』, 14, 2004.
- 황옥철, 『미국스포츠 문화의 이해』, 2002.
- 황옥철, 「Americanism의 스포츠개화에 관한 고찰Ⅱ」, 『한국체육사학회지』, 9, 2002.

- Adams, Bernard(1980), *The Badminton Story*.
- Adelman, Melvin(1986), *A Sporting Time: New York City and the Rise of Modern Athletics, 1820~70*.
- Arlott, J.(1975), *The Oxford Companion to Sports & Games*.
- Armstrong, Christopher F.(1984), "The Lessons of Sport: Class Socialization in British and American Boarding School", *Sociology of Sport Journal* 1 (Dec. 1984).
- Betts, John R.(1974), *America's Sporting Heritage*.
- Brailsford, D.(1969), *Sport and Society: Elizabeth to Ann*.

- Chadwick, Henry(1901), "Old Time Baseball", *Outing*, XXXVIII (Junly 1901).
- Coburn, O(1950), *Youth Hostel Story*.
- Cochran, Thomas C. & William Miller(1961), *The Age of Enterprise: A Social History of Industrial America*.
- Corbett, James J.(1925), *The Roar of Crowd*.
- Dalen, Deobold B. Van & Bruce L. Bennett(1970), *A World History of Physical Education*.
- Gardiner, E. Norman(1930), *Athletics of Ancient World*.
- Gerber, Ellen W.(1971), *Innovator and Institutions in Physical Education*.
- Grimsley Will(1966), *Golf: Its History*, People and Events.
- Gulick, Luther(1896), "The legitimate Phrase of Athletic in the Y.M.C.A.", *SCA-sc*, BV 1145 G8.
- Hackensmith, C. W.(1966), *History of Physical Education*.
- Holt, R.(1981), *Sports and Society in Modern France*.
- Holt, R.(1989), *Sport and British: A Modern History*.
- James N. Danziger(1991), *Understanding the Political World*.
- Kyle, Don(1983), "Directions in Ancient Sport History", *Journal of Sport History* 10(1).
- Leonard, Fred Eugene & George B. Affleck(1947), *A Guide to the History of Physical Education*.
- Lucas, John A. & Ronald A. Smith(1978), *Saga of AMERICAN SPORT*.
- Mackal, J. W.(1922), *The Life of William Morris*.
- Mangan J. A.(1987), *Manliness and Morality*.
- McIntosh, P(1987), *Sport in Society*.

- McIntosh, P.C., Dixon, J.G., Munrow, A.D. & R.F. Willetts(1981), *Landmarks in the History of Physical Education.*
- McIntosh, Peter C.(1968), *Physical Education in England Since 1800.*
- Mechikoff Robert A. & Steve G. Estes(2002), *A History and Philosophy of Sport and Physical Education,* 3rd edition.
- Murdoch, Josep S. F.(1968), *The Library of Golf,* 1743~1966.
- Newman G.(1979), *The Concise Encyclopedia of Sports.*
- Official website of the Olympic Movement, 2007. 6. 19. www.olympic.org
- Olivia Vera(1985), *Sports and Games in the Ancient World.*
- Paik, L. George(1970), *The History of Protestant Missions in Korea 1832~1910.*
- Rader, Benjamin G.(1987), "The Recapitulation Theory of Play: motor behaviour, moral reflexes and manly attitudes in urban America, 1880~1920" in J.A. Mangan(1987), *Manliness and Morality.*
- Redmond, G.(1982), *The Sporting Scots of Nineteenth-Century Canada.*
- Riordan, James & Robin Jones(1999), *Sport and Physical Education in China.*
- Sage, George H.(1998), *Power and Ideology in American Sport: A Critical Perspective.*
- Service, Elman(1963), *Primitive Social Organization.*
- Stephen, Leslie(1902), *Hours in a Library III.*
- Sweet Waldo E.(1987), *Sport and Recreation in Ancient Greece.*
- Ulmann, J(1965), "De la Gymnastique aux Sports Modernes", *Histoire des Doctrines de L'education Physique.*
- USOC(1992), *Legacy of Gold,* 80.

- Woodward, W.H.(1905), *Vittorino da Feltre and other Humanist Educatior*.
- Young, N.D.(1944), "Did the Greek and the Romans Play Football", *Research Quarterly* 15.
- *Youngman's Era*, 10 (Dec. 1891). p. 779.

제5대 한국체육사학회

고   문 노희덕(서울대), 이학래(한양대), 정동구(한국체대), 정찬모(단국대), 김주화(전북대)

자문위원 이진수(한양대), 강동원(경희대), 김현덕(국민대), 이애주(서울대), 정삼현(동아대),
원종세(건국대), 오동섭(경북대), 임영무(교원대), 전세일(수원대)

명예회장 곽형기(동덕여대)

차기회장 진윤수(충남대)

회   장 하남길(경상국립대)

부 회 장 나영일(서울대), 진윤수(충남대), 박가동(강원대), 신명숙(대진대), 황옥철(경성대)

감   사 최영란(목원대), 장갑석(한체대)

이   사 총무 손 환(중앙대)   기획 김재우(중앙대)
학술 하웅용(한체대)   국제 김방출(서울대)
조직 손수범(용인대)
홍보 이현정(동덕여대), 김달우(전북대), 채한승(서원대), 김용근(강릉대), 김복희(안동대),
심승구(한체대), 이승수(중앙대), 정재환(단국대), 이인숙(서울여대), 한경자(강원대),
이태웅(부경대), 이종원(서울대), 이학준(고려대), 유근직(한림성심대), 곽낙현(한국학중앙연구원),
김규환(양산대), 김산(전북대), 김운미(한양대), 박귀순(영산대), 이동갑(양산대), 전만중(중부대),
정의진(경상국립대), 주동진(영남대), 황정현(동아대), 배성한(숙명여대), 양현석(한국체대), 김동기(중부대)

사 무 국 사무국장 옥 광(충북대)   간사 이은한(경상국립대)
사무국 스태프 황경숙, 박영길, 최현주, 김세기, 박은지, 박재현(경상국립대)

한국체육사학회지 편집위원
위원장 곽형기(동덕여대)   부위원장 나영일(서울대)
위 원 박가동(강원대), 황옥철(경성대), 손 환(중앙대), 하웅용(한체대), 김복희(안동대)

공동집필자 _____

책임저자 하남길(경상국립대학교)

교신저자 나영일(서울대학교) 곽형기(동덕여자대)
　　　　　손 환(중앙대학교) 임영무(교원대학교)
　　　　　하웅용(한국체육대) 김복희(안동대학교)
　　　　　손수범(용인대학교) 옥 광(충북대학교)
　　　　　박귀순(영산대학교) 김세기(경상국립대학교)

공동저자 정찬모(단국대학교) 김주화(전북대학교)
　　　　　오동섭(경북대학교) 진윤수(충남대학교)
　　　　　박기동(강원대학교) 김달우(전북대학교)
　　　　　황옥철(경성대학교) 전세일(수원대학교)
　　　　　이승수(중앙대학교) 김재우(중앙대학교)
　　　　　이학준(고려대학교) 유근직(한림성심대)
　　　　　최영란(목원대학교) 김용근(강릉대학교)
　　　　　김방출(서울대학교) 이현정(동덕여자대)
　　　　　곽낙현(한국학연구원) 김 산(전북대학교)
　　　　　황정현(동아대학교) 양현석(한국체육대)
　　　　　황경숙(순천대학교) 최현주(경상국립대학교)
　　　　　박영길(경상국립대학교) 박은지(경상국립대학교)
　　　　　박재현(경상국립대학교) 이은한(경북대학교)

체육과 스포츠의 역사 개정2판

초   판   1쇄 발행 • 2007년 11월 20일
개 정 판   1쇄 발행 • 2008년 8월 5일
개 정 판 12쇄 발행 • 2015년   9월 8일
개정2판   1쇄 발행 • 2016년   9월 8일
개정2판   5쇄 발행 • 2024년   3월 13일

지은이 • 하남길 외 36인 공저
펴낸이 • 권순기
부   장 • 박현곤
편집장 • 김종길
편   집 • 김종길책임편집, 하상미편집보조
디자인 • 김성은

펴낸곳 • 경상국립대학교출판부
주소 • 경남 진주시 진주대로 501
전화 • 055) 772-0801(편집), 0802(디자인), 0803(도서 주문)
팩스 • 055) 772-0809
전자우편 • gspress@gnu.ac.kr
홈페이지 • http://gspress.gnu.ac.kr
페이스북 • https://www.facebook.com/gnupub
블 로 그 • https://gnubooks.tistory.com
등록 • 1989년 1월 7일 제16호

이 도서의 국립중앙도서관 출판시도서목록(CIP)은 서지정보유통지원시스템 홈페이지(http://seoji.nl.go.kr)와 국
가자료공동목록시스템(http://www.nl.go.kr/kolisnet)에서 이용하실 수 있습니다.
(CIP제어번호: CIP2016021450)